Tobias Wall

Das unmögliche Museum

Zum Verhältnis von Kunst und Kunstmuseen der Gegenwart

Dr. Tobias Wall, Kunsttheoretiker, Kulturmanager und Kunstberater; Lehraufträge u.a. am Institut für Kulturmanagement, Ludwigsburg, und der International University Bruchsal. Seine Forschungsschwerpunkte sind Kunst- und Museumstheorie, Kommunikation im Kulturbetrieb und Theorie des Kulturmanagements.

Tobias Wall

Das unmögliche Museum

Zum Verhältnis von Kunst und Kunstmuseen der Gegenwart

[transcript]

Mit freundlicher Unterstützung der Freunde der PH-Ludwigsburg.

Mit Unterstützung der

Stiftung
Landesbank Baden-Württemberg

LB≡BW

Bibliografische Information der Deutschen Bibliothek
Die Deutsche Bibliothek verzeichnet diese Publikation in der Deutschen Nationalbibliografie; detaillierte bibliografische Daten sind im Internet über http://dnb.ddb.de abrufbar.

Umschlaggestaltung & Innenlayout: Kordula Röckenhaus, Bielefeld
Umschlagabbildung: Sol LeWitt: incomplete open cube 7/11; Weatherspoon Art Museums, University of North Carolina at Greensboro; © VG Bild-Kunst, Bonn 2006
Druck: Majuskel Medienproduktion GmbH, Wetzlar
ISBN 3-89942-522-7

Gedruckt auf alterungsbeständigem Papier mit chlorfrei gebleichtem Zellstoff.

Besuchen Sie uns im Internet: *http://www.transcript-verlag.de*

Bitte fordern Sie unser Gesamtverzeichnis und andere Broschüren an unter: *info@transcript-verlag.de*

Inhalt

Danksagung

Ich möchte mich bei allen bedanken, die mich bei der Verfertigung dieses Buches begleitet und unterstützt haben. Zunächst gilt mein Dank Professor Dr. Werner Heinrichs und Professor Dr. Armin Klein für ihre Förderung und die Beratung meines Projekts. Ich danke allen Museumsdirektoren, Kuratoren und Wissenschaftlern, die mir zu ihren Museen und Ausstellungen bereitwillig Auskunft gaben oder das Thema des Buches mit mir diskutierten. Besonders wichtig waren für mich die Gespräche mit Dr. Michael Fehr, Prof. Carla Schulz-Hoffmann und Hans Ulrich Obrist sowie die wertvollen Anregungen von Prof. Dr. Beat Wyss, Jean-Baptist Joly und Dr. Martin Tröndle.

Außerdem möchte ich den aufmerksamen Korrektorinnen meines Textes danken: vor allem Ursula Fölsch und meiner Mutter Edelgard Wall. Der Druck des Buches wurde freundlicherweise von der Landesbank Baden-Württemberg sowie den Freunden der PH Ludwigsburg finanziell unterstützt.

Mein ganz besonderer Dank gilt jedoch Katrin Henke, die mir in allen Phasen meiner Arbeit zur Seite gestanden hat und die mit ihren Ratschlägen, Ideen und ihren Ermutigungen entscheidenden Anteil an der Fertigstellung dieser Veröffentlichung hat. Ihr möchte ich dieses Buch widmen.

Vorbemerkung

Das Thema

Im Mai 2003 eröffnete in Basel eine neue Institution für Gegenwartskunst: das *Schaulager*, eine Kombination aus Kunstdepot und Ausstellungshalle. Gebaut nach den Plänen des Architektenduos Herzog & de Meuron beherbergt es auf mehreren Stockwerken die Kunstsammlung der Emanuel-Hoffmann-Stiftung. Hierbei handelt es sich um eine herausragende Kollektion von Werken zeitgenössischer Kunst, die aufgrund ihrer empfindlichen Materialität und ihrer außergewöhnlichen Formate größtenteils nur selten in öffentlichen Museen präsentiert werden können.[1] Mit den umfangreichen Räumlichkeiten des Schaulagers[2] wurde nun ein Ort geschaffen, an dem diese schwer ausstellbaren zeitgenössischen Kunstwerke zumindest zum Teil zugänglich sind: Die Kunstwerke sind jeweils in 15 Quadratmeter großen, beleuchtbaren und klimatisierten Kojen aufbewahrt, wo sie nach Voranmeldung oder in Zeiten öffentlicher Ausstellungen besichtigt werden können.[3]

---

1 Die Gründer der Stiftung sammelten gezielt „zukunftsgerichtete Kunst“, die aus außergewöhnlichen Materialien besteht. „Die Emanuel Hoffmann-Stiftung sammelt Werke von Künstlern, die sich neuer, in die Zukunft weisender, von der jeweiligen Gegenwart nicht allgemein verstandener Ausdruckmittel bedient.“ (http://www.schaulager.org).

2 Insgesamt stehen rund 9000 m^2 Lagerfläche zur Verfügung, ein Drittel davon steht für die Aufbewahrung zukünftiger Ankäufe noch leer. Die Ausstellungsfläche beträgt zusätzliche 4000 m^2. Zum Aufbau des Schaulagers vgl. Peine 2003.

3 Die „Erfinderin“ des Schaulagers, Maja Oeri, unterstreicht, dass sie in Basel kein weiteres Museum für Gegenwartskunst, sondern ein verselbstständigtes, aktiviertes Kunstdepot etablieren will, das besonders der Forschung dienen soll.

Das Schaulager in Basel ist in vielerlei Hinsicht eine bemerkenswerte Einrichtung. Es nimmt die Lösung eines grundlegenden Problems des Kunstmuseums für moderne und zeitgenössische Kunst in Angriff: die Musealisierung von nicht-ausstellbarer Kunst. Im 20. Jahrhundert werden Museen zunehmend mit Kunstwerken konfrontiert, deren Bewahrung und Präsentation aufgrund der Vergänglichkeit ihres Materials oder ihrer enormen Ausmaße auf herkömmliche Weise schwierig bis unmöglich werden. So stellte z.B. 1970 der damalige Direktor der Staatsgalerie Stuttgart, Peter Beye, fest: „Für zahlreiche in jüngerer Zeit entwickelte Durchdringungs- und Mischformen von Malerei bietet das Museum in seiner bisherigen Form nur selten räumlich befriedigende Möglichkeiten der Darbietung an." (Beye 1970, 18).

Die Probleme für das Museum beim Umgang mit neuen Kunstformen liegen jedoch nicht allein in ihrer räumlichen Beschränktheit oder in konservatorischen Schwierigkeiten. Es scheint vielmehr, dass sich ein beträchtlicher Teil der Kunst im 20. Jahrhundert der Musealisierung entzieht. So bemerkt der Kunsttheoretiker Christian Kravagna in einem Beitrag zur Diskussion des Museums für Gegenwartskunst:

> „Das Kunstwerk verschwindet immer mehr. Zumindest in der avantgardistischen Kunstproduktion [...] werden zunehmend weniger handgreifliche Gegenstände hervorgebracht. Aber auch dann, wenn diese hervorgebracht werden, sind sie immer weniger dazu bestimmt, museale Tauglichkeit zu haben oder auch nur als Gegenstände zu überdauern [...]" (Noever 2001a, 7).

Der Philosoph Arthur C. Danto behauptet sogar, dass das Museum im 20. Jahrhundert seine Rolle als grundlegende ästhetische Institution eingebüßt hat, da sich die Kunst vollkommen von ihm wegentwickelt. „Man kann durchaus davon ausgehen, dass die Zeit jener Kunst, welche das Museum definiert, vorüber ist ..." (Danto 2000, 241).

Das Baseler Schaulager macht ganz den Eindruck als könnte es mit seinem großzügigen Konzept die Bedenken der zitierten Kunstexperten zerstreuen: Hier scheint das Unmögliche zu gelingen. Die enormen räumlichen Ausmaße und die aufwendige technische Ausstattung machen es möglich, Werke auszustellen, die sich bislang einer Präsentation widersetzten.[4] Das Schaulager hat, so scheint es, auch die widerspenstigste Kunst des 20. Jahrhunderts in den Schoß der musealen Präsentation zurückgeholt.[5] Ist damit das Problem des musealen Umgangs mit zeitgenössischer Kunst gelöst? Ist es also eine

4 Z.B. Werke von Katharina Fritsch und Robert Gober, die jeden anderen Museumsraum sprengen würden.

5 Als Eröffnungsausstellung zeigte das Schaulager eine Retrospektive des Werkes Diter Roths, für dessen künstlerische Arbeit Flüchtigkeit und Verfall von herausragender Bedeutung sind.

Frage des technischen bzw. architektonischen Aufwandes, ob ein Kunstmuseum der Kunst des 20. Jahrhunderts gewachsen ist oder nicht?[6]

Es besteht kein Zweifel, dass das Schaulager überzeugende Lösungen hinsichtlich Bewahrung und Vermittlung zeitgenössischer Kunst anbietet. Allerdings geht die Institution mit ihrer Konzeption auf die grundsätzlichen Fragen, wie sie Danto, Kravagna oder Beye aufwerfen, nicht ein: Diese beschäftigt nämlich weniger die Frage nach der technischen Machbarkeit von Ausstellungen bestimmter Kunstwerke. Ihre Fragestellung reicht tiefer: Sie gehen von einer prinzipiellen Unvereinbarkeit von Kunst und Museum im 20. Jahrhundert aus. Diesem grundsätzlichen Problem kann freilich nicht technisch oder konservatorisch, also durch eine Perfektionierung der traditionellen musealen Strategien begegnet werden, sondern nur durch eine differenzierte theoretische Erörterung des Verhältnisses des Kunstmuseums zum Kunstwerk im 20. und 21. Jahrhundert. Genau dieser Aufgabe stellt sich die folgende Untersuchung.

Einige Begriffsklärungen

Das Forschungsfeld ist die deutschsprachige Museumslandschaft. Unter „Kunstmuseen" sollen diejenigen Museen verstanden werden, deren Bestand primär aus Exponaten besteht, die von Fachleuten der Kunst zugeordnet werden.[7] Es wird sich im Laufe der Untersuchung zeigen, dass der Begriff des Kunstmuseums inhaltlich nicht eindeutig eingeschränkt werden kann. Je nach Problemkontext, besonders bei der Analyse der gegenwärtigen Situation, wird es nötig sein, über ein engeres Museumsverständnis herauszugehen und bei der Diskussion auch andere museumsnahe Ausstellungsinstitutionen, etwa Ausstellungshallen oder Kunstvereine zu berücksichtigen. Im Text wird bisweilen das Präfix „Kunst-„ weggelassen und nur von „Museum" die Rede sein. Hier sei mit „Museum" immer „Kunstmuseum" gemeint.[8]

---

6 Die gigantischen Formate der jüngsten Museumsbauten wie der Tate Modern, London oder auch der Pinakothek der Moderne, München könnte man als Ausdruck dieser Überzeugung sehen.

7 Diese tautologische Abgrenzung mag hier genügen. Eine genauere, theoretisch fundierte Unterscheidung von anderen, etwa technischen oder historischen Museen kann hier nicht erfolgen. Dies wäre mit einer Erörterung über die Besonderheiten von Exponaten aus dem künstlerischen Bereich gegenüber dem nichtkünstlerischen, d.h. der Unterscheidung von Kunst und Nicht-Kunst verbunden, was hier nicht geleistet werden kann. (Vgl. hierzu Goodman 1993, ders. 1998, Danto 1991).

8 Die Abgrenzung von Kunstmuseum und anderen Museumsformen wird nur aufgegeben, wenn, wie etwa in der Frühzeit des Museums, eine Unterscheidung entweder nicht möglich ist oder nicht sinnvoll erscheint.

Zielsetzung

Das Ziel dieser Arbeit besteht darin, eine Diskussionsgrundlage für die Entwicklung von Präsentations- und Vermittlungskonzepten im Museum für Gegenwartskunst zu erarbeiten. Sie analysiert das sich verändernde Verhältnis von Kunstmuseum und Kunst im Laufe seiner Geschichte und diskutiert die Konsequenzen dieses Wandels für die moderne Museumsinstitution. Es wird also die Frage verfolgt, wie das Kunstmuseum auf die grundlegenden Veränderungen, die sein Sammlungsgegenstand im Laufe der Jahrhunderte erfährt, reagiert und was dies für den musealen Umgang mit Kunst bedeutet. Es ist zu unterstreichen, dass die folgende Arbeit sich nicht das Ziel setzt, Alternativen zum konventionellen Museum zu erarbeiten. Sie kann und will keine verbindlichen Lösungsvorschläge formulieren.

Auch werden museumspraktische Probleme, die sich für das Museum im Zusammenhang mit neuer Kunst ergeben, etwa diejenigen der Konservierung bzw. der Archivierung, also der Bewahrung von Kunst, nicht oder nur am Rande behandelt. Ebenso wenig werden konkrete Präsentationsschwierigkeiten, die z.B. von einer bestimmten Materialität bzw. von ungewöhnlichen Formaten zeitgenössischer Arbeiten herrühren, erörtert. Wenn hier von musealer Präsentation von Kunst die Rede ist, geht es um prinzipielle Fragestellungen hinsichtlich der Funktionsweise und Struktur der Institution in ihrem Verhältnis zu neuartigen künstlerischen Phänomenen. Bewusst ausgeschlossen wird in dieser Untersuchung weitgehend der Bereich der Neuen Medien sowohl als künstlerisches Mittel als auch als Instrument der Musealisierung. Die Zusammenhänge von Museum, Neuer Kunst und Digitalen Medien wurden vor allem in den 1990er Jahren ausführlich diskutiert und wissenschaftlich aufgearbeitet.[9]

Das Anliegen dieser Untersuchung ist es außerdem, auf die enge und hochkomplexe Bezogenheit von Museum und Kunstbegriff hinzuweisen, von der aus erst jede Grundsatzdiskussion über Qualität von Präsentation und Bewahrung bzw. Sinn und Unsinn des Museums, ihre Kontur und Richtung erhält. Die Studie fragt, um mit den Worten Immanuel Kants zu sprechen, nach der Bedingung der Möglichkeit des Kunstmuseums der Gegenwart.

---

9 Besonders intensiv wurde und wird bis heute die Forschung auf diesem Feld am ZKM in Karlsruhe betrieben, wo z.B. 1998 eine Forschungsgruppe „Virtuelle Museen" eingerichtet wurde. Wichtige Ergebnisse dieser Gruppe wurden von Annette Hünnekens in ihrer äußerst lesenswerten Dissertation „Expanded Museum" aufgearbeitet (Hünnekens 2002).

These der Untersuchung

Die vorliegende Untersuchung vertritt die These, dass die Institution des Kunstmuseums durch wesentliche Veränderungen der Kunst im 20. Jahrhundert in eine grundlegende Krise geraten ist, die nur durch einen fundamentalen Wandel des Selbstverständnisses des Kunstmuseums überwunden werden kann. Grundlage der Argumentation ist die Annahme, dass Museumsbegriff und Kunstbegriff einander unmittelbar bedingen. Das Kunstmuseum, sein Selbstbild, seine Funktionsmechanismen und Präsentationsstrategien sind immer direkt von einer bestimmten Auffassung von Kunst abhängig. Aus dieser Abhängigkeit vom Kunstverständnis ergeben sich dann auch ab dem ausgehenden 19. Jahrhundert die Probleme des Museums mit der Kunst bzw. der Kunst mit dem Museum. Es entwickelt sich nämlich hier ein Kunstbegriff, der weit über den des Museums hinausgeht. Mit den Entwicklungen und Verwicklungen, die sich hieraus ergeben, beschäftigt sich diese Untersuchung.

Es liegt auf der Hand, dass die Beschäftigung mit dem Problem des „unmöglichen Museums“ eine zentrale Aufgabe des Kulturmanagements darstellt, da hier nicht nur die Zukunft des Museums, sondern auch die Zukunft des Museumsmanagements diskutiert wird. Effizientes Kulturmanagement ist bei dem Einsatz seiner Instrumente darauf angewiesen, seinen Wirkungsbereich sowie dessen Funktionen und Struktur genau zu kennen und ggf. auf Fehlfunktionen und Krisensituationen einzugehen. Wenn sich erweisen sollte, dass sich das Kunstmuseum im 20. Jahrhundert in der Tat in einer grundlegenden Krise befindet, betrifft dies demnach auch Kernaufgaben des Museumsmanagements. Im Interesse eines sinnvollen und langfristig wirksamen managerialen Handelns ist es unerlässlich, der Frage der „Unmöglichkeit des Museums“ nachzugehen. An den Ergebnissen der Untersuchung dieses Fragenkomplexes sind dann bestehende Managementkonzepte zu überprüfen und für zukünftige Strategien angemessen weiterzuentwickeln.

In diesem Sinne ist diese Arbeit nicht nur als Beitrag zur Museologie, sondern auch zur Forschung im Bereich des Kulturmanagements zu verstehen, obwohl Fragestellungen, die für das Fach typisch sind, etwa nach Finanzierung, betrieblicher Führung oder Marketing, nicht behandelt werden. Die Argumentation baut auf museumstheoretischen Überlegungen auf und wählt somit einen Weg, der von der Fachliteratur im Bereich des Museumsmanagements bisher noch nicht eingeschlagen wurde.

Einordnung

Der interdisziplinäre Ansatz dieser Untersuchung bringt es mit sich, dass sie bei ihren Ausführungen von der Forschung verschiedenster wissenschaftlicher Disziplinen ausgehen muss. Neben Abhandlungen im Bereich des Kultur- und Museumsmanagements, der Kunstwissenschaft und der Museumsgeschichte[10] sind besonders jene Publikationen von Interesse, die sich mit der Kernfrage nach dem modernen Kunstmuseum und seinem Verhältnis zur Kunst des 20. Jahrhunderts beschäftigen. Es wird, da sich die Studie auf die deutsche, österreichische und schweizerische Museumskultur beschränkt, von einigen Ausnahmen abgesehen, vor allem die deutschsprachige Fachliteratur berück-sichtigt.

Wirft man einen Blick auf die neuere Literatur zum Kunstmuseum an der Wende vom 20. zum 21. Jahrhundert zeigt sich, dass die Auseinandersetzung mit den Rahmenbedingungen bzw. den Methoden der Museumsarbeit deutlich in den Vordergrund gerückt ist: Es sind hierbei über die Jahre hinweg wandelnde Themenschwerpunkte auszumachen, die hier nur schlagwortartig zusammengefasst werden sollen: „Museum und Neue Medien", „Museumsarchitektur" und besonders „Museum und Kommerz" bzw. „Eventisierung des Museums".[11] Die Museumsdiskussion wird, sogar in kunstwissenschaftlichen Publikationen, von Fragen des Kulturmanagements bzw. von organisatorischen oder ökonomischen Problemfeldern dominiert.[12] Auch Publikationen, in denen Künstler Fragen des Museums erörtern, so etwa der von Christian Kravagna herausgegebene Band „Museum als Arena" (Kravagna 2001) oder auch Peter Noevers „Das diskursive Museum" (Noever 2001a) zeigen mitunter eine deutliche Ausrichtung auf diese Thematik.

10 Die vorliegende Arbeit hat sowohl einen umfassenden museumsgeschichtlichen als auch einen kunsthistorischen Teil. Diese stellen jedoch nicht das Kernfeld der Untersuchung dar, sondern dienen zur Hinführung auf die zentrale Problematik. Entsprechend bietet es sich nicht an, hier die gesamte erarbeitete Forschungslage genauer darzustellen. Hingewiesen sei lediglich auf einige Werke, die zum Standard der Museumsliteratur zu zählen sind: Hudson 1975, Deneke/Kahsnitz 1977, Grasskamp 1981, Impey/Macgregor 1985, Pomian 1998.

11 Die Literatur zu den jeweiligen Themen ist äußerst umfangreich. Hier seien exemplarisch nur einige wenige Veröffentlichungen angeführt: Museum und Neue Medien: Fehr/Krümmel/Müller 1995, Schwarz/Shaw 1996, Krämer/John 1998, Hünnekens 2002; Museum und Architektur: Newhouse 1998, Lampugnani Sachs 1999, Mack 1999, Kunstmuseum Bregenz 2000.

12 Der Band „Museum 2000", der an die in den 70er Jahren von Gerhardt Bott weitergeführte Tradition einer Experten-Textsammlung zum Museum, anknüpft, versammelt bis auf wenige Ausnahmen Aufsätze, die sich direkt oder indirekt mit Museumsmanagement bzw. mit der Ökonomisierung des Museums beschäftigen (Schneede 2000).

Diese „Ökonomisierung der Museumsdiskussion" wird seit den ausgehenden 80er Jahren von einem enormen wirtschaftlichen Aufschwung an Museumsmanagement-Literatur begleitet. Neben einer Reihe von praxisorientierten Handbüchern und speziellen Leitfäden mit z.T. weniger ausgeprägtem wissenschaftlichem Anspruch (Wiese/Wiese 1994, Compania Media 2000, Scheurer 2001) finden sich auch systematische Versuche, Grundlinien eines allgemeinen Museumsmanagements zu entwerfen (Gutbrod 1994). 1999 gab der Deutsche Museumsbund eine Zusammenstellung von Materialien zum Museumsmanagement heraus, die unter Mitwirkung verschiedener renommierter Fachleute erarbeitet wurde und die verschiedenen Bereiche des Museumsmanagements von Öffentlichkeitsarbeit über Finanzierungsfragen und Besucherforschung bis zum Marketing umfasst (Deutscher Museumsbund 1999)[13]. Auch in Fachbüchern zur Allgemeinen Museologie werden Management-Themen abgehandelt (Waidacher 1993, vgl. ebd., 563ff). Bei den Publikationen zum Museumsmanagement mit speziell betriebswirtschaftlicher Ausrichtung dominiert seit den 90er Jahren das Thema Museumsmarketing, wobei nach Jahren der Konzentration auf die US-amerikanische Museumskultur (Schuck-Wersig/Wersig 1999) zunehmend Publikationen speziell für die deutschen Verhältnisse erscheinen (Heinze 2002, Koch 2002)[14]. Daneben hat sich seit den 80er Jahren in Deutschland ebenfalls in Orientierung an den USA die empirische Besucherforschung erfolgreich etablieren können. Zentrum dieser Form der Museumsforschung ist das Interfakultative Institut für Angewandte Kunstwissenschaft der Universität Karlsruhe, das seine Ergebnisse regelmäßig in den „Karlsruher Schriften zur Besucherforschung" publiziert (Klein 1991ff).[15]

Es wird deutlich, dass an Publikationen zur Museologie und zum Museumsmanagement kaum ein Mangel besteht. Es drängt sich bei einem Überblick über die Fachliteratur allerdings der Verdacht auf, dass über der intensiven Diskussion der Rahmenbedingungen der Museumsarbeit und der Erarbei-

13 Diese Publikation versteht sich als Lehrbuch für eine berufsbegleitende Weiterbildung von Kuratoren bzw. wissenschaftlichen Mitarbeitern an Museen.

14 Neben der Standardliteratur zum Kulturmarketing, in der auch museumsspezifische Fragestellungen erörtert werden (Klein 2001), ist als wichtige Publikation im Bereich Museumsmarketing vor allem Kotler/Kotler 1998 zu nennen, die, obwohl sie von den US-amerikanischen Verhältnissen ausgeht, Marketingstrategien vorstellt, die auch für die europäische Museumskultur Verbindlichkeit beanspruchen dürfen. Die Möglichkeiten des Internets als Marketinginstrument für Museen untersucht Qubeck 1999. Eine Untersuchung zum Zusammenhang von Kulturmarketing und Lebensstil im Museums- und Ausstellungswesen liegt mit Terlutter 2001 vor.

15 Vgl. hierzu u.a. Klein 1990, Klein/Wüsthoff-Schäfer 1990, Noschka-Roos 1994, Noschka-Roos 1996. Besonders lesenswert zum Thema Besucherorientierung ist Vergo 2000.

tung von Praxisleitfäden bestimmte grundlegende Themen, die die Basis jeder Auseinandersetzung mit der Institution Museum bilden sollten, aus dem Blick geraten sind. Es sind Fragen nach der Position und Funktion des Museums in der Gegenwart und nach dem adäquaten Umgang mit seinem Sammlungsgegenstand. Zwar wird seit den 70er Jahren in der Museumsliteratur und auf Symposien die zentrale Problematik des Verhältnisses von Kunst und Kunstmuseum immer wieder angesprochen, ohne jedoch einer genaueren Darstellung und Analyse unterzogen zu werden.[16] Die vorliegende Untersuchung soll die durch diese einseitige Ausrichtung der Museumsdiskussion entstandene Lücke zumindest zum Teil zu schließen. Bewusst knüpft sie nicht an die oben genannten klassischen Fragenkomplexe des Kulturmanagements an, die in Publikationen und Symposien bereits zu Genüge diskutiert wurden, an, sondern konzentriert sich auf die Auseinandersetzung mit der Grundkonstellation Kunst – Museum.

Diese Abhandlung ist als Beitrag zur Theorie des Kulturmanagements zu verstehen. Sie gründet in der Überzeugung, dass Kulturmanagementliteratur neben einer managerial-praktischen Ausrichtung auch die Forschung im Bereich einer theoretischen Grundlagenforschung umfassen sollte. Sie analysiert den Kulturbetrieb und dessen Problembereiche – hier auf dem Gebiet des Museums – und erarbeitet so ein detailliertes Wissen um den Zuständigkeitsbereich des Kulturmanagements bzw. um einen Teilbereich, hier das Kunstmuseum, mit dem Ziel, die Grundlage für ein zielgerichtetes manageriales Handeln zu schaffen. Auf diese Weise tritt im Kulturmanagement an die Seite eines praxisbetonten Zugangs, also einer Abwägung des Einsatzes bestimmter Managementinstrumente, eine theoretische Reflektion des Kulturbetriebes und seiner Funktionsmechanismen. Die hieraus gewonnenen Einsichten in rezeptionstheoretische und institutionstheoretische Zusammenhänge klären die „inneren Strukturen" des kulturmanagerialen Arbeitsfeldes und bilden so die Voraussetzung für verantwortungsvolles und vor allem qualitätsorientiertes Handeln. Kulturmanagement agiert grundsätzlich im Spannungsfeld von Qualität und Quantität. Kultur ermöglichen heißt Kunst und Rezipienten zusammenzubringen, wobei eines der Ziele darin bestehen kann, eine möglichst große Menge Menschen mit der Kunst in Kontakt kommen zu lassen. Dieses quantitative Ziel muss jedoch immer von einem qualitativen Ziel begleitet werden. Der eigentliche Kern der kulturmanagerialen Arbeit ist die Qualität der Zusammenkunft von Kunst und Mensch, d.h. die Intensität und Tiefe der kulturellen Begegnung. Kulturmanagement, das sich wie im Falle dieser Untersuchung auf kulturmanageriale Grundlagenforschung beruft und die Analy-

16 Vgl. hierzu Noever 2001a, 7, Loers 1994, 7f, Koslowski 1988, 138f, Beye 1971, 18.

se und Gestaltung der Binnenstruktur des kulturellen Lebens zum Gegenstand hat, versteht sich als Management der Qualität.[17]

Die Studie untersucht das Verhältnis von Kunstmuseum und neuer Kunst. Ihr Ausgangspunkt ist die Theorie, d.h. es werden aufbauend auf prinzipielle, also kunst- und institutionstheoretische Überlegungen Museumsmodelle und Präsentationsmodi vorgestellt, analysiert und diskutiert. Die Argumentation wird nicht, dies sei unterstrichen, aus einem konkreten museumspraktischen Kontext heraus entwickelt. Folglich ist das Ziel der Studie nicht, ausstellungspraktische Direktiven zu erarbeiten oder Idealmodelle zu entwerfen. Die Lösung derartiger museumspraktischer Probleme sei erfahrenen Kuratoren und Ausstellungsmachern vorbehalten. Diese Untersuchung versteht sich als ein Beitrag zur theoretischen Diskussion des Kunstmuseums der Gegenwart, indem sie grundlegende Strukturen beschreibt und analysiert und hierfür z.T. neue Begrifflichkeiten entwickelt. Mit diesem Beitrag zur kulturmanagerialen Grundlagenforschung soll die gegenwärtige Diskussion um das Museum um eine theoretische Ebene erweitert werden, die allerdings museumspraktische Fragestellungen nicht aus dem Blick verliert.

Aufbau

Die folgenden Untersuchungen gliedern sich in zwei Hauptabschnitte. Im ersten Teil soll die These von der „Verunmöglichung des Museums durch die Kunst" überprüft werden. Zunächst wird in einem museumshistorischen Abschnitt die Entwicklung des traditionellen Kunstmuseums, d.h. des Museums bis zum Ende des 19. Jahrhunderts, verfolgt mit dem Ziel, zentrale Wesensmerkmale dieses Typs des Museums herauszuarbeiten (Kapitel 2). In einem anschließenden philosophiegeschichtlichen Abschnitt wird der geistesgeschichtliche Hintergrund dieser museumstheoretischen Prinzipien genauer untersucht (Kapitel 3) Der darauf folgende Abschnitt des ersten Teils beschäftigt sich dann mit der Entwicklung der Kunst und der Veränderung des Kunstbe-

17 Dem Autor ist bewusst, dass es spätestens seit den 80er Jahren den feststehenden Begriff des Qualitätsmanagements bzw. Total Quality Management (TQM) in der Managementlehre gibt. Obwohl hier keinesfalls der Versuch unternommen werden soll, TQM in Kulturmanagement einzuführen, ist doch nicht von der Hand zu weisen, dass die internationale Norm DIN EN ISO 8402 auch für Kulturbetriebe ein interessanter Ansatz sein könnte: „[...] auf der Mitwirkung aller ihrer Mitglieder basierende Managementmethode einer Organisation, die Qualität in den Mittelpunkt stellt und durch Zufriedenstellung der Kunden auf langfristigen Geschäftserfolg sowie auf den Nutzen für die Mitglieder der Organisation und für die Gesellschaft zielt" (nach Zink 1998, 38). Die Möglichkeiten eines Qualitätsmanagements im Museum werden in Brüggerhoff/Tschäpe 2001 diskutiert.

griffes im Laufe des 20. Jahrhunderts (Kapitel 4). Die Ergebnisse dieser ersten Abschnitte werden schließlich einander gegenübergestellt und die Konsequenzen für das Verhältnis von Kunst und Kunstmuseum erörtert.

Nachdem im ersten Teil sowohl historisch als auch theoretisch das Problemfeld der Untersuchung abgesteckt wurde, soll im zweiten Hauptteil die Aufmerksamkeit auf die Museumskultur im 20. Jahrhundert gerichtet werden. Mit welchen Museumsmodellen bzw. Präsentations- und Dokumentationskonzepten reagiert die Museumskultur auf die Entwicklungen von Kunst und Kunstbegriff im 20. Jahrhundert? Zunächst soll die kritische Auseinandersetzung von Künstlern und Museumsexperten mit dem Museum dargestelt und anschließend Joseph Beuys' und Marcel Broodhaers' künstlerische Auseinandersetzung mit dem Museumsthema behandelt werden, da deren Positionen für die Diskussion des Museums im 20. Jahrhundert entscheidende Stichworte liefern (Kapitel 5). Im letzten Kapitel werden schließlich einige Beispiele von Museumskonzeptionen aus der Museumsgeschichte des 20. Jahrhunderts herausgegriffen, die den Versuch dokumentieren, die Idee des Museums mit einem neuen Kunstverständnis zu vereinbaren (Kapitel 6). Ausgangspunkt wird hierbei die Arbeit des Museumsdirektors und Kunsttheoretikers Alexander Dorner sein, der bereits zu Beginn des 20. Jahrhunderts wegweisende Museumskonzepte entwickelt hat. An seine Ideen anknüpfend entwickelt z.B. Michael Fehr sein Museumsmodell, anhand dessen im letzten Kapitel der Untersuchung die Entwicklung zur Selbstreflektivität des Museums als eine mögliche Reaktion auf die gewandelten Anforderungen der Kunst verdeutlicht werden soll (Kapitel 6). Den Abschluss dieses Abschnittes bildet das Wiener Museumsprojekt *museum in progress*, bei dem sichtbar wird, wie weit sich ein Museum für Gegenwartskunst von herkömmlichen musealen und institutionellen Strukturen entfernen kann. An dieser Stelle wird sich dann auch erweisen, ob sich die Kunst und das Museum im Laufe des 20. Jahrhunderts so weit von einander entfernen, dass das Museum prinzipiell unmöglich wird, oder ob es vielleicht doch noch Wege gibt, das traditionsreiche Projekt „Kunstmuseum“ auch im 21. Jahrhundert weiterzuführen.

Das Kunstmuseum –
Ort der Distanz und Objektivierung

„Das Kunstmuseum ist ein sonderbarer Ort, gleichzeitig ein Ort der Nähe und ein Ort der Ferne zur Kunst. Einerseits laden die Museen durch prachtvolle Architekturen und aufwendige Ausstellungen dazu ein, der Kunst zu begegnen, andererseits beschleicht mich als Betrachter bei jedem Museumsbesuch das Gefühl, ein fremdes Reich betreten. Ein Kunstreich, das im Grunde unüberbrückbar weit entfernt ist von der Welt des Alltäglichen, wie ein Zoo, der mit der Wirklichkeit auch nichts zu tun hat."

Diese Äußerungen stammen aus einer Unterhaltung, die ich am Rande der Eröffnungsfeierlichkeiten des Stuttgarter Kunstmuseums im März 2005 mit einer Museumsbesucherin geführt habe. Aus ihren Worten lässt sich herauslesen, dass im Museum auch heute noch spürbar ist, was das Kunstmuseum seit seinen Anfängen ausmacht: Es ist geprägt von einer Distanz zwischen der Kunstwelt und der Lebenswelt. Der Topos dieser Distanz soll der Ausgangspunkt einer Suche nach den Wesensmerkmalen des Kunstmuseums sein. Es sollen seine Entwicklung und Variation durch die Museumsgeschichte hindurch verfolgt werden, um auf diese Weise das Kunstverständnis zu fassen, von dem aus sich das Selbstverständnis des traditionellen Kunstmuseums und damit das Verhältnis zu seinen Ausstellungsgegenständen einerseits und zu seinen Besuchern andererseits bestimmt.

Die Entwicklung des Museums als Ort der Distanz

1902 veröffentlichte Alfred Lichtwark unter dem Titel „Drei Programme" eine Abhandlung über die Möglichkeiten einer systematischen Kunstvermittlung in Museen (Lichtwark 1902). Die methodische Vermittlung von Kunst an ein „gewöhnliches" Publikum war, wie er einleitend schreibt, seinerzeit etwas völlig Neues (ebd., 9). Bis dahin war unumstößlich klar gewesen, dass Kunst und Kunstbetrachtung Privilegierten vorbehalten war; sei es, weil sie von hoher Geburt waren oder über gehobene Bildung verfügten. Die Kunstsammlung ist seit ihren frühesten Anfängen ein besonderer, d.h. dem gewöhnlichen Leben enthobener Ort. Sie beherbergt von jeher besondere, nichtalltägliche Gegenstände und ist konsequenterweise auch nur ausgewählten Menschen zugänglich. Dieses Prinzip der Distanz wurzelt in den Ursprüngen des Museums.

Der besondere Ort des Kultgegenstandes

Folgt man dem polnischen Museumswissenschaftler Krzysztof Pomian zu den Ursprüngen der Museumsinstitution, gelangt man in Bereiche der Menschheitsentwicklung, die weit vor jeglicher Form einer modernen Zivilisation liegen (Pomian 1998). Für Pomian liegt der Ursprung des Museums im Grabkult. Ausgehend von Begräbnisritualen entwickelt der Mensch das Bedürfnis, Dinge zu sammeln. An den besonderen Ort des Grabes wurde Bedeutsames und Wertvolles verbracht, um es den Toten für das Jenseits mitgezugeben. Diese Grabbeigaben oder auch Tempelschätze waren Kultgegenstände, die im Ritus von Bedeutung waren, bei dem die sinnlich wahrnehmbare Welt des Alltags mit einer übersinnlichen, metaphysischen in Verbindung trat. „[...] seit prähistorischen Zeiten haben die Menschen sowohl den Wunsch, das Unsichtbare sichtbar zu machen, als auch den, als sichtbare Wesen einen Kontakt mit dem Unsichtbaren als solchem herzustellen" (ebd., 107). Für Pomian liegt in dieser Vermittlungsfunktion zwischen sichtbarer und unsichtbarer Welt bis heute das Wesen der Sammlung:

> „Alle von uns untersuchten Sammlungen erfüllen ein- und dieselbe Funktion: sie sorgen dafür, dass die Gegenstände, aus denen sie bestehen, die Rolle von Vermittlern zwischen den Betrachtern, welchen auch immer, und den Bewohnern einer Welt spielen, außerhalb der diese Betrachter stehen (wenn die Betrachter unsichtbar sind, handelt es ich bei der Welt um die sichtbare, und umgekehrt)" (ebd., 44).

Auch wenn damals Grabbeigaben nicht den Kunstcharakter heutiger Kunstwerke besaßen, könnte man sagen, dass in dieser Form des Dingkultes nicht nur der Ursprung der Kunstsammlung, sondern die Wurzel des oben dargelegten autonomen Kunstverständnisses liegt. Dieser Dingkult nämlich fußt in einem metaphysischen Grundbedürfnis des Menschen nach einer Welt, die außerhalb seiner irdischen Existenz angesiedelt ist. Er richtet sich Plätze ein bzw. gestaltet und bewahrt Dinge, die sich außerhalb des alltäglichen, praktischen Lebenszusammenhanges befinden, und die ihn dann mit einer unsichtbaren (besseren) jenseitigen Welt in Verbindung bringen.[1] So entstanden lange vor der abendländischen Geschichtsschreibung Sammlungsorte von kultischer Bedeutung, als Verbindungsorte zu einer überirdischen Welt. Ein Beispiel hiefür ist etwa die Sammlung der Prinzessin Bel-Shalti Nannar, die im 6. Jahrhundert v.Chr. in Ur eine Sammlung von Kultgegenständen und Altertümern einrichtete.[2]

Bereits diese Ur-Museen weisen Merkmale auf, die für diese Untersuchung interessant sind. Sie dokumentieren die Vorstellung einer grundlegenden Distanz von Alltagswelt und Nicht-Alltagswelt und unterstreichen gleichzeitig die Sonderstellung des Sammlungsortes und seiner Sammlungsobjekte als Vermittler zwischen den Welten.

Aus dieser besonderen Stellung des Ortes folgt außerdem, wie Pomian darlegt, dass auch die Menschen, die sich dort aufhalten dürfen und mit ihnen alle Handlungen, die sie dort vollziehen, einen herausgehobenen Stellenwert besitzen. Analog zur Hierarchie der Dinge ergibt sich nach Pomian eine Hierarchie unter den Menschen. Die Nähe eines Menschen zum Kultgegenstand legt seine gesellschaftliche Bedeutung und die Wichtigkeit seiner Handlung fest.

„Und so finden sich auch die Menschen ihrerseits auf eine Hierarchie oder verschiedene Hierarchien verteilt. An der Spitze der Hierarchien gibt es immer [...] Repräsentanten des Unsichtbaren [...]. Am unteren Ende befinden sich dagegen die „Ding-Menschen“, die nur eine indirekte Beziehung oder nicht die geringste zum Unsichtbaren haben“ (ebd., 52).

Diese Sonderstellung des Menschen, der sich in der Nähe der Sammlung befindet, prägt bis in die Gegenwart den Kunstbetrieb und insbesondere die Museumsinstitution. Orte herausragender Dinge schaffen Eliten mit der Konsequenz, dass diese zur Legitimation und Sicherung ihres Sonderstatus immer

1 Hannah Arendt weist in ihrem Aufsatz „Kultur und Politik“ darauf hin, dass das Kunstwerk deswegen einer eigenen Welt außerhalb der alltäglichen Lebenspraxis angehören muss, weil es länger Bestand hat als ein Menschenleben. „Sie [die Kunstwerke] sind die einzigen, welche nur für eine Welt hergestellt werden, die die jeweils sterblichen Menschen überdauern soll, [...]“ (Arendt 1958, 1133).

2 Die Reste dieser Sammlung wurden 1934 durch Sir Charles Leonard Woolley ausgegraben. Es kamen dabei beschriftete Tonscherben zum Vorschein, die als eine Vorform der Beschriftungstafeln in Kunstsammlungen gedeutet wurden. (Vgl. hierzu Schreiner/Wecks 1988, 13).

auf den Erhalt des Ortes des besonderen Dings angewiesen sind. Auf diese Zusammenhänge wird weiter unten noch ausführlicher einzugehen sein (vgl. S.66ff).

Die Wurzel des Museums im griechischen *mouseĩon*

In seinem museumsgeschichtlichen Abriss geht Pomian nun auf das *mouseĩon* im hellenistischen Griechenland ein. Wie sein Name bereits nahe legt, war das *mouseĩon* ursprünglich ein Heiligtum der Musen. Die Musen sind jene Göttergestalten, die zum einen die Künste personifizieren und darüber hinaus die Fähigkeiten zur Selbstreflexion und Positionierung in der Geschichte verkörpern, Eigenschaften also, die allein dem Menschen gegebenen sind. Die Musen verkörpern also die Voraussetzungen für menschliches Wissen und Wissenschaft und das *mouseĩon* ist entsprechend der Ort, an dem ihr Wirken für den Menschen erlebbar wird (vgl. Cancik/Schneider 2000, Bd. 8, 511). Ursprünglich war das griechische *mouseĩon* ein einfaches Naturheiligtum, ein religiöser, kontemplativer Ort. Damit stellt sich das Museum an seinem Ursprung als Kultort, als Ort der passiven Schau dar und gründet den Topos des „passiven Museums", d.h. des Museums als Kunsttempel, an dem der Betrachter der Kunst in anbetender Distanz begegnet.

Doch auch der entgegengesetzte Grundtypus des „aktiven Museums" lässt sich aus den hellenistischen Anfängen der Museumsinstitutionen herleiten. Das *mouseĩon* als religiöser Kultort entwickelt sich nach und nach zu einem aktiven Forschungszentrum, zu einem Ort des Wissens. *mouseĩon* steht für einen Ort der Wissenschaft und Gelehrsamkeit. Das berühmteste Beispiel ist das alexandrinische *mouseĩon* mit seiner unermesslich wertvollen Bibliothek. Das Museum in Alexandria war eine Institution, an der sich die Gelehrten aller Disziplinen vereinigten, sich den Problemen der Welt stellten, forschten, diskutierten und arbeiteten. Dieser Museumstyp des aktiven *mouseĩon* als interdisziplinäre Forschungsstätte, wird in der Museumsgeschichte ab der Aufklärung bis in die Gegenwart häufig von Museumstheoretikern aufgegriffen.[3]

3 Immer wieder beziehen sich Gelehrte in ihren Schriften über das Museum auf den Typ der Bildungsinstitution im Sinne des alexandrinischen mouseĩon. In seinem Artikel in der „Enzyclopédie", formuliert Denis Diderot ein Museumsideal, das neben der Kunstsammlung Bibliotheken und sogar Wohnräume für Gelehrte besitzt. Anfragen des Marquis de Marigny, dies im Louvre umsetzen zu dürfen, lehnte der König jedoch ab (vgl. Grasskamp 1981, 19, Fußnote 9). Besonders im 20. Jahrhundert folgt, wie in einem folgenden Kapitel noch dargelegt wird, ein Großteil der Reformbewegungen dem Ideal des Museums als einer aktiven interdisziplinär arbeitenden Institution („Museum als Kraftwerk" (Dorner) „Museum als Arbeitsplatz" (Brock), „Museum als permanente Konferenz" (Beuys).

Mit Kunst oder dem Sammeln von Kunst bzw. einem ästhetischen Kunsterleben hatte das *mouseĩon* jedoch weder als kultischer Platz noch als protowissenschaftliche Institution etwas zu tun. Als rein den schönen Künsten gewidmete Sammlungen treten Museen erst wieder im 15. Jahrhundert in Italien bzw. im Kirchenstaat auf. Den streng wissenschaftlichen Geist des alexandrinischen *mouseĩon*s als Bildungs- und Forschungsinstitution hingegen tragen ab der Renaissance die Akademien weiter.[4] Laut Pomian waren die Vorformen des Kunstmuseums, als die man die frühen kultischen Sammlungen bezeichnen könntc, ausschließlich privilegierten Würdenträgern vorbehalten.

In einem frühen Klassiker der Museumstheorie „Die Kunst- und Wunderkammern der Spätrenaissance“ stellt Julius von Schlosser zu Beginn des 20. Jahrhunderts hingegen die These auf, dass man im Falle griechischer Kultstätten in gewissem Sinne schon von öffentlichen Sammlungen sprechen könne (von Schlosser 1978, 6). Die Kunstgegenstände, die einen hellenistischen Tempelschatz, einen so genannten Thesaurus bildeten, waren, wie von Schlosser betont, Eigentum des Volkes. „So wird denn auch bei den Hellenen zuerst der Schatz des Gottes, in Wahrheit ein öffentlicher Besitz, die Tempelkammer und ihr Bezirk im gewissen Sinne das älteste öffentliche Museum“ (von Schlosser 1978, 4).[5] Dies könnte als Beweis dafür dienen, dass in Hellas die Kunst bzw. ihre kultische Vorform im gesellschaftlichen Leben integriert war, d.h. dass eine Distanz von Kultwelt und Alltagswelt nicht bestand. Doch selbst wenn man Schlossers Vermutung folgen will, muss die berechtigte Frage gestellt werden, wie öffentlich diese hellenistische Öffentlichkeit wirklich war. Die Demokratia (Volksmacht) bedeutete im hellenistischen Griechenland keineswegs, dass jeder uneingeschränkt am öffentlichen Leben teilhatte. Nur diejenigen Bürger, die es sich leisten konnten, offizielle Ämter zu bekleiden, waren in der Lage, sich politisch zu betätigen. Diese Schicht, die in den frühen Demokratien das öffentliche Leben bestimmten, war ausgesprochen schmal (vgl. Cancik/Schneider 2000, Bd. 3, 452ff). Frauen und Sklaven spielten z.B. im öffentlichen Leben keine Rolle. Entsprechend eingeschränkt war die Gruppe derer, die freien Zugang zu den heiligen Stätten hatten. Folglich ist Schlossers Bezeichnung „öffentliches Museum“ im Falle der hellenistischen Kultstätten höchstens in einem sehr eingeschränkten Sinne zu verstehen.[6]

4 Zur Entwicklung der Akademien in der italienischen Renaissance (vgl. Pevsner 1986).

5 Auch Grasskamp verweist darauf, dass in den griechischen Tempeln eigene Räume für die Präsentation von Kultgegenständen und Opfergaben eingerichtet waren, die jedem Pilger zugänglich waren (Grasskamp 1981, 17).

6 In seiner Begeisterung für die Antike erklärt von Schlosser die Griechen auch zu den Begründern der Kunst- und Raritätenkammern. Der Stil seiner Herleitung lässt jedoch erahnen, dass bei ihm, (wie es zu Beginn der Kunstgeschichts-

Die klare Trennung von Kultwelt und Alltagswelt bestand zweifelsohne weiterhin, obwohl es sich bei der griechischen Tempelausstattung nicht um Kunstwerke im engen Sinne handelte. Es waren Kultgegenstände, die ihre Bedeutung aus dem religiösen Ritus erhielten und damit nie Gegenstände von ausschließlich ästhetischem Wert waren. In den meisten Kulturen sind die Handhabung und der Gebrauch, zum Teil sogar der Anblick derartiger Kultgegenstände nur einem kleinen Kreis auserwählter Personen, etwa Priestern und Ältesten, vorbehalten.[7] Damit können die frühen griechischen Sammlungen offenbar höchstens im übertragenen Sinne als Museen bezeichnet werden. Ernesto Grassi vertritt sogar die Ansicht, dass sie „nichts mit unserem Begriff des Museums gemein [haben], denn die dort angehäuften Werke wurden nicht aus historischem und ästhetischem Interesse aufbewahrt, sondern um sie herauszulösen aus dem Fluß der Geschichte, aus der Zeitlichkeit überhaupt und sie der Welt des Profanen zu entrücken. Deswegen sollten auch jene Schätze nicht jedem zugänglich sein“ (Grassi 1980, 97). Damit spricht Grassi die prinzipielle Gemeinsamkeit an, welche die frühen Sammlungen bei allen Verschiedenheiten mit den Museen und Kunstsammlungen späterer Jahrhunderte verbindet: den Grundsatz der Trennung der Sphäre des Sammlungsgegenstandes und der alltäglichen Lebenswelt.

Kunstraub als Ursprung der Kunstsammlung

Die ersten Kunstsammlungen im eigentlichen Sinne konnten erst entstehen, als die Kultgegenstände aus ihrem religiösen Kontext herausgenommen und an einen Ort außerhalb des Kultes gebracht wurden.[8] Diese Entwurzelung der

---

schreibung häufiger vorkommt,) idealisierende Spekulation und wissenschaftliches Anliegen mitunter etwas durcheinander geraten:

„[...] ist doch Odysseus, der Vielgeübte, mit seinem unverwüstlichen Schifferlatein, dem Wahrheit und Dichtung sich stets durcheinanderweben, der rechte Patron dieses Völkleins, aus dessen Mitte jener stets ehr- und liebenswürdige Erzähler, Herodot, hervorgegangen ist, der zuerst mit offenem und hellem Menschenblick, durch kein Priesterdogma beschränkt, die Eigenheiten der Natur und fremder Völkerschaften betrachtet und beschrieben hat. So sind in manchem Betrachte jene hellenischen Tempelschätze die ältesten Vorläufer der späteren Kunst- und Raritätenkammern“ (von Schlosser 1978, 6).

7 Walter Grasskamp führt das Beispiel der buddhistischen Mönche von Ladakhs an, bei denen die religiösen Gaben und Kultgeräte in unerreichbaren Klosterkellern verborgen wurden (vgl. Grasskamp 1981, 17). Die Tabuisierung von Gegen-ständen, die in einem religiösen Kult von Bedeutung sind, findet sich in allen Religionen. Auch in der katholischen Kirche ist es nicht jedermann erlaubt, den Tabernakel zu öffnen, um den Kelch oder die Monstranz herauszuholen. Die Distanz zu der metaphysischen Sphäre und ihren materialen Statthaltern, d.h. den Kultgerätschaften ist unüberbrückbar.

8 Vgl. hierzu Strocka 1999.

Kultgegenstände und ihre Transformation in Sammlungsstücke geschah zunächst im Zuge räuberischer Beutezüge oder kriegerischer Plünderungen.

Man könnte sagen, dass der Ursprung der Kunstsammlung der Raub ist. Allerdings erfüllten die frühen Sammlungen von künstlerisch gestalteten Gegenständen noch nicht die Aufgabe von Kunstsammlungen, in denen die Werke wegen ihres ästhetischen Wertes bewahrt wurden. Die Motivation der ersten räuberischen „Sammler" war vor allem „kriegspsychologischer" Natur. Dadurch, dass die bedeutungsvollen Kultgegenstände eines Volkes geraubt und zerstört oder für eigene Zwecke vereinnahmt wurden,[9] wurde es mitsamt seiner Kultur erniedrigt, gleichzeitig wurde die Kultur des Siegers vor allen anderen ausgezeichnet.[10]

Auch die römischen Feldherren sahen ihre Kunstbeute zunächst nicht als privaten Besitz an (Strocka 1999, 18), sondern als Eigentum ihres siegreichen Volkes und horteten sie in Zeughäusern und Kellern. Erst später begann man in den z.T. exotischen und kostbaren Beutestücken Dekorationsgegenstände bzw. Arbeiten von ästhetischem Wert zu sehen.[11] Als Sammlerobjekte hatten die Werke endgültig ihren ehemaligen Kultcharakter eingebüßt. Die vormalig

9 Als Beispiel für diese frühe Form einer letztlich politisch motivierten Kunstsammlung kann der Markusdom in Venedig angeführt werden. Seine Außenmauern sind über und über mit Spolien besiegter Völker bedeckt. Es findet sich dort z.B. auch die Figur eines sog. Tetrarchen aus Porphyr, dem königlichen Stein, die in ihrem ursprünglichen Kontext eine wichtige kultische Rolle gespielt hat. Im 9. Jahrhundert wurde sie von den Veneziern geraubt, zum Dekorationsstück erniedrigt und als Zeichen der Überlegenheit allgemein sichtbar an der Domfassade befestigt. Zu der Gruppe der Tetrarchen vgl. u.a. Vio 2001, 162.

10 Die Geschichte des kriegerischen Kunstraubs reicht weit zurück, war von jeher sehr komplex und wird bis heute juristisch höchst kontrovers diskutiert (vgl. Strocka 1999, darin ders.: Kunstraub in der Antike, 9ff). Besonders die Tatsache, dass bei dieser frühen Kunst materieller und immaterieller, d.h. kultischer Wert, nicht voneinander zu trennen waren, macht die Brisanz von kriegerischem Kunstraub aus. Die geplünderten Völker wurden nicht nur wertvoller Gegen-stände, sondern Manifestationen ihres kulturellen und religiösen Lebens beraubt (Strocka 1999, 17). Gerade diese Bedeutung von Kunst für das kulturelle Selbstwertgefühl und die nationale Identität eines Volkes tritt im Zusammenhang mit der Beutekunstproblematik (bis heute) sehr deutlich hervor (vgl. Wahl 1999, Barry 2001, 96).
Einen Höhepunkt erreicht der Kunstraub in Europa während der Herrschaft Napoleons. „Kunstwerke stellten die wertvollste Kriegsbeute der Revolutionsheere dar. Sie galten als Trophäen. Ihr Einzug in Paris wurde triumphal gefeiert" (Plagemann 1967, 16).
Zur bis heute nicht beendeten Diskussion um die Beutekunst während und nach dem II. Weltkrieg vgl. Simpson 1997, Petropuolos 1999.

11 Alexander der Große soll der erste gewesen sein, der Beutekunst wegen ihres künstlerischen Wertes in seine private Kunstsammlung aufnahm (Strocka 1999, 16).

unzertrennliche Beziehung der Kunst zum Göttlichen löste sich auf, das Kultobjekt wurde Kunstgegenstand.

Vorformen der Musealisierung in den spätantiken Kunstsammlungen

Wirkliche Kunstsammlungen tauchten erst im spätantiken Rom auf, als auch die religiöse und magische Kraft der Werke der eigenen Kultur noch mehr in den Hintergrund traten. In diesen frühen Sammlungen fand erstmals eine Musealisierung von Kunstobjekten statt. Das Prinzip der Zerstörung des symbolischen Wertes des Gegenstandes durch seine Aufnahme in eine Sammlung hat sich das Kunstmuseum seitdem erhalten. Alle Sammlungsobjekte werden zunächst ungeachtet ihres jeweiligen konkreten individuellen Kontextes gleichermaßen als Kunstobjekte behandelt und ausgestellt.[12] „Ein wichtiger Bestandteil dieser mythenzerstörenden Aneignung der Kunst ist in der nivellierenden Wirkung der musealen Kunstpräsentation zu sehen" (Grasskamp 1981, 29). Man könnte dieses grundlegende Prinzip des Museums „Objektivierung durch Nivellierung" nennen.[13]

Zusammenfassend lassen sich bei den frühen privaten Kunstsammlungen zwei Eigenschaften festhalten, die für diese Untersuchung interessant sind: Zum einen die Distanz von Kunstsphäre und Alltagssphäre und zum anderen die Transformation der Ausstellungsgegenstände in ästhetische Objekte.

Die Exklusivität der Kunst- und Raritätensammlungen

Das Sammeln von Kunst und Kuriosa war auch in der Spätantike wenigen sehr reichen oder mächtigen Adligen oder Geschäftsleuten vorbehalten, und ebenso eingeschränkt war der Kreis derer, der die Sammlungen begutachten konnte.[14] Die Distanz, die bei den früheren kultischen Sammlungen religiös motiviert war, wird in den spätantiken Kunstsammlungen zunehmend säkularisiert. Aus der religiösen bzw. magischen Distanz wird eine gesellschaftliche.

12 Der Versuch einer didaktischen Rekontextualisierung, die ab dem ausgehenden 19. Jahrhundert einsetzt, ist nur Symptom der grundlegenden Entfremdung der Dinge im Museum.

13 Adorno spricht von einer „Neutralisierung der Kunst im Museum" (Adorno 1973, 16). Diese Loslösung des Kunstgegenstandes aus seinem lebenspraktischen Kontext ist, wie man weiter unten noch sehen wird, einer der Hauptansatzpunkte der Museumskritik.

14 Zwar erwähnt von Schlosser einen römischen Edelmann namens Asinius Pollio, der seine berühmte Kunstsammlung der Öffentlichkeit zugänglich machte; doch ist auch hier nicht klar, was man sich unter Öffentlichkeit vorzustellen hat (von Schlosser 1978, 8). Es ist davon auszugehen, dass derartige Ansammlungen von Pretiosen kaum jemand zu Gesicht bekam.

Diese gesellschaftliche Distanz prägt die Museumsinstitution von da an bis in die Gegenwart. Sie spielt auch bei den frühen neuzeitlichen Kunstsammlungen Mitteleuropas, den Kunst- und Raritätenkammern, die sich ab dem Spätmittelalter an den Fürstenhöfen etablieren, eine entscheidende Rolle.

Bei den ersten Kunst- und Raritätenkabinetten in Mitteleuropa handelte es sich zunächst um unsystematische Sammlungen wohlhabender Fürsten oder Kaufleute, in welchen Kunstwerke, naturwissenschaftliche Gerätschaften, Monstrositäten[15], Münzen oder auch kunsthandwerkliche Gegenstände aufbewahrt wurden.[16] Zum Teil bauten sich Fürsten auch reine Sammlungen antiker Bildwerke, die so genannten Antiquarien, auf. Diese nehmen insofern als Vorläufer der *Kunst*museen eine wichtige Stellung ein, als sie Objekte primär aufgrund ihres künstlerischen Wertes beherbergten.[17] Beinahe originalgetreu ist ein solches Antiquarium heute noch in der Residenz in München zu bewundern.[18] Die Münchner Sammlung ist nicht zuletzt deswegen von Interesse, weil sie in der Mitte des 16. Jahrhunderts von Samuel Quiccheberg, einem der ersten bedeutenden Museologen und Kuratoren, nach allen Regeln der damaligen Konservatorenkunst zusammengestellt wurde (vgl. Roth 2000, 7 bzw. ebd., 99).[19] Das Münchener Anitquarium genoss als Kunstkammer über lange Zeit hinweg einen herausragenden Ruf. So lobte z.B. noch der barocke Museumstheoretiker Caspar Friedrich Neickel in seiner *Museographie* von 1727 ausdrücklich diese außergewöhnliche Sammlung (vgl. Neicklius 1727, 73).[20]

15 Nachdem ihnen bis ins Mittelalter Orakel oder schicksalhafte Bedeutung zugemessen worden waren, wurden Missbildungen bei Tieren oder auch Menschen auch nach der Aufklärung als wissenschaftlich herausragend bedeutsam angesehen. Peter der Große erließ z.B. eine Verordnung, nach der alle mit Abnormitäten neugeborenen Kreaturen des russischen Reiches nach Petersburg zu verbringen waren, wo sie z.T. bis heute in der berühmten Petersburger Wunderkammer ausgestellt sind.

16 Als ein Beispiel für eine besonders reichhaltige Sammlung des 16. Jahrhunderts könnte man die Wunderkammer des Großherzogs Ferdinand von Tirol auf seinem Schloss Ambras bei Innsbruck anführen, die seinerzeit in ganz Europa berühmt war. Die Räumlichkeiten dieser Sammlung können zum Großteil bis heute noch in ihrer historischen bzw. rekonstruierten Form besichtigt werden.

17 Die Sammlung antiker Gegenstände spielt in den frühen Kunstkammern neben Naturalien die wichtigste Rolle. Kurioserweise führt eine Beschreibung der Stuttgarter Kunstkammer aus dem Jahre 1736 ausschließlich antike Lapidarien auf (vgl. Bürken 1736, 11ff).

18 Zur Geschichte und Entwicklung der Münchner Kunstkammer vgl. Seelig 1985.

19 Außerdem war Quiccheberg der Leibarzt des bayerischen Fürsten Albrecht V.

20 Es ist hier nicht möglich, näher auf Geschichte und Ausstattung der Kunst- und Raritätenkammern einzugehen. Ein umfassendes Gesamtverzeichnis der europäischen Wunderkammern liegt mit Balsiger 1970 vor. Ausführliche Abhandlungen zu diesem Thema finden sich bei Schlosser 1978 und Impey/Macgregor 1985, wo auch genau auf die Bestände der verschiedenen europäischen Sammlungen mitihren regionalen Unterschieden eingegangen wird. Bezüglich der Art

Es wurde im Laufe der Renaissance in ganz Mitteleuropa zur Mode, ja zum standesgemäßen Muss, Herr über eine Kunst- und Raritätenkammer zu sein. Kunstsammlungen waren Symbole der Macht und begannen ihre Bedeutung als Instrumente feudalistischer Politik zu entwickeln. Der Fürst legte seine Sammlung nicht nur an, um Geschmack zu beweisen oder einen Ort gelehrter Unterhaltung vorweisen zu können, sondern als Statussymbol, als Zeichen seiner fürstlichen Macht: Die Kunstkammer mit ihren Exponaten aus allen Bereichen der Natur und verschiedener Kulturen stellte ein verkleinertes Abbild des Weltenkosmos dar, in dessen Zentrum sich der sammelnde Herrscher positionierte. Die Wunderkammer war das Symbol für die Welt, der Fürst damit im symbolischen Sinne Herr der Welt.[21] Entsprechend exklusiv war die Gruppe derer, die Zugang zu diesem symbolischen Herzstück feudalen Selbstverständnisses hatte. In den fürstlichen Kunstkammern erging man sich unter seinesgleichen als Mensch von Reichtum und Geschmack. Man ermöglichte anfänglich nur ausgewählten Besuchern, die entweder adligen Standes oder von hervorragender Gelehrtheit waren, den Zugang zur Kunst.[22] Es gehörte für einen gebildeten Reisenden von Stand zum unverzichtbaren Pflichtprogramm, sich bei der Aufwartung bei einem Landesfürsten dessen Sammlung zeigen zu lassen, und es stellte einen besonderen Gunstbeweis des Herrschers dar, den Einlass zu gewähren. Gleichermaßen eindeutig war das politische Zeichen dann auch, wenn ein Besuch nicht erlaubt wurde. So weigerte sich z.B. der katholische Habsburger Ferdinand II., Michel de Montaigne auf dessen Reise durch Österreich zu empfangen, als dieser um Zutritt zur Ambraser Sammlung bat, da er den Franzosen nicht als Freund und Verbündeten Österreichs ansah (Flake 1988, 75). Bei den frühen fürstlichen Sammlungen waren also gesellschaftliche bzw. standespolitische Aspekte oft wichtiger als der Kunstgenuss oder das Studium der Objekte: Eine eingehendere

---

und Qualität der Sammlungsbestände sei exemplarisch auf von Schlossers ausführliche Behandlung der Ambraser Sammlung Erzherzogs Friedrich von Tirol hingewiesen (von Schlosser 1978, 45ff). Hinsichtlich der historischen Entwicklung der Kunstkammer des 16. Jahrhunderts zum Kunstmuseum des 19. Jahrhunderts ist Lorenz Seeligs Aufsatz über das Anitquarium in der Münchener Residenz (Seelig 1985) aufschlussreich.

21 Die Wunderkammern wurden als kleine Abbilder der Welt betrachtet, als theatrum mundi, also „Kunstkammer des allergrößten Monarchen von der Welt" (vgl. Valter 2004, 21). Dieses Universalprinzip wurde, wenn auch unter veränderten Vorzeichen und in säkularisierter Form, in den rationalistischen Museumskonzepten, etwa von Leibnitz, aufgenommen (vgl. ebd., 26).

22 Der private Charakter dieser frühen Sammlungen bildet sich u.a. in ihrem Aufbau und ihrer Ausstattung ab. Die Sammlungsstücke wurden meist in riesigen Kunstschränken ausgestellt; ein besonders gut erhaltenes Exemplar eines derartigen Museumsmöbels ist, der 1625-31 erbaute Museumsschrank König Gustav Adolfs II. von Schweden. Er befindet sich heute im Besitz der Universität Uppsala (vgl. Heinrichs 1995, 329f).

Auseinandersetzung mit den einzelnen Werken war in vielen Fällen weder möglich noch vorgesehen. Selbst bei Personen von Stand und Einfluss war eine Kunstbetrachtung in der Kunstkammer nur im Rahmen eines höfischen Rituals möglich. Der englische Museumshistoriker Kenneth Hudson berichtet, wie der deutsche Künstler Joachim Sandrart 1627 auf einer Reise nach England die Sammlung des Earl of Arundel besichtigte. In den Aufzeichnungen, in denen er seine Eindrücke festhielt, deutet wenig auf eine intensive Beschäftigung mit den einzelnen Werken und Objekten hin. Der Besuch der Kunstkammer schien eher ein höfisches bzw. politisches Ereignis als ein herausragendes Kunsterlebnis gewesen zu sein. Während seine Kunstbeschreibungen sehr vage bleiben, ergeht sich Sandrart ausführlich in Lobpreisungen des hochwohlgeborenen Sammlers und seines Geschmacks (vgl. Hudson 1975, 11).

Kurz gesagt: Das Ziel des Besuchs einer Wunderkammer war nicht die Nähe zur Kunst, sondern zum Fürsten und damit die gesellschaftliche Hervorhebung seiner Person. Eine Öffnung der Sammlung für die Allgemeinheit wäre im Rahmen dieses Rituals feudaler Selbstbestätigung unmöglich gewesen, sie hätte vielmehr das gesellschaftliche Spiel verdorben. Kunstkammern mussten zur Festigung und Bestätigung des gehobenen Status ihres Besitzers, d.h. zur Abgrenzung gegenüber den niederen Ständen, die Orte einiger weniger bleiben. Im Leben des einfachen Mannes kam die hohe, d.h. sammlungswürdige Kunst nicht vor.[23] Sie war Sinnbild des höheren Standes, des Fürstlichen, des Unerreichbaren. Die breite Öffentlichkeit spielte für die frühen Kunstsammlungen zunächst lediglich insofern eine Rolle, als sie diese finanzierte. Mit den Steuern der Untertanen wurde die Sammelleidenschaft des Herrschers befriedigt.[24] Deren Distanz zur Sammlung und der darin aufbewahrten Kunst war jedoch unüberbrückbar.[25]

---

23 Von der Volkskunst soll hier nicht die Rede sein, da sie mit Ausnahme der Kunst aus exotischen Ländern, in Wunderkammern nicht vorkam.

24 Die Tatsache, dass die fürstlichen Kunstsammlungen nicht den Fürsten, sondern deren Untertanen zu verdanken sind, wird oft übersehen. Schon seit der Antike setzten sich Herrscher bei ihrer Sammelsucht mit z.T. unglaublicher Skrupellosigkeit über ihre Untertanen hinweg (vgl. Strocka 1999). Im Falle des französischen Herzogs de Berry (1340-1416) z.B., der bei von Schlosser als „der erste große Sammler im modernen Stile" bezeichnet wird, führte die Leidenschaft für exklusive Kunstgegenstände beinahe zum Ruin seiner Untertanen. Zu de Berrys Sammlungen vgl. von Schlosser 1978, 29ff.

25 Es gab durchaus Kunst, die jedermann zugänglich war: die Bildwerke in den Kirchen. Allerdings handelt es hierbei um religiöse Kultwerke, die im religiösen Kontext rezipiert wurden. Sie waren, um mit Hans Belting zu sprechen, Bilder, also Bildwerke. Belting weist darauf hin, dass man erst ab der Renaissance eigentlich von Kunst sprechen kann, also seit den ersten Künstlerpersönlichkeiten, die mit ihrem Schaffen in eine gewisse Distanz zum religiösen Kontext von Bildwerken traten. Dieser in der Renaissance geformte Kunstbegriff, ist bis in

Diese „gesellschaftliche" Distanz zwischen dem „einfachen Mann" und der „hohen Kunst" prägt das Kunsterleben im Museum nachhaltig. Diese Ansicht vertritt auch Kenneth Hudson, wenn er schreibt:

„Probably the most important fact about seventeenth- and eighteenth-century museums and art galleries is that they were run by autocrats, who asked for nobody's advice or suggestions as to how the collection should be presented or organised. Visitors were admitted as a privilege, not as a right, and consequently gratitude and admiration, not criticism, was required of them. This attitude persisted long after the widespread establishment of public museums in the modern sense" (ebd., 6).[26]

Die Trennung von Kunstwelt und Alltagswelt, wie sie sich im Falle der frühen Kunst- und Wunderkammern zeigt, ist die neuzeitliche Spielart der Distanz, die schon in den antiken Sammlungen angelegt ist und sich durch die gesamte Geschichte der Sammlungsinstitutionen immer wieder aufs Neue festigt. Sie ergibt sich, wenn sich eine kleine Gruppe das Exklusivrecht auf die Nähe zur Kunst vorbehält und damit das gewöhnliche Volk von der Welt der Kunst fernhält. Baute diese Exklusivität in feudalistischen Zeiten auf Standesbewusstsein, fanden sich in späteren Zeiten andere Modi, das privilegierte Verhältnis zur Kunst und damit den exklusiven Zugang zu ihr zu sichern.

Im Zeitalter der Aufklärung findet im Kulturleben eine grundlegende Machtverschiebung zugunsten des Bürgertums statt. Ab dem 18. Jahrhundert werden alle großen Kunstsammlungen einer breiteren Öffentlichkeit zugänglich. Zunächst scheint es, als ob mit der Entmachtung des Adels die Distanz zwischen Kunst und Öffentlichkeit aufgehoben würde: Bei näherer Betrachtung der sammlungshistorischen Zusammenhänge zeigt sich jedoch, dass das Kunstmusum auch nachdem die Aufklärung seine feudale Schale geknackt hatte, ein eigenständiger deutlich abgegrenzter Bezirk blieb, an dem der Betrachter nur aus der Distanz teilhaben durfte.

---

die Gegenwart wirksam (vgl. Belting 1990, 9). Für das Verständnis des Verhältnisses von Kunst und Betrachter im Mittelalter gibt Belting 1990 ausführlich Auskunft. Einblick in den Zusammenhang von Form und Funktion mittelalterlicher Bildwerke gibt Belting 1981.

26 Für den amerikanischen Aktionskünstler Allan Kaprow ist selbst in modernen Kunstmuseen ihre feudalistische Vergangenheit spürbar, zum einen hinsichtlich ihrer Architektur, die Paläste nachahmt, zum andern jedoch hinsichtlich ihrer Atmosphäre. 1967 schreibt er in einem Aufsatz, „[...], dass öffentliche Museen sich in erster Linie zum Ersatz für das Patronat von Palast und Kirche entwickelt haben. Baulich gesehen ist das Museum eine direkte Parallele in Stimmung, Erscheinungsbild und Funktion zu der weltfremden, unerreichbar großartigen Umgebung, in der die Kunst einst eingeschlossen war [...]. Darum haben unsere Kuratoren so aristokratische Manieren, darum die völlige Stille in den Räumen, die Ehrerbietung, mit der man von einem Werk zum anderen gleiten soll." (Zitiert nach Kravagna 2001, 10).

Im Folgenden nun soll ein kurzer Blick auf die Entwicklung des Kunstmuseums nach der Aufklärung geworfen werden. Es wird sich zeigen, dass die fürstlichen Abgrenzungsrituale zwar zum Teil verdrängt, zum Teil jedoch auch übernommen und zu nicht weniger wirksamen bürgerlichen Distanzierungsmethoden umgewandelt wurden.

Distanz trotz Öffnung – Kunstmuseen seit der Aufklärung

Die feudalistische Abkapselung der Museen fand ihr Ende ab dem 18. Jahrhundert, als die Aufklärung, ausgehend von England, die gesellschaftliche Wirklichkeit in ganz Europa zu verändern begann.

Im Jahre 1751 beschloss das Britische Parlament, das Britische Museum der Öffentlichkeit zugänglich zu machen. Es sollte allerdings noch bis 1759 dauern, bis das Museum schließlich „for the general use and benefit of the public“ seine Pforten auftat (vgl. Gutbrod 1994, 21).[27] Nach und nach folgten die fürstlichen Sammlungen in ganz Europa dem englischen Vorbild. Einen Massenansturm auf die Museen gab es allerdings zunächst nicht. Im Gegenteil: Die Besucherzahlen nach der Öffnung der Sammlungen waren oft sehr bescheiden. Das Besucherbuch der Braunschweiger Herzog Anton Ulrich-Sammlung verzeichnet im Jahr seiner Eröffnung 1754 von August bis Dezember nicht mehr als 75 Besucher (Matuschek 2004, 88), da weder die Museen für die Besucher noch die die Besucher für die Museen eingerichtet waren. Demokratie und Aufklärung standen bei vielen frühen öffentlichen Museen kaum im Vordergrund. Man betrachte beispielsweise das Museum Fridericianum in Kassel, das als öffentliche Sammlung konzipiert und deren Errichtung im Jahre 1769 begonnen wurde. Obwohl der Bau sowohl hinsichtlich seines Konzepts – die Sammlung war mit einer Bibliothek verbunden – als auch stilistisch den Geist der Aufklärung verkörperte,[28] fällt dessen Eröffnung in eine Zeit, in welcher der Absolutismus in den deutschen Kleinstaaten, wie in Hessen-Kassel, seine letzte Blüte erlebte, von der zwar die Kunst, nicht aber die Bevölkerung profitierte. Die Öffnung der prächtigen Kunstsammlungen erfolgte nicht primär aus einer Liebe des Herrschers zu seinen Unterge-

27 Bereits 1750 war auf öffentlichen Druck ein Teil der Sammlung des französischen Königs im Palais Luxembourg an zwei Tagen der Woche halbtags allgemein zugänglich gemacht worden. Diese Öffnung machte man jedoch bald rückgängig, weil man Angst bekam, dass das Volk Geschmack an der Kunst finden würde und bald die Öffnung des ganzen Museums fordern könnte (vgl. Grasskamp 1981, 19).

28 Das Fridericianum wurde von Simon Louis du Ry im klassiszistischen Stil errichtet, in dem deutlich eine Abwendung von der feudalistischen Prunksucht des Rokkoko zum Ausdruck kommt. Zur Architektur des Fridericianum vgl. Pevsner 1976, 114f, Sheehan 2000, 36f, Sheehan 2002, 64f.

benen oder mit dem Ziel, Kunst und Volk zusammenzubringen, sondern zum einen, um der internationalen Mode zu entsprechen und zum anderen aus einer trotz aller aufklärerischen Ansätze nach wie vor bestehenden Lust der Fürsten an der Selbstdarstellung. Hierfür hatte z.B. der politisch unbedeutende Landgraf Friedrich II. von Hessen-Kassel die Kunst bitter nötig (vgl. Demand 1972, 279ff).[29]

Ab der Mitte des 19. Jahrhunderts erfuhr die Museumskultur eine bis dahin noch nie da gewesene Blüte. In allen größeren Städten wurden prachtvolle Museumsbauten für die Bürger errichtet.[30] Trotz dieses Museumsbooms erweiterte sich der Kreis der Menschen, die für einen Museumsbesuch in Frage kamen, nur sehr zögernd. Es entwickelte sich das, was man mit Pierre Bourdieu den „falschen Großmut" der öffentlichen Institutionen nennen könnte: eine Mischung aus Offenheit und Exklusivität. Die Institutionen waren zwar offiziell für jedermann zugänglich, de facto fand jedoch nur Zugang, wer zu den Privilegierten gehörte, die ein „kulturelles Bedürfnis" ausbilden und ihm nachkommen konnten. „S'il est incontestable que notre société offre à tous la *possibilité pure* de profiter des œvres exposées dans les musées, il reste que seuls quelques-uns ont la *possibilité réele* de réaliser cette possibilité." (Bourdieu/Darbel 1969, 69).[31]

Ein Besuch in einem Kunstmuseum war besonders in Deutschland und Österreich, aber auch im demokratischen England, dem einfachen Bürger nicht ohne weiteres möglich. Strenge Auflagen und Einlassbestimmungen schränkten die Besuchsmöglichkeiten der potentiellen Museumsbesucher drastisch ein. Obwohl die standesbedingten Schwellen eigentlich nicht mehr bestehen sollten, hing es letztendlich doch wieder von der sozialen Stellung ab, ob man Zugang zu den Kunstsammlungen gewährt bekam. Die Zutrittskri-

29 Landgraf Friedrich II. erscheint als eine widersprüchliche historische Figur insofern, als er sich einerseits aufklärerischen Tendenzen gegenüber offen zeigte, Museen und Bibliotheken gründete, andererseits jedoch seine Untertanen als Soldaten für den amerikanischen Befreiungskrieg an England verkaufte (vgl. hierzu Sheehan 2002, 62f; Demandt 1972, 281).

30 1826 wurde der Grundstein für die Alte Pinakothek gelegt, die 1842 vollendet wurde. 1853 eröffnete die Neue Pinakothek. Schinkels Berliner Museumsbau war 1855 vollendet. In Stuttgart stimmte 1843 (auf Druck des Landtages) der König den Plänen für ein Museum zu, 1846 war die Badener Kunsthalle fertig gestellt, 1856 folgte das Museum für Kunst und Wissenschaft in Hannover und schließlich 1869 das Kunstmuseum in Dresden (vgl. hierzu Sheehan 2000, 83; Sheehan 2002, 129).

31 In den Augen Bourdieus sind es nicht die Institutionen, die die breite Bevölkerung ausschließen, es sind die Besucher selbst. „En effect ne sont jamais exclus ici que ceux qui s'excludent" (Bourdieu/Darbel 1969, 69). Dies gilt jedoch erst, nachdem das strikte Regelwerk der Kulturinstitutionen von den Betrachtern internalisiert worden war. Zu Beginn waren die direkten Repressionen des Museums, wie im Text deutlich wird, eindeutig dominierend.

terien waren in ganz Europa verschieden. Die Selektion der Museumsbesucher erfolgte z.B. über eine strenge Kleiderordnung, wie etwa in St. Petersburg, wo man nur mit Hut und Handschuhen in das Museum eingelassen wurde. Die Kleiderordnung war jedoch nicht überall gleich strikt: 1792 kam jeder Bürger in Wien in die Kunstsammlung, der „saubere Schuhe" hatte (vgl. Pevsner 1976, 117).[32]

Die streng limitierten Öffnungszeiten erschwerten einem Großteil der Bevölkerung den Zugang zu den Museen sehr. Im 19. Jahrhundert waren die Sammlungen unter der Woche meist nur an ein bis zwei Tagen für einige Stunden geöffnet.[33] Die Kunst sollte zwar prinzipiell auch dem einfachen Volke zugänglich sein, jedem „Landmann, Karrenschieber, Kutscher und so weiter", wie der königliche Kurator des Zwingers in Dresden Gustav Klemm behauptete; allerdings hatten die Museen an arbeitsfreien Tagen, etwa Sonn- und Feiertagen geschlossen, so dass es für einen gewöhnlichen Arbeiter oder Angestellten kaum möglich war, eine Kunstsammlung zu besuchen (vgl. Sheehan 2002, 178). Grasskamp erwähnt, dass im 18. Jahrhundert Besuche im British Museum Wochen im Voraus angemeldet und die Dauer des Aufenthalts genau angegeben werden musste. Wenn eine Genehmigung erfolgte, war der Besucher auf die vereinbarten Termine festgelegt (vgl. Grasskamp 1981, 19). Vielerorts wurde der Einlass zudem stark reguliert, indem Eintrittsgelder verlangt wurden, die sich ein Normalbürger nicht leisten konnte. Diese hohen Eintrittspreise ergaben sich oftmals aus der Tatsache, dass die Museumskuratoren ihren Lebensunterhalt weitgehend aus den Eintrittsgeldern bestritten.[34]

Aber selbst wenn ein interessierter Bürger die Hürde der Museumspforte genommen hatte, war ihm im 18. oder 19. Jahrhundert ein angenehmer Museumsaufenthalt keinesfalls gewiss. Die Aufenthaltsdauer war beschränkt, und das Museumspersonal war Fragen gegenüber wenig aufgeschlossen. Kenneth Hudson erzählt sehr plastisch von den Erfahrungen eines englischen Buch-

32 Es ist bemerkenswert, dass es hinsichtlich des Aufwandes, der mit einem Museumsbesuch verbunden war, regional beträchtliche Unterschiede gab. Während es in Ländern wie Italien und Spanien kein großes Problem darstellte, an bestimmten Tagen Kunstsammlungen zu besichtigen, war dies in anderen Ländern, etwa Österreich oder auch England mitunter sehr schwierig (vgl. Hudson 1975, 4).

33 1830 hatte die Karlsruher Kunsthalle lediglich mittwochs von 8.00-12.00 und von 14.00-16.00 Uhr geöffnet Die Berliner Museen waren bis in die 1870er Jahre zwar von Montag bis Samstag von 10.00-17.00 zugänglich, allerdings abwechselnd immer nur entweder die Malerei- oder die Skulpturenabteilung (vgl. Sheehan 2001, 117f).

34 Schon in seiner Anfangszeit herrschte in den Museen Geldnot. Die Restriktionen im British Museum des 18. und 19. Jahrhunderts führt Hudson darauf zurück, dass das Parlament immer zu wenig Geld für das Museum bereitstellte: „[...] it is probable that the general public would have been better treated than it actually was if Parliament had not left the Museum so chronically short of money" (Hudson 1975, 10).

händlers, der im Jahr 1784 das Britische Museum besuchte, nachdem es ihm mit nicht geringem Aufwand gelungen war, eine der begehrten Eintrittskarten zu ergattern. Zu seinem großen Missmut wurden ihm von dem Museumsführer nicht, wie er erwartet hatte, die Wunder menschlicher Schaffenskraft (wonders of creation*)* erläutert und näher gebracht. Man trieb ihn vielmehr in völliger Stille in nur 30 Minuten durch die Säle, ohne ihm die Möglichkeit zu geben, sich mit nur einem Stück näher zu beschäftigen. Von einer aufregenden und erfüllenden Begegnung mit den Kunstwerken war dieser Museumsbesuch, wie der Buchhändler beklagt, weit entfernt: „I went out much about as wise as I went in [...]. [I] paid two shillings for a ticket, been hackneyed through the rooms with violence, had lost little share of good humour I brought in, and came away completely disappointed" (zitiert nach ebd., 9).

Der Besuch eines Museums hatte unter solchen Umständen wohl kaum etwas mit Kunstgenuss oder Kunststudium zu tun. Er war nicht viel mehr als eine kurze Teilhabe an der vormals unerreichbaren Welt der adeligen Obrigkeit und deren Lebenswelt, die immer noch den Geist dieser Orte prägten. Eine gesellschaftliche Grenze trennte die Kunst nach wie vor von dem „gemeinen Volk"; eine Grenze, die nicht nur hingenommen, sondern bis ins 20. Jahrhundert hinein z.T. sorgsam gepflegt wurde.[35] Die Hüter der Musentempel rekrutierten sich zunehmend aus dem gebildeten Bürgertum, das ab dem 19. Jahrhundert Kunst und Kultur als seinen ureigenen Aufgabenbereich verstand und hier gesellschaftliche Abgrenzungs-mechanismen sowohl gegenüber dem als dekadent empfundenen Adel als auch dem primitiven einfachen Volk entwickelte.

Schon die frühen bürgerlichen Kuratoren sahen das Reich der hehren Kunst durch den gemeinen Mob entehrt. Als Kaiser Joseph II. 1770 seine Kunstsammlung der Öffentlichkeit bei freiem Eintritt zugänglich machen wollte, regte sich bei Kuratoren, aber auch bei Künstlern Widerstand. Man meinte, dass das Volk „die stille Kontemplation der Kunst" stören könnte (vgl. ebd., 4).

---

35 Es gab allerdings auch schon im 19. Jahrhundert kritische Stimmen aus den Reihen der Kuratoren, die die Besucherfeindlichkeit der Museen kritisierten. John Charles Robinson, später Lehrer am Museum in South Kensington, scheint sich auf die oben erwähnten Erlebnisse des Buchhändlers zu beziehen, als er 1853 das British Museum wegen seiner Rückständigkeit mit den Worten kritisiert: „Das Britische Museum ist nie eine Einrichtung für die Lehre gewesen [...]. Für den größten Teil des Publikums steht zu befürchten, daß unsere große nationale Sammlung eine Anhäufung von Kuriositäten und Merkwürdigkeiten [...] geblieben ist; eine schlafende, passive Institution, die keinen abwägbaren Einfluss auszuüben in der Lage ist [...]. Die Leute kehren zurück von ihren Feiertagsbesuchen [...] mit einem konfusen Spektrum von [...] altem Marmor, Vasen, Büchern, Drucken usw., welches in ihren Hirnen herumspukt [...] aber eigentlich keinem anders definierbaren Ergebnis" (zitiert nach Reising 1977, 99).

Es wird deutlich, dass die grundsätzliche Distanz von Kunst und Alltag auch im aufgeklärten Museumsbetrieb erhalten blieb. Die neuen Hürden zwischen den Besuchern und der Kunst im bürgerlichen Museum gründeten in der Überzeugung einer grundsätzlichen Enthobenheit der Kunst und damit eines Sonderstatus der Museumsinstitution. Die Grundlage dieser Distanzierung wandelte sich jedoch entscheidend. Nach der standespolitischen Abtrennung der Kunst vor der Aufklärung wurde im nachfeudalen Kulturbetrieb ein Kunstbegriff entwickelt, der die Distanz durch eine gleichsam philosophische Überhöhung der Kunst rechtfertigte.

Während der Sonderstatus der Sammlungsgegenstände der Wunderkammern von ihrem materiellen Wert oder ihrer Seltenheit herrührte, entwickelt sich ab der Aufklärung ein Kunstverständnis, das von einer „immateriellen", nämlich metaphysischen Übergeordnetheit der Kunstgegenstände ausgeht. Es bildet sich anknüpfend an die antike Kunstphilosophie die Vorstellung einer strikten ontologischen Trennung des Reiches der Kunst vom Reich des alltäglichen Lebens heraus, die schließlich in der Romantik ihren Höhepunkt findet: Die Welt der Kunst wird auf einer seinsmäßig höheren Stufe als die Alltagswelt angesiedelt, die Kunst wird das „Ganz-Andere". Im folgenden Abschnitt soll in einem Überblick auf die Entwicklung dieser philosophischen Trennung von Kunst und Alltag und die mit ihr einhergehende Autonomisierung der Kunst eingegangen werden. Besondere Aufmerksamkeit soll hierbei dem romantischen Kunstverständnis des 18. und 19. Jahrhunderts gelten, da hier die Distanz von Kunstwelt und Alltagswelt ihren Höhepunkt erfährt und ein Kunstbegriff formuliert wird, der für die bürgerlichen Kunstinsitutionen bis in die Gegenwart von grundlegender Bedeutung ist.

Philosophische Grundlagen der Trennung von Kunst und Leben

In seinem Aufsatz „Der Kunstbegriff im Wandel" schreibt Hans Georg Gadamer: „Es ist eine im eigensten Sinne philosophische Aufgabe, sich über den Kunstbegriff in seinem Wandel Rechenschaft zu geben. Denn gewiß ist es eine Fragestellung für jeden Menschen, der zur Kunst ein Verhältnis hat oder ein Verhältnis sucht, sich über den Wandel der Kunst selbst und in ihrer Auffassung Gedanken zu machen. Im Grund kann niemand dieser Aufgabe für sich selber ausweichen [...]" (Gadamer 1995, 88).

Die Auseinandersetzung mit dem Wandel des Kunstverständnisses ist auch bei der hier vorgenommenen Bestimmung wesentlicher Merkmale des traditionellen Kunstmuseums zentral, da sich sowohl das Selbstverständnis der Institution als auch seine Funktionsmechanismen und gesellschaftliche Stellung von dem jeweils geltenden Kunstverständnis her bestimmt. In den folgenden Abschnitten wird nun anhand einiger Positionen der Philosophiegeschichte ein kurzer Überblick über Entwicklung des autonomen Kunstverständnisses gegeben. Er soll bei Alexander Baumgarten, dem Begründer der philosophischen Ästhetik, beginnen und in großen Schritten über Kant und Schopenhauer zu Wilhelm Wackenroder führen, der einen Kunstbegriff formuliert, bei dem die Trennung von Kunstwelt und Lebenswelt total wird.

Alexander Baumgarten: Der Beginn der Autonomisierung der Kunst

„Im Bedeutungswandel des Begriffs ‚Kunstwerk' wird in der modernen Zeit ein entscheidender Schritt getan.[...] Es entsteht eine Welt für sich, die wir das ‚Reich der Kunst' schlechthin nennen; die Werke bilden eine eigene Welt [...] von der Wirklichkeit gelöst, ein Reich der Kunst mit eigenen Maßstäben und eigener Idealität [...]" (Grassi 1980, 99f).

In seiner Theorie der Avantgarde weist Peter Bürger auf die enge Verbindung der Entwicklung einer autonomen Kunst mit der Herausbildung der bürgerlichen Gesellschaft im 18. Jahrhundert hin (Bürger 1974, 49ff). Schon in der Renaissance hatte sich ein anonymer Kunstmarkt entwickelt, in dem die Kunst aus ihren traditionellen (religiösen oder feudalen) Bindungen heraustrat und sich ihren eigenen Bezirk abzustecken begann. Doch erst mit der Formulierung einer systematischen Ästhetik wird die theoretische Grundlage für die Autonomie der Kunst gelegt.[36] Es bildet sich die Vorstellung einer eigenständigen Sphäre der Kunst, eines Reichs des zweckfreien Schaffens und interesselosen Wohlgefallens, das zum einen dem gesellschaftlichen Leben mit seinen alltäglichen Zwängen gegenübersteht, zum anderen eine Zugangsweise zur Wirklichkeit anbietet, die über die vernunftgeleitete Erkenntnis hinausgehen kann.

Alexander Baumgarten gilt als Begründer der Ästhetik als eigenständiger philosophischer Disziplin. Er erarbeitete im 18. Jahrhundert als Antwort auf den strengen Rationalismus der Schulphilosophie seiner Zeit eine systematisch aufgebaute ästhetische Lehre, die er in den Jahren 1750 und 1758 unter dem Titel „Aesthetica" veröffentlichte (Baumgarten 1961). Seine Abhandlung

36 Die Urform der Trennung von Kunstsphäre und Alltagssphäre findet sich bereits in der antiken Philosophie bei Platon. In seinem Buch X der Politeia drängt er auf eine strikte Separierung von Kunst und gesellschaftlichem Leben, da jegliche künstlerischen Machenschaften den Menschen in seinem erkennenden und moralischen Handeln korrumpieren (Politeia, BuchX, 602c-603b) und somit das Staatswesen gefährden. Künstler sind in Platons idealem Staat nicht erwünscht (607b).

verstand sich nicht in erster Linie als eine Philosophie der Kunst, sie war primär eine Theorie der Welterkenntnis durch die Sinne, als „Alternative" zur vernunftgeleiteten Erkenntnis. Im §1 seiner Prolegomena zur „Aesthetica" formuliert er folgende Definition der Ästhetik: „Die Ästhetik (als Theorie der freien Künste, als untere Erkenntnislehre, als Kunst des schönen Denkens) ist die Wissenschaft der sinnlichen Erkenntnis" (Baumgarten 1983a, 3). Seine „Aesthetica" ist damit keine kunsttheoretische, sondern eine erkenntnistheoretische Abhandlung, in der er darlegt, dass mit der Sinnlichkeit eine Form des Wirklichkeitszugangs und der Erkenntnis gegeben ist, die über die rationalen Erkenntniskategorien des Klaren und Deutlichen (clare et distincte)[37] hinausgeht, indem sie auch das Unbestimmte und Undeutliche als wichtigen Bestandteil der Erkenntnis zulässt. Der Verstand ist nicht der einzige und keinesfalls der erschöpfende Quell der Erkenntnis. Das sinnliche Erkennen ist sogar gewissermaßen reicher, da es auch dem Gefühl und den Empfindungen eine Rolle bei der Wirklichkeitswahrnehmung zuweist. Hieraus ergibt sich, dass nicht nur diejenigen Werke die Welt wahrhaftig abbilden können, die sich einer rationalen Logik folgend klar definierter Begriffe bedienen – also der Begrifflichkeit der Naturwissenschaften oder der logisch argumentierenden Theologie – sondern auch jene Werke, die der sinnlichen Wahrnehmung entspringen z.B. die Poesie, das Lied, d.h. Kunst im Allgemeinen.[38]

Indem Baumgarten die Sinnlichkeit an die Seite der Ratio stellt und so eine Neubewertung der Kunst als Erkenntnismedium vornimmt, rückt er den Bereich der Kunst und denjenigen der Alltagserkenntnis zunächst eng zusammen. Mittels der Kunst vermag es der Mensch, seine Welt besser oder zumindest anders zu verstehen. Dieser Status der Kunst als ausgezeichnetem Zugang zur Wahrheit macht den Weg frei für eine Auffassung von Kunst als relevante Größe nicht nur für die Erkenntnis, sondern auch für die Gestaltung von Wirklichkeit und ist damit Voraussetzung für das Kunstverständnis der Avantgarde, die die Grenzen zwischen Kunstwerk und Leben aufbrechen will.[39] Bei seiner Charakterisierung des „Ästhetikers" jedoch stellt Baumgarten die Bereiche des Ästhetischen der Alltagswelt ausdrücklich gegenüber. Für ihn ist derjenige ein Ästhetiker, der sich in besonderer Weise zum Schönen hingezogen fühlt und sein Denken und Empfinden darauf ausrichtet. Sein

37 Nach der Vorstellung der Rationalisten zeichnet sich unzweifelhafte Erkenntnis dadurch aus, dass sie klar und deutlich (clare et distincte) ist, d.h. mit anderen Worten, dass sie eindeutig kategorial eingeordnet werden kann.

38 Zu der Ästhetik als Wissenschaft der sinnlichen Erkenntnis vgl. Hans Rudolf Schweizers Vorwort in Baumgarten 1983b, VIIff.

39 Die Theorie vom Primat des Ästhetischen beim Wirklichkeitszugang begründete, ausgehend von Baumgartens Aesthetica, eine Aufwertung der Sinnlichkeit, die im Laufe der Geistesgeschichte bis heute die verschiedensten Ausformungen erfuhr. Sie spielt z.B. im 20. Jahrhundert eine entscheidende Rolle in der postmodernen Philosophie (vgl. hierzu Welsch 1990, 1993, Sloterdijk 1987).

Ziel sollen die „liebenswürdige Tugend" und „höhere Erkenntnis" (Aest. [2], §44 f) sein, möglichst entfernt von äußeren Lustbarkeiten und alltäglichen Geschäftigkeiten. Indem Baumgarten die Unterscheidung von Ästhetiker und Nichtästhetiker vornimmt, macht er deutlich, dass er den Bereich der Ästhetik, dessen Ausdruck die Kunst ist, von jenem der gewöhnlichen Alltagsrealität klar unterscheidet. Die Ästhetik wird einem eigenständigen Bereich zugeordnet, dem sich der Nichtästhetiker nur durch Übung annähern kann (§47 f).

Da Baumgarten, wie bereits bemerkt, seine Aesthetica nicht als Kunsttheorie versteht, ist in seinen Schriften der Begriff des autonomen Kunstwerks nicht explizit ausgearbeitet. Die Abtrennung des Reiches der Kunst ist hier jedoch bereits in einer Form angelegt, an die die folgenden Philosophengenerationen in ihrem Denken zur Kunst immer wieder anknüpften.

Immanuel Kant: Das „interesselose Wohlgefallen" als Basis der Autonomie der Kunst

Immanuel Kant entwickelt in seiner ästhetischen Hauptschrift, der „Kritik der Urteilskraft" (KU), die Gedanken Baumgartens zur Ästhetik als Weise des erkennenden Weltzugangs weiter.[40] Er geht hinsichtlich des autonomen Status der Kunst allerdings über Baumgarten hinaus, indem er die Loslösung der Kunst aus den Zusammenhängen der Lebenspraxis von der Seite des Subjekts her betrachtet. Die „Kritik der Urteilskraft" beschäftigt sich nicht mit der Welt der ästhetischen Objekte, sondern mit der ästhetischen Wahrnehmungsfähigkeit des Betrachters, d.h. mit der Kunst „insofern sie wahrgenommen wird". Kant untersucht die Basis des reinen Geschmacksurteils, indem er die Wahrnehmungsstruktur des Betrachters analysiert, der einen Gegenstand als schön beurteilt (KU, §2, 204). Er kommt zur Überzeugung, dass die Erkenntniskräfte des Betrachters, d.h. Einbildungskraft und Verstand, angesichts von Schönheit in ein freies harmonisches Spiel treten (KU §35, 287). Kant entwickelt den Begriff des „interesselosen Wohlgefallens", der in seinen Augen die Grundlage jedes reinen Geschmacksurteils darstellt und mit dem er die Basis für die theoretische Ablösung der Kunst vom Leben schafft. Kant überschreibt §2 seiner Kritik der Urteilskraft mit dem Satz: „Das Wohlgefallen, welches das Geschmacksurteil bestimmt, ist ohne alles Interesse" (KU §2, 204). „Ohne alles Interesse" meint hier, dass der Umgang mit Kunst unabhängig von „Begehrungsvermögen" ist, d.h. es geht nicht um die Sache selbst und ein unmittelbares Interesse, das man an ihr haben könnte. Lediglich der Gegenstand in seiner „bloßen Betrachtung" ist von Bedeutung (ebd.). Damit

40 Kant kannte das Werk Baumgartens sehr gut. Er hielt u.a. seine Vorlesungen an der philosophischen Fakultät in Königsberg in Metaphysik und Ethik nach Baumgarten (vgl. Vorländer 1974, 43).

ein reines Geschmacksurteil gefällt werden kann, muss der betrachtete Gegenstand völlig unabhängig von Interessen, welcher Art auch immer, gehalten werden: „Man muss nicht im Mindesten für die Existenz der Sache eingenommen, sondern in diesem Betracht ganz gleichgültig sein, um in Sachen des Geschmacks den Richter zu spielen" (KU §2, 205). Das Geschmacksurteil ist für Kant unabhängig von einer nur ansprechenden äußerlichen Erscheinung (KU §3). Auch das Gute, d.h. die ethische Komponente, spielt bei der Betrachtung des Schönen keine Rolle (KU §4). Ebenso trennt Kant die Betrachtung des Schönen von dem Bereich des Sentiments. Es ist unabhängig von „Reiz und Rührung" (KU §13) und dem Begriff der Vollkommenheit (KU §15). Schließlich löst Kant das Geschmacksurteil noch vom Bereich der Theorie: Ein Gegenstand wird nicht nach logischen Regeln bzw. nicht nach bestimmten rationalen Begriffen „schön" genannt (KU §16, §32). Für Kant nimmt das Geschmacksurteil eine wichtige Stellung im Erkenntnisprozess ein. Sie ist die Verbindung zwischen der Theorie, d.h. der rationalwissenschaftlichen Erkenntnis und der Praxis, d.h. dem Bereich der Freiheit und Moral, da sie zum einen allgemeingültige Urteile fällt, zum anderen aber in ihrer Interesselosigkeit von den Zwängen der Lebenspraxis befreit ist.

Ohne hier weiter auf Kants Kritik der Urteilskraft einzugehen, wird deutlich, dass Kant mit dem Begriff der Interesselosigkeit eine Kategorie einführt, auf deren Grundlage sich die Theorie der Autonomie der Kunst bzw. der Ablösung der Welt der Kunst von der Welt des Alltags bestens entwickeln konnte:[41] Im Geschmacksurteil, also bei der Auseinandersetzung mit Kunst, hat sich der Betrachter von all seinen alltäglichen Weisen des Wirklichkeitszuganges zu trennen. Weder Verstand oder moralisches Empfinden noch Gefühl oder Interesse am Ding selbst dürfen die reine Lust am Schauen beeinträchtigen. In Kants Kritik der Urteilskraft findet die Trennung von Kunst und Leben in höchster theoretischer Komplexität, aber auch in konsequentester Deutlichkeit statt.

41 Bürger glaubt, im Begriff des interesselosen Wohlgefallens, den er in den Zusammenhang mit der Autonomie des Kunstwerks bringt, eine frühe Emanzipationsbewegung der Kunst aus dem beginnenden Kapitalismus zu sehen. Er sieht das „Begehrungsvermögen", von dem sich das interesselose Wohlgefallen distanziert, in einem ökonomischen Kontext:
„Wenn das Begehrungsvermögen diejenige Fähigkeit des Menschen ist, die auf der Seite des Subjekts eine auf dem Prinzip der Profitmaximierung gegründete Gesellschaft ermöglicht, dann umschreibt der Kantsche Grundsatz auch die Freiheit der Kunst gegenüber den Zwängen der entstehenden bürgerlichkapitalistischen Gesellschaft" (Bürger 1974, 58).

Arthur Schopenhauer: Kunst als Rettung aus der Welt des Willens

Einer der Höhepunkte der philosophischen Distanzierung von Kunst und Leben durch die Verabsolutierung der Kunst findet sich in Arthur Schopenhauers Gedanken zur Kunst, wie er sie u.a. in seinem Hauptwerk „Die Welt als Wille und Vorstellung" (WWV) ausgearbeitet hat. Er treibt einen tiefen ontologischen Graben zwischen die Welt der Kunst und die Welt der irdischen (praktischen) Existenz.[42]

In „Die Welt als Wille und Vorstellung" entwirft Schopenhauer ausgehend vom Idealismus Kants, eine philosophische Weltsicht, in der die Welt *an sich* nicht existiert. Sie ist als solche nie „objektiv" gegeben, sondern das Ergebnis des sich immer weiter treibenden Willens des Menschen. Die menschliche Existenz ist ein ewiges Leid, da dieser Wille immer ziellos und unbefriedigt bleibt und nie zur Ruhe kommt. Es gibt in den Augen Schopenhauers nur einen Bereich, der diesem *circulus vitiosus* des Willens enthoben ist: die Kunst. Sie ist für Schopenhauer eine herausgehobene Form der Erkenntnis, die, losgelöst von der Welt der Erscheinungen und ihrer kausalen Struktur, auf das eigentliche Wesen der Welt blickt. Der Alltagserfahrung, besonders aber der Wissenschaft ist der Blick auf die Ideen verwehrt, da sie sich im Grunde nur mit sich selbst beschäftigt und nie zum wahren Kern der Dinge vordringt:

„Diese alle, deren gemeinsamer Name Wissenschaft ist, gehen also dem Satz vom Grunde in seinen verschiedenen Gestaltungen nach, und ihr Thema bleibt die Erscheinung, deren Gesetze, Zusammenhang und daraus entstehende Verhältnisse. – Welche Erkenntnisart nun aber betrachtet jenes außer und unabhängig von aller Relation bestehende, allein eigentlich Wesentliche der Welt, den wahren Gehalt ihrer

42 Wie Platon geht Schopenhauer von einer klaren ontologischen Distanz zwischen Kunst und Leben aus. Während Platon sie als „ontologisch minderwertig" und damit staatszersetzend einstuft, ist sie für Schopenhauer Ort der Ideale und damit die Rettung. Man könnte sagen, dass Schopenhauer hinsichtlich der ontologischen Distanz der Kunst platonisch ist, hinsichtlich ihrer Bewertung jedoch antiplatonisch. Auch Arthur Danto zieht den Vergleich zwischen Schopenhauers und Platons Kunstdenken. Er schreibt in „Die Verklärung des Gewöhnlichen": „Schopen-hauer überhöhte die Kunst in der gleichen Richtung: als Flucht vor den Zwängen des Willens in ein Reich von Formen, die sich in ihrer ontologischen Unberührbarkeit kaum von ihren platonischen Gegenstücken unterscheiden: [...]. ‚Die Kunst, das Werk des Genius', schwärmt Schopenhauer, wiederholt die durch reine Kontemplation aufgefassten ewigen Ideen, das Wesentliche und Bleibende aller Erscheinungen der Welt' [...]. Dies alles sind verherrlichende Theorien, die die Kunstwerke mit eben jenen prachtvollen Eigenschaften versehen, deren Fehlen Platon an ihnen – im Gegensatz zu den Formen – bemängelte" (Danto 1991, 63f).

Erscheinungen, das keinem Wechsel Unterworfene und daher für alle Zeit mit gleicher Wahrheit Erkannte, im einem Wort, die Ideen, welche die unmittelbare und adäquate Objektivität des Dinges an sich, des Willens sind? – Es ist die Kunst, das Werk des Genius (WWV, §36, 217).[43]

In Kunstwerken drücken sich Erfahrungen aus, die nach Schopenhauer nicht einfach sinnlichen Ursprungs sind, sondern vom Künstler in kontemplativer Versenkung gemacht werden. In diesen „übersinnlichen“ Zustand vermag er die der phänomenalen Wirklichkeit zu Grunde liegenden Ideen aus dem Chaos der ewig getriebenen Welt des Willens hervorzuholen.

„Sie [die Kunst] wiederholt die durch reine Kontemplation aufgefassten ewigen Ideen, das Wesentliche und Bleibende aller Erscheinungen der Welt [...]. Denn sie reißt das Objekt ihrer Kontemplation heraus aus dem Strome des Weltlaufs und hat es isoliert vor sich: [...] das Rad der Zeit hält sie an: die Relationen verschwinden ihr: nur das Wesentliche, die Idee ist ihr Objekt“ (WWV, §36, 218).

Der gewöhnliche Mensch, „diese Fabrikware der Natur“ (WWV, §36, 220), kann nur an der Erfahrung des Künstlergenies teilhaben, indem er versucht, einen vergleichbar weltenthobenen Zustand zu erreichen, einen Zustand, in dem er sich den Kategorien von Raum und Zeit enthebt, sich so seiner eigenen Individualität entwindet und damit der Welt des Willens entflieht. Die Teilhabe an der Kunst fordert eine Abwendung von der Welt hin zu der sich im Kunstwerk ausdrückenden Idee.[44] Das künstlerische Erlebnis ist von einer

43 Indem Schopenhauer der Kunst tiefere Erkenntnismöglichkeiten zuspricht als den Wissenschaften, knüpft er an Baumgartens Gegenüberstellung von ästhetischer und rationaler Erkenntnis an. Die Welt, insofern sie sich der Wissenschaft zeigt, ist für Schopenhauer dem Satz vom Grund unterworfen (vgl. WWV, §6, 23 bzw. §15, 95f). Die Kausalität ist jedoch nur eine (subjektive) Erkenntniskategorie und hat mit der Welt an sich nichts zu tun. Gerade weil sie in dem Prinzip der Kausalität befangen ist, ist die Wissenschaft begrenzt, denn eine Erkenntnis, die vom Satz vom Grund geleitet wird, kann immer nur feststellen, dass sich etwas so oder anders verhält aber nicht warum (ebd., §15, 83).

44 Indem Schopenhauer die Kunst in einer wirklichkeitsenthobenen Welt ansiedelt, die sich lediglich vor dem kontemplativen Individuum entfaltet, nimmt er ihr die lebenspraktische Bedeutung, die ihr noch von Schiller zugesprochen wurde und in der Folge ihre Relevanz für die menschliche Kultur. Diese Konsequenz könnte man in Hegels These vom „Ende der Kunst“ formuliert sehen. Für Hegel ist die Kunst „nach der Seite ihrer höchsten Bestimmung für uns ein Vergangenes“ (Aestetik I, 32). Sie gilt „nicht mehr als die höchste Weise, in welcher die Wahrheit sich Existenz verschafft (ebd., 150). Schopenhauer formuliert am direktesten die eigentlich romantische Idee des l’art pour l’art, der Kunst um ihrer selbst Willen, was mit den Worten Hegels zur Folge hat, dass die Kunst ihre geistesgeschichtliche Bedeutung einbüßt: „[...] ihre Form hat aufgehört, das

kontemplativen Willenlosigkeit; der Kunstbetrachter erlangt, dem Leid der Welt des Willens enthoben, den Zustand kurzer Glückseligkeit.[45]

Indem Schopenhauer die Kunst in eine Welt jenseits des von Leid geprägten Alltags entrückt und die Kunstrezeption als eine „willenlose Schau“ beschreibt, entwickelt er aus seinem pessimistischen Denken heraus ein Verhältnis zur Kunst, das für die Romantik, als deren Antipode Schopenhauer eigentlich gilt, charakteristisch ist. An der Kunst kann nur teilhaben, wer die Niederungen des Alltags verlässt und sich ihr in entrückter Versenkung nähert. Die Distanz zwischen der idealen Welt der Kunst und der des Alltags ist unüberwindlich, mit anderen Worten, das Reich der Kunst ist autonom. Trotz einer kontemplativen Nähe zur Kunst, die der Betrachter erlangen kann, gehört er einer wesenhaft anderen Welt an. Die Kunst ist immer *Objekt* seiner Bewunderung.

Hier zeichnet sich ein Zusammenhang ab, der für den Verlauf dieser Darlegungen von zentraler Bedeutung ist und der in verschiedenen Variationen immer wieder auftauchen wird: Die Vorstellung einer autonomen Kunst, d.h. einer Trennung von Kunst und Leben, geht mit einem Kunstverständnis einher, das Kunstwerke als Kunstobjekte, d.h. in sich geschlossene ästhetische Gegenstände begreift, denen der Betrachter sich immer als Außenstehender, (im Falle der Romantik) als Untergeordneter, also als Gegenüber nähert.

Die ausgeprägteste Ausformung des autonomen Kunstverständnisses erfährt die Kunst in der Romantik. Bei diesem schlaglichtartigen Überblick über die Geschichte des autonomen Kunstbegriffs soll nun ein Autor behandelt werden, in dessen Schriften sich in besonders plastischer Form das Kunstverständnis der Romantik ausdrückt, dem Poeten und Kunstschriftsteller Wilhelm Heinrich Wackenroder (1773-1798).

Wilhelm Heinrich Wackenroder: Die Radikalisierung der Distanz von Kunst und Leben in der Romantik

Im Jahre 1797 veröffentlichte Ludwig Tieck eine Schrift seines Freundes Wilhelm Heinrich Wackenroder mit dem illustren Titel, „Herzergießungen eines kunst-liebenden Klosterbruders – Phantasien über die Kunst für Freunde der Kunst“ (Wackenroder 1917). Das Bändchen versammelt eine Reihe kurzer Essays zu Musik, bildender Kunst und Religion und gilt als eine der ein-

höchste Bedürfnis des Geistes zu sein“ (ebd., 151). (Zu Hegels These vom Ende der Kunst vgl. u.a. Oelmüller 1965, Danto 1995, 30f, Belting 1983, 18f).

45 Die Parallele zu Kants reinem Geschmacksurteil und dem zu Grunde liegenden „interesselosen Wohlgefallen“ ist offensichtlich.

flussreichsten Schriften der deutschen Romantik.[46] Im überschwenglichen Stile seiner Zeit formuliert Wackenroder sein Ideal der Kunst und seine Vorstellung eines angemessenen Zugangs zu ihr.

Für diese Untersuchung ist der Aufsatz mit dem Titel „Wie und auf welche Weise man die Werke der großen Künstler der Erde eigentlich betrachten und zum Wohl seiner Seele gebrauchen müsse" (ebd., 85-89) von besonderem Interesse. In ihm drückt sich in vollkommener Weise das romantische Verständnis von Kunst als einem weltentrückten, quasi-religiösen Bereich aus. Die schwärmerische Haltung gegenüber Kunstwerken, der romantische Überschwang und der emotionale Stil der Schrift mag heute befremdlich wirken. Dennoch lohnt es sich, einen kurzen Blick auf Wackenroders Text zu werfen, da hier das romantisch-bürgerliche Kunstverständnis, das bis heute in weiten Teilen des Kunstbetriebs mehr oder weniger explizit weiterwirkt, in Reinkultur zum Ausdruck kommt.

Für Wackenroder ist die Begegnung mit Kunst ein mystisches Ereignis. Aber nur wenige Zeitgenossen seien in der Lage, dies zu empfinden und Kunstwerken als Schöpfungen genialer Künstler angemessen zu begegnen. Zu Beginn seines Aufsatzes beklagt er: „[...] viel, viel zu wenige sind derer, welche die Werke dieser (aus edlerem Tone geformten) Wesen innig zu verstehen, und (was dasselbe ist), innig zu verehren imstande sind" (ebd., 85).[47] Das Verhältnis der meisten Kunstbetrachter zu den Werken sei oberflächlich und geschehe zur bloßen Zerstreuung und ohne den angemessenen Respekt vor den Schöpfungen der Künstlergenies:

> „Bildersäle werden betrachtet als Jahrmärkte, wo man neue Waren im Vorübergehen beurteilt, lobt und verachtet; und es sollten Tempel sein, wo man in stiller und schweigsamer Demut und in der herzerhebenden Einsamkeit, die großen Künstler, als die Höchsten unter den Irdischen, bewundern, und mit der langen unverwandten Betrachtung ihrer Werke, in dem Sonnenglanze der entzückendsten Gedanken und Empfindungen sich erwärmen möchte" (ebd., 85f).

46 Mit Wackenroders Schrift beginnt u.a. die Rehabilitierung der deutschen Gotik; seine idealisierende Sicht des Mittelalters, wie er sie z.B. in seinem Aufsatz „Ehrengedächtnis unsers ehrwürdigen Ahnherrn Albrecht Dürer – Von einem kunstliebenden Klosterbruder" (Wackenroder 1917, 61-71) oder in „Schilderung, wie die alten deutschen Künstler gelebt haben: wobei zu Exempeln angeführt werden Albrecht Dürer nebst seinem Vater, Albrecht Dürer dem Alten" – (Wackenroder/Tieck 2000, 7ff) zum Ausdruck bringt, prägt das Mittelalter-Bild des 19. Jahrhunderts und dessen Rezeption in Architektur und Malerei nachhaltig. Zu Wackenroders Kunstbegriff vgl. Bollacher 1983.

47 Wie man sich den romantischen Zugang zur Kunst konkret vorzustellen hat, kann man z.B. in den Texten von Gustav Waagen, ab 1821 Direktor der Berliner Kunstmuseen, nachlesen, in denen er seine Museumsbesuche u.a. in England beschreibt (vgl. Hudson 1987, 8f).

Für Wackenroder dürfen Kunstwerke niemals nur als reizvolle Dekorationsobjekte behandelt werden; sie sind vielmehr Gegenstände der innigen Versenkung, ja der Anbetung. Der Kunstfreund muss sich darüber im Klaren sein, dass er es bei künstlerischen Werken mit Gegenständen zu tun hat, die einer anderen, göttlichen Welt angehören: „Kunstwerke passen in ihrer Art so wenig, als der Gedanke an Gott in den gemeinen Fortfluß des Lebens" (ebd., 87).[48] Ein ernsthafter Kunstliebhaber verharrt bei seiner Betrachtung nicht im sinnlichen Gegenüber zum Werk, sondern gibt sich ihm hin. Wackenroder fordert von ihm die gleiche Andacht wie im Gebet; denn ein Kunstwerk offenbart sich nicht jedermann zu jeder Zeit, sondern nur dann, wenn sich der Betrachter bereit hält. Beides, die Kunst und das Gebet, fordern Ruhe, Respekt und eine leidenschaftliche Offenheit:

„Harret wie beim Gebet, auf die seligen Stunden, da die Gunst des Himmels euer Inneres mit höherer Offenbarung erleuchtet; nur dann wird eure Seele sich mit den Werken der Künstler zu einem Ganzen vereinigen. Ihre Zaubergestalten sind stumm und verschlossen, wenn ihr sie kalt anseht; euer Herz muss sie zuerst mächtiglich anreden, wenn sie sollen zu euch sprechen, und ihre ganze Gewalt an euch versuchen können" (ebd., 87).[49]

Eine ernsthafte Kunstbetrachtung im Sinne der Romantik kann sich nicht im schnellen oberflächlichen Sinnenreiz erschöpfen. „[...] Sie [die Kunstwerke] sind nicht darum da, dass das Auge sie sehe; sondern darum, dass man mit entgegenkommendem Herzen in sie hineingehe, und in ihnen lebe und atme" (ebd., 88). Die Begegnung mit Kunst ist kein Anschauen, sondern eine mystische Schau. In stiller und inbrünstiger Versenkung soll sich die Seele des Betrachters „mit den Werken der Künstler zu einem Ganzen vereinigen". Das Ziel ist also eine Art Ineinsfallen von Werk und Betrachter, d.h. die mystische Aufhebung des Gegenüber von Kunst und Welt.

48 Diese Verabsolutierung der Kunst und des Künstlers bedeutet zum einen Freiheit und zum anderen Vereinsamung und Entfremdung von der Alltagswelt. In dieser romantischen Einsamkeit, sieht der Kunstwissenschaftler Winfield T. Scott die Wurzel für die Unverständlichkeit neuerer Kunst. In einer Rezension zu Alexander Dorners „Überwindung der Kunst" schreibt er, z.T. Dorner zitierend: „‚Für die Künstler der Romantik bedeutete seine neue subjektive Freiheit eine immer ansteigende Isolierung.' Hierdurch entstand im Leben die Tortur der Unsicherheit und Angst und in der Kunst – schließlich und endlich – der Kult der Unverständlichkeit" (zitiert nach Cauman 1960, 175).

49 Das romantische Verhältnis zur Kunst deckt sich in auffälliger Weise mit der asiatischen Rezeptionskultur, wie sie André Malraux beschreibt: „Ein Bild wird [in China] nicht ausgestellt, sondern entrollt, und dies vor einem Liebhaber im Zustand der Gnade; dessen Einswerden mit der Welt tiefer und reicher zu machen, ist seit fünfzehn Jahrhunderten die Bestimmung des Kunstwerks." (Malraux 1949, 9).

Man könnte zunächst den Eindruck gewinnen, dass in dieser romantisch-mystischen „Kunstschau" die Distanz von Kunstwelt und Lebenswelt aufgehoben wird. Ein näherer Blick zeigt jedoch, dass genau das Gegenteil der Fall ist: Diese Form der parareligiösen Verschmelzung setzt nämlich eine unüberbrückbare ontologische Distanz der betreffenden Bereiche voraus. Das romantische Kunstverständnis Wackenroders siedelt die Kunst in einer Region überirdischer Geistigkeit an und verleiht ihr quasi religiösen Status, dem die menschliche irdische Welt eindeutig untergeordnet ist. „Die Kunst ist über dem Menschen: wir können die herrlichen Werke ihrer Geweihten nur bewundern und verehren." (ebd., 89). Das Kunstwerk bleibt das *ganz andere*, dem Leben Gegenüberstehende. Entsprechend erfolgt die Kunstbegegnung als Teilhabe, in Form einer demütigen Hingabe an die Kunst,[50] die Kunstwahrnehmung wird ein quasi-religiöses Geschehen.[51] Das Kunstwerk funktioniert wie ein Kultgegenstand, der als solcher nur dann seine Wirkung entfalten kann, wenn trotz aller anbetenden Versenkung eine unbedingte Distanz zu ihm eingehalten wird, die letztendlich Ausdruck einer ontologischen Differenz ist. Die Verschiedenheit der Ebene des Betrachters und derjenigen des Kunstwerks bleibt notwendig unüberbrückbar.[52] Man kann demnach zusammenfassend feststellen, dass die Romantik, wie sie Wackenroder verkörpert, trotz der mystischen Nähe von Kunst und Leben im Kunsterleben den autonomen Kunstbegriff zu seinem Höhepunkt führt.

Der romantische Museumstempel als Institutionalisierung des Begriffs einer autonomen Kunst

Die großen Museumsgründungen des 19. Jahrhunderts erfolgten vor dem Hintergrund dieses romantischen Kunstverständnisses. Entsprechend gestaltet sich der Charakter dieser großteils bis heute existierenden bürgerlichen

50 Wie in Hans Beltings „Das unsichtbare Meisterwerk" nachzulesen, konnte diese Form der romantischen Kunstverehrung, wie zum Beispiel bei der Sixtinischen Madonna, in eine regelrechte Hysterie ausarten. „Bald hören wir, dass die Besucher der „Sixtinischen Madonna" stundenlang vor dem Bild verweilen, in Tränen ausbrechen und von dem Bild im Traum verfolgt werden" (Belting 1998, 90).

51 Die Nähe von Wackenroders Kunstverständnis zu religiösen und theologischen Fragestellungen ist überdeutlich. Angesichts des mystisch kontemplativen Elements der romantischen Kunstauffassung ist die Tatsache nicht verwunderlich, dass sich romantische Literaten wie Wackenroder oder auch Tieck, obwohl sie Protestanten waren, vom Katholizismus angezogen fühlten (vgl. Hellerich 1995, 4).

52 Positiv formuliert ist diese unüberbrückbare Distanz von Kunst und Betrachter das, was bei Walter Benjamin die Aura des Kunstwerkes heißt. Benjamin definiert die Aura als „einmalige Erscheinung einer Ferne, so nah sie sein mag" (Benjamin 1973, 18).

Kunstmuseen.[53] Das romantische Museum ist eine Stätte, an der der Betrachter auf die abgehobene Welt der Kunst trifft und aus einer unüberbrückbaren ontologischen Distanz teilhaben kann. Dem quasi-religiösen romantischen Kunstkult entspricht die Vorstellung des Museums als Kunst-Kathedrale, als Ort stiller Kunstkontemplation. In seiner Schrift „The Museum Age" schreibt Germain Bazin:

„Looking at art in terms of a religious experience began a new chapter in museology. No longer existing solely for the delectation of refined amateurs, the museum, as it involved into a public institution, simultaneously metamorphosed into a temple to human genius. As either artists or aristocrats, the early connoisseurs felt at home with art. On the other hand, the 'general public' experienced a sense of admiration that eluded expression when it was exposed to the fruits of genius; out of this confrontation arose the notion of art's transcendent worth" (Bazin 1967, 160).[54]

Besonders hinsichtlich der Rezeptionskultur spielt der Museumstyp des Kunsttempels bis in die Gegenwart in der Museumsdiskussion eine entscheidende Rolle. Noch in der zweiten Hälfte des 20. Jahrhunderts gibt es diese Parallelität im Verhalten von Museums- und Kirchenbesuchern, wie Bazon Brock feststellt:

„Abgesehen davon, dass auch die Götter und Gott zum Museumsgegenstand herabgekommen sind, lässt sich an den Museumsbesuchern beobachten, in welchem Maße sie Verhaltensweisen, die in der Kirche ausgebildet wurden, ins Museum hineintragen: Reduktion der Äußerungsformen von Subjektivität auf ein Minimum geflüsterter Kommunikationsfetzen;[55] Einschränkung der gestischen Äußerungsfor-

---

53 Auf den engen Zusammenhang von bürgerlicher Kultur und Romantik kann hier nicht näher eingegangen werden (vgl. hierzu u.a. Nipperdey 1998, 22f).

54 Dieser Museumsbegriff spiegelt sich auch, wie Klaus Dröhmer feststellt, in den Formulierungen, mit denen sich romantische Autoren über Kunstinstitutionen äußern. So spricht Hölderlin von „ästhetischer Kirche", Novalis von der „Ecclesia pressa der besseren Welt", Klenzes Glyptothek wird „Heiligtum" genannt und „Tempel" ist die Bezeichnung für Schinkels Schauspielhaus und das Museum in Hannover" (nach Dröhmer 1976, 94).
Mit dem Thema Museum als Kathedrale in der Gegenwart beschäftigt sich u.a. Arthur Danto in seinem Aufsatz „Museum und die durstigen Millionen" (Danto 1996, 201-246), wobei er allerdings von der repräsentativen architektonischen Erscheinung von Museumsbauten ausgeht. In seinen Augen ist jedoch die einer Kunst-Kathedrale angemessene Andacht und Konzentration in Museen gegenwärtig der Eventisierung zum Opfer gefallen. Danto spricht von einer „Disneyfizierung" von Museen und Kathedralen (ebd., 237).

55 Deutlich ist hier die Parallelität zu Paul Valérys berühmtem Museumstext „Das Problem der Museen", in dem er ebenfalls die Veränderung der Kommunikation im Museum beschreibt:

men auf Haltungen respektvoller Unterwerfung; Ausrichtung der Aufmerksamkeit auf den gezeigten Gegenstand in der Erwartung, dass der Kommunikationsfluss sich sogleich beschränkt auf die Richtung Gegenstand → Besucher; Abmessung der rituellen Distanz und ihre strikte Einhaltung; Spekulation auf die Objektivität und Gesetztheit des Gegenstandes, seine Bedingungslosigkeit und Unwiderrufbarkeit" (Brock 1970, 28).[56]

Es ist für diese Untersuchung wichtig, sich die Grundlage dieses Verhaltens für das parareligiöse Verhältnis zum Museum zu vergegenwärtigen. Sie besteht darin, dass der Großteil der gegenwärtigen Besucher nach wie vor einem bürgerlich-romantischen Kunstbegriff anhängt, der Kunstwelt und Lebenswelt strikt voneinander trennt und somit das Kunstmuseum zu einem Ort „außerhalb" der Alltagswelt werden lässt.[57] Nur wenn davon ausgegangen wird, dass es sich bei Kunstgegenständen um Dinge handelt, die einen außergewöhnlichen (quasi überirdischen) Status besitzen, macht es Sinn, einen besonderen Ort einzurichten, an dem man diesen Dingen begegnen kann. Dieser fundamentale Unterschied zwischen Kunst und Leben ist mit anderen Worten die Grundlage für die Existenz des bürgerlich-romantischen Museums. Aus dem nicht-alltäglichen Status der Kunst schöpft die Institution durch ihre gesamte Geschichte hindurch ihre Macht.

An dieser Stelle sollen die philosophie- bzw. geistesgeschichtlichen Vorbemerkungen zum Kunstbegriff vorerst enden. Es wurde die Entwicklung des autonomen Kunstbegriffs ab der Aufklärung verfolgt, sein Werdegang als eine immer tiefer gehende Trennung von Kunstwelt und Lebenswelt dargelegt. Auf diese Weise konnten entscheidende Zwischenergebnisse für diese Untersuchung erarbeitet werden.

Besonders wichtig ist die Einsicht, dass Kunstbegriff und Museumsbegriff untrennbar miteinander verbunden sind. Der Charakter der Museumsinstitution ergibt sich direkt aus dem zugrundeliegenden Kunstverständnis. Das

---

„Meine Stimme wird anders und setzt ein wenig höher an als in der Kirche, doch weniger laut als gemeinhin im Alltag." (Valéry 1959, 53).

56 Auch in einem seiner jüngsten Aufsätze zur Museumskultur vertritt Brock die Ansicht, dass das Ritual der Andacht selbst im modernen Museum die Rezeptionskultur prägt:
„Der Aufenthalt in solchen Museen konditioniert das Verhalten der Besucher [...]: Verlangsamung der Bewegungsabläufe, Vermeidung von Spontanäußerungen, Einschränkung der Sprechlautstärke, hypnotische Konzentration des Blicks, offenbarungsbereite Öffnung des psychischen Systems [...]." (Brock 2001, 29).

57 Diese Trennung vollzieht sich freilich nicht nur im Falle geschlossener Museumsbauten, sondern auch, wie Robert Smithson bemerkt, in Parkanlagen, z.B. in jenen, die Museen umgeben. (Man denke etwa an die Fondation Maeght in St. Paul du Vence). „Parkanlagen [...] isolieren die Kunstwerke als lauter Objekte zur formalen Ergötzung" (nach Kravagna 2001, 18).

traditionelle bürgerliche Museum fußt auf der Idee einer autonomen Kunst. Entsprechend entwickelte es sich zu einem Ort, an dem die Kunst gleichsam kultisch verehrt wurde, wenn sie überhaupt zugänglich war. Die Institution des Museums festigte so das schon in seinen Anfängen angelegte unüberbrückbare Gegenüber von Kunstwelt und Lebenswelt. Kurz gesagt: Das traditionelle Kunstmuseum ist die Institutionalisierung der Distanz von Kunst und Leben. Die Basis dieser romantischen Distanz ist, wie ausführlich dargestellt wurde, philosophisch-historischer Natur. Ab dem 19. Jahrhundert tritt an die Seite der philosophischen Distanzierungsstrategie eine weitere, nicht weniger wirksame. Es ist die Strategie der Verwissenschaftlichung der Kunst. Aus dem Museum als Kunsttempel wird das Museum als elitäres Wissenschaftsinstitut.

Museum und Wissen – Die wissenschaftliche Distanz

Die Entwicklung der Kunstsammlungen kann als die Geschichte eines Versuches beschrieben werden, das Wissen um die Natur und Kultur in Form von herausragenden Manifestationen zu sammeln, zu ordnen, zu systematisieren, zu institutionalisieren und so verfügbar zu machen. Ihren Anfang nahm die wissensgeleitete und systematische Archivierung im Zuge der Aufklärung, wobei zunächst nicht die Kunst, sondern naturkundlich relevante Exponate Gegenstand des wissenschaftlichen Ordnungswillens waren. Das Museum entwickelte sich zum Archiv, das Wissen in Form einer geordneten Sammlung speicherte. Entsprechend wandelte sich der Charakter der Museumsinstitution von einer reinen Repräsentationsstätte zu einer Wissenschafts- und Bildungsstätte, die zunächst nur Experten, bald aber auch der breiten Bevölkerung zugänglich gemacht wurde. Die Idee der Kunstsammlung als Bildungsstätte entstand allerdings schon zweihundert Jahre früher weniger aus aufklärerischem Interesse, sondern aus ökonomischen Gründen.

Das Museum als Bildungsstätte

Die ersten neuzeitlichen Museumsstiftungen im 17. Jahrhundert in England[58] waren weniger Kunstsammlungen als Archive naturwissenschaftlicher Exponate. Sie entsprangen eher einem naturwissenschaftlichen Forschergeist als einem ästhetischen oder schöngeistigen Bedürfnis.[59] An Universitäten wurden

58 Als der erste eigenständige Museumsbau gilt das bis heute existierende Ashmolean Museum in Oxford (vgl. MacGregor 1985).

59 Dieser naturwissenschaftliche Pioniergeist findet sich, wie Bredekamp ausführt, seit Beginn der Kunst- und Wunderkammern. Die frühen Sammler sahen sich

umfassende Naturaliensammlungen angelegt, die z.T. von privaten Sammlern gestiftet waren, wie etwa die reiche Sammlung des Elias Ashmole (1617-92), die als Anschauungs- und Lehrmaterial an die Universität von Oxford ging. In dem Schriftstück von 1686 mit den Statuten des Ashmolean Museums, findet sich in der Präambel folgende Begründung für die Stiftung:

„Because the knowledge of Nature is very necessarie to humaine life, health, & the conveniences thereof, & because that knowledge cannot be soe well & usefully attain'd, except the history of Nature be knowne & considered; and to this [end], is requisite the inspection of Particulars, especially those as are extraordinary in their Fabrick, or usefull in Medicine, or applyed to Manufacture or Trade" (zitiert nach MacGregor 1985, 152).

Diese pragmatische Herangehensweise setzte sich bei der Einrichtung von Objektsammlungen in ganz Europa durch.[60] Ab der Mitte des 18. Jahrhunderts forderten Gelehrte und Wissenschaftler vor dem Hintergrund eines aufklärerischen Bildungsgedankens, Kunst- und Naturaliensammlungen als öffentliche Einrichtungen nutzbar zu machen. In seiner Schrift „Die Geöffnete Raritäten- und Naturalienkammer" hatte Leonhard Christoph Sturm im Jahre 1704 genaue Anweisungen gegeben, wie das Museum seiner Zeit einzurichten sei, damit es bestmöglich zur Wissensvermittlung beitragen könnte.[61] Er regte an, das Museum als aktive Lehranstalt zu gestalten, in der Vorlesungen und Bildungsveranstaltungen abgehalten werden sollten (vgl. hierzu Steinwärder 1992, 11f). Dem Universalgelehrten Leibniz, der u.a. der Berater Peters des Großen bei der Einrichtung seiner Museen in St. Petersburg war, schwebte ebenfalls das Museum als allgemein zugängliche Bildungseinrichtung vor. In einem Memorandum an den Zaren schrieb Leibniz,[62] dass es von größter Wichtigkeit sei, dass die Museen und Kunstkabinette nicht allein der allgemeinen Belustigung dienten, sondern vielmehr der Perfektionierung der Künste und Wissenschaften (vgl. Newrow 1986, 55).[63] Er beabsichtigte den

als Nachfolger des Prometheus, des mystischen Begründers der Wissenschaft (vgl. Bredekamp 1993 26). Zur Entwicklung der Wunderkammern und ihrer frühen wissenschaflichen Aufarbeitung im 18. Jahrhundert vgl. Valter 2004.

60 Vgl. hierzu Schupach 1985.

61 Sturm veröffentlichte die Skizze eines idealen Museums, das er als dreistöckiges Gebäude mit einer Vielzahl von Räumen konzipierte, die jeweils unterschiedlichen Objektarten gewidmet waren.

62 Leibniz spielte eine entscheidende Rolle bei der Errichtung moderner wissenschaftlicher Einrichtungen in Russland unter Peter dem Großen, zu denen auch die Museen bzw. ihre Vorläufer, die Wunderkammern, gehörten (vgl. hierzu Donnert 1989, 197ff, Valter 2004, 27f).

63 Peter der Große richtete, wie er schreibt, seine Kunstkammer ein, damit die Leute „schauen und lernen" (Newrow 1986, 55). Entsprechend lautete der Titel einer Ausstellung im Museum für Kunst und Kulturgeschichte in Dortmund, die

Kreis der Besucher nicht auf Wissenschaftler und Experten einzuschränken, sondern auch einfacheren Berufsgruppen, etwa Handwerkern und Landwirten, die Möglichkeit zu eröffnen, sich im Museum zu schulen und weiterzubilden (vgl. Berliner 1928, 327).

Das Museum entwickelte sich zur „Mustersammlung", d.h. zur Ausstellung nicht nur wissenschaftlich oder historisch bedeutsamer Exponate, sondern auch ideal gestalteter Alltagsgegenstände, an denen sich Handwerk und Manufakturen orientieren sollten. Das Ziel der Sammlungen war demnach neben der Förderung der Wissenschaft die Optimierung der handwerklichen und frühindustriellen Produktion. Leibniz formulierte mit seinen Empfehlungen an den absolutistischen Zaren Peter bereits einen Museumsbegriff, der nach der bürgerlichen Revolution seinen Höhepunkt erleben sollte. Im Zuge seiner Emanzipation distanzierte sich das Bürgertum von der vermeintlichen Leichtfertigkeit der feudalen Lebensweise und bemühte sich, diese durch Leistungsorientierung und Tugendhaftigkeit zu ersetzen. Entsprechend gestalteten sich auch Position und Aufgabenstellung des bürgerlichen Museums. Eine Museumssammlung diente nicht der gelehrten Unterhaltung wie zu Zeiten der fürstlichen Wunderkammern, sondern der Bildung und Schulung des zum Selbstbewusstsein erwachten Bürgers sowohl im ästhetischen und moralischen als auch im ökonomisch relevanten Sinne. Nicht *delectatio*, sondern *ratio* sollte den Betrachter in der Museumssammlung begleiten.[64] Das Museum wurde zum Arbeitsplatz.[65]

Während sich die ökonomischen Ansprüche an das Museum als Mustersammlung mehr auf wissenschaftliche Exponate und angewandte Kunst konzentrierte, gewann das Museum im Laufe des 19. Jahrhunderts auch als Vor-

---

von Januar bis März 2003 die wichtigsten Exponate aus Peters Kunstkabinett zeigte, „Palast des Wissens" (Buberl 2003). Betrachtet man sich jedoch die Schaustücke seiner Wunderkammer heute, fällt auf, dass sich das Wissenschaftsideal des Barock deutlich von dem modernen unterscheidet. Ein beträchtlicher Teil der Sammlung besteht aus Monstrositäten und Fehlgeburten, bei deren Anblick sich weniger wissenschaftliche Erkenntnis als Sensationslust oder Ekel einstellt. Die mangelnde Wissenschaftlichkeit, die sich in manchen Sammlungen dokumentierte, wurde schon 1798 von Christoph Lichtenberg belächelt (vgl. Valter 2004, 29).

64 Die leistungsorientierte bürgerliche Auffassung, dass Museen nicht Unterhaltungsinstitutionen, sondern Bildungszentren mit eindeutig ökonomischer Zielrichtung zu sein haben, zeigt sich z.B. ausdrücklich in einem der ersten Führer des South Kensington Museums von 1882:
„This institution, it is important to remember, did not grow out of any desire to heap curiosities together or to make any popular display; it grew out of a desire for industrial art culture" (zitiert nach Smith 1989, 9).

65 Im zweiten Teil dieser Arbeit wird sich zeigen, dass die Idee des Museums als Arbeitsplatz auch in der modernen Museumsdiskussion, z.B. bei Bazon Brock, eine Rolle spielt (vgl. Kap. 5.3.4).

bildsammlung für die Kunst an Wichtigkeit.[66] In seiner Empfehlung an das Berliner Königliche Museum von 1822 schreibt Johann Wolfgang von Goethe: „Vornehmlich bezielt dieses Museum das Vereinigen und Erhalten edler Kunstwerke, die Befriedigung der Kunstverständigen, Unterricht und höhere Ausbildung der Künstler" (Goethe 1821 II, 173).[67] 42 Jahre später wird unter §1 der Statuten des „Oesterreichischen Museums für Kunst und Industrie" festgehalten:

„Das k.k. Oesterreichische Museum für Kunst und Industrie hat die Aufgabe, durch Herbeischaffung der Hilfsmittel, welche Kunst und Wissenschaft den Kunstgewerben bieten und durch Ermöglichung der leichteren Benutzung derselben die kunstgewerbliche Thätigkeit zu fördern, und vorzugsweise zur Hebung des Geschmacks in diese Richtung beizutragen." (zitiert nach Noever 2000).[68]

Das Museum war reichhaltiger Fundus für Kunst, Kunsthandwerk und Architektur des Klassizismus und später des Historismus, d.h. derjenigen Stilrichtungen, die sich mehr oder weniger eklektizistisch auf vergangene Stilepochen bezogen. Die Aufgabe als Mustersammlung, sei es vor ökonomischem oder künstlerischem Hintergrund, bestimmte bis zu Beginn des 20. Jahrhunderts die Rolle des Museums in einem beträchtlichen Maße. Solange die Kunstwerke als beispielgebende Artefakte und das Museum als Archiv derartiger Objekte außer Frage stand, hatten die Museumsinstitutionen und mit ihnen auch die Kunstwerke, die sie beherbergten, eine klare gesellschaftliche Position und Bedeutung.[69] Erst als sich ab dem ausgehenden 19. Jahr-

66 Genau genommen war das Kunstmuseum, bereits lange bevor es Mustersammlung für Industrie und Handwerk wurde, Schulungsstätte für die künstlerische Ausbildung gewesen. Die frühen italienischen Kunstsammlungen des Vatikan in Rom oder auch die Sammlungen der Medici in Florenz waren zunächst für junge Maler, Zeichner und Bildhauer geöffnet worden, um ihnen die Möglichkeit zu geben, die Meisterwerke ihrer Vorfahren zu studieren und ihre Kunstfertigkeit an den großen Vorbildern zu schulen.

67 Die Entwicklung der öffentlichen Kunstsammlungen erfolgt parallel und bis zu einem gewissen Maße analog der Entwicklung der Kunstakademien. Diese erwuchsen z.T. den fürstlichen Kunstsammlungen oder waren diesen angeschlossen. Ein aufschlussreicher historischer Text zu den frühen Akademie-Konzeptionen erschien beispielsweise 1821 in Goethes Zeitschrift „Über Kunst und Altertum" (Goethe 1821 I, 120ff). Zur Geschichte der Kunstakademie vgl. Pevsner 1986.

68 Diese Zeilen sind für das Museum offenbar auch gegenwärtig noch von Relevanz, waren sie doch auf einem runden schwarzen Aufkleber abgedruckt, der in den Katalog zur Ausstellung „Kunst und Industrie" im Museum für Angewandte Kunst Wien eingeklebt war.

69 Zur Entwicklung des Kunstgewerbemuseums vgl. Mundt 1974; zum Kunstgewerbemuseum in seiner Bedeutung für Handwerk und Industrie im ausgehenden 19. Jahrhundert vgl. Rückert/Segelken 1995.

hundert das Selbstverständnis der Kunst wandelte und diese sich aus ihrem Objektstatus befreite, wurde auch die ehedem klar umrissene Stellung des Museums fragwürdig. Fast sehnsüchtig muten die Worte von Alexander Dorner an, der sich auf der Suche nach einer neuen Bestimmung des Museums im 20. Jahrhundert an die „klaren Verhältnisse" der Vergangenheit zurückerinnert:

„Als noch Lenbach eine Person à la Rubens, eine à la Rembrandt und noch eine dritte à la Velasquez portraitierte, als in der Baukunst ein historischer Stil auf den anderen folgte und Renaissance-Eßzimmer, Rokkoko-Salons und Biedermeier-Damen-Zimmer in Frieden nebeneinander standen, in diesen Zeiten lag die Bedeutung von Kunstmuseen auf der Hand: Sie enthielten die großen Vorbilder für die bildende Kunst der Gegenwart und speziell die Kunstgewerbemuseen waren einfach Mustersammlungen für den Kunsttischler, den Kunstschlosser, die Glasindustrie usw." (zitiert nach Cauman 1960, 207).[70]

Hinsichtlich der Entwicklung des Distanzverhältnisses von Kunst und Leben im Museum lässt sich folgendes festhalten: In seiner Rolle als Musterarchiv, das sowohl Künstlern als auch Handwerkern gestalterische Vorbilder zugänglich machte, hatte das Museum die standesbedingten Distanzierungsstrategien, die das Bürgertum vom feudalistischen System adaptiert hatte, in gewisser Hinsicht überwunden. Folglich könnte man annehmen, dass hier, im Museum als Ausbildungsinstitut und Musterarchiv, die Kunst und das Leben eine wesentliche Verbindung eingegangen sind. Bei genauerem Hinsehen jedoch wird deutlich, dass dieses Verhältnis in gewisser Hinsicht unausgewogen ist: Das Kunstwerk als solches nämlich ist im Rahmen eines Musterarchivs uninteressant. Indem Kunstwerke als beispielhafte Vorbilder praktischen Zwecken dienlich gemacht werden, gehen sie eine Liaison mit der Lebenspraxis ein, die sie ihres eigenständigen Status beraubt. Kunst wird Mittel zum Zweck. Mit Kant gesprochen wird das Kunstwerk hier nicht als Kunst betrachtet, da die Zugangsweise zweckgebunden und damit nicht „interesselos" ist (vgl. S. 27f). Im Zusammenhang dieser Untersuchung bedeutet dies, dass auch im Falle des Museums als Objektarchiv das Prinzip der wesenhaften Distanz von Kunst und Leben weiterhin wirksam ist. Man könnte sagen, dass die „Verzweckung" des Kunstwerks diese Trennung sogar noch radikalisiert, insofern nämlich, als sie das Kunstwerk als solches verschwinden lässt, indem sie dieses zum bloßen Lehrobjekt reduziert.

---

70 Auch diese Idee des Museums als künstlerische Instanz, d.h. Orientierungsstätte für Kunstschaffende und Gestalter existiert bis in die Gegenwart, wie im zweiten Teil dieser Ausführungen u.a. bei Werner Haftmann (Kap.5.3.2) deutlich werden wird.

Dieses Moment der Objektivierung als Grundlage für eine wesenhafte Distanz steht auch im Zusammenhang mit der Verwissenschaftlichung der Kunstmuseen im Zentrum der folgenden Überlegungen.

Das kunstwissenschaftliche Museum – Distanz durch Wissen

Ab dem 19. Jahrhundert werden die Kunstwerke selbst zum Gegenstand einer systematischen wissenschaftlichen Disziplin, der Kunstgeschichte. Ansätze von Systematisierung und Wissenschaftlichkeit im modernen Sinne weisen allerdings bereits die frühen Wunderkammern auf. Deren heterogene Bestände, die sich aus Kunstwerken, naturkundlichen Kuriosa und wissenschaftlichen Gerätschaften zusammensetzen, waren bereits grob nach Sachgebieten gegliedert, ohne dass jedoch hierbei eine systematische Ordnung nach allgemeinverbindlichen wissenschaftlichen Kriterien als Grundlage diente. Es entsteht der Typ der enzyklopädischen Sammlung, wie sie schon der erste bedeutende Museumstheoretiker Samuel Quiccheberg (1529-1567) in ihren Grundzügen formuliert hatte.[71] Für ihn ist das Museum ein *Theatrum Sapientiae,* ein Theater der Weisheit (Roth 2000, 24).

In Zuge der Aufklärung verstärkt sich das Bedürfnis nach einer wissenschaftlichen Systematisierung der immer größer werdenden Sammlungen.[72] Dieser neue Ordnungswille ist Ausdruck des rationalistischen Dranges, der Welt habhaft zu werden, indem man sie gemäß allgemein gültiger Regeln ordnet und sie sich so *klar* und *deutlich* gegenüberstellt.[73] Die Ausgestaltung

71 Mit Samuel van Quicchebergs „Inscriptiones vel Tituli Theatri Amplissimi" beginnt die Geschichte der Museumslehre in Deutschland (vgl. dazu auch Berliner 1928, 328). Eine kommentierte Neuübersetzung dieser Inkunabel der Museumstheorie liegt mit Harriet Roths Band „Der Anfang der Museumslehre in Deutschland" vor (Roth 2000). Aus ihr geht hervor, dass die Sammlungskriterien bei Quiccheberg noch nicht auf einen bestimmten naturwissenschaftlichen Kanon beschränkt sind. Quiccheberg ist der Ansicht, dass es eine allumfassende Ordnung im Museum nicht geben kann. Für ihn können neben naturwissenschaftlichen Kriterien auch ästhetische Aspekte bei der Auswahl und Anordnung der Exponate ausschlaggebend sein (vgl. ebd., 23f).

72 Beat Wyss zeichnet in seinem Aufsatz „Das Museum. Oder die Rückverzauberung entzauberter Dinge" die Entwicklung der Ordnungsprinzipien in den frühen Sammlungen vom Prinzip der Ähnlichkeiten in der Renaissance über das Prinzip der Begriffe bis zum Prinzip des Lebens und seiner Dynamik nach. Während sich in der Naturwissenschaft diese Prinzipienfolge zeigt, bleibt laut Wyss bei den Künsten das Prinzip der Ähnlichkeit bis in die Moderne gültig (vgl. Wyss 1998).

73 Auch Goethe hatte sich für eine Ordnung der Kunstsammlungen ausgesprochen. Seine Begründung für den Vorschlag eines Inventars der Frankfurter Museen

des Museums als enzyklopädischem Archiv entwickelt sich am Ende des 18. Jahrhunderts nicht zufällig parallel zur Entstehung der ersten umfassenden Enzyklopädie Denis Diderots in Frankreich. In den fürstlichen Sammlungen der Renaissance und des Barocks gilt das wissenschaftliche Interesse anfänglich vor allem Naturalien und wissenschaftlichem bzw. optischem Gerät. Kunstwerke hingegen werden zunächst in der Sammlungen vor allem als Objekte der Dekoration, der Erbauung oder schlicht der Schau- und Sensationslust[74] behandelt, was eine Aufstellung und Präsentation nach festgelegten wissenschaftlichen Kriterien nicht nahe legt.

Erst Ende des 18. Jahrhunderts tauchen mit Institutionen wie dem Belvedere in Wien die ersten Kunstsammlungen auf, in denen Kunstwerke nach klaren Prinzipien geordnet werden.[75] Hier setzt nun die Entwicklung der Kunstsammlung zum wissenschaftlich strukturierten Archiv ein: Neben sub-

weist jedoch die rationalistische Strenge in ihre Schranken. Er verwahrte sich gegen eine „Gelehrsamkeit auf Kosten der Phantasie“ (nach Berliner 1928, 328). Für Goethe hatte die Ordnung in einer Sammlung eine eher inspirierende Funktion: „Jede methodische Zusammenstellung zerstreuter Elemente bewirkt eine Art von geistiger Geselligkeit, welche denn doch das Höchste ist, wonach wir streben“ (ebd., 327). Die Diskussion um die angemessenen Ordnungskriterien im Kunstmuseum wird bis in die Gegenwart geführt. Vgl. hierzu das Kapitel 6.2.2 zum Künstlermuseum.

74 Es darf nicht vergessen werden, dass die Kunstwerke, die in den frühen Kunstkammern gesammelt wurden, sehr verschiedener Art waren und in großen Teilen eher dem entsprechen, was man heute als Kunsthandwerk bezeichnet. Nicht selten gründete die Qualität des Gegenstandes im Wert des verwendeten Materials oder der Finesse der handwerklichen Ausarbeitung. Auch Gemälde hatten mitunter weniger künstlerische als dokumentarische Bedeutung. Sie waren, wie Olmi im Zusammenhang mit den frühen italienischen Wunderkammern ausführt, bisweilen nur Abbildungen von Naturalien, die im Original in der Sammlung nicht vorhanden waren (vgl. Impey/Macgregor 1985, 7). Nicht selten befriedigten sie lediglich die Sensationsgier des Betrachters, indem sie Monstrositäten zeigten oder wie in der Schatzkammer des Schlosses Ambras bis heute zu sehen ist, das gruselige „Portrait“ eines besiegten Turnierkämpfers aus dem 16. Jahrhundert, dem die Lanze durch den Schädel aus der Augenhöhle herausragt und der trotz dieser Verletzung wieder genesen sein soll (vgl. Auer/ Sandbichler/Schütz/Beaufort-Spontin 1996, 65).

75 Das Wiener Belvedere gilt als das erste Museum, das seine Sammlung in den 70er Jahren des 18. Jahrhunderts nach dem Kanon künstlerischer Stile einrichtete (vgl. Cauman 1960, 74). Zu den ersten Kunstsammlungen, die unter Beratung kunstwissenschaftlicher Experten aufgebaut wurden, gehören die Münchener Pinakotheken. Der bayerische König Ludwig I. ließ für die Kgl. Bayerischen Gemäldesammlungen in den Jahren 1846-1853 zwei Museumsbauten außerhalb der Stadt errichten: Die Alte Pinakothek für ‚alte Kunst‘ bis zum 19. Jahrhundert und die Neue Pinakothek für die damalig zeitgenössische Kunst des 19. Jahrhunderts. Auch in England begannen Museumsdirektoren wie Charles Eastlake von der National Gallery, ab der Mitte des 19. Jahrhunderts systematisch nach stilgeschichtlichen Kriterien zu sammeln (vgl. Serota 2000, 7).

jektiv-ästhetischen Kriterien bestimmen allgemeinverbindliche kunsthistorische Systematisierungen, wie inhaltliche, historische oder stilistische Zuordnungen zunehmend den Sammlungsaufbau.[76] Parallel dazu entwickelt sich die Kunstgeschichte als eigenständige Wissenschaft. Sie konnte, wie Ernesto Grassi bemerkt, nur vor dem Hintergrund eines autonomen Kunstverständnisses entstehen: „In ihm [dem Reich der autonomen Kunst] lassen sich zum ersten Mal die Werke der verschiedenen Zeiten sammeln, frei von der Bindung an Normen und Werte unserer eigenen Tradition." (Grassi 1980, 100) Unter dem Einfluss der Kunstgeschichte erfährt das Kunstmuseum eine entscheidende Wandlung, ohne jedoch sein Prinzip der Distanz aufzugeben.

Kunstgeschichte und Museum

Die Kunstgeschichte als systematische wissenschaftliche Disziplin entwickelt sich ab der Mitte des 19. Jahrhunderts mit Conrad Fiedler, August Schmarsow, Alois Riegl oder Heinrich Wölflin. Diese Wissenschaftler arbeiteten formale Eigenheiten von Kunstwerken als historische Stilmerkmale heraus, ordneten die Werke dieser formalen Kunstsystematik entsprechend stilistisch ein und machten sie mittels einer neu entwickelten Terminologie allgemeingültig beschreibbar. Aby Warburg und in seiner Nachfolge Erwin Panofsky lenken ihr Interesse über die formalen Stilmerkmale des Werkes hinaus auf den historischen Kontext, innerhalb dessen das Werk geschaffen wurde und für den es künstlerischer Ausdruck ist. Es entstand die kunstgeschichtliche Methode der Ikonologie.[77] Kunst und Wissen rücken beim musealen Umgang mit der Kunst immer näher zusammen. Indem die Betreuung der Sammlungen im Zuge des Aufstiegs des Bildungsbürgertums im Kunstbetrieb zunehmend in die Hände von kunstwissenschaftlich ausgebildeten Persönlichkeiten[78] gerät, gewinnt das wissenschaftliche Paradigma endgültig die Vorherrschaft über die Kunstsammlungen.

76 Ein anschauliches Beispiel für ein frühes Museumskonzept, in dem ästhetische und systematische Maßgaben noch Hand in Hand gehen, ist Goethes Empfehlung für die Gestaltung des seinerzeit neu einzurichtenden königlichen Museums zu Berlin (Goethe 1821 II, 173ff). Goethes Vorschläge sind äußerst detailliert; sie gehen z.B. bis zur genauen Beschreibung des Ausstellungsmobiliars (ebd., 58ff).

77 Eine übersichtliche Darstellung der Entwicklung der Kunstgeschichte liefert Kultermann 1996; hierin zur formalen Kunstgeschichte S. 162ff, zur Ikonologie S. 201f.

78 Die Kunstsammlungen des Adels wurden nicht selten von Künstlern betreut. In Stuttgart war z.B. in der Mitte des 18. Jahrhunderts der Hofmaler Nicolas Guibal als Galeriedirektor für die fürstliche Sammlung verantwortlich (vgl. Sheenan 2002, 44).

Kunst und Betrachter im wissenschaftlichen Museum

Mit dem Paradigmenwechsel zur Kunstwissenschaft ist die Grundlage für eine tiefgreifende Veränderung des autonomen Kunstverständnisses und damit des Selbstverständnisses der Kunstsammlung gegeben. Das Kunstwerk wird kunstgeschichtliches Objekt und entsprechend ist das Museum nicht mehr nur Ort der feudalen Repräsentation oder der romantischen „Kunstanbetung". Es wird zu einer Stätte des kunstgeschichtlichen Wissens.

Ordnung und Demokratisierung durch Wissen

Auch für die Museumsreformer des beginnenden 20. Jahrhunderts stellt diese Verwissenschaftlichung der Museen den entscheidenden Schritt auf dem Weg zum modernen Museum dar. Durch den Einzug wissenschaftlicher Kriterien werden, wie Otto Homburger 1924 in seiner Museumskunde betont, nicht nur die vormals chaotischen Säle in eine nachvollziehbare Ordnung gebracht; sondern auch die Sammlungstätigkeit wird insgesamt auf solidere Füße gestellt, da sie nun unabhängig vom (mehr oder minder geschulten) Geschmack eines einzelnen Fürsten erfolgen kann (vgl. Homburger 1924, 65f). Die Zeiten von Chaos und Willkür sind vorbei und mit ihr, so mag es scheinen, die Zeiten der Hierarchisierung der Kunstbetrachter: Unter der Herrschaft der Wissenschaft sind vor der Kunst alle gleich. Es ist nicht mehr der angeborene soziale Status, sondern das von allen erlangbare Wissen, das den Zugang zur Kunst ermöglicht. Es zeigt sich jedoch, dass diese Chancen, die sich durch die Verwissenschaftlichung der Museen ergeben, zunächst nicht genutzt werden. Im Gegenteil: Das Wissen um die Kunst, das als allgemein zugänglicher, quasi „demokratischer" Weg zum Werk erschienen war, entwickelt sich zunehmend zur Hürde zwischen Kunstwerk und Betrachter.

Die frühen Museumsleiter bemühen sich kaum, diese Form der Distanz zu überbrücken, sie pflegen sogar die Exklusivität ihrer Sammlungen, in denen sie sich am liebsten unter ihresgleichen wieder finden. Es entwickelt sich das Gelehrtenmuseum, in dem die traditionelle Distanz zwischen Kunst und Alltag nur unter neuen Vorzeichen und mit anderen Mitteln erhalten wird: „Unsere öffentliche Kunstpflege leidet an einem irreparablen Krebsschaden. Sie ist nur zum Teil öffentlich, in Wirklichkeit staatlich, königlich, städtisch oder weiß Gott was, nur nicht das, was sie zu sein vorgibt, und was ihr allein Wert geben könnte. Unser ganzer Kunstbetrieb, ein Betrieb, der Tausende von Menschen und viele Millionen von runden Talern in Bewegung setzt, geht in einem sehr großen Hause vor sich, sozusagen hinter selbst verschlossenen Türen," formuliert Julius Meier-Graefe noch in einem Aufsatz von 1913 (Meier-Graefe 1913, 32).[79]

Trotz zunehmender wissenschaftlicher Ausrichtung blieben also die aufklärerischen Bemühungen und die Ausrichtung auf eine breitere Öffentlichkeit bescheiden. Es wurden kaum Versuche unternommen, den Besucher in die Gesetze der kunstgeschichtlichen Ordnung des Museums einzuweihen. Die Kunstinstitutionen funktionierten weitgehend unabhängig von den Interessen des gewöhnlichen Besuchers und dessen Fähigkeiten, die dargebotene Information zu verarbeiten. Der Rezipient aus der Welt des Alltäglichen wurde nicht als Teil des Museumslebens angesehen, der Betrachter wurde dem Objekt kommentarlos gegenübergestellt. Ausstellungen und Besucherführungen waren nicht auf eine tiefer gehende Begegnung von Betrachter und Werk angelegt. Das strikte Gegenüber von Kunstwelt und Alltagswelt wurde gewahrt. 1919 beschreibt Gustav Pauli diesen Typ des Museums in seinem Verhältnis zum Betrachter mit folgenden Worten:

> „Dem Publikum gegenüber verhielt sich das Gelehrtenmuseum gleichgültig. Seine Leiter sahen ihre Aufgaben im Sammeln und Verwalten; sie öffneten die Tore ihrer Institute und überließen es den Kunstwerken, für sich selbst zu sprechen. Dabei mochten sie sich noch auf die Aussprüche erlauchter Geister berufen, die ausdrücklich davor warnten, das Mysterium des Verhältnisses zwischen dem Beschauer und dem Kunstwerk durch Aufklärung zu entweihen" (Pauli 1919, 7).[80]

Es wird deutlich, dass sich das bürgerliche Museum durch seine Verwissenschaftlichung zwar von der früheren Willkür und von gesellschaftlichen Reglementierungen befreit hatte und zum potentiell allgemein zugänglichen Ort des Wissens wurde. Dieses Wissen jedoch konserviert und reproduziert es bis zum Beginn des 20. Jahrhunderts innerhalb seiner Mauern, ohne sich ernsthaft um dessen Weitergabe und Verbreitung zu bemühen. Kunstgeschichtliches Wissen ist Expertenwissen, das dem gewöhnlichen Menschen versagt bleibt.

79 Meier-Graefe kritisiert in seinem Aufsatz nicht zuletzt die Selbstbezogenheit und bornierte Trägheit des Verwaltungsapparates der großen Kunstinstitutionen (Meier-Graefe 1913, 32).

80 Entsprechend dieser romantischen Auffassung von Werk und Betrachter gestaltete sich das Selbstverständnis der ersten Museumspädagogen. Sie sahen sich eher als „Kunstdiener" denn als „Kunstvermittler", eine Vorstellung, die sich noch zu Beginn des vergangenen Jahrhunderts, z.B. in einer Äußerung des damaligen Direktors des Freiburger Museums, Ernst Grosse, findet: „Der beste Führer in einem Kunstmuseum ist der, der sich stets bewusst bleibt, dass er hier nur die Rolle eines Ceremonienmeisters im Audienzsaal zu erfüllen hat. Er hat den Audienzsuchenden dem Fürsten zuzuführen und alsdann respektabel zu schweigen, um das nicht zu unterbrechen, was die Majestät selbst zu sagen hat". (zitiert nach Eckhard 1970, 67)

Folglich entwickelt sich unter dem Einfluss der Kunstgeschichte das Museum zu einem autonomen und selbst-referenziellen Kosmos der Systematisierung und wissenschaftlichen Ordnung. Die Distanz von Kunst und Lebenspraxis bleibt erhalten. Julius Meier-Graefe schreibt in seinem bereits zitierten Text von 1913: „Im Grunde gibt es nichts weniger Öffentliches als unsere öffentliche Kunstpflege, nichts Weltferneres als die Weltgeschichte, der sie dienen soll, nichts Geheimeres als den Geheimrat dieser Verwaltung“ (Meier-Graefe 1913, 32).

Öffnung durch Vermittlung?

Die Abschottung des Museums wurde zunehmend als Mangel empfunden und bereits in den 80er Jahren des 19. Jahrhunderts hatten sich erste Ansätze für eine Museumsreform angekündigt, die endgültig die Demokratisierung des Museums in die Tat umsetzen wollte.[81] Die Experten begannen die Bedeutung des nicht-wissenschaftlichen Betrachters für das Kunsterleben im Museum anzuerkennen. Das Museum als Bildungsinstitution entwickelte sich nun Schritt für Schritt vom selbstbezogenen Wissensarchiv zu einer aktiven Bildungsstätte, die auf den Betrachter einging: „Wir wollen“ so Alfred Lichtwark 1886 in seiner Antrittsrede als Leiter der Hamburger Kunsthalle, „nicht ein Museum, das dasteht und wartet, sondern ein Institut, das thätig in die künstlerische Erziehung unserer Bevölkerung eingreift“ (Lichtwark 1887, 14). Die Bereiche der Kunst und des Lebens rückten zusammen. Museumsexperten vertraten die Überzeugung, dass das Kunstwerk erst in Korrespondenz mit dem Betrachter seine Wirkung entfalte. Im Vorwort zu dem Band „Die Kunstmuseen und das Deutsche Volk“, schreibt Gustav Pauli: „[...] jedes echte Kunstwerk ist ein Behältnis des Lebens, das nur der Erweckung durch den mitfühlenden Beschauer harrt“ (Pauli/Kroetschau 1919, I). Die Aufsatzsammlung „Die Kunstmuseen und das Deutsche Volk“ versammelt die wichtigsten Positionen einer jungen progressiven Kuratorengeneration, die sich 1917 zum *Deutschen Museumsbund* zusammengeschlossen hat, mit dem Ziel, das Kunstmuseum als Volksbildungsstätte zu etablieren.[82] Das Museum sollte nicht nur Forschungsstätte für Experten sein, sondern zur Einrichtung für eine breite, auch weniger gebildete Öffentlichkeit werden. Durch eingängig gestaltete Ausstellungsinszenierungen und Sonderausstellungen, begleitet von populär gestalteten Begleitschriften sollte auch der „einfache Mann“ in die Lage versetzt werden, mit Kunst in einen Austausch zu treten, der über ein ehr-

81 Zur Museumsreformbewegung in Deutschland ab dem Ende des 19. Jahrhunderts vgl. Joachimides 2001, 99ff.

82 Vgl. hierzu Joachimides 2001, 187ff.

fürchtiges Gegenüber hinausging.[83] Die Kunstvermittlung wurde als die Hauptaufgabe des neuen demokratischen Museums erkannt. Allerdings scheinen die Kuratoren des beginnenden 20. Jahrhunderts von ihrer neuen Herausforderung und ihrer neuen Klientel nicht ausschließlich begeistert gewesen zu sein.

Selbst Gustav Pauli, seinerzeit als Nachfolger Lichtwarks Leiter der Hamburger Kunsthalle und einer der wichtigsten Initiatoren der Museumsreform, scheint sich nach der Zeit zurückzusehnen, in der nur ausgewählte Kenner in die Kunstmuseen eingelassen wurden und somit das Problem der Kunstvermittlung nicht bestand: „Allein diese guten Zeiten sind nun einmal dahin, die demokratischen Einrichtungen haben eine bunte Menge in die Museen geführt, die ratlos dasteht in einem dumpfen Verlangen nach Erbauung, dem die Mittel zu seiner Befriedigung fehlt“ (Pauli 1919, 8).[84] In Paulis Äußerung deutet sich ein Aspekt des kunstgeschichtlichen Museums an, der im Folgenden ausführlicher behandelt werden soll. Auch in einem wissenschaftlich ausgerichteten Museum, in dem die gesellschaftlichen bzw. politischen Hierarchien abgeflacht sind, besteht immer noch eine grundlegende Distanz zwischen Werk und Betrachter. Dem einfachen Volk fehlt, wie Pauli bemerkt, das Wissen, um sich adäquat der Kunst zu nähern. Zwischen dem Betrachter und dem Werk steht gewissermaßen das Wissen um das Werk.[85] Das Kunstwerk wird Gegenstand der Wissenschaft, was gleichzeitig bedeutet, dass der angemessene Umgang mit Kunst von Wissen bzw. Kennerschaft geprägt ist. Umgekehrt formuliert bedeutet dies, dass jeder, dem das Wissen über den

83 Die Museumsreformer wollten den Kreis des bis zu diesem Zeitpunkt weitgehend bildungs-bürgerlichen Museumspublikums um das Industrieproletariat erweitern. Der sozialistische Geist, von dem besonders die Reformbestrebungen nach dem I. Weltkrieg getragen wurden, fand einen noch deutlicheren Niederschlag in der Schrift „Die Umgestaltung der Museen im Sinne der neuen Zeit“, die Wilhelm Valentiner auf der Grundlage der Reformvorschläge des „Arbeitsrates für Kunst“ ebenfalls 1919 veröffentlicht hatte (Valentiner 1919).

84 Auch Hugo von Tschudi sieht das Museum und die Künstler angesichts der neuen Besucherströme in einer neuartigen, ungewohnten Situation:
„Eine große unbekannte Menge steht dem Künstler gegenüber mit den verschiedenartigen, meist sehr wenig verfeinerten Kunstbedürfnissen. Auf den Ausstellungen kann er sie durch die Säle ziehen sehen, stumpf und gelangweilt, mit müden Blicken über die endlosen Bilderreihen schweifend, da nur verweilend, wo ein besonderes Geschehnis die Neugier reizt oder eine süßlich glatte Malerei für künstlerische Vollendung bestaunt wird“ (Tschudi 1912, 60). Es wird in den Augen Tschudis immer unwahrscheinlicher, dass es beim Massenpublikum zu einem tiefer gehenden Austausch zwischen Künstler und Betrachter kommt (ebd.).

85 Beim romantischen Kunsterleben wie es bei Wackenroder kennen deutlich wurde, benötigt der Betrachter kein Wissen um sich dem Kunstwerk zu nähern, sondern Andacht und Offenheit. Die Kunstwerke sind nicht für Auge und Verstand da, sondern für die Seele.

Kunstgegenstand fehlt, mit den Worten Paulis nur ein „dumpfes Verlangen nach Erbauung" verspürt, aber keinen adäquaten Zugang zu ihm hat. Daraus ergibt sich, dass in einem wissenschaftlich geprägten Kunstraum das Wissen als neues distanzierendes Prinzip auftritt und als solches die gesellschaftlichen Separierungsmethoden von Adel und romantischem Bürgertum ablöst.

Die zweifache Distanzierung durch Wissen

Wissenschaft und Forschung generieren Wissen mit dem Ziel, den Forschungsgegenstand zu verstehen, ihn klar und deutlich zu beschreiben und seiner auf diese Weise mittels wissenschaftlicher Methoden habhaft zu werden. In diesem grundlegenden Punkt kommen alle Wissenschaften miteinander überein. So auch die Kunstwissenschaft, die Kunstgeschichte und die Kunsttheorie. Diese betrachten Kunstwerke als komplexe Gebilde, die zu analysieren und einzuordnen die Aufgabe der Wissenschaft ist. Das Kunstwerk wird als Dokument seiner Entstehungszeit gelesen und dies, wie es der amerikanische Kunstwissenschaftler Donald Preziosi formuliert, in doppelter Hinsicht:

> „Art objects of all kinds came to have the status of historical documents, in the dual sense that (1) each was presumed to provide significant, often unique and, on occasion, profoundly revealing evidence for the character of an age, nation, person, or people; and that (2) their appearance was the resultant *product of* a historical milieu, however narrowly or broadly framed" (Preziosi 1998, 13).

Je länger und intensiver ein Kunstwerk erforscht ist, umso größer ist das Wissen über diesem Kunstgegenstand und um so näher scheint ihm der Forscher zu sein. Je größer jedoch das Spezialwissen wird, um so kleiner wird der Kreis derer, die es besitzen. Je mehr Wissen zu einem Werk existiert, umso feiner muss, mit Bourdieu gesprochen, die Dekodierungskompetenz des Betrachters sein, damit es gelesen werden kann. „Die Lesbarkeit eines Kunstwerkes hängt [...] für ein bestimmtes Individuum von dem Abstand zwischen dem mehr oder weniger komplexen und verfeinerten Code, den das Werk erfordert, und dem individuellen Sachverständnis ab" (Bourdieu 1970, 175/176).

Geht man mit Bourdieu davon aus, dass ein Werk umso adäquater erfahren wird, je größer das Wissen ist, das der Rezipient von dem Gegenstand hat, ist eine wirklich adäquate Erfahrung eines differenziert erforschten Kunstgegenstandes einem Nicht-Experten kaum möglich.[86] Es liegt also eine Art

86 Ein Museumspädagoge würde hier sicher einwenden, dass für eine angemessene Kunsterfahrung ein bestimmter Grad an Wissen ausreiche. Man muss nicht jedes Detail der Verfassung der niederländischen Bürgerwehr des 17. Jahrhunderts pa-

Dilemma im wissenschaftlichen Umgang mit Kunst und der darauf aufbauenden Vermittlungsstrategie vor. Zum einen ist es ihr Ziel, eine Nähe zur Kunst durch Vermittlung von Wissen zu befördern, andererseits generiert sie selbst immer mehr Spezialwissen, das die Distanz zum normalen Betrachter vergrößert. Dies bedeutet in letzter Konsequenz:

Der Versuch der Wissenschaft, sich einem Werk durch Vermehrung des Wissens über das Werk zu nähern führt dazu, dass sich alle, die nicht dieses Wissen haben, von dem Werk entfernen. Aus dieser Perspektive betrachtet arbeitet die Wissenschaft der Vermittlung entgegen. Es bleibt damit auch im gesellschaftlich „enthierarchisierten" Raum des wissenschaftlichen Museums eine Distanz zum Werk. Diese Distanz soll zwar durch das Museum als Kunstvermittlungsinstitution bzw. Volksbildungsanstalt überbrückt werden, sie wird jedoch gleichzeitig vom Museum als Forschungsinstitution immer weiter vergrößert.[87]

Es wird deutlich, dass auch im Rahmen der Kunstwissenschaft die prinzipielle Struktur der Museumsinstitution durchhält: Das Museum bleibt die Institutionalisierung der Distanz von Kunst- und Lebenswelt. Auch als wissenschaftsdominierte Institution ist sie nach wie vor von diesem Prinzip geprägt, selbst wenn sie diesem mittels Museumspädagogik entgegenarbeitet. Genau betrachtet benötigt das Museum diese Distanz sogar, denn in der gegenläufigen Doppelnatur als vermittelnde und forschende Institution besteht seine Arbeitsgrundlage. Die Aufgabe des Museums als Vermittlungsinstitution liegt darin, dem Besucher Möglichkeiten zu geben, die Distanz zur Kunst zu überwinden, eine Distanz, die das Museum als Forschungsinstitution selbst schafft.

Vor dem Hintergrund dieser Überlegungen lässt sich bezogen auf das kunstwissenschaftlich orientierte Museum die zu Beginn dieser Untersuchung formulierte These erweitern: Das moderne Kunstmuseum ist sowohl die Institutionalisierung der Distanz zwischen Kunst und Betrachter bzw. zwischen Kunstwelt und Alltagswelt und es ist gleichzeitig die Institutionalisierung der Überwindung dieser Distanz. Durch die Verwissenschaftlichung der Kunst wird ihre Distanz zur Lebenspraxis gleichsam verdoppelt.

rat haben, um Rembrandts „Nachtwache" verstehen zu können. Es wird in der Tat unmöglich sein festzulegen, wann genau ein Kunstwerk im Sinne Bourdieus angemessen rezipiert wird. Im vorliegenden Kontext jedoch soll lediglich auf die Distanz schaffende Wirkung von Kunstwissen hingewiesen werden.

87 Dieses Problem wird besonders bei der konkreten Ausstellungsgestaltung virulent. Soll die Ausstellung für den Fachmann oder für das Publikum gemacht werden? (Vgl. hierzu u.a. Wulf 1989, 284)

Wissenschaftliche und romantische Kunstauffassung

Ungeachtet der letztlich von der Vermittlung uneinholbaren kunstwissenschaftlichen Ausdifferenzierungen ergibt sich mit der Verwissenschaftlichung der Kunst ein Kunstbegriff, der die oben angedeuteten gesellschaftlichen bzw. philosophischen Distanzierungsmechanismen aushebelt. Der Kunstbegriff wandelt sich fundamental. Das romantische Kunstwerk ist autonom, d.h. in einer alltagsent-hobenen Welt angesiedelt und vom Betrachter nur als quasi einsames Subjekt in mystischer Schau erfahrbar. Das Werk ist von ihm getrennt, ist ihm *gegenüber*, da es sich auf einer ontologisch übergeordneten Ebene befindet. Das Kunstwerk ist in wesenhaftem Sinne *Objekt*.

Auch in der Kunstwissenschaft ist das Kunstwerk Objekt, allerdings in einem Sinne, der von der romantischen Vorstellung des autonomen Kunstgegenstandes zu unterscheiden ist. In der wissenschaftlichen Betrachtung wird das Kunstwerk als Repräsentant einer kulturgeschichtlichen Entwicklung gesehen. Es werden ihm allgemein nachprüfbare Eigenschaften zugesprochen, d.h. Eigenschaften, die mittels definierbarer Begriffe kommunizierbar bzw. empirisch nachprüfbar sind. Ein Kunstwerk wird hierdurch „verstehbar", d.h. es kann in intersubjektiv nachvollziehbare Kategorien eingeordnet werden. Hieraus ergibt sich ein Kunstverständnis, das sich grundsätzlich von der romantischen Vorstellung des autonomen Werkes unterscheidet. Das Kunstwerk ist aus den ontologischen Höhen der absoluten Kunstwelt auf den irdischen Boden wissenschaftlicher Tatsachen heruntergeholt.[88] Die ontologische Distanz zwischen Betrachterwelt und Kunstwelt ist so kunstwissenschaftlich überbrückt.

Der Kunstwissenschaftler befindet sich mit dem Kunstwerk auf derselben Ebene und folglich ist die Nähe, die er zur Kunst sucht, weitaus profaner als beim romantischen Betrachter. Er beschäftigt sich mit kontingenten Fakten, die innerhalb des von ihm konstruierten Erklärungsrahmens sinnvoll erscheinen; an einer mystischen Schau der Ideen, an absolutem Wissen ist er nicht interessiert. Der Wissenschaftler nähert sich forschend, quasi von Außen dem Kunstgegenstand, so dass es durchaus in seinem Interesse liegt, das Kunstwerk als Gegenstand, d.h. als ihm gegenüberstehend zu erhalten. Ein wie auch immer geartetes Aufgehen im Werk, wie im Falle der romantischen Kunstschau, würde seine Arbeit unmöglich machen. Wird ein Kunstwerk als kom-

88 Es soll hier nicht diskutiert werden, ob die wissenschaftlichen Erklärungssysteme und Analysemethoden ihrem Ideal der Objektivität (bzw. kommunizierbarer Intersubjektivität) genügen. Diese Diskussion ist seit Diltey für den Bereich der Geisteswissenschaften bereits ausführlich geführt worden (vgl. Dilthey 1966). Für den vorliegenden Kontext ist die Gegenüberstellung von romantischer bzw. subjektiv vergegenständlichender und wissenschaftlicher bzw. objektiv vergegenständlichender Kunstauffassung von Interesse.

plexes Zeichen gesehen, das ikonologisch und ikonographisch gelesen werden muss, ist eine gewisse Distanz Voraussetzung dafür, dass es lesbar bleibt.

Für den Kunstwissenschaftler stellt Kunst die Gesamtheit der Kunstgegenstände dar, die wissenschaftlich fassbar sind, d.h. die objektiviert werden können. Entsprechend wandeln sich die Erwartungshaltung und das Rezeptionsverhalten des Museumsbesuchers unter dem wissenschaftlichen Paradigma. Auch er sucht den Zugang zu den Werken über das Wissen, während er bei einer romantischen Vorstellung von Kunst in stummer Andacht vor dem Werk verharrt. Man könnte von einem neuen Selbstbewusstsein, einer Art „sapere aude" beim Umgang mit dem Kunstwerk sprechen. Nachdem der romantische Kunsttempel das Werk unerreichbar entrückt hatte, scheint der Zugriff zum Werk nun möglich. Der Betrachter befindet sich im wissenschaftlichen Museum zwar in einer neuen Distanz zu den Werken, einer Distanz der Unkenntnis. Diese ist jedoch anders als in der Romantik nicht unabänderlich, sondern kann verringert werden, indem er sich das nötige Wissen aneignet.[89]

Es stellt sich nun die Frage, ob sich in diesem wissensvermittelten Umgang mit Kunst eine wesenhafte Annäherung von Kunstwelt und Lebenswelt ergibt bzw. anders ausgedrückt, ob unter dem wissenschaftlichen Paradigma die Gegenüberstellung von Kunst und Leben, das bisherige Prinzip des Kunstmuseums, aufgehoben ist.

Kunst als Objekt der Wissenschaft

Der amerikanische Künstler Robert Motherwell behauptet, dass sich aus dem wissenschaftlichen Umgang mit Werken der Kunst im Museum ein fundamentales Problem ergibt: Die Wissenschaft reduziert die Kunst zum Objekt. Er behauptet, der wissensgeleitete Blick, bei dem Lust an der Kunst die Lust an der Erkenntnis oder auch die Lust am banalen Wiedererkennen ist, raubt dem Werk seine Lebendigkeit.[90] In einem Aufsatz aus dem Jahre 1961 schreibt er:

„[...] I am strongly against the existing museum tendency (like society in general) to reduce its works of art to objects. One of the most insidious enemies of art is within

89 Damit ist der „romantische" Kunstbegriff in einer weiteren Hinsicht dem wissenschaftlichen entgegengesetzt. Das Werk erschließt sich dem romantischen Be-trachter nicht, wenn er möglichst viel Wissen darüber besitzt, sondern wenn er ihm mit einer möglichst vom Alltag befreiten Offenheit begegnet.

90 Motherwells Äußerungen seien hier nur exemplarisch für die vielstimmige Kritik an der Verwissenschaftlichung der Kultur und Lebenswelt zitiert, die seit dem ausgehenden 19. Jahrhundert bis in die Gegenwart immer wieder formuliert wird und die die Reduktion der Welt durch die Wissenschaft anprangert.

museums, the gentleman-connaisseur, the effete apprentice, who, though he is discriminating, discriminates among objects“ (Terenzio 1992, 132). In diesem zentralen Moment der wissenschaftlichen Objektivierung liegt für Motherwell die Distanz des Museums und damit der Kunst zum alltäglichen Leben begründet. Wird das Werk nur als historisches Objekt behandelt, wird es nicht als Kunst erlebt und findet keine Berührung mit dem „wirklichen Leben“: „No wonder museums exist apart from one's real self, impersonal, remote, everything reduced to rows of objects, whether you are an artist, art lover, student or child. In the end, one experiences nothing of art from the history of objects“ (ebd.).[91]

In dieser von Motherwell beschriebenen Objektivierung der Kunst in der Wissenschaft liegt der entscheidende Kern der Distanzierung von Kunstwelt und Lebenswelt im wissenschaftlichen Museum. Solange das Kunstwerk als Objekt ausgestellt, vermittelt und rezipiert wird, befindet es sich in einer grundlegenden Distanz zur Welt des Menschen. Das Werk ist, wie noch auszuführen sein wird, in fundamentalem Sinne *Ob-jekt*.

Elitenbildung als Symptom der Distanz von Kunst und Leben

In den vergangenen Kapiteln wurden die verschiedenen Ausprägungen der Distanzierung von Kunstwelt und Alltagswelt durch die Geschichte der Kunstsammlung hindurch verfolgt. Museum und Kunstsammlung erwiesen sich seit seinen Anfängen als Ort von Privilegierten, seien es feudale Fürsten oder Wissenschaftler, also die Fürsten mit der Macht des Wissens. Kunst zog immer Eliten an oder jene, die zu ihnen zählen wollten. Diese „Elitenbildende“ Eigenschaft des Kunstmuseums hängt eng mit dem Prinzip der Trennung von Kunst und Alltag zusammen. Die Abgrenzung der Kunst vom Bereich des Gewöhnlichen muss notwendigerweise bedeuten, dass sie nicht jedermann jederzeit zugänglich sein kann. Indem Kunst in einem dem Alltäglichen übergeordneten oder nicht zugänglichen Bereich angesiedelt wird, adelt es jene, die in der Lage sind, daran zu partizipieren und die Distanz zu überwinden. Dies war bereits bei den Vorformen des Museums, den religiösen Kultorten, der Fall. Hier wurde eine Überhöhung der Kunstsphäre angelegt, die demjenigen, der an ihr teilhatte, einen Sonderstatus verlieh. In den Zeiten der Kunst- und Raritätenkammern, d.h. den Zeiten „gesellschaftlichen Distanzierungsstrategien“ war die Nähe zur Kunst denjenigen möglich, die der sammelnde Fürst begünstigte.

Als man die Museen dann in der Zeit der Aufklärung öffnete und damit die gesellschaftlich bedingte Trennung „offiziell“ aufgehoben wurde, war

91 Lew Tolstoi behauptet sogar, dass der Mensch Dinge, die er betrachtet, um sie zu beschreiben, nicht sähe (nach Šlovskij 1988, 100).

wiederum nicht jedem gleichermaßen die Nähe zur Kunst vergönnt. In der Romantik genügte eine einfache Gegenüberstellung mit dem Werk nicht mehr, um an ihm teilzuhaben. Nur wer in der Lage war, sich aus dem Alltag zu erheben und sich in willenloser Kontemplation dem Werk zu ergeben, konnte der Sphäre der Kunst nahe kommen. Die Wissenschaftlichkeit bringt dann ab dem 19. Jahrhundert eine neue Form der Nobilitierung hervor, basierend auf einem Wissen um das Werk. Ist das Kunstwerk ein Gegenstand der Wissenschaft bzw. Kennerschaft, gehören diejenigen, welche die entsprechende Kenntnis besitzen, zum ausgewählten Häuflein, das in der Lage ist, sich diesem angemessen zu nähern. Rooch Alarich nennt das Museum „Die Veröffentlichung ästhetischer Distinktion“ und beschreibt damit die Herausbildung des Museums im Laufe des 19. Jahrhunderts als städtischem Identifikationsraum aber auch Abgrenzungsraum einer bürgerlichen Bildungselite: „Innerhalb des Stadtraums als sozialem Erlebnisraum war das Museum ein hervorgehobener, ein einerseits stadtöffentlicher wie auch gleichzeitig exklusiver Raum einer spezifischen, sozio-kulturell signifikanten Wahrnehmungs-, Denk-, und Handlungsstruktur“ (Alarich 2001, 231).[92]

Bourdieu betrachtet in seiner „Soziologie der symbolischen Formen“ dieses Phänomen in Analogie zu ethnologischen Zusammenhängen: „Die Gebildeten sind die Eingeborenen der oberen Bildungssphäre und neigen daher zu einer Art Ethnozentrismus, den man Klassenethnozentrismus nennen könnte“ (Bourdieu 1970, 163). Es entsteht der Kulturadel der wirklichen und der vermeintlichen Experten. Das Museum ist damit in zweifacher Hinsicht Ort des Besonderen, zum einen als Ort des besonderen Objekts und zum anderen als der des besonderen Besuchers. Diese Bereiche wiederum stehen im modernen Kunstbetrieb in einem bemerkenswerten Wechselverhältnis: Seit die Unterscheidung von Kunst und Nicht-Kunst immer schwieriger wird,[93] ist es immer häufiger die Kulturelite, die bestimmt, was unter den Artefakten als Kunst bezeichnet wird, bzw. was künstlerisch von Relevanz ist. Die Experten, die sich durch ihre Nähe zur Kunst definieren, bestimmen ihrerseits, was Kunst ist.[94] So ergibt sich im modernen Kunstbetrieb die folgende Konstellation: Die Kunst bringt Eliten hervor und diese Eliten bringen ihrerseits wiederum die Kunst hervor.

---

92 Zur identitätsstiftenden Bedeutung des Museums für die bürgerliche Oberschicht bzw. die Intellektuellen zu Beginn des 20. Jahrhunderts vgl. Borgmann 1995.

93 Vgl. Danto 1991, 17ff.

94 George Dickie entwickelt auf der Grundlage dieser Konstellation seine „Institutionstheorie der Kunst“. Er behauptet, dass in der Gegenwart dasjenige als Kunst gilt, was vom Kreis der gesellschaftlich anerkannten Kunstsachverständigen zur Kunst erklärt wird. Kunst ist, in Dickies Worten „Kandidat der Wertschätzung“ (candidate of appreciation) (Dickie 1976). Zur Diskussion von Dickies Theorie vgl. Danto 1991, 144ff, Wollheim 1982, 149ff.

Es verwundert nicht, dass dieser sich selbst erhaltende Zirkel besonders bei der Künstlerschaft auf Argwohn trifft, wie etwa bei dem amerikanischen Künstler Allan McCullam, der den Verdacht äußert: „[...] ich bin der Meinung, dass Kennerschaft schon immer Teil einer sich selbst genügenden Struktur gewesen ist, die solche Leute unterstützt hat, die sich für etwas Besseres hielten als den Rest der Menschen, eine Haltung, auf deren Kosten andere zu leiden haben." (nach Kravagna 2001, 93). Es drängt sich der Verdacht auf, dass in McCullams Ärger über die Kunstelite ein Unbehagen zum Ausdruck kommt, das ein beträchtlicher Teil der Besucher besonders beim Besuch von Museen für Gegenwartskunst verspürt. Es ergibt sich aus der Tatsache, dass das Museum einerseits beansprucht, ein öffentlicher und demokratischer Raum zu sein, der andererseits jedoch von Experten bestimmt wird, die sich bewusst von der breiten Masse der Bevölkerung distanzieren und ihren eigenen Geschmack zur allgemein verbindlichen Regel deklarieren. Als Helfer in Kunstmuseen hatte McCullam die Entscheidungsträger der Sammlungen kennen gelernt: „Seit ich mir dessen bewusst bin, welche Art Leute darüber entscheidet, was Einlass in diese Heiligtümer findet, und wie von uns erwartet wird, ihrem Geschmack in unserem Leben nachzueifern und in ihren Erinnerungsstücken eine persönliche Bedeutung für uns selbst zu entdecken, ist eine Feindseligkeit in mir aufgestiegen, die zum wesentlichen Faktor für mein Erleben geworden ist, wenn ich mich in einem Museum aufhalte" (nach Kravagna 2001, 93).

Das Problem der Museumseliten und ihr Verhältnis zum Museum als öffentlichem Raum kann an dieser Stelle nicht weiter verfolgt werden. Es rührt an Grundproblemen der demokratischen Strukturen, deren Diskussion hier zu weit führen würde.[95] Es soll hier lediglich festgehalten werden, dass Elitenbildung, die bis heute nachhaltig das Verhältnis von Museum und Öffentlichkeit prägt, ein Symptom der prinzipiellen Distanz von Kunstwelt und Lebenswelt darstellt, was als Beweis dafür angesehen werden kann, dass dieses Prinzip bis in die Gegenwart die Institution des Kunstmuseums bestimmt.[96]

---

95 Weiter unten wird noch einmal im Zusammenhang mit der Museumstheorie von Joseph Beuys auf das komplexe Verhältnis vom Museum als demokratischer Institution und der kulturellen Führungselite zurückzukommen sein (vgl. Brüche in Beuys' Museumskonzept, S. 169)

96 In diesem Zusammenhang ist auch die für die bürgerlich geprägten Gesellschaften typische Herausbildung einer Hochkultur in Abhebung von der Alltagskultur zu sehen, die bis heute die deutsche Kulturlandschaft prägt. Hier findet die Aufteilung Kultur in einen Bereich statt, die dem Alltäglichen und damit Niederen zuzuordnen ist und in jenen Bereich, der sich, verkürzt gesagt, nach wie vor dem bürgerlichen Ideal des „Guten, Wahren und Schönen", wenn auch mit unendlichen Brechungs- und Modifikationsmöglichkeiten, verpflichtet fühlt.

Zusammenfassung: Das Wesen des traditionellen Kunstmuseums: Distanzierung, Objektivierung und Ästhetisierung

Der Blick auf die Geschichte der Kunstsammlungen hat zunächst zwei sehr einfache aber grundlegende Einsichten über das Wesen des Museums vermittelt: Das Prinzip der Distanz von Kunstwelt und Lebenswelt und daraus folgend das Prinzip der Objektivierung der Kunst. Angefangen beim Kultplatz des griechischen *mouseĩon* über die Wunderkammern der Renaissance und des Barock, über das aufgeklärte Bürgermuseum bis hin zur modernen Bildungsinstitution erwies sich das Museum ganz allgemein als ein außeralltäglicher Ort des besonderen Gegenstandes, in dem sich Kunst und Betrachter in einem grundsätzlich distanzierten Verhältnis zueinander befinden.

Es zeigte sich, dass diese grundlegende Eigenschaft der Sammlungsinstitution und daran anknüpfend ihre gesellschaftliche Position, Struktur und Funktion immer direkt von dem jeweiligen Kunstbegriff abhängen, auf den ihr Sammlungsgegenstand bezogen wird. In ihren Anfängen, d.h. bis zur Entfaltung der bürgerlichen Sammlungskultur, beruhte der außergewöhnliche Stellenwert der Kunstobjekte darin, dass sie wertvoll, selten oder von herausragender wissenschaftlicher oder auch symbolischer Bedeutung waren. Man könnte hier von einer *materiellen* oder *symbolischen* Besonderheit der Sammlungsgegenstände sprechen. Im Zuge des Rationalismus entwickelte sich, quasi als Gegenbewegung, die Ästhetik als Wissenschaft der sinnlichen Erkenntnis. Hier erfolgte eine Aufwertung der Kunst in *erkenntnistheoretischem* Sinne. In Kunstwerken drückte sich eine Erkenntnis aus, die weder der Alltagsverstand noch die Wissenschaft vermitteln konnte.

Für die Romantiker und später dann für Schopenhauer waren die Kunst und ihre Erfahrung in einem Bereich angesiedelt, der an einer idealen Welt Anteil hatte. Die Kunst wurde absolut und damit im *ontologischen* Sinne über die Welt des Alltäglichen gestellt. Eine Säkularisation dieser quasi-religiösen romantischen Erhöhung der Kunst erfolgte dann zum Ausgang des 19. Jahrhunderts mit ihrer Verwissenschaftlichung. Ein Kunstgegenstand hatte seine herausragende Qualität nicht mehr dadurch, dass ihm eine besondere Nähe zum Wahren, Schönen und Guten zugesprochen wurde, sondern dadurch, dass ihm eine herausragende Stellung innerhalb eines Systems kunstwissenschaftlicher Kategorien zugesprochen wurde. Man könnte dies die *wissenschaftliche* Erhöhung der Kunst nennen.[97]

97 Folgt man der Theorie von Auguste Comte, bedeutet diese „Säkularisation" der Kunst in der Wissenschaft keine „Rückstufung" des Kunststatus. Ganz im Gegenteil: Im 19. Jahrhundert löst die Wissenschaft die Philosophie, welche mit der Aufklärung die Religion entmachtet hatte, als sinnstiftende Instanz ab.

Trotz ihrer grundlegenden Verschiedenheit kommen all diese Kunstauffassungen in dem zentralen Punkt überein, dass sie die Kunst als Gegenstand, als Objekt fassen. Das Kunstwerk befindet sich dem Betrachter gegenüber, d.h. es ist in grundlegender Opposition zu ihm und hat mit seinem alltäglichen Leben nichts zu tun. Diese Konstellation bestimmt nachhaltig das Verhältnis des Betrachters zum Werk und entsprechend sein Rezeptionsverhalten. Ist die Kunst distanziertes Objekt, kann sich der Betrachter ihr nur von außen, d.h. ästhetisch nähern. Auseinandersetzung mit Kunstobjekten bedeutet demnach immer ästhetisches Erleben. Hieraus ergibt sich ein weiteres zentrales Wesensmerkmal der traditionellen Museumsinstitution: Das Kunstmuseum in dem hier bestimmten Sinne ist der Ort des ästhetischen Kunst-Erlebnisses.

Die Einsicht, dass das Kunstwerk dem Betrachter als ein Objekt gegenübersteht und dieser es ästhetisch rezipiert, mag auf den ersten Blick banal erscheinen. Der ästhetische Zugang zur Kunst ist jedoch nicht der einzig mögliche: Im 19. und 20. Jahrhundert begannen Kunsttheoretiker den alleinigen Geltungsanspruch des Ästhetischen in Frage zu stellen. Vor allem jedoch waren es die Künstler selbst, die mit ihrer Arbeit die herkömmlichen Grenzen des Kunstobjekts und damit des ästhetischen Rezeptionsrahmens aufzulösen begannen. Bevor in einem kunsthistorischen Kapitel einen Blick auf diese Entwicklungen der Kunst ab dem späten 19. Jahrhundert zu werfen sein wird, soll jedoch in einem kunsttheoretischen Abschnitt dargelegt werden, welche Alternative zu einem ästhetischen Verhältnis zur Kunst, d.h. zu einem ästhetischen Erleben vorstellbar sind.

„In der Natur des menschlichen Geistes ist es begründet, daß jeder Zweig unseres Wissens notwendig drei aufeinanderfolgende theoretische Stadien zu durchlaufen hat: das theologische oder fiktive, das metaphysische oder abstrakte und das wissenschaftliche oder positive Stadium“ (zitiert nach COMTE 1994, XXIV).

Im 19. Jahrhundert verschiebt sich damit lediglich die Legitimationsgrundlage des Sonderstatus des Kunstwerkes.

Erlebnis und Ereignis – Ästhetik und Anti-Ästhetik

Bei den folgenden Ausführungen soll an den bisher erarbeiteten inhaltlichen Leitlinien festgehalten werden und entsprechend drei inhaltliche Fragestellungen aufgeworfen werden: Erstens die Frage nach der theoretischen Möglichkeit einer Überbrückung der Distanz von Kunst und Leben, zweitens die Frage nach der Erweiterung des Kunstbegriffs über das Kunst-Objekt hinaus und in engem Zusammenhang damit stehend drittens die Frage nach der Überwindung des ästhetischen Zugangs zur Kunst.

Zunächst sollen die für diesen Zusammenhang relevanten Grundzüge des Ästhetischen noch einmal knapp dargestellt werden. Daran anschließend soll bei der Untersuchung eines „nachästhetischen" Kunstverhältnisses erst Nietzsches Kunstdenken behandelt werden, um dann ausführlicher auf die Kunstphilosophie Martin Heideggers einzugehen. Dieser ersetzt den Begriff des ästhetischen Erlebens, das als charakteristische Rezeptionsweise des Objektmuseums dargestellt wurde, durch den Begriff des Ereignisses. Im Begriff des Ereignisses wird ein nicht-ästhetisches Verhältnis von Kunst und Betrachter entwickelt, das im Zuge der Erweiterung des Kunstbegriffs im Zusammenhang mit der Loslösung der Kunst vom ästhetischen Objekt und als mögliche Basis für einen nach-ästhetischen Museumsbegriff im Laufe der Untersuchung diskutiert werden soll.

Ästhetik und die Autonomie der Kunst im Kunstmuseum

Die bisherigen Ausführungen haben gezeigt, dass das Prinzip der Distanz, d.h. der Trennung von Kunst und Leben im Kunstmuseum, im Zuge seiner geschichtlichen Entwicklung verschiedenste Ausprägungen erfahren hat. Diese hingen von Kunstauffassungen ab, die jeweils von einem Kunstverständnis ausgingen, das die Kunst als autonomen Kunst-Gegenstand fasst.

Der Kunstbegriff des traditionellen Kunstmuseums – Das Kunstwerk als ästhetisches Objekt

Das Museum, sei es der romantische Kunsttempel oder das wissenschaftliche Museum, arbeitet auf der Grundlage eines engen Kunstbegriffs: Die Romantik hatte das Kunstwerk als entrückten Gegenstand meditativer Schau in einer übergeordneten Sphäre angesiedelt, während unter dem wissenschaftlichen Blick das Werk zum kategorisierbaren und damit definierbaren Forschungsgegenstand wurde. Kunst heißt im Rahmen eines autonomen Kunstbegriffs immer Kunst-*Objekt*.

Aus dem Begriff des *Objektes* erschließt sich bereits, in welchem Verhältnis sich der Kunstrezipient zu einem autonomen Kunstwerk befindet. „Objekt" leitet sich ab vom lateinischen *obicere, ob-iacere,* also „entgegenwerfen".[1] Das Kunstwerk ist Gegenstand, es wirkt auf den Betrachter in seiner äußeren sinnlichen Erscheinung. Das Kunstwerk, das einem engen Kunstbegriff bzw. der Vorstellung einer autonomen Kunst entspricht, ist somit ästhetischer Gegenstand. Ernesto Grassi nennt das Museum den „Ausdruck der ästhetischen Einstellung" (Grassi 1980, 97). Aus der Konstellation der Gegenüberstellung ergibt sich eine Form der Begegnung von Kunstwerk und Betrachter, die für diesen Zusammenhang von zentraler Bedeutung ist: Das autonome Kunstwerk wird vom distanzierten Beobachter als sinnlicher Gegenstand ästhetisch wahrgenommen. Die Begegnung von autonomem Kunstwerk und Rezipient soll hier sinnlich-ästhetisches Erleben genannt werden. Die Kunst, die auf einem autonomen Kunstbegriff fußt und ästhetisch erlebt wird, soll im Folgenden Erlebniskunst genannt werden.[2]

Die Museumsinstitution, die als Ort des ästhetischen Objektes funktioniert, die also Rahmen für ein primär sinnliches Zusammentreffen von Kunst und Betrachter ist, soll entsprechend Erlebnismuseum genannt werden.[3]

---

1 Kluges etymologisches Wörterbuch weist darauf hin, dass anstelle des deutschen Ausdrucks „Gegenstand" früher – seinem lateinischen Ursprung entsprechend – „Gegenwurf" gesagt wurde (Kluge 1995, 596).

2 Die Nähe des hier verwendeten Begriffs des „Erlebens" zu dem jenigen des „Erlebnisses", der in der Diskussionen um „Erlebnisgesellschaft" verwendet wird, ist beabsichtigt. In beiden Fällen steht der Begriff des Erlebens in unmittelbarem Zusammenhang sowohl mit sinnlicher Erfahrung als auch mit einem geschmacksbasierten Urteils (vgl. hierzu Schulze 1997, 39f).

3 Unglücklicherweise fällt der Begriff des „Erlebnismuseums" mit der gegenwärtig gängigen Vermarktungsterminologie zusammen, bei der „Erlebnis" mit dem Begriff des Event gleichgesetzt wird, was das Publikum dazu veranlassen soll,

Dieser Begriff des Erlebnismuseums wird seine endgültige Kontur erst in Abhebung von seinem Gegenbegriff, dem Ereignismuseum bekommen, der weiter unten noch entwickelt werden soll. Zunächst ist festzuhalten, dass die Museumsinstitution, deren Geschichte bis zum Anfang des 20. Jahrhunderts verfolgt und als deren Wesensmerkmale das Prinzip der Distanzierung und Objektivierung herausgearbeitet wurde, ein Ort des ästhetischen Erlebens ist. Um diesen zentralen Sachverhalt zu präzisieren, sollen in einem kurzen Exkurs einige Bemerkungen zum Begriff des Ästhetischen, wie er hier verwendet wird, folgen.

Exkurs – Das Ästhetische und die ästhetische Wahrnehmung

Der Begriff des Ästhetischen gehört, wie es der Erkenntnistheoretiker Albert Keller formuliert, zu den „unanständigen Ausdrücken" des philosophischen Diskurses. Im Kellerschen Sinne unanständig sind Ausdrücke, die schon so oft unüberlegt und falsch eingesetzt wurden, dass sie ihre ursprünglich vielleicht sinnvolle Bedeutung eingebüßt haben und damit ihre Verwendung mehr Verwirrung als Klärung stiftet.

In der Tat ist die Bedeutung des Begriffs des Ästhetischen äußerst schillernd. Je nach Kontext ist immer nur ein Teil oder Teilbereich seines weiten Bedeutungsfeldes von Relevanz. Er ist damit grundsätzlich uneindeutig. Auch im Falle dieser Untersuchung tritt dieser Nachteil zutage, da der Begriff des „Ästhetischen" hier in mehrerlei Bedeutung bzw. hinsichtlich mehrerer Aspekte seiner Bedeutung Verwendung findet.[4] In der vorliegenden Untersuchung spielen vor allem die Ausdrücke „ästhetisches Objekt" bzw. „ästhetisches Erleben" eine Rolle. Diese beschreiben die Form, in der das autonome Kunstwerk auftritt und die Weise, wie es vom Rezipienten aufgenommen wird. Das Attribut „ästhetisch" meint hier nicht „schön" oder „ansprechend",

hinter dem so Bezeichneten eine außergewöhnliche Reizfülle zu vermuten. Häufig taucht auch der Begriff des Erlebnismuseums im Zusammenhang mit museumspädagogischen Projekten auf. Hier meint Erleben das spielerische Entdecken der Exponate (vgl. Cloß/Gaffga/Müller 1984). Es muss unterstrichen werden, dass sich im vorliegenden Falle der Begriff des Erlebnisses ausschließlich aus dem rezeptionstheoretischen Kontext des ästhetischen Erlebens herleitet.

4 Es sei darauf hingewiesen, dass in der vorliegenden Arbeit eine Vielzahl „unanständiger", d.h. nicht ausreichend geklärter aber dennoch für die Argumentation zentraler Begriffe vorkommen. So etwa „subjektiv" oder „objektiv", Ausdrücke, die Keller besonders gern als Beispiel für „unanständige Ausdrücke" anführt. Sowohl der Umfang als auch der Inhalt dieser Begriffe ist nicht mehr eindeutig festlegbar. Diesem Mangel wäre entgegenzuwirken, indem man neue Begriffseingrenzungen, d.h. Definitionen einführt. Die Aufgabe einer strengen Begriffsbestimmung kann in dieser Arbeit nicht ausreichend geleistet werden, d.h. Ver-einfachungen sind unausweichlich. Die Unanständigkeit der Begriffe bleibt.

es bezieht sich genau genommen auf keinerlei Eigenschaft des Objekts. „Ästhetisch" bedeutet im vorliegenden Kontext die rezeptive Seite betreffend „sinnlich – verstehend". Diese Begriffskombination soll unterstreichen, dass hier die Prädikate „sinnlich" bzw. „ästhetisch" als Charakterisierungen einer Rezeptionsweise niemals auf ein bloß oberflächliches Wahrnehmen sinnlicher (d.h. ausschließlich die Sinne ansprechender) Reize verstanden werden. Wenn hier von „ästhetischem Wahrnehmen" oder auch später von „sinnlichem Erleben" die Rede ist, geschieht dies in Anknüpfung an die Theorie der ganzheitlichen Wahrnehmung nach Rudolf von Arnheim, für den jedes ästhetische Wahrnehmen immer ein Verstehen impliziert, das über das rein sinnliche Registrieren hinausgeht. „Die Wahrnehmung vollbringt auf der sinnlichen Ebene, was im Bereich des Denkens Verstehen genannt wird. [...] Sehen ist Einsehen" (Arnheim zitiert nach Röll 1998, 51). Mit dem Rückgriff auf Arnheim soll deutlich werden, dass der Begriff des Ästhetischen und des ästhetischen Erlebens im Rahmen dieser Ausführungen in keiner Form abwertend zu verstehen ist. Im ästhetischen Erleben kann eine inhaltlich differenzierte und tiefgehende Auseinandersetzung mit dem Gegenüber stattfinden.[5] Ebenso wenig ist der Begriff des Erlebnismuseums negativ konnotiert. Der Ausdruck besagt lediglich, dass es sich hier um eine Institution handelt, die Kunst in Form von ästhetischen Objekten präsentiert und dem Betrachter für eine ästhetische Auseinandersetzung verfügbar macht.

Diese Zusammenhänge mögen zunächst wenig überraschend erscheinen. Für die folgende Argumentation jedoch sind sie von maßgeblicher Bedeutung. Aus ihnen folgt, dass ein ästhetisches Erleben nur gegeben ist, wenn der Rezipient sich auf ein ästhetisches Objekt als Gegenüber beziehen kann. So verstanden korrespondiert Ästhetik mit einem engen Kunstbegriff. Wenn sich jedoch der Kunstbegriff vom ästhetischen Objekt verabschiedet, ist es auch nicht mehr sinnvoll, von ästhetischem Erleben zu sprechen. Dies hat nun wieder einschneidende Auswirkungen auf das Kunstmuseum. Bestimmt man es, wie in den vergangenen Kapiteln geschehen, als Ort des ästhetischen Objekts, dann verliert es seine Existenzgrundlage, wenn die Kunst aufhört, ästhetischer Gegenstand zu sein.

Hier nun ist der Kernbereich der Argumentation dieser Studie erreicht. Das Kunstmuseum als ästhetischer Erlebnisort kann nur solange existieren, als es die Kunst in Form von ästhetischen Objekten zur Verfügung hat. Es gerät folglich in Bedrängnis, wenn die Kunst nicht mehr der Klassifizierung des Objektes genügt, d.h. wenn sich der Kunstbegriff umfassend erweitert. In der

5 Die Tiefe und Intensität einer derartigen Auseinandersetzung entwickelt sich, folgt man Bourdieus Schrift „Elemente einer soziologischen Theorie der Kunstwahrnehmung", in der Korrespondenz zwischen dem Kunstgegenstand in seiner mehr oder weniger differenzierten Komplexität und dem Betrachter und seiner Fähigkeit, diese zu lesen (Bourdieu 1970, 159ff).

Kunstgeschichte des 20. Jahrhunderts jedoch geschieht eben dieser fundamentale Wandel der Kunst und des Kunstbegriffs: Das Kunstverständnis entwickelt sich weit über das ästhetischen Kunstobjekt hinaus.

Bevor nun diese für das Kunstmuseum zentrale kunstgeschichtliche Entwicklung dargelegt wird, muss noch die grundlegende Frage gestellt werden, wie sich das Verhältnis des Betrachters zur Kunst gestaltet, wenn das Werk nicht mehr als ästhetischer Gegenstand „funktioniert". Was ist – anders ausgedrückt – die Alternative zum ästhetischen Erleben?

Anti-Ästhetik als Alternative?

Bei der Suche nach der theoretischen bzw. philosophischen Grundlage des herkömmlichen Objektmuseums wurde auf die Entwicklung des autonomen Kunstbegriffs eingegangen (S.34ff). Ausgehend von der griechischen Philosophie hatte sich bis in die Romantik und darüber hinaus die Vorstellung einer autonomen Kunst entwickelt. Am Ende des 19. Jahrhunderts jedoch geriet diese Kunstauffassung deutlich ins Wanken.

Friedrich Nietzsches Kritik des autonomen Kunstbegriffs

Einer der einflussreichsten Kritiker des autonomen Kunstverständnisses war Friedrich Nietzsche.[6] Während im Denken seines Lehrers Schopenhauer die Gegenüberstellung von Kunst und Leben eine besonders deutliche Ausprägung erfuhr, kämpfte Nietzsche bereits in seinen frühen Schriften gegen die Abtrennung des Künstlerischen von der Lebenswelt. In seiner frühen Schrift „Die Geburt der Tragödie aus dem Geiste der Musik" hatte Nietzsche ein Ideal des antiken Griechenland entworfen, in dem das Leben der Hellenen noch gänzlich von der Kunst durchdrungen war (Nietzsche I).

Er zeichnet ein Bild des antiken Hellas, das anders als dasjenige der idealistischen Klassizisten nicht von Ebenmaß, Harmonie, von stiller Einfalt und edler Größe bestimmt war, sondern in dem der Gott des Rausches, Dyonisos, mit seiner ungebändigten Lebenskraft die Herrschaft innehatte. Dyonisos ist für Nietzsche die Verkörperung einer lustvollen kreativen Energie, die nicht einmal die formende Macht von Apollo, dem Gott des Maßes und des Zieles, bändigen konnte. Der Inbegriff einer Kunst, aus dem Leben heraus entsteht und wirkt, besteht für Nietzsche in der Musik und den Tänzen der Griechi-

6 Zum Folgenden vgl. Reuber 1988, 75ff, Sheehan 2002, 208ff.

schen Tragödie.[7] In ihr sind Kunst und Leben eins. Den Hellenen, so Nietzsche, „rettet die Kunst, und durch die Kunst rettet sich – das Leben" (ebd., 56).

Kunst und Kultur der modernen Zeit sind in seinen Augen nur ein trauriger Schatten dessen, wozu die Menschheit in ihrer Kreativität in der Lage wäre. Nietzsche wandte sich entschieden gegen Kunstauffassungen, die eine Distanz zwischen Kunst und Betrachter voraussetzten. Kants Kategorie des „interesselosen Wohlgefallens" ist folglich im Falle der Kunst entschieden abzulehnen. In „Zur Genealogie der Moral" fragt Nietzsche sich, als Seitenhieb gegen Kants Kunstauffassung, wie es denn möglich wäre, „ohne Interesse" die Plastik einer nackten Frau zu betrachten (vgl. Nietzsche V, 346).

Kunst ohne Kunstwerke

Die Gegenwart hat sich in Nietzsches Augen von der wahren Kunst verabschiedet. Diese beschäftige sich nämlich nur noch mit Kunstwerken, die entweder in Studierzimmern und Akademien wissenschaftlich zerlegt oder nachahmend ausgeheckt werden, ohne dass die Kraft des Lebens selbst aus ihnen spräche. Maler etwa, die auf die Verarbeitung und Nachahmung historischer Vorbildung aufbauen, seien „die Söhne einer gelehrten, gequälten und reflektierten Generation" (Nietzsche XII, 286), die nur leblose Gegenstände produziere.[8] Zwar stimmt Nietzsche insofern mit der Tradition überein, als auch für ihn Kunst etwas mit der Verschönerung des Lebens zu tun hat. Diese darf jedoch nicht mit dem ästhetischen Erleben gleichgesetzt werden. Kunst bedeutet nicht das Rezipieren oder Produzieren von ästhetischen Gegenständen: „Die Kunst soll vor allem und zuerst das Leben verschönern, also uns selbst und anderen erträglich [...] machen [...]. Nach dieser großen, ja übergroßen Aufgabe der Kunst ist die sogenannte eigentliche Kunst, die der Kunstwerke, nur ein Anhängsel [...]" (Nietzsche II, 454). Die Schaffung von Kunstgegenständen ist demnach nur eine sehr unvollkommene Möglichkeit für den Menschen, seinen kreativen Energien Ausdruck zu verleihen.[9] Die wahre und unmittelbare Kunst hingegen ist vom Leben nicht zu trennen, sie ist Lebensform

7 Im Chorgesang der antiken Tragödie findet sich nach Nietzsches Auffassung, wie bereits der Titel des Werkes verdeutlicht, das Wesen und der Ursprung dieser Kunstform und damit der Beginn der gesamten Bühnenkunst.

8 Nietzsche formuliert seine Gedanken in einer Zeit, in der der Historismus in Europa den künstlerischen Zeitgeist prägte.

9 Nietzsche hegt den Verdacht, dass Künstler nur aus mangelndem Selbstbewusstsein und letztlich aus Unfähigkeit immer noch Kunstwerke schaffen: Die Künstler neigen dazu „ihre Werke zu schätzen und zu überschätzen, wenn sie aufhören, Ehrfurcht vor sich selber zu haben [...]. Das Werk gehört nicht zu ihrer Regel, sie fühlen es als ihre Ausnahme. [...] vielleicht wollen sie Lärm um sich, um sich nicht mehr selber zu ‚hören'" (Nietzsche IX, 506).

und nicht eine unbestimmte Menge produzierter artifizieller Dinge. Nietzsches Ideal ist eine Kunst ohne Kunstwerke: „Ich will gegen die Kunst der Kunstwerke eine höhere Kunst lehren – die Erfindung von Festen“ (Nietzsche IX, 506).[10]

Mit Nietzsche erfährt der Kunstbegriff, nach seiner totalen Autonomisierung in der Romantik, eine entscheidende Erweiterung: Kunst ist im Sinne Nietzsches nicht von Leben und Lebendigkeit zu trennen. Entsprechend fordert sie vom Menschen nicht nur ein distanziertes Schauen, sondern, wie er es ausdrückt, ein Feiern.[11] Die Auseinandersetzung mit Kunst kann für ihn nicht nur ein ästhetisches Erleben sein. Nietzsche fordert, kurz gesagt, die Überwindung der traditionellen Ästhetik[12]

Für die vorliegende Untersuchung sind besonders zwei wichtige, mit einander eng zusammenhängende Aspekte dieser Neufassung des Kunstbegriffs festzuhalten. Zum einen wendet sich Nietzsche eindeutig gegen die traditionelle Trennung von Kunst und Leben. Hieraus ergibt sich zum zweiten konsequent die Ablehnung eines Kunstverständnisses, das Kunst auf das ästhetische Kunstobjekt reduziert. In diesen beiden Punkten greift er eben jene Prinzipien der Distanzierung und Objektivierung an, die im Zuge der bisherigen Betrachtungen als Grundpfeiler des Museums herausgearbeitet hatten. Damit könnte man sagen, dass im Sinne Nietzsches das Kunstmuseum als traditioneller Ort des ästhetischen Objekts der Kunst nicht angemessen sein kann. Es überrascht daher nicht, dass die Museumskritik, die zu Beginn des 20. Jahrhunderts auftritt, an genau diesem Punkt ansetzt und die Objektsammlungen als Grabkammern der Kunst diffamiert.

Die Fragen, die sich daran anschließen, lauten: Was kann an die Stelle des ästhetischen Erlebnisses im Umgang mit der Kunst treten? Wie ließe sich eine Weise der Begegnung mit Kunst fassen, die das Objekt als ästhetischen Ge-

---

10 Zu Nietzsches Auffassung der Kunst als Lebensform bzw. zur Kunst ohne Kunstwerk vgl. Reuber 1988, 75ff. Nietzsche verfolgt die Idee eines alle Gattungen umfassenden Gesamtkunstwerks. Zur Zeit der Niederschrift der Geburt der Tragödie sieht Nietzsche die Möglichkeit zur Umsetzung dieses Ideals im Schaffen Richard Wagners, mit dem er bekanntlich später brechen sollte. Zum Phänomen des Gesamtkunstwerks vgl. Szeemann 1983.

11 Im kunstgeschichtlichen Abschnitt der Untersuchung wird mit dem Wiener Aktionismus eine Kunstform behandelt, die dieses Postulat Nietzsches „Kunst als Fest“ unmittelbar umsetzt.

12 Die traditionelle Ästhetik, besonders jene neokantianischer Ausprägung, wie etwa diejenige Konrad Fiedlers in „Über die Beurteilung von Werken der Kunst“ von 1876 (Fiedler 1991, 1ff), war am Ende des 19. Jahrhunderts nach wie vor sehr einflussreich (vgl. hierzu u.a. Joachimides 2001, 44ff, zu Fiedler 49ff). Wichtige Bereiche der modernen Kunstgeschichte, etwa die Methodologie Panofskys, entstanden vor einem neokantianischen Hintergrund (vgl. Gottfried Boehms Ausführungen zu Panofsky in Fiedler 1991, LIXff).

genstand und das ästhetische Erleben überschreitet? Wo könnte daran anschließend ein post-ästhetisches Museum ansetzen?

Martin Heideggers Anti-Ästhetik – Ereignis statt Erlebnis

Im Folgenden soll der Versuch unternommen werden, einen Gegenbegriff zum ästhetischen Erleben zu entwickeln, der den Anforderungen eines bei Nietzsche bereits formulierten und in der Kunst des 20. Jahrhunderts umgesetzten erweiterten Kunstverständnisses Rechnung trägt. Dieser Begriff muss die Grenze von Kunst und Leben überschreiten, er muss die Gleichsetzung von Kunst mit Kunstobjekt hinter sich lassen und hinsichtlich der Kunstrezeption über die traditionelle Ästhetik hinausgehen. Diese Eigenschaften sind in dem Begriff des „Ereignisses" vereint, wie ihn Martin Heidegger in seiner Spätphilosophie entworfen hat.

Der Ereignisbegriff spielt im im späten Denken Martin Heideggers eine zentrale Rolle.[13] Heideggers Denken zur Kunst gehört der Schaffensphase des Philosophen an, in der er sich – stark vereinfacht formuliert – von einer Existenzphilosophie zu einer Metaphysik wandte. Heideggers Ausführungen sind sehr komplex und entbehren der prosaischen Direktheit und Aphorismenhaftigkeit der Gedanken Nietzsches. Daher ist zur Verdeutlichung seiner Gedanken und zur klaren Konturierung des Ereignisbegriffes notwendig, sich intensiver mit seinem Denken auseinanderzusetzen als dies bei Nietzsche vonnöten war.

Der Kern jeder Kunsttheorie ist der zugrunde liegende Kunstbegriff. In diesem Punkte muss es hier genügen, Heideggers viel zitierte „Kunst-Definition"[14] aus seiner Schrift „Vom Ursprung des Kunstwerks" anzuführen, ohne auf das weite philosophische und kunsttheoretische Feld, das sich an dieser Stelle eröffnet, genauer einzugehen.

---

13 Das unvollendet gebliebene Hauptwerk seiner Spätphilosophie, das Pendant zu „Sein und Zeit", sollte den Titel „Vom Ereignis" tragen (vgl. Heidegger: Beiträge).

14 Der Begriff der Definition ist hier nur bedingt anzuwenden. Eine Definition (von lat. finiere) begrenzt Begriffe und reduziert so ihren intentionalen Bereich mit dem Ziel, Aussagen, in welchen der definierte Begriff auftaucht, zu präzisieren. Formulierungen wie diejenigen Heideggers über die Kunst tragen jedoch keinesfalls zur Klärung der Sachlage bei, sie „verunklären" vielmehr, was auch im Sinne des Philosophen ist. Das unmittelbar Einleuchtende ist für ihn in den seltensten Fällen das Angemessene. Sein Denken ist der Versuch, in dem schier undurchdringbaren Bereich des (vermeintlich) Selbstverständlichen das Wahre wieder zu finden, wozu das Denken und die Sprache, die es abbilden, die gewohnten und gewöhnlichen Wege verlassen müssen.

„Die Kunst ist das Sich-ins-Werk-Setzen der Wahrheit" (UdK 34).[15]

Wichtiger als der fundamentalontologische Hintergrund, vor dem dieser Satz verständlich wird, sind für diesen Zusammenhang die anti-ästhetischen Implikationen, die sich hieraus ergeben. Zu Beginn der folgenden, sehr dicht gefassten Ausführungen ist der wissenschaftliche Anspruch in dem Sinne eingeschränkt, dass keine direkten Literaturverweise gegeben werden; der Text wäre andernfalls nicht mehr lesbar.[16]

Die Stellung der Kunst in Heideggers Werk

Für Heidegger ist die Kunst besonders in seinem späteren Denken[17] ausgesprochen wichtig.[18] Seine erste und einflussreichste kunsttheoretische Schrift, „Der Ursprung des Kunstwerks" (UdK), verfasst er 1935.[19] Besonders nach dem Krieg setzt sich Heidegger in verschiedenen Abhandlungen immer wieder mit dem Phänomen der Kunst auseinander, ohne sich jedoch, wie im Falle des „Ursprung-Aufsatzes", ausschließlich der Kunstproblematik zu widmen. Heidegger beabsichtigt in seinem Denken zur Kunst nicht, kunsttheoretische Probleme zu lösen oder gar zu bestimmen, was Kunst sei. Er erarbeitet weder Regeln noch Gesetze, die die Kunst erklären, sein Anliegen ist es vielmehr, auf das ‚Rätsel der Kunst' hinzuweisen. Dementsprechend lauten die ersten Worte des von Heidegger verfassten Nachwortes zu „Der Ursprung des Kunstwerks": „Die vorstehenden Überlegungen gehen das Rätsel der Kunst

15 Bei Zitaten aus Texten Heideggers werden die Siglen verwendet, die in der Fachliteratur gängig sind. Das entsprechend aufgeschlüsselte Verzeichnis der angegebenen Aufsätze Heideggers findet sich im Literaturverzeichnis unter Heidegger.

16 Literatur zu dem Thema Biemel/Herrmann 1989, Kraft 1984, Kockelmans 1985, Herrmann 1985, Herrmann 1994, Wall 1995.

17 Unter Heideggers „spätem Denken" wird hier, der Heidegger-Fachliteratur folgend, das Schaffen des Philosophen nach seiner so genannten „Kehre" (Wahrheitsvortrag 1929/30) verstanden.

18 Heidegger ist als Philosoph ein Mann des Wortes. So mag es nicht verwundern, dass vor allem Literatur und Dichtung im Brennpunkt seines Kunstinteresses stehen. Seine Gedanken zur Kunst sind jedoch von Gattungsgrenzen unabhängig, so dass man sich auch im Kontext der bildenden Kunst auf Heideggers Kunstphilosophie berufen kann.

19 F.-W. von Hermann weist in seiner Vorbemerkung zu den Heidegger-Studien Vol.8 (1992) darauf hin, dass die erste Ausführung der Kunstwerkabhandlung von Heidegger schon 1931/32 verfasst wurde (erstmals veröffentlicht in Heidegger Studies Vol. 5 (1989). In der Form, in welcher der Kunstwerksaufsatz in „Holzwege" bzw. in der Ausgabe des Reclamverlages (1962; erweitert um Nachwort und Zusätze Heideggers; mit einer Einführung von H.G. Gadamer) veröffentlicht wurde, trug ihn Heidegger erstmals am 13. November 1935 in Freiburg vor.

an, das Rätsel, das die Kunst selbst ist. Der Anspruch liegt fern, das Rätsel zu lösen. Zur Aufgabe steht, das Rätsel zu sehen“ (UDK 83).

In diesem Satz zeigt sich bereits, gegen welche Art von Kunstauffassung Heideggers Kunstwerkaufsatz implizit angeht: Gegen jene nämlich, die die Kunst zum wissenschaftlichen Gegenstand macht, um sie zu analysieren und zu erklären, d.h. sie zu enträtseln. Eine Kunst, die in dieser Form angegangen wird, ist im Sinne Heideggers „vernichtet“. Die Kunst muss, will sie die von Heidegger geforderte Stellung in der Gegenwart behaupten, selbst aus den Fängen des vergegenständlichenden Denkens befreit werden. Das eigentliche Anliegen des Kunstwerkaufsatzes hat Heidegger in seinen „Beiträgen zur Philosophie“ folgendermaßen formuliert: „Die Frage nach dem Ursprung des Kunstwerks will nicht auf eine zeitlos gültige Feststellung des Wesens des Kunstwerks hinaus, die zugleich als Leitfaden zur historisch rückblickenden Erklärung der Kunst dienen könnte. Die Frage steht im innersten Zusammenhang mit der Aufgabe der Überwindung der Ästhetik und d.h. zugleich einer bestimmten Auffassung des Seienden als des gegenständlich vorstellbaren“ (BEITRÄGE 503).[20]

Kunst als Erlebnis – Die Begrenzung des Werks in der Ästhetik

Heidegger misst der Kunst eine entscheidende seinsgeschichtliche Rolle bei. Er hegt die Hoffnung, dass früher oder später die Kunst in der von der modernen Technik bestimmten Gegenwart einen grundlegenden Wandel bewirken kann, dass sie eine in seinem Sinne geschichtliche Epoche vorbereitet. Heidegger bezeichnet die Kunst als das „Rettende“ im Zeitalter der Technik.[21] Gegenwärtig jedoch sei die Kunst dieser Aufgabe nicht gewachsen. Dies liegt nach Heidegger allerdings nicht an der Kunst selbst, sondern an der Weise, in der an sie herangegangen wird. Mit Nietzsche ist er der Überzeugung, dass die Bedeutung und geschichtliche Wirksamkeit von Kunst davon abhängt, in welchem Maße ästhetisch mit ihr umgegangen wird: „[...] in Wahrheit ist die Tatsache, ob und wie ein Zeitalter einer Ästhetik verhaftet ist, ob und wie es aus einer ästhetischen Haltung her zur Kunst steht, entscheidend für die Art und Weise, wie in diesem Zeitalter die Kunst geschichtsbildend ist – oder ob

20 Heideggers Gedanken zur Kunst stehen in einem engen Zusammenhang zu seinen Überlegungen zur modernen Technik. Es sind zwei Momente innerhalb seines späten ontologischen Denkens, die ohne einander nicht verständlich sind (vgl. hierzu Wall 1995).

21 Den Begriff des „Rettenden“ führt Heidegger in seinem berühmten Aufsatz „Die Frage nach der Technik“ ein. „Rettend“ ist für ihn das, was – sehr verkürzt gesagt – in der Lage ist, den Menschen aus seinem nutzenorientierten und von der Technik geleiteten Weltverhältnis zu einer unmittelbareren Wirklichkeitsauseinandersetzung zu führen, in der er in die „höchste Würde seines Wesens schauen und einkehren“ kann (FnT 40). Vgl. hierzu Wall 1995, 39f.

sie ausbleibt“ (N I 94). Soll die Kunst in der Gegenwart, d.h. für Heidegger im Zeitalter der Technik, eine wesentliche Rolle spielen, muss die Ästhetik, welche seit der Antike den Umgang mit der Kunst und ihren Werken maßgeblich bestimmte, überwunden werden.

Konsultiert man den Teil von Heideggers Nietzsche-Vorlesung mit dem Titel „Sechs Grundtatsachen aus der Geschichte der Ästhetik“, bekommt man einen Einblick, was genau für Heidegger Ästhetik ist (vgl. N I 91ff):[22] Zentral für Heidegger ist die Tatsache, dass ein ästhetischer Umgang mit Kunst auf das fühlende Erleben des Kunstbetrachters ausgerichtet ist. Das Schöne in der Kunst ist damit jenes, das im Betrachter ein Gefühl der Lust hervorruft, so dass das Kunstwerk damit lediglich die Rolle eines sinnlichen Stimulus einnimmt. Im Zentrum einer ästhetischen Kunstbetrachtung steht also nicht die Kunst selbst, sondern der Mensch mit seinen Gefühlen: „Ästhetik ist darnach Betrachtung des Gefühlszustandes des Menschen in seinem Verhältnis zum Schönen, ist Betrachtung des Schönen, sofern es im Bezug zum Gefühlszustand des Menschen steht“ (N I 92). „[...] Ästhetik [ist] diejenige Besinnung auf die Kunst, bei der das fühlende Verhältnis des Menschen zu dem in der Kunst dargestellten Schönen dem maßgeblichen Bereich der Bestimmung und Begründung abgibt, ihr Ausgang und Ziel bleibt“ (N I 93).[23]

Dieser subjektzentrierte Umgang mit Kunst setzt die zwei einander gegenüberliegenden Seiten des erlebenden Subjekts und des erlebten Objekts voraus. „Maßgebend für seine Betrachtung [die des Kunstwerks] ist die Subjekt-Objekt-Beziehung, [...]“ (ebd.). Ein Kunstwerk wird folglich als einem Subjekt gegenüberstehend und in diesem Sinne als Gegen-stand betrachtet. Diese auf den ersten Blick banal erscheinende Grundkonstellation von Subjekt und Objekt ist für Heideggers Denken von fundamentaler Bedeutung. Sie stellt für ihn *das* hervorstechendste Symptom des neuzeitlichen naturwissenschaftlichen, vergegenständlichenden Denkens dar. Dieses bestimmt nicht nur den Umgang mit der Welt, sondern den Umgang mit der Wirklichkeit im Gesamten.

Es muss unterstrichen werden, dass die Gegenüberstellung von Subjekt und Objekt bzw. von Betrachter und Kunstwerk im Sinne Heideggers nicht räumliche Opposition der beiden Seiten bezeichnet. Selbstverständlich sind und bleiben Subjekt und Objekt, sowohl im Erlebnis als auch im Ereignis, räumlich von einander getrennt. Die Gegenüberstellung bzw. Distanz ist ein ontologisches bzw. existentielles Phänomen. Es bezeichnet das Verhältnis des Menschen zur Welt. Die Welt ist Objekt. Diese Objektorientiertheit geht für

22 Heidegger will mit dem Kapitel „Sechs Grundtatsachen aus der Geschichte der Ästhetik“ Nietzsches Verständnis der Kunst als „Wille zur Macht“ und damit als „ins Äußerste getriebene Ästhetik“ herausarbeiten.

23 Es liegt auf der Hand, dass sich Heidegger auf die Ästhetik der „Kritik der Urteilskraft von Kant bezieht.“

Heidegger mit einer radikalen Subjektzentriertheit einher, also mit einer verabsolutierten Stellung des menschlichen Subjekts. Den Bezug zur Wirklichkeit in einem Weltbild, das den Menschen als absolute Bezugsmitte ansetzt, nennt Heidegger: Erleben. „Das Seiende gilt erst als seiend, sofern es und soweit es in dieses Leben [dasjenige des Menschen] ein- und rück-bezogen, d.h. erlebt und Erlebnis wird" (ZdW 94).[24]

Heidegger vermutet, dass der ästhetische, erlebnisorientierte Umgang mit Kunst dafür verantwortlich ist, dass die Kunst die geschichtsbildende Kraft, die ihr als ausgezeichneter Ort der Wahrheit innewohnt, nicht entfalten kann. Im Nachwort zum Kunstwerksaufsatz schreibt er: „Das Erlebnis ist nicht nur für den Kunstgenuss, sondern ebenso für das Kunstschaffen die maßgebende Quelle. Alles ist Erlebnis. Doch vielleicht ist das Erlebnis das Element, in dem die Kunst stirbt. Das Sterben geht so langsam vor sich, dass es einige Jahrhunderte braucht" (UDK 83). Folgt man Heideggers Ausführungen zu den Nietzsche-Vorlesungen, hat dieses ‚Sterben' bereits in der Antike begonnen, also lange bevor der Name „Ästhetik" als Bezeichnung für eine eigene philosophische Disziplin auftauchte. Beinahe das gesamte abendländische Denken war, nach der Auffassung Heideggers, bezüglich der Kunst ästhetisch. Lediglich den Vorsokratikern war ein von der Ästhetik unverbrämtes Kunstverhältnis vergönnt. Zu Zeiten der großen griechischen Kunst, d.h. zu der Zeit, die Platon voranging, war, so die Überzeugung Heideggers, das Verhältnis der Griechen zur Wirklichkeit, also auch zur Kunst, von einem derart klaren Wissen getragen, „dass sie in dieser Helligkeit des Wissens keiner ‚Ästhetik' bedurften" (N I 95). Im Zeitalter vor der ästhetischen Distanzierung war die Einheit von Kunst und Leben noch gegeben.[25] Damals, so Heidegger, wurde die Kunst nicht erlebt, sie hat sich *ereignet*. Kunst war *Ereignis*.

Der Höhepunkt der Ästhetik, so schreibt Heidegger, bahnt sich im epochalen Umbruch zur Neuzeit an: Der Mensch rückt als vermeintlich einziger und letztendlich sicherer philosophischer Bezugspunkt ins Zentrum des Denkens. Die gemäß der Ansicht Heideggers für die eigentliche Wirkung des Kunstwerks ‚tödliche' Bestimmung als einem Gegen-stand, also als einem Objekt, das einem Subjekt gegenübergestellt ist, wird so untermauert.

24 Auch der Soziologe Gerhard Schulze beschreibt in seinem Werk „Die Erlebnisgesellschaft" das ästhetische, subjektorientierte Erlebnis als maßgeblichen Wirklichkeitszugang der Gegenwart. Obwohl Schulzes Untersuchung sowohl inhaltlich als auch methodisch mit der Philosophie Heideggers keinerlei Gemeinsamkeiten hat – Schulze beschäftigt sich mit den gesellschaftlichen Strukturen des ausgehenden 20. Jahrhunderts – finden sich bzgl. des Erlebnisbegriffs, der Ästhetisierung des Alltags und dem oben angesprochenen Phänomen der Subjektzentriertheit z.T. interessante Parallelen (vgl. Schulze 1997, bes. 33-89).

25 Hier folgt Heidegger im Prinzip dem Hellas-Bild, das Nietzsche in der Geburt der Tragödie entwirft, ohne jedoch dessen argumentative Richtung einzuschlagen.

Mit der ästhetischen Kunsttheorie des Rationalismus, die in der „Kritik der Urteilskraft" Immanuel Kants ihre systematische Reife erlangt, zeichnet sich nach Heideggers Auffassung das Ende der „großen Kunst", wie er sie sich vorstellt, endgültig ab (vgl. N I 100). „Das Ende der großen Kunst" soll heißen, dass in jener Epoche die Werke endgültig ihre Welt-eröffnende und damit geschichts-bestimmende Bedeutung einbüßen. Auf den vorliegenden, nicht-ontologischen Zusammenhang herunter transformiert heißt dies, dass von da an die Kunst ihre Relevanz für die Lebenspraxis eingebüßt hat.[26] Kunst ist endgültig zur *Erlebnis*kunst geworden. Sie ereignet sich nicht mehr, so wie es vormals bei den Griechen der Fall war. Sie ist nicht mehr „große Kunst".

Es wird deutlich, worin Heideggers Vorbehalte gegenüber dem ästhetischen Erleben gründen. Für ihn, wie auch für Nietzsche, muss die Kunst in unmittelbaren Austausch mit der Wirklichkeit treten können, damit sie von seinsgeschichtlicher Relevanz werden kann. Stehen sich jedoch, wie im vergegenständlichenden ästhetischen Erleben Kunstgegenstand und Subjekt als jeweils autonome Positionen gegenüber, ist ein wesentliches Wirken der Kunst im Sinne einer seinsgeschichtlichen Relevanz unmöglich. Dass heißt, dass die Kunst für Heidegger nur jenseits eines ästhetischen Erlebnis-Kontextes ihre Wirkung entfalten kann: „Die Kunst [...] gehört in das Ereignis, aus dem sich erst der „Sinn vom Sein" [...] bestimmt" (UDK 91).

Die Bedeutung der Kunst misst sich also nicht daran, in welcher Art sie auf den Betrachter wirkt, ob sie Lust oder Unlust provoziert. Sie ist ebenso wenig ein Erkenntnismedium, selbst wenn sie wesenhaft mit Wahrheit zu tun hat. Heidegger bewegt sich mit seinen Überlegungen zur Kunst jenseits der traditionellen bürgerlichen Kunstauffassung des 19. Jahrhunderts, die Kunstwerke als autonome ästhetische Kunstobjekte fasst und davon ausgehend das traditionelle Kunstmuseum bestimmt. Die Kunst lässt sich für Heidegger nicht auf Kunstgegenstände reduzieren, die raumzeitlich fixierbar sind. Sie ist nicht etwas, das in der Welt vorkommt, um diese hinsichtlich ihrer ästhetischen Reize zu bereichern oder um sie verständlicher zu machen; sie ist, mit anderen Worten, nicht Gegen-stand des ästhetischen Erlebens. Nicht im Erlebnis kann eine für die Gegenwart relevante Kunst ihre Wirkung entwickeln, sie gehört vielmehr wie die antike Kunst „in das Ereignis".

---

26 Im Sinne Heideggers sind „seinsgeschichtlich bedeutend" und „lebenspraktisch relevant" zwei Ausdrücke, die zwar miteinander in Verbindung gebracht werden können, jedoch keinesfalls gleichzusetzen sind. Ersterer erhält seinen Sinn aus einem ontologischen Zusammenhang, zweiterer aus einem praktischen. Im Kontext dieser Untersuchung soll von Heideggers fundamentalontologischem Rahmen abgesehen werden, so dass man hier der Klarheit halber diese Identifizierung vornehmen kann.

Nun stellt sich die Frage, wie sich Heidegger einen nicht-ästhetischen Zugang zur Kunst vorstellt. Was ist unter Ereigniskunst jenseits des ästhetischen Objekts zu verstehen? Wie ist der Begriff des *Ereignis* als Gegenbegriff zum *Erlebnis* zu fassen?

Kunst als Ereignis – Eröffnung von Welt als Sinnhorizont

Zur näheren Bestimmung der Ereigniskunst als Gegenbegriff zur ästhetischen, subjektzentrierten Erlebniskunst bietet sich an, zunächst von der Wirkung ästhetischer Kunstwerke auszugehen. Diese ließe sich im Sinne Heideggers und bezogen auf die bisherigen Ergebnisse dieser Untersuchung folgendermaßen zusammenfassen: Im ästhetischen Erlebnis affiziert das Objekt das Subjekt. Beide stehen einander gegenüber, d.h. sie sind wesentlich von einander getrennt. Der Betrachter versteht den Kunstgegenstand entweder im Sinne der Romantik als Kultobjekt oder mit einem wissenschaftlichen Blick als Forschungsgegenstand. Je nachdem wie der Geschmack des Rezipienten oder sein Wissen um kunstgeschichtliche Belange ausgebildet ist, wird er den Gegenstand „schön" oder „nicht schön" bzw. „interessant" oder „nicht-interessant" nennen.[27]

Es ist gerade diese äußerliche Gegenüberstellung, die bei der Ereigniskunst Heideggers ihre Relevanz verliert. Für ihn sind Kunstwerke nicht primär Gegenstände in der Welt, denen man betrachtend gegenübertritt. Es verhält sich vielmehr so, dass die Welt gleichsam durch die Kunst ‚entsteht'. Das heißt mit anderen Worten: Die Kunstwerke sind nicht Objekte einer wie auch immer gearteten Erkenntnis. Sie eröffnen vielmehr die Welt, in der Erkennen und Verstehen erst im eigentlichen Sinne möglich ist. Wir kehren noch einmal zur Kunstdefinition des Ursprungsaufsatzes zurück: Kunst ist das Sich-ins-Werk-Setzen der Wahrheit (UDK 34). Wahrheit ist für Heidegger die „Welt in ihrer Offenbarkeit", was man vereinfachend paraphrasieren könnte mit ‚die Welt so wie sie an sich ist und das Verhältnis des Menschen zu ihr, d.h. die existenzielle Position, die er in ihr einnimmt. Das heißt, in der Kunst setzt sich die Welt in ihrer Offenbarkeit ins Werk. Dies bedeutet, dass sich für Heidegger in der Kunst „die Welt im Ganzen" offenbart wie sie ist (vgl. N I 100). Diese Welt-Offenbarung im Kunstereignis ist einer der wichtigsten Punkte dieser Auseinandersetzung mit Heideggers Kunstdenken. Hierauf gilt es im Folgenden noch näher einzugehen.

27 „Interessant" ist eine Kategorie, die für Heidegger nur im Rahmen eines erlebenden Umgangs mit der Welt vorkommt. Für ihn hat dieser Ausdruck eine eindeutig negative Konnotation. „Interessant" bedeutet für ihn beliebig und oberflächlich. Eine wirkliche Auseinandersetzung würde niemals zu der ober-flächlichen Charakterisierung „X ist interessant" führen.

Der grundlegende Unterschied von Ereigniskunst und Erlebniskunst liegt in ihrem jeweiligen Verhältnis zur Welt. Bei der *erlebbaren* Gegenstandskunst besteht dieses schlicht darin, dass sich das Kunstwerk als geschlossenes Objekt *in der Welt* befindet. Entsprechend gestaltet sich die Position des Betrachters als ein Gegenüber. Hingegen ist Kunst, wenn sie sich im Sinne Heideggers *ereignet*, nicht *in der Welt.* Indem sie die Welt eröffnet ist die Welt quasi *durch sie.* Das Gegenüber von Subjekt und Objekt in der Welt löst sich auf. Wenn man sich mit Heidegger auf den Kunstbegriff, der die Kunst als Ort der sich ereignenden Wahrheit fasst, einlässt, kann man bei der Kunstbetrachtung die für den ästhetischen Umgang grundlegende Subjektzentriertheit und damit dieTrennung in Subjekt und Objekt nicht mehr vornehmen. Die Wahrheit ereignet sich und ist somit Subjekt, aber sie ist gleichzeitig Objekt, da sie selbst es ja ist, die offenbart wird. Der Rezipient ist der, dem sich die Wahrheit offenbart, er ist also Objekt des Ereignisses. Ohne ihn als aktiv Offenem würde sich die Wahrheit jedoch nicht ereignen,[28] so dass man gleichzeitig von einer Subjektrolle des Betrachters sprechen kann. Im Kunstereignis sind Werk und Betrachter eins bzw. die Kategorien von Subjekt und Objekt sind nicht voneinander zu trennen.

Um dem Gedanken der Welt-Eröffnung im Kunstereignis näher zu kommen, könnte man ganz schlicht von dem ausgehen, was das Alltagsverständnis meint, wenn es von „Welt" spricht: Welt ist alles, worin sich jegliches ‚abspielt', was ist. Allerdings soll dieses „worin" hier gerade nicht suggerieren, dass man sich die Welt als einen riesigen Raum, eine Art Bühne vorzustellen hat, auf welcher der Mensch neben anderen Gegenständen vorkommt und mit ihnen umgeht. Welt ist in diesem Sinne nicht das, *worin* der Mensch mit anderem Seienden ist und *woran und worauf er sich versteht.* Menschliches *Sein in der Welt* bedeutet also weitaus mehr als nur ein „irgendwie-vorkommen", und sich darin zu *verstehen,* ist mehr, als „mit irgend etwas Umgang-haben".[29] Heideggers Auffassung von Welt und dem Menschen in ihr lässt sich vielleicht mit dem Begriff *Aufenthalt des Menschen in der Welt* veranschaulichen: Der Mensch hat in der Welt einen Aufenthalt, dessen Ort sich nicht durch Angabe von Raum-Zeit-Stellen bestimmen lässt. Der Ort des menschlichen Aufenthaltes bestimmt sich durch Instanzen, die nicht im begrifflichen Sinne konkret vor-stellbar sind. Es handelt sich eher um eine Art existentieller Pole, innerhalb derer das Sein des Menschen in der Welt aufgehängt ist, d.h. von denen her sich der menschliche Aufenthalt ermisst. Die Welt ist im Sinne Heideggers nicht Behältnis, sondern Sinnhorizont.

28 Für Heidegger unterscheidet sich der Mensch von allen anderen Seinsformen dadurch, dass er dem Sein gegenüber offen ist. „Das Ausgezeichnete des Menschen beruht darin, daß er als das denkende Wesen, offen dem Sein, vor dieses gestellt ist, auf das Sein bezogen bleibt und ihm so entspricht" (ID 22).

29 Zum „In-der-Welt-Sein" vgl. SZ §23.

Für den Zusammenhang dieser Ausführungen ist es nicht nötig, Heideggers komplexe Gedanken zum Weltbegriff noch weiter zu verfolgen.[30] Es gilt lediglich zunächst festzuhalten, dass *Welt,* wie Heidegger sie versteht, kein der Kunst vorgängig existenter Ort ist. *Welt* als Sinnhorizont eröffnet sich je neu im Werk. Nun wird deutlich, was im Sinne Heideggers unter Kunst-Ereignis bzw. Welteröffnung in Werken der Kunst zu verstehen ist. Indem sich Welt im Werk ereignet, wird dem Menschen der Ort seiner Existenz, des ihm an-gemessen Seins offenbar.[31] Im Kunstwerk-Aufsatz findet sich eine Formulierung, die diese Verortung beschreibt. Sie bedeutet, „[...] die gewohnten Bezüge zur Welt und zur Erde verwandeln und fortan mit allem geläufigen Tun und Schätzen, Kennen und Blicken an sich halten, um in der im Werk geschehenden Wahrheit zu verweilen" (UDK 67).

Zusammenfassend lässt sich also Folgendes sagen: Kunst ist in den Augen Heideggers dann groß, wenn sie Ereigniskunst ist. Ereigniskunst wirkt nicht nur sinnlich, d.h. ästhetisch und damit auf den Geschmack des Subjekts ausgerichtet.[32] Sie bildet nicht Welt ab, sondern sie eröffnet Welt, d.h. sie klärt Wirklichkeitszusammenhänge, freilich ohne sie zu erklären.[33]
Eine so verstandene Ereigniskunst wirkt sinnstiftend und gibt dem Menschen die Möglichkeit, seine Position im Gesamt der Welt zu erkennen:

„Die große Kunst und ihre Werke sind in ihrem geschichtlichen Heraufkommen und Sein deshalb groß, weil sie innerhalb des geschichtlichen Daseins des Menschen eine entscheidende Aufgabe vollbringen: nämlich in der Weise des Werkes offenbar

30 Nach Heidegger sind es vier Momente, die die Welt als Aufenthalt des Menschen bestimmen. Er nennt sie das „Geviert". „Wir nennen das ereignende Spiegelspiel der Einfalt von Erde und Himmel, Göttlichen und Sterblichen die Welt" (D 172). Vgl. hierzu auch Wall 1995, 70ff.

31 Heideggers Bestimmung des Kunstereignisses mag auf den ersten Blick mystifizierend und wirklichkeitsfern erscheinen. Bei längerem Nachsinnen zeigt sich jedoch, dass manche (die wertvollsten) Begegnungen mit Kunst den Rahmen des ästhetischen Kunsterlebens in einer Art und Weise überschreiten, die man mit Heidegger als Kunstereignis bezeichnen könnte.
Es sind die Momente tiefster Begegnung mit einem bestimmten Werk, den jeder Kunstinteressierte kennt und in dem man den äußerlichen Bezug des bloßen Ansehens verlässt.

32 James Cuno spricht von der Möglichkeit einer „Entselbstung" des Betrachters in der Auseinandersetzung mit der Kunst (Cuno 2001, 61f).

33 Man könnte diesen zentralen Aspekt des Heideggerschen Kunstverständnisses in dem vielfach zitiertem Satz aus Paul Klees „Schöpferischer Konfession" zusammengefasst sehen, einer Formulierung, die auch Heidegger, der ein Kenner des Werks Klees war, wahrscheinlich kannte: „Kunst gibt nicht das Sichtbare wieder, sondern macht sichtbar" (Klee 1956, 76). Zu Heidegger und Klee vgl. Petzet 1983, 155 bzw. Seubold 1993.

zu machen, was das Seiende im Ganzen ist, und die Offenbarkeit im Werk zu verwahren". (N I 100)[34]

Die „Welt-eröffnende" Wirkung der Kunst ist nicht nur ein Konstrukt der Heideggerschen Philosophie. Sie taucht auch in den Untersuchungen von Künstlern, Kunstwissenschaftlern und Philosophen auf, deren Zugang zur Kunst sich völlig von Heideggers fundamentalontologischem Ansatz unterscheidet. So entwickelt der Kunsthistoriker und Documenta-Leiter Werner Haftmann in einer seiner Reden zur Malerei Gedankengänge, die in dieselbe Richtung wie Heideggers postästhetische Ereignistheorie weisen:

„Sie [die Malerei] veranschaulicht im Reich der Bilder die Denk- und Empfindungsweisen, in denen der moderne Mensch sich selbst und seine Umwelt begreift [...]. Was wir ‚Stil' nennen, ist nur Spiegelung von Veränderungen in den tieferen Schichten des Menschen, in denen nicht mehr das Schicksal des Einzelnen, sondern das Schicksal ganzer Generationen entschieden wird. Diese Veränderungen vollziehen sich in dem die zeitliche Existenz konstituierenden Bezugsystem aus Ich und Welt, Idee und Realität, das das Wirklichkeitsbewusstsein und die Wirklichkeitsempfindung, das heißt den *Wirklichkeitsgrund* des Menschen bestimmt. Darin vollziehen sie sich und treten an die Oberfläche in der ganzen Ausdehnung des geistigen Planes – als Leitbild der Naturerkenntnis, als philosophische Reflexion, als theologische Spekulation und Exegese, als Leitbild der Psychologie usw. [...]" (Haftmann 1980, 10).

Auch bei Arthur Danto, dessen Kunstphilosophie einen analytischen bzw. zeichentheoretischen Ansatz verfolgt, finden sich vergleichbare Gedankengänge. Er spricht von einem „existenziellen" bzw. „transformativen" Aspekt der Kunst. Für Danto sind Kunstwerke in der Lage, dem Menschen „eine Sicht der Welt und vom Sinn des Lebens in dieser" zu ermöglichen (Danto 2000, 229).[35]

Der amerikanische Literaturwissenschaftler und Essayist Stephen Greenspan bezieht diesen Aspekt des Kunstwerks sogar unmittelbar auf die Museums- und Ausstellungsarbeit. Das Museum sollte, wie er in seinem Aufsatz „Resonance and Wonder" ausführt, bei seiner Präsentation auf die „Resonanz" des Exponates eingehen. Resonanz nennt Greenspan „die Macht des dargebotenen Objekts, über seine formellen Grenzen hinaus zu einer größeren

34 Als ein Beispiel für ein Werk der großen Kunst führt Heidegger im „Ursprung des Kunstwerks" einen griechischen Tempel an. Ein Ausdruck, den man dort findet, erinnert an die zitierte Formulierung aus den Nietzsche-Vorlesungen. Heidegger schreibt vom Tempelwerk: „In-sich-aufragend eröffnet das Werk eine Welt und hält diese im waltenden Verbleib" (UDK 40).

35 Danto weist im selben Text darauf hin, dass diese über das Ästhetische hinausgehende Kunst immer Quell und nicht nur Objekt des Wissens ist (ebd., 242).

Welt auszustrecken und im Betrachter die komplexen, dynamischen Kulturkräfte zur erwecken, aus denen es seinen Ursprung nahm und für die der Betrachter sie stellvertretend sehen mag" (zitiert nach Cuno 2001, 60).

Sowohl Greenspans als auch Haftmanns und Dantos Gedanken weisen in die Richtung dessen, was im Sinne Heideggers unter Welt-Eröffnung im Kunstereignis und damit unter postästhetischem Zugang zur Kunst zu verstehen ist.

Ereignis als Basis eines neuen Museumsbegriffs?

Heideggers Denken ist und bleibt sperrig. Wie in anderen Bereichen seiner Philosophie ist es auch bei seiner Kunsttheorie kaum möglich, Teile oder Teil-erkenntnisse *direkt* in andere Kontexte zu übernehmen. Heidegger verwirrt oft mehr als er entwirrt, und genau das macht ihn zur unerschöpflichen Inspirationsquelle und veranlasst dazu, vermeintlich Altbekanntes neu und tiefer zu durchdenken. Aber selbst wenn man Heidegger bei seiner Darstellung des Kunstereignisses nicht in allen Bereichen folgen will, hat die Auseinandersetzung mit seiner Kunstauffassung Erkenntnisse gebracht, die für den Verlauf dieser Arbeit sehr wichtig sind: Heidegger formuliert in einzigartiger Radikalität die Verabschiedung vom ästhetischen Kunstverständnis, d.h. von einem Kunstverständnis, das das Werk als ästhetischen Gegenstand und die Kunstrezeption als einen subjektorientierten sinnlich-verstehenden Akt sieht. Damit formuliert er ein Kunstverständnis, das in allen wichtigen Punkten im Gegensatz zu demjenigen des Kunstmuseums steht, wie es oben dargestellt wurde. Bei ihm verlässt die Kunst ihr autonomes Reich und nimmt eine maßgebliche Position gegenüber dem Leben ein, wofür sie ihr Dasein als rein ästhetischer Gegenstand aufgeben muss.

Die Welt eröffnet sich dem Betrachter im Kunstereignis und er kann von einer Kunst, die diesen umfassenden Anspruch an sich hat, nicht mehr erwarten, dass sie rein sinnlich-verstehend zugänglich ist. Mit der Auflösung des ästhetischen Objektcharakters der Kunst wandelt sich auch die Position des Betrachters. Im Ereignis ist er nicht nur sinnlich wahrnehmendes, auf sich selbst bezogenes Subjekt wie im ästhetischen Wahrnehmungsakt und zeichnet sich folglich nicht mehr durch schöngeistigen Geschmack oder versiertes Wissen aus. Die Kategorien seiner Beurteilung sind nicht „schön/unschön" oder „interessant/uninteressant". Im Ereignis ist er offen gegenüber dem Werk und lässt es, wie es ist. Heidegger nennt diesen Umgang mit dem sich ereignenden Werk das *Bewahren.*[36]

36 Es würde einer umfassenden Darlegung bedürfen, den Heideggerschen Begriff des Bewahrens für diese Untersuchung fruchtbar zu machen. So interessant dieses Unterfangen wäre, müssen hier verkürzte Andeutungen genügen. Es sei lediglich angemerkt, dass der Begriff nichts mit einem materiellen Erhalt des

Inwiefern nun sind die Ergebnisse dieses zweiten umfassenden theoretischen Abschnittes von Relevanz für das Thema dieser Abhandlung? Welche Rolle könnte Heideggers Ereignis-Begriff innerhalb einer museumstheoretischen Diskussion spielen? Die Antwort ist kurz: Der Ereignisbegriff ist die Alternative zum ästhetischen Erlebnisbegriff. Seine Bedeutung für die vorliegende Argumentation zeigt sich vor dem Hintergrund der bisherigen Ausführungen und deren Ergebnissen, in denen das traditionelle Museum als die Institutionalisierung der Distanzierung von Kunst und Leben und der Objektivierung der Kunst und davon ausgehend als Ort des ästhetischen Erlebens charakterisiert wurde.

Ein so verstandenes Erlebnismuseum basiert erstens auf einem engen Kunstverständnis, das Kunstwerke als in sich geschlossene, d.h. autonome ästhetische Gegenstände begreift und zweitens auf dem ästhetischen Erleben als einzig adäquater Form der Kunstbegegnung. Auf der Grundlage dieser in sich verwobenen Konstellation kann das Kunstmuseum so lange arbeiten, wie sowohl der Kunstbegriff als auch der Modus der ästhetischen Rezeption nicht in Frage stehen. Genau dies aber geschieht ab dem ausgehenden 19. Jahrhundert in der Kunstgeschichte. Die Kunst bricht mit den fundamentalen Konstanten der Distanz, der Objekthaftigkeit und dem Ästhetischem: Kunst und Leben nähern sich einander an, die Kunst verlässt die Grenzen ihres autonomen Refugiums, verweigert sich der Produktion ästhetischer Kunstobjekte, wodurch auch das ästhetische Erleben als Rezeptionsform fragwürdig wird. Hier muss sich die Frage anschließen, wie man sich dann die Zukunft des Museums vorzustellen habe. Gibt es ein Museum jenseits des ästhetischen Objekts, jenseits des ästhetischen Erlebens? Bei der Beantwortung dieser Frage wird der Heideggersche Ereignisbegriff immer wieder auftauchen. Das Museum des neuen Kunstverständnisses könnte ein *Ereignismuseum* sein.

Es ist die These dieser Studie, dass ab dem 20. Jahrhundert Kunst und Kunstmuseum in einen grundlegenden Konflikt geraten. Nachdem in den vergangenen Kapiteln die Entstehung und Ausformung des Museums behandelt und dabei einige grundlegenden Wesenszüge des Kunstmuseums sowie dessen Kunstbegriff herausgearbeitet wurden, soll in den folgenden Kapiteln der

Kunstwerks zu tun hat. Er beschreibt vielmehr ein bestimmtes Verhältnis zum Kunstwerk, das man vereinfacht Offenheit nennen könnte. Diese ist dann gegeben, wenn sich der Betrachter einem Werk vorurteilsfrei nähert, ohne z.B. von ihm zu erwarten, dass es ein schönes Objekt oder ein interessantes Zeitdokument ist. „Bewahren des Werkes heißt: Innestehen in der im Werk geschehenden Offenheit des Seienden“ (UDK 68). Ein Werk ist, wenn es seine Wirkung entfalten will, nach Heidegger grundsätzlich auf Bewahrung angewiesen. „So wenig ein Werk sein kann, ohne geschaffen zu sein, so wesentlich es die Schaffenden braucht, so wenig kann das Geschaffene selbst ohne die Bewahrenden seiend werden“ (UDK 68).

Werdegang der Kunst des 20. Jahrhunderts verfolgt werden. Es wird sich zeigen, inwieweit der Kunstbegriff, der sich hier entwickelte, mit dem traditionellen Museum, wie es charakterisiert wurde, vereinbar ist.

Der Wandel des Kunstbegriffs im 20. Jahrhundert und seine Konsequenzen für das Kunstmuseum

„Zur Kunst dieses Jahrhunderts gehört wesentlich und in steigendem Maße der Gedanke der Überwindung der Kunst, und wer heute Kunst denkt, denkt ihn mit.“ (Schmied 1970, 249).

Die folgenden kunstgeschichtlichen Betrachtungen zur Entwicklung der Kunst im 20. Jahrhundert werden von drei Motiven geleitet, die im Zuge der Emanzipation der Kunst vom bürgerlichen Kunstverständnis zentral sind und eng miteinander im Zusammenhang stehen: Erstens vom Motiv der Annäherung von Kunstwelt und Lebenswelt, zweitens von der Dynamisierung der Kunst, d.h. ihrem Wandel von Objekt-Kunst zu Prozess-Kunst und drittens von der zunehmenden Bedeutung des ganzheitlichen Kunstereignisses an Stelle des ästhetischen Kunsterlebnisses.

Der Marsch durch die Kunstgeschichte des 20. Jahrhunderts wird in großen Schritten erfolgen, wobei punktuell einige Künstler und Strömungen herausgegriffen werden, die für die Entwicklung der Kunst und der Erweiterung des Kunstbegriffes exemplarisch sind. Die Darlegungen setzen bei der abstrakten Kunst am Beginn des 20. Jahrhunderts an und verfolgen von dort ausgehend den Wandel des Kunstbegriffs über die Avantgarde und ihren Kampf gegen die bürgerliche Kunst, dann weiter zur Aktionskunst, die das Kunstobjekt durch die Aktion ersetzt, bis zum Werk von Joseph Beuys, bei dem Kunst und Leben eins werden. Die neuesten künstlerischen Entwicklungen des 20. und 21. Jahrhunderts, besonders Computer- und Medienkunst, sind bei dieser Abhandlung ganz bewusst ausgeklammert, obwohl deren Verhältnis zum Museum besonders brisant ist. Das Problemfeld, das hier aufgeworfen würde, ist zu umfassend, als dass es in diesem Rahmen angemessen aufgearbeitet werden könnte.[1]

Besonders interessant sind die Konsequenzen der Entwicklung des Kunstbegriffs und des damit einhergehenden Wandels des Rezipientenverhaltens für die Museumsinstitution und deren Ausstellungspraxis, so dass im Anschluss an die jeweiligen Teilabschnitte einige kurze Anmerkungen zum möglichen musealen Umgang mit den besprochenen Kunstströmungen gemacht werden. Diese museumspraktischen Bemerkungen sind freilich nicht als konkrete und durchstrukturierte Handlungsanweisungen zu verstehen, sondern stellen lediglich den Bezug der dargestellten kunsthistorischen Inhalte zum museumstheoretischen Rahmen dieser Arbeit her.

Die Auflösung des traditionellen Kunstbegriffs

Bis in die Renaissance wurde die gesellschaftliche Stellung der Kunst und damit das Kunstverständnis weitgehend innerhalb religiöser bzw. feudaler Strukturen bestimmt. Die Kunst war Kultobjekt und als solches in die Lebenspraxis eingebunden. Erst als im ausgehenden Mittelalter die ersten weltlichen Auftragsarbeiten geschaffen wurden und individuelle Künstlerpersönlichkeiten auftauchten, begann sich ein Teil der Kunst von dem religiösen Kontext loszulösen. Trotz dieser beginnenden Emanzipation vom kirchlichen Hintergrund lässt sich noch nicht von einer Freiheit der Kunst sprechen. Die Auftraggeber weltlicher Kunst waren Fürsten oder auch reiche Bürger, die sich mit Kunst zu Repräsentationszwecken umgaben. Die Kunst erhielt ihren Sinn im Kontext der höfisch-repräsentativen Lebenspraxis. Dieses Prinzip der aufwendigen Darstellung ihrer herausgehobenen Position übernahm im 18. Jahrhundert das Bürgertum und band die Kunst in dieser Form in ihre bürgerliche Lebenswelt ein. Beim Bürgertum mit seinem romantischen Kunstverständnis erfolgt diese Selbstdarstellung in der Kunst, wie bereits dargestellt, in Rückbezug auf einen Bereich, der außerhalb der alltäglichen Lebenspraxis angesiedelt wurde.

In der Kunsttheorie entwickelte sich, wie dargestellt wurde, eine immer konsequentere Ablösung der Kunst vom Alltag. Das „autonome Reich“ der Kunst wurde errichtet. Hier nun, beim autonomen bürgerlichen Kunstbegriff, setzen die für das Kunstmuseum entscheidenden künstlerischen Entwicklungen des 20. Jahrhunderts ein. Die Kunstrevolutionen zu Beginn des Jahrhun-

1 Aus diesem Grunde taucht in der vorliegenden Abhandlung das Zentrum für Kunst und Medientechnologie in Karlsruhe, zweifellos eines der wichtigen musealen Einrichtungen für Gegenwartskunst, nur am Rande auf. Zur Diskussion des Verhältnisses von Digitalität und Museum vgl. u.a. Schwarz/Shaw 1996, Fehr 1995, Krämer/John 1998.

derts sollten jedoch die Autonomie des Kunstwerkes noch zu einem ihrer Höhepunkte führen, bevor die Avantgarden dann zum Sturm auf die bürgerliche Kunst bliesen.

Abstraktion – Der Anfang der Auflösung des autonomen Kunstobjekts

Der Bruch mit der Vorstellung einer autonomen Kunst hat seinen Ausgangspunkt, wie Heinrich Klotz darlegt[2], in der Abstraktion, die selbst jedoch die Kunst zunächst zu ihrer ausgeprägtesten Autonomie führt:

Die Abstraktion kann als radikalste Form der Verabsolutierung der Kunst gesehen werden, weil sich in ihr einerseits das Werk vollständig vom Gegenstand löst und andererseits, weil hier als Ersatz für die konkreten Gesetzmäßigkeiten der nachahmenden Abbildung die abstrakten Regeln der Komposition eingeführt werden. Indem sich die Abstraktion von jeglichem mimetischen Verhältnis zur Realität trennt und zur reinen Fiktion wird, ist sie im Sinne einer gegenstandsorientierten Darstellung inhaltslos. Maßgeblich für die Kunst wird die Komposition von Form und Farbe, also jenen Komponenten, die bis dato lediglich als Mittel zum Zweck der Darstellung der Natur oder eines sonstigen gegenständlichen Inhaltes dienten. Die Emanzipation vom Gegenstand in der Abstraktion begann mit der Verselbstständigung von Form und Farbe in der Malerei. Sie setzt interessanterweise beim Impressionismus ein, d.h. bei einer Kunst, die eine möglichst unmittelbare Nähe zum Gegenstand bzw. zur Natur suchte und damit im direktesten Sinne gegenständlich war. Die Impressionisten waren bemüht, in ihren Bildern den Augenblick, den Moment ihres sinnlichen Erlebnisses festzuhalten und sind so in ihren Werken der Natur als ihrem Gegenstand näher als irgendeine Kunstrichtung vor ihnen. Gleichzeitig forderte ihnen diese Nähe eine künstlerische Technik ab, die erstmals die eigenständige Kraft ihrer Ausdrucksmittel hervortreten ließ. Die Farbe begann sich zunehmend aus den Banden ihrer mimetischen Aufgaben zu lösen.

Der Postimpressionismus macht dann die Farbe als solche zum Thema. Seine Werke, besonders jene von Seurat, sind gemalte Experimente, die die Funktionsweise der Farbe untersuchen. Die Gegenstände und Landschaften, die dargestellt sind, werden immer unbedeutender. Die Fauves entwickeln ausgehend vom Spätimpressionismus einen immer freieren und expressiveren Umgang mit Form und Farbe. Es entstehen Kompositionen, bei der die Ding-

2 Diese Ausführungen beziehen sich auf Heinrich Klotz' Darstellung der Kunst im 20. Jahrhunderts, wie er sie u.a. in „Kunst im 20. Jahrhundert: Moderne – Postmoderne – Zweite Moderne“ (Klotz 1999) darstellt.

welt schließlich nur noch Anlass, nicht jedoch Inhalt des Werkes ist. Das Thema des Werkes wird die Farbe als solche und deren Komposition.[3]

Die abstrahierende Loslösung vom Gegenstand und dessen Nachahmung gipfelt in Kandinskys erstem abstrakten Aquarell „Komposition 1" von 1910, dem Jahr, in dem auch Malewič sein „Schwarzes Quadrat auf weißem Grund" schuf und damit die Kunst zu einem formalen Nullpunkt brachte, von dem aus sie sich neu zu definieren begann.[4] In seinen abstrakten Kompositionen verabschiedet sich die Kunst restlos von ihrer Abbildungsaufgabe, und ihre Werke beginnen eine selbstständige Position in der Welt der Gegenstände zu beanspruchen. Die Kunst wird um ihrer selbst, um der Schönheit ihrer eigenen Gesetze willen geschaffen.[5] Sie wird, wie es der russische Suprematist Lissitzky schreibt: „[...] zur reinen Schöpfung [...] so wie die Blume, die klar farbig [und] eindeutig definiert ist, nichts nachahmt und nichts außer sich beschreibt, aus der Erde wächst, so muss das Gemälde aus dem Künstler er-

3 Einer der wichtigsten Ausgangspunkte für die Entwicklung der Abstraktion, auf den hier nicht weiter eingegangen werden kann, war das Schaffen von Paul Cezanne. Obwohl zeitlebens noch dem Gegenstand verpflichtet, spürte er in seinen Bildern primär den farblichen und geometrischen Grundstrukturen der Wirklichkeit nach und wurde so zum Urvater des analytischen Kubismus und der abstrakten Malerei.

4 Beide Künstler, Malewič und Kandinsky, behaupteten von sich, als erste vollständig gegenstandslos gearbeitet zu haben. Die Diskussion um die „Vaterschaft" der Abstraktion soll hier nicht weiter beschäftigen. Ebenso wenig kann hier differenzierter dargelegt werden, dass die beiden Künstler von jeweils ganz unterschiedlichen Ausgangspunkten zu ihrer gegenstandslosen Kunstauffassung fanden (vgl. hierzu u.a. Crone/Moos 1991, Haldemann 2001). Zur Ausstellung 0,10, in der Malewičs Schwarzes Quadrat 1915 zu sehen war. Vgl. u.a. Smolik 1991

5 Die Befreiung der Kunst aus den Bezügen der Gegenständlichkeit führt jedoch nicht zu l'art pour l'art. Im Gegenteil: Künstler wie Kandinsky sehen erst in der abstrakten Kunst die Möglichkeit zu einem intensiven innerlichen Bezug zu Kunstwerken. Zwar emanzipiert sich in der Gegenstandslosigkeit die Kunst von äußeren Bezügen, baut jedoch ihre immanenten Gesetzmäßigkeiten, die der Komposition von Form und Farbe, aus. Auf diese Weise wird das Werk, wie es Kandinsky in „Über das Geistige in der Kunst" formuliert, zur „geistigen Nahrung". Es tritt in ein ästhetisches Verhältnis mit dem Betrachter und korrespondiert mit seiner Seele, seinem Gemüt: „[...] die Stimmung des Werkes kann die Stimmung des Zuschauers noch vertiefen – und verklären" (Kandinsky 1952, 23). „Kunst für Kunst" findet dann statt, wenn der Künstler keinen Versuch unternimmt, mit der Innerlichkeit des Menschen in Kontakt zu treten. „Mensch, der was sagen könnte, hat zum Menschen nichts gesagt, und der, der hören könnte, hat nichts gehört [...]. Dieses Vernichten der innerlichen Klänge, die der Farben Leben ist, dieses Zerstreuen der Kräfte des Künstlers ins Leere ist Kunst für Kunst" (ebd., 25).

blühen. Das Gemälde darf keine Reproduktion sein, es muss ein Werk sein" (Lissitzky 1922 zitiert nach Nobis 1988, 71).[6]

In der Abstraktion werden Farbe, Form und Strukturen zu selbstständigen Werten und bestimmen das Werk unabhängig von der äußeren Welt der Gegenstände. Das Werk ruht vollständig in sich, d.h. es baut seine Ausdruckskraft allein aus sich heraus auf. In seinem Aufsatz „Zur abstrakten Malerei" erklärt Alexander Dorner das Anliegen der „abstrakten Bewegung", wie er sie nennt, mit folgenden Worten: „Die abstrakte Bewegung will sie [die Gegenstände] von der *äußeren* Ordnung befreien und sie durch die Spannung ihrer *inneren* Werte untereinander gegenseitig halten, so dass sie frei im unendlichen Raum schweben. Die Körper mit dem Gewicht ihrer dreidimensionalen Masse, die Flächen mit ihrer Ausdehnung und die Linien durch die Energie ihrer Richtungen wachsen zu einem neuen Kosmos zusammen, der sich nur durch die Ausbalancierung dieser inneren Energien und ihre gegenseitige Durchdringung hält" (Dorner 1928, 111).

Die Komposition mit ihren Gesetzen der Balance und Harmonie ersetzte die Regeln der Mimetik und hielt so das ästhetische Reich der Kunst in sich zusammen. Mit der Abstraktion ist der Höhepunkt der Autonomie des Kunstwerkes erreicht. Die abstrakte Kunst gehört vollständig einer rein für sich bestehenden Kunstwelt an, die unabhängig von der alltäglichen Welt der Gegenstände sich selbst genügt.

Es wird deutlich, dass die Abstraktion, obwohl sie sich aus den traditionellen Abbildungsstrukturen des 19. Jahrhunderts löst, die Distanz von Kunst und Leben und damit das autonome Kunstverständnis zur größtmöglichen Ausprägung führt. Das Kunstwerk ist Kunst-Objekt mit seinen eigenen ästhetischen Gesetzmäßigkeiten, welche ihre Grenzen gegenüber dem Nicht-Künstlerischen genau definieren. Das Kunstwerk ist, wie Klotz es formuliert, „das ästhetische Ding" (Klotz 1999, 10). In dieser Statik und geschlossenen Objekthaftigkeit des Kunstwerks manifestiert sich die Gegenüberstellung und damit eine grundlegende Distanz zum Betrachter.[7]

---

6 Die Entwicklung der Abstraktion im russischen Konstruktivismus hatte einen völlig anderen Ansatzpunkt als etwa die abstrakte Kunst Kandinksys. Während dieser in seinen Kompositionen den Ausdruck höchster kontemplativer Geistigkeit sah, war für die Suprematisten die Abstraktion der konkrete Ausdruck eines neuen modernen Lebensgefühls. Entsprechend schreibt Alexander Dorner, einer der frühen Theoretiker der Abstraktion: „Linien, Flächen und Würfel existieren zwar noch, haben aber jetzt eine andere Bedeutung. Sie sind nicht länger Symbole eines absoluten inneren Seins, der ‚Raum' genannt wird; sie sind nicht länger abstrakt, sondern konkret" (Dorner 1959, 144).

7 Auch Sedlmayr diagnostiziert in seinen Schriften zur modernen Kunst eine Distanzierung der abstrakten Kunst vom Betrachter, ja von allem Menschlichen. Freilich zieht er kulturpessimistische Konsequenzen aus dieser Einsicht. Für ihn

Die ästhetische Rezeption abstrakter Kunst

Auf der Seite des Kunstbetrachters ergibt sich aus der Befreiung vom Gegenstand in der Abstraktion eine Emanzipation vom begrifflich verstehenden Sehen. Der Betrachter muss beim Verstehen eines abstrakten Bildes auf die Dingwelt als Referenz verzichten und sich bei seinem Kunstgenuss von seinem Gespür für Balance, Harmonie und Farbklang leiten lassen.[8] Das Werk bleibt in sich geschlossen, der Rezipient vollzieht bei der Kunstbetrachtung die autonomen Gesetze der abstrakten Komposition lediglich nach. Für das Erleben des formal-künstlerisch autonomen Kunstwerkes ist ein rationales, d.h. hier ein auf begriffliche Inhalte ausgerichtetes Verstehen, nicht wichtig. Das Konzept des abstrakten Werkes, die Werkidee, nämlich die der Abstraktion, eröffnet sich dem Betrachter in seiner sinnlichen Erfahrung. „Das beziehungsfreie Sehen, vom ‚Harmonieempfinden' gelenkt, führt", wie Heinrich Klotz es formuliert, zu einer vom Kunstobjekt her bestimmten „interesselosen Anschauung" (Klotz 1999, 34). Das Maß der formalen Autonomie eines Werkes bestimmt den Grad der Sinnlichkeit bzw. Interesselosigkeit auf der Seite der Kunstrezeption, wobei mit Interesselosigkeit das Gegenteil eines verstehenden, d.h. begrifflich strukturierenden Kunstumgangs gemeint ist. Abstrakte Kunst als inhaltlich autonome Kunst eröffnet sich im reinen Sehen.[9]

---

drückt sich in den künstlerischen Entwicklungen der Abstraktion ein oberflächlicher Ästhetizismus aus, der einen zunehmenden Verfall humanistischer und christlicher Ideale in der abendländischen Kultur dokumentiert, eine Entwicklung, deren Beginn er um die Mitte des 18. Jahrhunderts ansetzt (vgl. z.B. Sedlmayr 1955, 59f. oder auch Sedlmayr 1948, 228ff).

8 Man könnte überspitzt sagen, dass abstrakte Kunst im Grunde unverständlich ist, wenn man unter „Verstehen" das rationale, begriffliche Verstehen fasst. Es ist hier zu unterstreichen, dass hier von der Unmöglichkeit eines rational begrifflichen Erfassens abstrakter Kunst die Rede ist. Im Sinne der Gestaltwahrnehmungstheorie, wie sie von Arnheim ausgearbeitet wurde, sind abstrakte Kunstwerke durchaus verständlich. Allerdings geht Arnheim von einem ganzheitlichen, sinnlich-ästhetischen Erfassen aus, das auch das Vorbegriffliche einschließt (Arnheim 1972, 24).

9 Unter diesen Umständen ist Panofsky zu widersprechen, wenn er in seinem Aufsatz „Kunstgeschichte als geisteswissenschaftliche Disziplin" rundweg ausschließt, dass es Kunst gibt, die sich in einem reinen Schauen, d.h. nur aus ihrer Form und Farbe erschließt, ohne dass der Betrachter über mehr als diese formalen Elemente verfügt.
„Jeder, der sich einem Kunstwerk gegenüber sieht, ist, ob er es ästhetisch nachschafft oder rational erforscht, von seinen drei Grundbestandteilen beeinflusst: von materialisierter Form, Idee (das ist im Fall der bildenden Kunst das Sujet) und Gehalt. Die pseudo-impressionistische Theorie, nach der uns ‚Form und Farbe über Form und Farbe berichten, nichts weiter', ist einfach nicht richtig. Vielmehr ist die Einheit jener drei Elemente in der ästhetischen Erfahrung realisiert, und alle gehen ein in das, was ästhetischer Kunstgenuss genannt wird" (Panofsky 1975, 20).

Museum und abstrakte Kunst

Vor dem Hintergrund der vorliegenden Überlegungen wird deutlich, dass abstrakte Werke die Museumsinstitution als Ort der Distanz und Objektivierung nicht infrage stellen. Dies liegt in der einfachen Tatsache begründet, dass die abstrakte Malerei im ganz traditionellen Sinne autonome und in sich geschlossene Kunstwerke hervorbringt, die vom Betrachter im Gegenüber ästhetisch rezipiert werden. Sowohl die Objekthaftigkeit als auch die klare Distanz des Werkes zur Welt der Nicht-Kunst ist fraglos. Damit ist ein Museum nach der Art des traditionellen Kunsttempels, also ein Museum, in dem der Betrachter das Werk als ästhetischen Gegenstand betrachten kann, die ideale Stätte für abstrakte Kunst.

An diesem Höhepunkt der Autonomisierung der Kunst in der Abstraktion setzen in der Folge eine Reihe von Kunstströmungen an, die die Erneuerung der Kunst und die Erweiterung des Kunstbegriffes entscheidend vorantreiben sollten. Dies sind zunächst die europäischen Avantgarden, die mit aller Schärfe gegen das herkömmliche bürgerliche Kunstverständnis angehen und die Kunst aus der Enge ihrer selbstbezüglichen Beschränkungen zu gesellschaftlicher Bedeutung führen. Kunst wird lebendige Aktion, eine Entwicklung, die – allerdings ohne den gesellschaftspolitischen Impetus – in der Malerei der folgenden Jahrzehnte aufgenommen werden sollte. Das statische ästhetische Objekt gerät in Bewegung, der Betrachter wird zunehmend aus seiner passiven Position heraus in das Werk hineingenommen.

Avantgarde – Das Ende des bürgerlichen Kunstbegriffs

Bei der Darstellung des Weges der Abstraktion wurde bereits Kasimir Malewič' Werk erwähnt. Sein „Schwarzes Quadrat“ ist die konsequenteste Ausformulierung einer künstlerischen Konzentration auf die geometrische Form. Malewič' künstlerische Absicht lag jedoch nicht nur darin, einen formalen Nullpunkt zu setzen; sein Anliegen war das inhaltliche Zero als Ausdruck einer totalen Unabhängigkeit von den gestalterischen und thematischen Zwängen und Vorgaben, welchen die bürgerliche Kunst bis zu diesem Zeitpunkt ausgesetzt war.[10] Er wollte einen radikalen Neubeginn der Kunst, die sich nicht, wie bei der Abstraktion Kandinskys, in ein subjektives Reich der Form,

10 Malewič verfolgte das Ziel einer reinen Malerei, d.h. gereinigt von der akademischen Kunsttradition, der Mimesis oder der Fiktion:
„Erst wenn die Gewohnheit des Denkens verschwunden ist, in Bildern das Abbild von Winkelchen der Natur, von Madonnen und schamhaften Venusgestalten zu sehen, werden wir ein rein malerisches Werk erblicken“ (zitiert nach Asholt/Fähnders 1995, 105)

Farbe und des Geistes manövrierte, sondern durch die ein unmittelbarer kreativer Impuls des Lebens erfolgen sollte.

Malewič ist einer der wichtigsten Vertreter der russischen Avantgarde, die sich den Jahren vor dem Ersten Weltkrieg formiert hatte und sich mit großem Idealismus für eine (kommunistische) Erneuerung des individuellen und gesellschaftlichen Lebens einsetzte. Die Kunst sollte bei dieser Revolution ein wichtiger Motor sein. Das Anliegen der Avantgarden beschränkte sich jedoch nicht darauf, der Kunst lediglich eine neue Stellung in der Gesellschaft zu verschaffen. Ihr Ziel war viel radikaler und grundlegender: Sie wollten mit der Kunst die Lebenspraxis völlig neu gestalten; Künstler sollten maßgeblich die gesellschaftliche Realität bestimmen. „Wir wollen eine tiefe Spur hinterlassen, und das – ist ein ehrenwerter Wunsch. Wir bringen unsere Werke und unsere Prinzipien vor, die wir ständig verändern und ins Leben führen" (Asholt/Fähnders 1995, 54).

Auch in Italien formierte sich zu Beginn des 20. Jahrhunderts die Gruppe der Futristen, die sich in noch aggressiverer Weise für die Zerstörung der bürgerlichen Kultur und für eine Verbindung der Kunst mit dem Leben stark machten. 1909 veröffentlichte der italienische Schriftsteller Filippo Tommaso Marinetti das erste futuristische Manifest, in dem er die totale Abkehr von der traditionellen Kultur und den Anbruch einer neuen und radikalen künstlerischen Ära ankündigt. Mit leidenschaftlichen Worten prangert er die Leblosigkeit und Rückständigkeit Italiens nach der Jahrhundertwende an und fordert an der Schwelle zum neuen Jahrhundert den Anbruch einer modernen Zeit, in der Naturwissenschaft und Technik den Ton angeben sollten.[11] Die Futuristen sind der Ansicht, dass sich weltumwälzende Kraft und Dynamik, die sie in ihrer Kunst freisetzen wollen, nicht im Korsett der traditionellen Kunstformen ausdrücken lässt. In dem Futuristischen Manifest „Die bildnerischen Analogien des Dynamismus" von 1913 legt der Maler Gino Severini seine Gedanken zur futuristischen Revolution der Malerei dar. Er ist der Überzeugung, dass die Kunst sich in Zukunft über alle bisherigen Grenzen, seien sie formal oder inhaltlich, hinwegsetzen werde. Die Kunst wird unter dem „absoluten Lebenswillen der Materie" nachgeben und mit der Dynamik des Futurismus ihre bisherige bürgerliche Identität preisgeben müssen, um eine allumfassende Wirkung entfalten zu können: „Wir wollen in das Kunstwerk das Weltall einschließen. Die Gegenstände existieren nicht mehr" (zitiert nach Apollino 1972, 162). Nach Severini wird die futuristische Bewegung in absehbarer Zeit das Ende der traditionellen Kunstgattungen nach sich ziehen und so die Kunst aus den Fängen der rückwärtsgewandten Museen befreien: „Ich sehe deshalb das *Ende des Bildes und der Statue* voraus. Diese Kunstformen beschränken,

11 Er fordert die Zerstörung aller traditionellen politischen und kulturellen Institutionen, wobei sein besonderer Hass den Museen und Akademien gilt.

trotz unseres Erneuerungsgeistes, unsere schöpferische Freiheit und tragen ihr Schicksal in sich: Museen, Salons der Sammler, eines passatistischer als das andere“ (ebd., 169).[12]

Der Futurismus erfasste Malerei, Literatur und Theater, wobei die Grenzen der Kunstgattungen zunehmend an Bedeutung verloren. Zwar wurden immer noch futuristische Bilder gemalt und Texte und Gedichte geschrieben. Ebenso fanden die futuristischen Projekte und Aktionen nach wie vor an herkömmlichen Orten kultureller Vermittlung wie Ausstellungsräumen, Konzertsälen, Kunstvereinen oder literarischen Zirkeln statt. Die Künstler konfrontierten jedoch das Publikum zunehmend mit Kunstaktionen, die die bisher geltenden konventionellen Kriterien bei weitem übersteigen. Ihr Ziel war die Kunst als Tat, als Agitation.[13] Es entwickelte sich die künstlerische Aktion, die Performance. Erst in provokanten öffentlichen Aktionen konnten sich die Künstler die Aufmerksamkeit verschaffen, die sie anstrebten.

Ebenfalls aus einer Aversion gegen die bürgerliche Kultur verfolgen die Dadaisten die Demontage des herkömmlichen Kunstbegriffs. Am 5. Februar 1916 eröffnen Hugo Ball und Emmy Hennigs in Zürich das *Cabaret Voltaire.* Es ist die Geburtsstunde des Züricher Dadaismus, jener Spielart der frühen Avantgarde, die ausgehend vom deutschsprachigen Mitteleuropa schnell in aller Welt die verschiedensten Ausformungen erfahren sollte.[14] Auch Dada setzt

12 Am Beispiel Severinis zeigt sich, wie sehr sich die Theorie des Futurismus von der künstlerischen Praxis unterscheidet. Entgegen seinen apodiktischen Äußerungen hat Severini nie aufgehört, in verhältnismäßig konventionellem (postimpressionistischem) Stil Tafelbilder zu malen. Auch gegen deren Hängung in Ausstellungen und Museen hatte er, so weit dies bekannt ist, keineswegs etwas einzuwenden.

13 Der Begriff der Kunst-Aktion stellt, wie sich im Laufe der Ausführungen noch zeigen wird, eine sehr weit gefasste kunsthistorische Kategorie dar. Susanne de Ponte dokumentiert in ihrer Dissertation ausführlich die Aktionen im Futurismus. Diese konnten unterschiedlichste Formen haben. Es konnte sich um öffentliche Vorträge zu den Zielen des Futurismus handeln, wie sie Marinetti schon bald in ganz Europa hielt (vgl. De Ponte 1999, 34). Futuristische Aktionen konnten aber auch eine Mischung von Gedichtrezitationen, Theater und Lesungen sein, die allerdings fern jeder Konvention verliefen und von großen Tumulten begleitet waren (vgl. z.B. eine Aktion der Mailänder Futuristen 1913, ebd., 64f).
Zum Futurismus als Urzelle der Performance-Kunst siehe Goldberg 1988, 11ff.

14 Ball weist u.a. im Eröffnungsmanifest des 1. Dada-Abends in Zürich am 14. Juli 1916 darauf hin, dass „Dada“ in allen Sprachen irgendetwas heiße, wenn auch jeweils etwas völlig Verschiedenes. „Im Französischen bedeutet es Steckenpferd. Im Deutschen Addio, steig mir bitte den Rücken runter, auf Wiedersehen ein ander Mal! Im Rumänischen: ‚Ja wahrhaftig, Sie haben Recht, so ist es. Jawohl wirklich. Machen wir‘. Und so weiter. Ein internationales Wort“ (Asholt/Fähnders 1995, 121). Eine Sammlung von Dokumenten, Texten und Bildern zur Dada-Bewegung finden sich u.a. bei Schumann 1991

sich in radikale Opposition zur kulturellen Tradition; sein Feind ist der spießbürgerliche Kulturbetrieb der Nachkriegszeit. In ihren antitraditionalistischen Aktionen sind die Dadakünstler weniger brutal als die Futuristen. Sie agieren als destruktive Konstruktivisten bzw. konstruktive Destruktivisten. „Die Lust der Zerstörung ist zugleich eine schaffende Lust", wie der Anarchist Bakunin in dem von Hugo Ball veröffentlichten *Almanach der Freien Zeitung* geschrieben hatte (vgl. Lach 1971, 23). Dada ist antinationalistisch, antimilitaristisch und antiimperialistisch[15] und versteht sich als ein umfassender Angriff auf jegliche Form von Borniertheit, Wichtigtuerei, Opportunismus oder politische und künstlerische Selbstüberschätzung.[16] Das bürgerliche Kunstverständnis ist in den Augen der Dadaisten Ausdruck dieser Heuchelei, und die traditionellen Kunstinstitutionen sind die Arenen dieser Doppelmoral.

Dada ist der systematische künstlerische Widerstand gegen das allgemeingültige Kunstschöne und damit gegen ein romantisches Kunstverständnis, das sich im Laufe der Jahrhunderte das unantastbare Kunstreich eines fragwürdigen bürgerlichen Geschmacks geschaffen und über dem alltäglichen

15 Die einzelnen Dada-Gruppierungen schwankten zwischen politischem Engagement und Neutralität. Die verschiedenen Ansichten in dieser Frage führten nicht selten zu Unstimmigkeiten innerhalb der Bewegung (ebd., 365f). Hugo Ball etwa empfindet Dada als dem Kommunismus entgegengesetzt: „Ist der Dadaismus wohl als Zeichen und Geste das Gegenspiel zum Bolschewismus. Stellt er der Destruktion und vollendeten Berechnung die völlige donquichottische, zweckwidrige und unfaßbare Seite der Welt gegenüber? Es wird interessant sein zu beobachten, was dort und was hier geschieht" (zitiert nach Riha/Schäfer 1994, 351). Im „Manifest Proletkunst" wenden sich Schwitters und andere Künstler des Dada bzw. von De Stil gegen eine politische Vereinnahmung ihrer Kunst: „Die Kunst, wie wir sie wollen, die Kunst ist weder proletarisch noch bürgerlich, denn sie entwickelt Kräfte, die stark genug sind, die ganze Kultur zu beeinflussen, statt durch soziale Verhältnisse sich beeinflussen zu lassen" (ebd., 174). Für Kurt Schwitters ist Kunst gänzlich unpolitisch. 1930 schreibt er: „Ihr aber, Ihr politischen Menschen von rechts oder links, oder Ihr mittlerer Sorte, oder aus welchem blutigen Heerlager des Geistes Ihr kommen mögt, wenn Ihr eines Tages mal die Politik recht satt habt, oder Euch auch nur für einen Abend von Euren Strapazen ausruhen wollt, so kommt zur Kunst, zur reinen unpolitischen Kunst, die ohne Tendenz ist, nicht sozial, nicht national, nicht zeitlich gebunden, nicht modisch. Sie kann Euch erquicken, und sie wird es gerne tun" (zitiert nach Seiler 1970).

16 Interessanterweise tritt in den Augen der Dadaisten das verhasste Kultur-Spießertum in besonders abstoßender Form beim Expressionismus zu Tage. „DIE ABSOLUTE UNFÄHIGKEIT, etwas zu sagen, ein Ding zu fassen, mit ihm zu spielen – DIES IST DER EXPRESSIONIMUS, ein geistiger Prießnitzumschlag für verdorbene Eingeweide, eine von vornherein verdorbene Glibberspeise, von der man feierliches Bauchgrimmen bekam" (Asholt/Fähnders 1995, 184). In besonders scharfer Form griffen die Dadaisten Oskar Kokoschka an. Für Heardfield und Grosz war er „Der Kunstlump" (vgl. Asholt/Fähnders 1995, 203ff).

Leben positioniert hatte.[17] Anders als die Futuristen fordern die Dadaisten jedoch nicht einfach die Zerschlagung der Tradition. Sie eliminieren den bürgerlichen Kulturbegriff eher von innen heraus, indem sie dem guten, schönen, wahren Kunstwerk eine subversive Antikunst entgegnen. Richard Huelsenbeck schreibt in seinem Aufsatz „Dada und Existenzialismus“: „Die ‚heiligsten Güter‘, von denen vor Zeiten der Kaiser gesprochen hatte, wurden entheiligt, vergiftet, narkotisiert. Dem Ideal der Schönheit wurde das Leben, das hässliche Leben, die Erde, das Sein, ja das Nichtsein entgegengestellt“ (Huelsenbeck 1957, 55). Die Kunst muss nach der Auffassung der Dadaisten auf den Boden des alltäglichen gesellschaftlichen Lebens gestellt werden. Im Jahre 1919 schreibt Marcel Janco, einer der Mitbegründer des *Cabaret Voltaire*: „Die Kunst will und muß wieder zum Leben zurückkehren [...]. Wir sehnen uns weg vom Stolze. Wir sind nicht nur Künstler, sondern auch Menschen und fühlen uns verpflichtet, im Leben wieder eine positiv wirkende Kraft zu werden“ (Asholt/Fähnders 1995, 162).

Wie schon bei den Futuristen tritt auch im Dada konsequenterweise die Herstellung von Kunstobjekten, von schönen künstlerischen Gegenständen, in den Hintergrund. Kunst wird Statement, Agitation. Durch diese Neupositionierung der Kunst verändert sich hier auch das Verhältnis zwischen Werk und Betrachter radikal. Die Künstler setzen sich bei ihren Aktionen in unmittelbarer Form mit dem Publikum auseinander. Die Öffentlichkeit wird zum Quell der Inspiration ihrer anarcho-kreativen Taten. Hugo Ball notiert, dass die Künstler im Gegenüber mit dem Publikum wie in einen „undefinierbaren Rausch“ gerieten, der das Kabarett in einen „Tummelplatz verrückter Emotionen“ verwandelte, und aus dem sich der unmittelbare Drang zum „ununterbrochen Lebendigen, Neuen, Naiven“ (zitiert nach Riha/Schäfer 1994, 346) entwickelte. Ähnlich wie später beim Happening wird das Publikum zum konstitutiven Teil des künstlerischen Vorganges. Das Werk existiert nicht ohne den Rezipienten bzw. die jeweilige Präsentationssituation.

Kunst ist nicht „ewige Kunst“, sondern das, was der Künstler aus seiner unmittelbaren Gegenwart schöpft. Das autonome, für sich existierende Kunstwerk ist in diesem Falle abwegig. Es entsteht aus dem jeweiligen Moment und für den jeweiligen Moment und ist damit, in bewusster Absetzung zur bürgerlichen Kunstauffassung, vergänglich.

„Die Kunst ist in ihrer Ausführung und Richtung von der Zeit abhängig, in der sie lebt, und die Künstler sind Kreaturen ihrer Epoche. Die höchste Kunst wird diejenige sein, die in ihren Bewusstseinsinhalten die tausend-fachen Probleme der Zeit prä-

17 Als besonders drastisches Beispiel eines antibürgerlichen Textes des Dada, sei hier Raoul Hausmanns „Der deutsche Spießer ärgert sich“ aus dem Jahre 1919 angeführt (vgl. Asholt/Fähnders 1995, 184).

sentiert, der man anmerkt, dass sie sich von den Explosionen der letzten Woche werfen ließ, die ihre Glieder immer wieder unter dem Stoß des letzten Tages zusammensucht“ (Ashold/Fähnders 1995, 145).

Hieraus ergibt sich eine entscheidende Konsequenz für den Status des Dada-Kunstwerks. Ein materialer Kunstgegenstand ist nicht das Werk selbst, sondern nur die Emergenz der eigentlich bedeutsamen künstlerischen Aktion bzw. der Ausdruck der dadaistischen ‚Ideologie‘. So schreibt der Kunsthistoriker Georges Hugnet zur Dada-Kunst: “[The works of art] intentionally ephemeral, resolutely anti-individualistic, have come down to us as documents relating to one episode of action and struggle, and nothing more. They are arms abandoned on the field of battle“ (Hugnet 1951, 146f).

Die Entgrenzung des Kunstbegriffs in der Avantgarde

Die Avantgardebewegung sprengt das enge bürgerliche Kunstverständnis so weit, dass der Begriff „Kunst“ seine herkömmliche Bedeutung einzubüßen beginnt. Kunstschaffen hat nicht mehr mit genialem selbstbezogenem Schöpfertum, sondern mit umwälzender Aktion zu tun. Die herkömmliche Kunstwelt ist den Künstlern zu eng. Das neue künstlerische Selbstverständnis dokumentiert sich nicht zuletzt darin, dass sich Künstler mit ihren Vorstellungen und Ideen nicht mehr in traditionellen künstlerischen Techniken, sondern auch in Form von Manifesten an die Öffentlichkeit wenden. Sie artikulieren sich nicht mehr nur mit Kunstwerken, sondern vor allem mit theoretischen Konzepten zur Gestaltung des gesellschaftlichen und kulturellen Lebens. Die Künstler treten aus dem vormals weitgehend abgeschlossenen Bereich der Kunst heraus und fordern in zum Teil höchst offensiver und aggressiver Weise ihren Anspruch auf gesellschaftliche Bedeutung.[18] Das Kunstwerk selbst ist nicht der Endzweck der Aktivität, sondern, wie etwa in der russischen Avant-

18 Selbstverständlich haben sich schon früher, besonders ab dem 18. Jahrhundert, Künstler mit ihren Werken politisch engagiert. Malsch weist darauf hin, dass ab dem 19. Jahrhundert Künstler in ihren schriftlichen Äußerungen zunehmend auf die politischen Verhältnisse ihrer Zeit eingingen (Malsch 1997, 126f). Ihre politische Macht entfalteten die Künstler des 19. Jahrhunderts allerdings unmittelbarer in ihrem malerischen oder zeichnerischen Werk. Man denke beispielsweise an die politische Karikatur, etwa von William Hoogard in England oder mehr noch an die Werke Jacques Louis Davids zur französischen Revolution und zur Napoleonischen Herrschaft. Im Gegensatz zu den künstlerischen Avantgarden des frühen 20. Jahrhunderts muss man in dieser Form der politischen Kunst von Seiten der Künstler jedoch eher ein kritisches oder (in den meisten Fällen) affirmatives Statement zur politischen Gegenwart sehen. Die Avantgarde ist in ihrem Auftreten weitaus radikaler; sie sieht die Kunst nicht als Randbemerkung der Weltgeschichte. Sie möchte selbst das gesellschaftliche Leben bestimmen, sie möchte selbst Geschichte schreiben.

garde, Agitationsinstrument oder, wie im Falle der Dadaisten, vergängliche Materialisation ihres Ideengebäudes.

Das Kunstwerk ist untrennbar mit seinem Entstehungskontext verbunden und erschließt sich damit nicht erschöpfend aus seiner sinnlichen Erscheinung. Es ist kein für sich wirkendes ästhetisches Objekt, sondern wird erst vollständig vor dem Hintergrund seines Entstehungszusammenhangs verständlich. Die ikonographische, besonders jedoch die ikonologische Ebene, die für das Verständnis abstrakter Werke nur zweitrangig ist, ist bei der Rezeption von Werken der Avantgarde entscheidend. Dies muss Konsequenzen für die Präsentation, Vermittlung und Erforschung im Museum nach sich ziehen.

Museum und Avantgarde

Max Ernst lehnte seinerzeit die Musealisierung von Dada ab: „I'm not interested in those people, das mit aller Gewalt aus Dada ein Museumsstück machen will [...]! (zitiert nach Elger 2000, 296).[19] In der Tat muss vor dem Hintergrund seiner engen Kontextabhängigkeit, die Frage gestellt werden, wie derartige Kunst in einem Museum angemessen aufgehoben werden kann.

Ein Museum, das sich als kulturelles Gedächtnis versteht und daher die Aufgabe hat, der Nachwelt herausragende künstlerische Errungenschaften zu erhalten, wird jedoch auf eine Musealisierung bestehen müssen. Hierbei muss es sich jedoch über den Charakter der zu bewahrenden Werke im Klaren sein. Es handelt sich bei Avantgardekunst nicht um ästhetische Kunstobjekte im Sinne autonomer Gegenstände. Werke der Avantgarde erhalten ihren Sinn erst vor dem Hintergrund des Kontextes, aus dem sie erwachsen sind.

Es besteht zwar die Möglichkeit, z.B. ein Werk des russischen Konstruktivismus wie einen abstrakten Gegenstand, d.h. als „ästhetisches Objekt" zu behandeln; hierdurch würden jedoch wichtige Aspekte des Werkes übergangen.

Man kann sich durchaus die Situation vorstellen, dass ein Kunstbetrachter einer Skulptur von Naum Gabo gegenübersteht und diese lediglich als interessante Form wahrnimmt, obwohl sich in der vorliegenden Weise der gegenstandslosen Gestaltung und der Materialwahl die Ideale und Gedankenwelt des frühen Kommunismus ablesen lassen. Ähnlich verkürzt wäre die Wahrnehmung im Falle eines futuristischen Gemälde, das lediglich als wunderbar dynamische Farbkomposition betrachtet wird, ohne dass man sich über den radikalen, ja zum Teil gefährlich aggressiven Entstehungskontext des Werkes

19 Es dauerte sehr lange, bis Dada den Weg in die Museen fand. Erst 1966, also fast 50 Jahre nach dem ersten Dada-Manifest, fand in Paris eine groß angelegte Dada-Ausstellung statt.

im Klaren ist. Im Falle der Musealisierung von Avantgardekunst ist Kontextualisierung nicht Beiwerk, sondern absolute Notwendigkeit. Der Kontext liefert nicht lediglich interessante Zusatzinformationen zum Werk, sondern er konstituiert es. Es ist damit von größter Wichtigkeit, im musealen Kontext die kultur- oder gesellschaftshistorischen Entstehungszusammenhänge möglichst umfassend zu dokumentieren, um dem Betrachter so über das materiale Anschauungsobjekt hinaus, eine Ahnung von der Gesamtheit des Werkes zu geben.

Mit der Avantgarde war jedoch der Endpunkt der Auflösung des traditionellen autonomen Kunstwerkes noch nicht erreicht. Besonders nach dem Zweiten Weltkrieg radikalisierten sich diese Tendenzen auch in der Malerei, indem der Schaffensakt selbst vor das Kunstwerk trat: Aus Malerei wurde Aktion, aus Aktion Ritual und aus dem Ritual Politik.

Aktionsmalerei – Das Ende der Statik

Zu Beginn dieser kunstgeschichtlichen Ausführungen hatten war von einer Radikalisierung der Autonomie der Kunst in der Abstraktion die Rede gewesen. In seinem Aufsatz „Von der Verabsolutierung der Farbe zur Selbstauflösung der Malerei“ (Weibel 1992) legt Peter Weibel dar, wie die Malerei aus der Verabsolutierung der Farbe in der Abstraktion, d.h. der Loslösung der malerischen Elemente von ihrer Darstellungsfunktion ihr eigenes Ende vorbereitet. Die Vervollkommnung der malerischen Elemente führt zu ihrem Verschwinden: „[...] die Behauptung des Eigenwerts der absoluten Farbe, die nicht gegenstandsgebunden war, führten zur Niederlage der Malerei. Die Farbmaterie bzw. Materialform der Farbe löste die Lawine aus, welche die Malerei unter sich begrub“ (ebd.).

Es ist wichtig festzuhalten, dass das Ende der Malerei, wie Weibel es versteht, nicht „das Ende des Malens“ bedeutet. Verschwunden ist nicht die künstlerische Ausdrucksform der Malerei, sondern deren historische Form des direkt darstellenden Tafelbildes. Diese Entwicklung markiert nicht das Ende des Bildes, sondern das Ende der Repräsentation im Bild. Die externe Referenz der Bildes wird erst, wie auch im Falle der Abstraktion, durch eine interne ersetzt, um dann zunehmend einer Ausdrucks- und Appellfunktion zu weichen (ebd., 164). Erst durch diesen „Selbstmord der Malerei“ (ebd., 152) waren die künstlerischen Revolutionen des 20. Jahrhunderts möglich. „Es wurden“, wie Weibel schreibt, „[...] ererbte historische Mittel, Methoden, Elemente, Materialien dispensiert. Die Kunst des 20. Jahrhunderts musste sich gleichsam vom Ballast der vorhergehenden Künste befreien, indem sie sich vom Tafelbild befreite. So entstanden Objektkunst, Medienkunst, Ereigniskunst, Raumkunst in allen Spielarten als ureigenste Kunstformen des 20. Jahrhunderts" (ebd., 165).

Weibels Überlegungen machen deutlich, dass durch die Emanzipation der Kunst von den traditionellen Formen der künstlerischen Bezugnahme auf die Wirklichkeit der Weg für jene künstlerischen Ausdrucksformen frei wurde, die die Aufhebung der Trennung von Kunst und Leben anstrebten. Es entwickeln sich künstlerische Strömungen, die einen unmittelbareren Bezug zur Realität suchten und nicht aus der Position des Gegenübers und der Distanz agierten, sondern sich gleichsam aus den internen Strukturen der Wirklichkeit heraus formulierten.[20] Die abstrakte Kunst, die sich in der Konzentration auf formale gestalterische Gesetzmäßigkeiten von der Gegenständlichkeit emanzipiert hatte und dabei die Ringmauern ihres autonomen Reiches der Kunst in noch nie da gewesener Form gefestigt hatte, brach quasi von innen aus der Logik ihrer formalen Problemstellung heraus ihre eigenen Grenzen auf.

Der entscheidende Schritt heraus aus dem autonomen Reich der abstrakten Kunst erfolgte mit der Aktionsmalerei, die zwar ebenfalls ohne einen inhaltlichen oder formalen Bezug zur gegenständlichen Wirklichkeit auskam, aber dennoch die Grenzen zum Leben überschritt, indem sie selbst lebendige Aktion wurde.

Die Überwindung von Komposition und Objekt

Bei den folgenden Ausführungen soll das Augenmerk auf dem Hauptvertreter der amerikanischen Aktionsmalerei liegen: Jackson Pollock. Die ersten seiner bekannten Drippings (Tropfbilder) enstanden in den 40er Jahren. Er schuf sie, indem er perforierte Farbeimer über am Boden liegende Leinwände führte oder mit großen Pinseln kraftvoll Farbe auf das Bild warf. Die zeitgenössische Literatur beschreibt Pollocks Malaktionen mit Formulierungen wie der folgenden: „Da begeht Jackson Pollock wie ein tanzender Derwisch seine oft

20 Das Bedürfnis, das kreative Schaffen aus dem lähmenden Rahmen der akademischen Kunstwelt zu befreien und mit dem Leben zu verbinden, entwickelte sich in unterschiedlicher Ausprägung bereits ab dem frühen 19. Jahrhundert. Die Künstlergruppe der Nazarener sagte sich vom akademischen Betrieb los, um in ihrer Kunst zu einer neuen unmittelbaren Innerlichkeit zu finden. Ab der Mitte des 19. Jahrhunderts bildeten sich überall in Europa Künstlergruppen, die, wie etwa die Barbizonisten oder die Dachauer Schule, in der bewussten Nähe zur Natur und zum einfachen Alltag arbeiteten. Diese Suche nach Ursprünglichkeit und Authentizität des Lebensgefühls prägte aber besonders das Schaffen großer Einzelgänger des 20. Jahrhunderts. Sie veranlasste Paul Gauguin zu einer Emigration nach Tahiti, wo er Werke von ungekannter Kraft schuf. Das Verlangen nach dem reinen Leben führte letztendlich auch Franz Marc zur Gegenstandslosigkeit in seiner Malerei.

riesigen Leinwände und zeichnet mit tröpfelnder Farbkanne die verzweifelte Choreographie seiner Lebensspur" (zitiert nach Gehlen 1965, 192).

Pollock zerstört mit seinen Drippings die herkömmliche Malerei.[21] Sie stellen das Gegenteil von traditionellen Tafelbildern dar, da sie sich sowohl inhaltlich als auch formal über deren traditionelle Grenzen hinwegsetzen.[22] Zwei Jahre nach dem Tod des Künstlers schreibt Allan Kaprow über Pollocks Werk: „He created some magnificent paintings, but he also destroyed painting. [...] Pollock ignored the confines of the rectangular field in favour of a continuum going in all directions simultaneously, beyond the literal dimensions of any work. [...] In an older work, the edge was a far more precise caesura: here ended the world of the artists. Beyond began the world of the spectator and reality" (Johnson 1982, 62).[23]

Die Drippings Pollocks haben zwar wie die abstrakten Gemälde z.B. Kandinskys keinen Gegenstand, sie unterscheiden sich von diesen jedoch in einem zentralen Punkt: Pollocks Arbeiten zeigen keine konzipierte Ordnung von farbigen und graphischen Elementen. Die Farbschlieren und Kleckse sind nicht mehr Elemente einer sorgsam durchdachten Komposition, sondern Spuren der Mal-Aktion.[24] Das Werk Pollocks löst sich damit gänzlich aus der Tradition der Malerei; es befreit sich nicht nur von gegenständlichen Abhängigkeiten, also Mimesis und Fiktion, sondern auch von den Gesetzmäßigkei-

21 Der abstrakt-expressive Maler Willem de Kooning schreibt zur Kunst Polloks: „Every so often a painter has to destroy painting. Cézanne did it. Picasso did it with Cubism. Then Pollock did it. He busted our idea of the picture all to hell" (zitiert nach Varnedoe/Karmel 1999, 33).

22 Roland Bothner schlägt in einer Publikation über K.R.H Sonderborg vor, beim Actionpainting nicht mehr von Komposition, sondern von Dekomposition zu sprechen (Bothner 1999, 54).

23 Ein aufmerksamer Beobachter der Kunst hatte schon früher diese Selbstauflösung der Malerei diagnostiziert, ohne sich damals jedoch schon die Möglichkeiten der Aktionsmalerei vorstellen zu können.
Im Jahre 1929 hielt Alexander Dorner einen Vortrag mit dem Titel „Das Ende der Kunst", in dem er von einer Entwicklung der Kunst über die Grenzen der herkömmlichen Malerei, vor allem hinsichtlich der Raumvorstellung und Komposition spricht (vgl. Cauman 1960, 201). Dorner war klar, dass das herkömmliche Tafelbild mit seiner Vorstellung des Raumes und der Gegenständlichkeit an ein Ende gekommen war. „Daß aber die Möglichkeiten der Malerei, die mit der Realität des alten Bildraumes rechnet, auf diesem Gebiete erschöpft sind, halte ich für sicher" (zitiert nach Cauman 1960, 201).

24 Pollock war nicht der erste Künstler, der tropfende Farbe als Ausdruckmittel einsetzte. (Er schuf sein erstes Dripping 1947). Nach der ersten Ausstellung von Pollocks Drippings wiesen eine Reihe von Künstlern, darauf hin, dass sie schon viel früher in dieser Art gearbeitet hatten (Naifeh/Smith 1989, 533ff). Diese Künstler hatten jedoch das Dripping als formales Ausdruckmittel eingesetzt, während das Dripping bei Pollock eine Form der möglichst unmittelbaren Malaktion darstellt.

ten der Komposition. An die Stelle der durchdachten Bildkonstruktion tritt bei den Drippings der Zufall. Damit wird, wie Arnold Gehlen bemerkt „[...]die Vorstellung des Bildes als eines geschlossenen Systems preisgegeben." (Gehlen 1965, 191). Aus dieser Unabgeschlossenheit folgt konsequenterweise, dass das Kunstwerk bei Pollock nicht in dem fertig zu stellenden „ästhetischen Objekt" besteht, sondern in der Malaktion, die es entstehen lässt. Das Werk ist nicht der Gegenstand, sondern der Prozess seiner Herstellung. Es stellt nichts mehr dar außer sich selbst und dem handelnden Subjekt, dem es entspringt. Das Dripping ist Ausdruck der gesamten Existenz des Künstlers: „Painting is selfdiscovery", „Every good artist paints what he is", wie Pollock selbst es ausdrückt (zitiert nach Naifeh/Smith 1989, 536).

In der Aktionsmalerei befreit sich das Kunstwerk zumindest zum Teil von seiner Objekthaftigkeit. Es erschöpft sich nicht in dem sinnlich *erlebbaren* Kunstgegenstand, es hat seinen Sinn als Spur des *lebendigen Schaffensprozesses,* des Malaktes selbst.[25] Das gemalte Bild ist nur die Spur des Kunstereignisses, es ist das Relikt der Aktion.[26] Indem der künstlerische Schaffensakt zum zentralen Bestandteil des Werkes wird, bricht die Aktionsmalerei grundlegend mit Trennung von Kunst und Leben und damit mit dem herkömmlichen engen Kunstverständnis. „Die künstlerische Aktion zielte [...] von der Leinwand weg unmittelbar ins Leben hinein, um jenseits des künstlerischen Mediums das Werk von Schein und Fiktion freizumachen und es im Leben aufgehen zu lassen" (Klotz 1999, 12).

Mit dem Schaffen Pollocks ist der Punkt erreicht, an dem der traditionelle Kunstbegriff seine Gültigkeit zu verlieren beginnt, bzw. an dem die Vorstellung von Kunst als geschlossenem ästhetischem Gegenstand ihre ausschließliche Relevanz einbüßt. Kunst und Schaffensprozess werden eins.

25 In ganz anderer Art und Weise entwickelt Frank Stella seine Werkein den 60er Jahren aus der Bildwelt der traditionellen Malerei heraus. Seine „shaped canvases", Leinwände etwa in L- oder V-Form sind nicht mehr im eigentlichen Sinne Bilder, sie sind zweckfreie Gegenstände.

26 Noch deutlicher und direkter, allerdings auch oberflächlicher, erfolgt dieser Übergang von der Malerei zum Malakt zur gleichen Zeit in Frankreich bei Künstlern wie Georges Mathieu, der die Produktion seiner Bilder zum öffentlichen Spektakel macht. Der Künstler fand den Malakt selbst so „interessant und begeisternd", dass er ihn dem Publikum nicht vorenthalten wollte. Er warf sich in abenteuerliche Kostüme und bearbeitete publikums- und medienwirksam seine Leinwände gleich einem Fechter mit langem Pinsel. In seiner autobiographischen Schrift „Au-delà du Tachisme" beschreibt er ausführlich eines dieser Malspektakel, das er 1956 im Théâtre Sarah Bernard vor nicht weniger als 2000 Personen vollführte (Mathieu 1963, 121).

„Es gibt in der Kunst nichts mehr als ein Machen, und ein Machen, das eine Tatsache produziert“, wie Arnold Gehlen in seinen „Überlegungen zur Kunst“ feststellt (Gehlen 1965, 189).

Unter einem Kunstwerk ist nun – sehr weit gefasst – dasjenige zu verstehen, das von einem Künstler mit einer künstlerischen Intention vollbracht wurde. Der etwas altertümlich anmutende Begriff „vollbringen“ bietet sich deswegen an, weil er, anders als Ausdrücke wie „schaffen“, nicht notwendig die Verfertigung eines Kunstobjektes suggeriert, sondern auch aktionistische Elemente einschließt.[27] Die Aktionsmalerei geht entscheidend über Kunstdefinitionen wie diejenige Erwin Panofskys hinaus, der das Kunstwerk einen „vom Menschen angefertigten Gegenstand“ nennt, „der ästhetisch erlebt werden will“ (Panofsky 1975, 19). Bei der Aktionsmalerei handelt es sich nicht um gefertigte Gegenstände, sondern um materiale Manifestationen des Schaffensaktes mit der Folge, dass sie sich für den Betrachter nicht im ästhetischen Erleben erschöpfen. Pollocks Drippings, d.h. die materialen, beständigen, sinnlich wahrnehmbaren Bilder, sind im Grunde sekundär gegenüber dem nicht unmittelbar mit den Sinnen fassbaren Malakt, dem Kunstereignis, dessen Ergebnis das Bild ist.[28] Das Kunstwerk ist Prozess und damit im eigentlichen Sinne nie abgeschlossen. „Das Kunstwerk wird der Idee nach nicht fertig“, wie Gehlen schreibt (Gehlen 1965, 192). Das gemalte Bild ist beim Actionpainting kein fixes Endprodukt, es ist eher ein manifester Zwischenbe-

27 Malerei und Tat verbinden sich auch in den Arbeiten Lucio Fontanas, bei denen er die monochrome Leinwand einschneidet. Zurück bleibt ein Werk, das „äußerlich“ einem Tafelbild gleicht, allerdings im Grunde seine Negation ist. Nicht nur, weil der Schnitt einen Angriff auf das Bild bedeutet und somit seine Negierung, sondern weil das Werk nicht mehr das Bild, sondern die Tat des Künstlers ist.

28 Natürlich sind auch traditionelle Bilder, wie etwa der „Höllensturz“ von Rubens, gemalt, d.h. in einem Malakt entstanden. Allerdings ist der Malakt selbst nicht „Thema“ des Werkes, wie bei Pollock. Das Malen selbst ist nur der Weg mit dem eindeutigen Ziel der Fertigstellung eines vorher genau konzipierten Gemäldes. Die individuelle Malaktion als Manifestation der Kreativität des Künstlers steht hier nicht im Vordergrund. Zum großen Teil wurden, wie allgemein bekannt, die Gemälde Rubens’ nicht von ihm selbst, sondern von seinen Schülern und Gehilfen ausgeführt. Seine Zeichnungen und Entwürfe sind gerade deswegen so reizvoll, weil sich in ihnen neben der Entstehung der Bildidee der unmittelbare Malakt des Künstlers ablesen lässt. Es kann hier nicht näher auf die Tatsache eingegangen werden, dass Pollocks expressive Malaktionen, wenn man sie als Äußerungen freier menschlicher Kreativität und Subjektivität versteht, in einer Reihe von Künstlern des 19. Jahrhunderts ihre mittelbaren oder unmittelbaren Vorläufer haben. Es sind jene Künstler, die sich um des individuellen Ausdrucks und der Dramatik des Augenblicks willen über technische und formale künstlerische Normen ihrer Zeit hinwegsetzten. Als Beispiele seien die französischen Romantiker Gericault und Delacroix oder auch der britische Einzelgänger William Turner angeführt.

richt künstlerischer Aktivität, ein im Bild „eingefrorener" dynamischer Zustand.

Für den Argumentationsverlauf dieser Untersuchung ist nun Folgendes festzuhalten: Mit der Dominanz des Malprozesses verabschiedet sich die Aktionsmalerei vom statischen ästhetischen Objekt. Kunst wird unmittelbarer existentieller Ausdruck und ist damit vom Leben des Schaffenden nicht mehr zu trennen. Damit ergibt sich eine für die Kunstgeschichte und das Kunstmuseum folgenschwere Erweiterung des Kunstbegriffes. Mit Pollock gehen wichtige Eigenschaften des Werkes zu Bruch, auf die das traditionelle Museum als Ort des geschlossenen Objekts und der Distanz angewiesen war.

Actionpainting und Museum

Aus den vergangenen Darlegungen muss folgendes Ergebnis herausgehoben werden: Die für die Präsentation der Kunst fundamentale wichtige Neuerung, die beim Actionpainting erstmals zum Tragen kommt, ist die Prozesshaftigkeit des Kunstwerks. Prozesshaft bedeutet hier, dass sich das Werk als Aktion in der Zeit ereignet und hinsichtlich dieses zentralen Kerns vergänglich ist.

Actionpaintings haben aus der Sicht des Museums den unschätzbaren Vorteil, dass sie Gemälde zurücklassen. Hierin liegt jedoch auch eine Gefahr für die Präsentation dieser Werke: Der oben dargestellte grundlegende Wandel des Kunstbegriffs, der die Aktionsmalerei ausmacht, wird bei seiner Präsentation im Museum häufig nicht berücksichtigt. Es besteht die Möglichkeit Werke der Aktionskunst so zu behandeln, als wären sie ästhetische Objekte. Gerade bei so ausdrucksstarken Arbeiten wie denjenigen Pollocks liegt dies besonders nahe. Es sollte jedoch klar geworden sein, dass die Werke Pollocks weder gegenständlich sind, noch dass es sich bei ihnen um abstrakte Kompositionen handelt. Sie sind Manifestationen der Aktion, d.h. Emanationen von dynamischen künstlerischen Prozessen und nicht Kunstgegenstände. Pollock selbst sah die Gefahr, dass seine Werke in Museen als ästhetische Objekte missverstanden werden könnten. In einem Gespräch mit dem Architekten Peter Blake über das „ideale Museum", meinte Pollock: „Das Problem ist, dass sie mich für einen Dekorateur halten" (Storr 1999, 63). Andere Zeitgenossen irrten, wenn sie Actionpaintings als „apokalyptische Tapeten mit der Aura des existentiellen Kampfes aber einer ornamentalen Funktion" auffassten (ebd.).

Beim Actionpainting zeigt sich erstmals die Schwierigkeit im Verhältnis von traditioneller Museumsinstitution und Prozesskunst, die darin besteht, dass ein Museum, das auf ästhetische Objekte angewiesen ist, mit Werken konfrontiert wird, die sich nicht in ihren materialen Manifestationen erschöpfen. Der objektorientierte Kunstbegriff des Museums wird von der Kunst überholt. Diese grundsätzliche Problematik spitzt sich noch mehr zu, wenn die Kunst-aktionen keinerlei aussagekräftige sinnliche Objekte mehr zurücklassen, d.h. dann, wenn sich der Kunstakt nur noch im Sich-ereignen vollzieht. Dieser folgenreiche Schritt vollständig weg vom Objekt erfolgt beim Happening. Hier nun löst sich Kunst restlos in Aktion, in Leben auf. Kunst wird buchstäblich „Tatkunst".[29]

Happening und Aktionskunst – Das Ende des Objekts

Wie sich zeigte, ist das Malereignis selbst das Werk der Aktionsmalerei; die Bilder sind eigentlich nur Nebenprodukte des Kunstwerkes. In der Folge entwickelte sich eine Kunstform, die sich konsequenterweise ganz von materiellen Manifestationen löste. Allen Kaprow war der erste, der ausgehend von Jackson Pollocks Aktionsmalerei mit der Kunst des Happening ganz auf Bilder verzichtete und so den kreativen Akt verabsolutierte. „[The Happening] grew out of the advanced American painting of the last decade and I and the others were all painters (or still are). [...] The best of them [the happenings] have come directly out of the rites of American Action Painting" (Johnson 1982, 60f).

Das Happening ist ein künstlerisches Ritual, das sich als eine Art kreative oder gestaltete kurze Lebenssequenz beschreiben läßt. Weder bildet es Reales oder Fiktives ab oder folgt fixen Gestaltungsregeln, noch bringt es einen konkreten Kunstgegenstand hervor.[30] Es ist nicht Ausdruck einer Reflektion, hat keine Dramaturgie, es weist keinen Anfang und kein Ende auf, es hat genau genommen keinen bestimmten Aufbau. Das Happening versteht sich als „reines Ereignis", das nichts darstellen oder symbolisieren will.[31] Es ist, wie

29 Die folgenden Ausführungen werden sich ganz allgemein mit dem Happening beschäftigen, ohne auf dessen verschiedenartige Ausprägungen einzugehen. Einen sehr guten Überblick hierüber verschaffen u.a., Goldberg 1988, Noever 1998b.

30 Es gab künstlerische Manifestationen im Zusammenhang mit Happenings, etwa Bücher und Schriften und Zeichnungen oder sogar Schallplatten, in denen Anleitungen zu Happenings gegeben wurden oder in denen selbige dokumentiert wurden. Auch wenn sie schon zu ihrer Entstehungszeit Sammler-Objekte wurden (im Archiv Sohm in der Stuttgarter Staatsgalerie befinden sich eine Vielzahl dieser Objekte (vgl. Kellein 1986, 36f), hatten sie doch keinesfalls den Status autonomer Kunstwerke.

31 Ein Teilnehmer beschreibt das Happening ‚Schatten' von Claes Oldenburg in folgender Weise: „Oldenburg hinter einem Tisch verborgen, der im Zimmer 3 hängt, leitet Licht auf eine Papierwand und gibt Lärm von sich. Lucas und Pat im Zimmer 2 sind ganz schwarz gekleidet und – Hauptaktion – Lucas schließt mit Stecknadeln das Unterteil einer Männerhose, die Pat (die Frau Oldenburgs) trägt und zieht ihr eine Jacke über den Kopf (sie hat bereits einen Hut auf), die sie völlig verdeckt wie eine Mumie. Er bringt sie dann, ganz in Schwarz, in eine

Klotz es formuliert „ein spielerisches Umgehen mit den Partikeln des Daseins“ (Klotz 1999, 40). Allan Kaprow gibt folgende Definition des Happening:

> „Happenings are events which, put simply, happen [...]. They appear to go nowhere and do not make any particular literary point. In contrast to the arts of the past, they have no structured beginning, middle or end. Their form is open-ended and fluid; nothing obvious is sought and therefore nothing is won, except the certainty of a number of occurrences in which one is more than normally attentive. They exist for a single performance, or only a few more, and are gone forever, while new ones take their place“ (Johnson 1982, 61).[32]

Das Actionpainting hatte die Malerei zerstört, das Happening jedoch geht noch weiter: Es zerstört die Kunst. „Mit [...] dem Happening [...] war ein Extrempunkt markiert, an dem die Kunst bis zur Auflösung über sich hinausgewachsen war“ (Klotz 1999, 10). Mit dieser Auflösung erreicht das kreative Schaffen ein Höchstmaß an Freiheit. Der am Höhepunkt der Abstraktion begonnene und in der Aktionsmalerei fortgeführte Weg der Kunst aus ihrem autonomen Reich hinein ins Leben findet hier seine konsequente Fortsetzung. Alle Kategorien der traditionellen bildenden Kunst sind nichtig. Kunst ist Lebensvollzug. Das Happening produziert nichts mehr, was als sinnlicher Ausstellungsgegenstand funktionieren könnte. Klotz schreibt: „Das Happening war ein ins Geschehen umgesetztes abstraktes Kunstwerk, das gerade nicht

---

Badewanne, die eine schwarze Flüssigkeit enthält, Lucas fegt den Raum sauber, betrachtet sich im Spiegel, legt Rot auf seine Lippen und geht hinaus“ (zitiert nach Claus 1965, 208).

32 Schon Susan Sontag bemerkt in ihrem Artikel „Happenings: Die Kunst des radikalen Nebeneinanders“, dass es nicht leicht ist, das Phänomen des Happenings zu fassen. Um zu einer positiven Definition zu gelangen, muss erst klargestellt werden, was Happenings nicht sind:
„Sie finden nicht auf einer Bühne im konventionellen Sinne statt, sondern in einer mit vielerlei Gegenständen vollgestopften Szenerie. In dieser Szenerie bewegt sich eine Reihe von Teilnehmern, die keine Schauspieler sind und hantiert – begleitet (manchmal) von Worten, wortlosen Geräuschen, Musik, Blinklichtern und Gerüchen – antiphonal und gemeinsam mit bestimmten Objekten. Das Happening hat keine Handlung, wenngleich es eine Aktion oder vielmehr eine Kette von Aktionen und Vorgängen darstellt. Es meidet überdies das kontinuierliche rationale Gespräch, wenn gleich Worte wie „Help“, „Voglio un bicchiere di aqua“, „Love me“, „Car“, „One, two, three.“ in ihm vorkommen können. Die Sprache wird zunächst durch Disparität geläutert und verdichtet (es gibt nur die Sprache der Notwendigkeit) und dann durch Unwirksamkeit, durch Beziehungslosigkeit zwischen den Personen, die das Happening in Szene setzen, entfaltet“ (Sontag 1980, 258).

zum ästhetisch isolierten Gegenbild eines Idealen werden sollte“ (ebd.).[33] Kunst ist Prozess.

Seine wohl extremste Ausformulierung fand das Happening in der Kunst der Wiener Aktionisten, die ab den 60er Jahren das Wiener Kunstestablishment in Unruhe versetzten. Sie versuchten in einer Art dionysischem Taumel die rauschhafte Entgrenzung von Kunst und Leben zu erreichen. Hierfür vernichteten die österreichischen Aktionisten restlos die bestehenden Gesetze des Geschmacks und suchten in archaischen Ritualen und Performances nach völlig neuartigen Ausdrucksmitteln. Der Stil der Aktionskunst war bewusst verstörend und bis an die Grenzen gehend provokant.[34] Mit der kreativen Zerstörung des Gewohnten sollte Platz geschaffen werden für das Neue, das Unbewusste, das Archaische, kurz das, was sich den rationalen Kategorien widersetzt. „Alles ist ein Hinstreben zu Neuem und noch Neuerem bis schließlich alles explodiert“ schreibt Otto Mühl 1961 (zitiert nach Schwarz/ Loers 1988, 12).

Nicht die herkömmlichen Fragestellungen der Kunst, die Probleme von Abbildung, Form und bildnerischem Ausdruck sind der Antrieb für die Aktionen; es ist vielmehr die problematische Position des Künstlers selbst, der sich aufbegehrend gegen seine bisherige Stellung innerhalb der bürgerlichen Kultur auf die Suche nach seinen kreativen Urgründen und dem eigentlichen Sinn seiner Existenz macht. Die künstlerische Aktion ist die Suche nach dem Augenblick in seiner existenziellen Fülle, dem reinen Leben, dem puren Sein.[35] Einer der Hauptvertreter der Wiener Aktionisten, Hermann Nitsch will z.B. mit seinen Aktionen, er nennt sie Orgien Mysterien Theater, den Menschen als Sinnenwesen in das Werk einbeziehen, um ihm die Welt in ihrem

33 Hier ist allerdings anzumerken, dass die Struktur des Happenings eben nicht die einer abstrakten Komposition ist, die bestimmten Regeln folgt, sondern quasi ein ins Geschehen umgesetztes, bzw. auf jede materielle Manifestation verzichtendes Actionpainting.

34 Justin Hoffmann weist darauf hin, dass dieses Destruktionsmoment ebenfalls schon in Schwitters Anweisungen zur Merzbühne zu finden ist. Er zitiert Schwitters Text „An alle Bühnen der Welt“: „Man setze riesenhafte Flächen, erfasse sie bis zur gedachten Unendlichkeit, bemäntele sie mit Farbe, verschiebe sie drohend und zerwolbe ihre glatte Schamigkeit. Man zerknicke und turbulliere endliche Teile und krümme löchernde Teile des Nichts unendlich zusammen. Glattende Flächen überkleben [...]. Man nehme Zahnarztbohrmaschinen, Fleischhackmaschine, Ritzenkratzer von der Straßenbahn, Omnibusse und Automobile, Fahrräder, Tandems und deren Bereifung, auch Kriegsersatzreifen und deformiere sie“ (zitiert nach Hoffmann 2000).

35 In den Texten zu den Gesamtkonzeptionen von Hermann Nitschs 6-Tage-Spiel findet sich unter der Angabe „12 uhr mittagsläuten“ folgende Formulierung: „findung des augenblicks im reinen heiligen JETZT findung des SEINS, zustand der seinstrunkenheit“ (Nitsch 1983, 617).

Reichtum zu eröffnen. „ich konstruiere ereignisse, durch welche die zuschauer aufgefordert werden, intensiv zu riechen, zu schmecken, zu hören, zu tasten" (Nitsch 1985, 1).[36]

Die künstlerische Aktion hat aber immer auch eine tiefenpsychologische Komponente. Der Künstler spricht im Zusammenhang mit der gestischen Malerei, die im Rahmen des Orgien Mysterien Theaters stattfindet, von dem Ausleben einer „tachistischen Urregung". Die Malerei wird ein psychotherapeutischer Befreiungsakt: „der tachismus, die tachistische aktion, wurde bis in den exzess getrieben, drang zu den tiefsten psychischen schichten, die nach außen gerissen wurden. ich verstand den tachismus psychoanalytisch als abreaktionserlebnis." (Schwarz/Loers 1988, 15). Indem er diese seelischen Komponenten in seine Arbeit einbezieht, deutet Nitsch an, dass seine Kunst nicht nur eine Verbesserung der Wahrnehmungsfähigkeit des Kunstbetrachters bezweckt, sondern eine Intensivierung des Lebensgefühls und des Wirklichkeitsbezugs des Menschen im umfassenden Sinne intendiert. Hier zeigt sich der ganzheitliche Anspruch der Aktionskunst: Sie inszeniert ihre fulminanten sinnlichen Aktionen nicht um ihrer selbst oder des Sinnenrausches willen, sondern um den Teilnehmer zu einer intensiven, ja extremen Begegnung mit der Wirklichkeit und dabei mit sich selbst zu führen. Aktionskunst ist nicht nur Sinnenkunst, sondern auch Sinn- und Seelenkunst.

Die wandelnde Position des Betrachters: Vom Kunsterlebnis zur Teilhabe

Die Happening- und Aktionskünstler verabschiedeten sich nicht nur vom herkömmlichen Kunst- und Malereibegriff, sondern entfernten sich mit ihrer Kunst auch bewusst aus dem engen Bereich des traditionellen Kunstbetriebes. Happenings fanden in alten Fabrikhallen, im Freien und erst später in Avantgardegalerien statt, die jedoch ganz betont auf einen konventionellen, d.h. exklusiven Galeriencharakter verzichteten. Kaprow schreibt:

„The most intense and essential happenings have been spawned in the old lofts, basements, vacant stores, in natural surroundings and in the street, where very small audiences, or groups of visitors, are commingled in some way with the event, flowing in and among its parts. There is thus no separation of audience and play (as there is even in round or pit theaters), the elevated picture window view of most playhouses, is gone, as are the expectations of curtain-openings and tableaux-vivants and curtain-closing [...]." (Johnson 1982, 61).

---

36 Die Publikation Nitsch 1985 hat keine Seitennummerierung; die Seitenangaben beziehen sich auf die Seitenzählung des Verfassers, wobei die erste, mit Fließtext beschriebene Seite als Seite 1 gezählt wurde.

Im Zuge der grundlegenden Veränderungen hinsichtlich Kunstproduktion und Kunstpräsentation erhält auch der Rezipient eine Position, die sich radikal von derjenigen der bürgerlichen Tradition unterscheidet. Das Publikum besteht nicht mehr aus Betrachtern, denen ein Stück vorgeführt oder ein Kunstwerk gezeigt wird und dem sie dann äußerlich gegenüber stehen. Die Happeningkünstler führen nichts auf. Mit ihren künstlerischen Handlungen, ihren Texten, ihrer Musik bzw. ihren Krachsymphonien und auch ihren visuellen Aktionen torpedieren sie die Sinne des Publikums, das so selbst Gegenstand der Aktionen wird.[37] Der Betrachter wird nicht delektiert, sondern ‚künstlerisch behandelt'. Kunst wandelt sich vom Genuss zur Zumutung. Susan Sonntag beschreibt die z.T. strapaziösen Umstände, denen der Besucher bei einem Happening ausgesetzt ist.

„Das Ereignis scheint darauf angelegt, das Publikum zu ärgern und zu beschimpfen. Es kann geschehen, dass die Darsteller das Publikum mit Wasser bespritzen oder Pennies und Reinigungsmittel, die wie Niespulver wirken, unter die Zuschauer werfen. Und es kann auch vorkommen, dass einer der Akteure einen ohrenbetäubenden Lärm auf einem Ölkanister macht oder eine Acetylenfackel in Richtung auf die Zuschauer schwenkt. Das Publikum kann in die Lage versetzt werden, unbequem in einem überfüllten Raum stehen oder um einen Platz auf Brettern kämpfen zu müssen, die über knöcheltiefen Wasserlachen liegen" (Sontag 1980, 259).[38]

In der Kunst der Wiener Aktionisten ist dieses einander durchdringende Verhältnis von Werk und Rezipient jenseits aller ästhetischen Opposition noch deutlicher. Sie verkörpert ein dionysisches Szenario, in dem Kunstwerk und Betrachter als Purgatorium für Körper und Seele eins werden. Im Blick von

37 Paolo Manzoni erklärt bei Aktionen in den 50er und 60er Jahren das Publikum selbst zum Kunstwerk. Er lud zur Vernissage einer Ausstellung, in der nichts ausgestellt wurde. Der Künstler signierte die Menschen, die zur Galerieeröffnung kamen und erklärte sie so zu „Lebenden Skulpturen" (vgl. Spahn 1999, 127).
Der Künstler Vito Acconci ist 1970 in einer Ausstellung selbst das Kunstwerk. Er hält sich in den Ausstellungsräumen auf und rückt Besuchern auf den Leib. Sein Werk ist die Bedrängung der Besucher (vgl. Noever 2001a, 172).

38 Sontag weist darauf hin, dass Happenings, bei denen die Beteiligten ausschließlich in der Position des Betrachters verharrten, „merklich weniger geschlossen und überzeugend" wirkten (Sontag 1980, 260). Auch Danto weist auf die Wichtigkeit des unmittelbaren Erlebens zum Verständnis von Happenings bzw. Performances hin (Danto 2000, 240).
Das Publikum der ersten Happenings war beschränkt. Diese fanden zunächst im engeren Freundeskreis des Künstlers statt. Erst mit der Aktion „18 Happenings in 6 Parts" trat Kaprow vor ein breiteres Publikum, das allerdings nicht wie ein herkömmliches Auditorium die Geschehnisse einfach betrachten sollte. Die Gäste hatten an den Ereignissen teil; sie wurden aufgefordert, selbst aktiv zu werden (zu Kaprows „18 Happenings in 6 Parts" vgl. Goldberg 1988, 128ff).

außen, d.h. in der Distanz des Außenstehenden, ergibt sich lediglich der oberflächliche Zugang des Voyeurs, dem ein großer Teil dessen, was sich im Orgien Mysterien Theater ereignet, gänzlich verschlossen bleibt. Noch eindeutiger als bei der Happeningkunst erschließt sich das Werk nicht im ästhetischen Erleben, sondern nur in der unmittelbaren Teilhabe, d.h. als ganzheitliches Ereignis. Die Kunst ist nicht nur Stilisierung oder Metapher des Lebens, sie ist das Leben selbst.[39]

Aktionen und Happenings funktionieren nur an einem bestimmten Ort und zu einer bestimmten Zeit, und sie ereignen sich nur dem, der an ihr teilhat. Es wird deutlich, dass sich diese Kunstformen in ihrer Prozesshaftigkeit nicht mehr mit dem Begriff einer ästhetischen Erlebniskunst sondern eher mit dem einer existentiellen Ereigniskunst fassen lassen. Diese Vergänglichkeit der Aktionskunst in ihrer dramatischen, prozesshaften Struktur macht die Musealisierung derartiger Kunst ausgesprochen kompliziert. Kunst, die einen ausgesprochen weiten Kunstbegriff verkörpert, trifft auf die Museumsinstitution mit ihrem engen Kunstverständnis. Wie könnte diese Begegnung aussehen?

Happening und Aktionskunst im Museum

Die Problematik einer Musealisierung von Happening und Aktionskunst in einem herkömmlichen Objektmuseum liegt auf der Hand. Hier verschärfen sich die Schwierigkeiten, die wurden bereits im Zusammenhang mit der Aktionsmalerei herausgearbeitet. Während im Actionpainting die materialen Manifestationen der Kunstaktion noch klar und deutlich in Form von Tafelbildern gegeben sind, liegen bei der Aktionskunst keinerlei konkrete Kunstwerke mehr vor. Die Kunstaktionen sind auf den konkreten Zeitpunkt ihres Ereignisses beschränkt und damit wesenhaft vergänglich. Natürlich stellt die materielle Vergänglichkeit der Werke, also die Tatsache, dass es sich hier um empfindliche und unbeständige Materialien handelt, ein Museum vor komplizierte konservatorische Probleme. Mit diesem konservatorischen Aspekt kann sich diese Arbeit nicht beschäftigen. Für diesen Zusammenhang ist die materielle Vergänglichkeit vielmehr als Symptom für den grundlegenden Wesenszug der *Prozesshaftigkeit* des Werkes von Relevanz. Die Konfrontation mit dieser wesenhaften Vergänglichkeit des Werkes stellt eine zentrale museale

39 Die Neupositionierung des Betrachters ist im Zusammenhang mit der Auflösung des herkömmlichen Kunstbegriffes von entscheidender Bedeutung. Sie betrifft nicht nur Kunstgattungen wie die des Happenings oder der Aktionskunst, sondern auch die Medienkunst. Im Umgang mit Medienkunst hat der Betrachter nicht mehr die Möglichkeit, sich einer ästhetischen Schau hinzugeben, zum einen aufgrund der Bewegtheit der Bilder und zum anderen, weil er zunehmend zum Handeln, zur interaktiven Korrespondez aufgefordert wird. „Die Grenze zum Spiel ist überschritten" (Klotz 1997, 23).

Herausforderung hinsichtlich Präsentation und Dokumentation dar, die weit über das Problem der Konservierung hinausgeht. Um diese Probleme diskutieren zu können, ist es sinnvoll, sich über die kunstgeschichtliche Relevanz der materiellen Ergebnisse von Aktionskunst Gedanken zu machen.

Kunst als Reliquie – Der materielle Rest als Spur

Die materiellen Ergebnisse bzw. die Reste von Kunstaktionen, seien es nun Malereien oder auch Aktionsrequisiten, sind nicht das Ziel des künstlerischen Werkes, sondern, vielmehr eine Art Emergenz bzw. die materiale Spur des eigentlichen künstlerischen Prozesses. Außerhalb der unmittelbaren Aktion sind sie im Grunde nicht mehr als Erinnerungstücke an das künstlerische Geschehen, dem sie entstammen.[40]

Vor dem Hintergrund ihres dramatischen, ja mystischen Entstehungszusammenhanges stellen sie jedoch mehr dar als neutrale Relikte einer beliebigen menschlichen Handlung: Sie sind das Ergebnis einer außergewöhnlichen künstlerischen Tat, einer Aktion, die vorgibt, bedeutungsvolle Tiefe bis hinein in die menschliche Seele zu besitzen. In ihrer Teilhabe an diesem quasi magischen Ereignis sind die materialen Spuren der Aktionen nicht nur neutrale Reminiszenzen, sondern Reliquien, d.h. mit mystischer Bedeutung aufgeladene Erinnerungsobjekte.[41] Die gängige Ausstellungspraxis nimmt allerdings keinerlei Rücksicht auf die wesenhafte Dynamik und Vergänglichkeit derartiger Arbeiten. Sie begegnet der Prozesskunst meist, indem sie die Reste von Aktionen bzw. Kunstwerken, die in deren Rahmen entstanden sind, in ganz traditioneller Weise als Kunstobjekte präsentiert. Die Relikte werden wie die Werke vergangener Jahrhunderte als ästhetische Gegenstände behandelt. Nach

40 Prosaische Zeitgenossen würden diese Reste vermutlich einfach als Müll bezeichnen, und in der Tat ist es nicht unkompliziert, diese Ansicht zu widerlegen. Dies soll hier allerdings nicht erfolgen. Hierbei hilft ggf. Michael Thompsons „Theorie des Mülls“ (Thompson 1981).

41 Reliquien sind im ursprünglichen Sinne „Überreste eines Heiligen oder von Gegenständen, die ihm einst gehörten. Die Reliquienverehrung gründet sich auf dem Glauben, Überreste des Körpers oder des Besitzes des heiligen Menschen seien besonders machthaltig und ihre Verehrung durch Prozessionen, durch Berührung oder Kuss, selbst die Nähe ihrer Gegenwart bedeute eine Über-tragung dieser Macht“ (Meyers Enzyklopädisches Lexikon; Bd. 19, Mannheim Wien Zürich 1977, 809).
Der Begriff der Reliquie wird im vorliegenden Zusammenhang natürlich außerhalb des religiösen Kontextes verwendet. Dennoch könnte man sagen, dass das Verhältnis zwischen Kunstbetrachter und der Art von Kunst, die hochkomplexen oder auch mystischen künstlerischen Aktionen entspringt, einer Reliquienverehrung sehr nahe kommt. Durch die Schau dessen, was der Künstler in der Kunstaktion hervorgebracht hat, nimmt der Betrachter teil an der künstlerischen Tat. Diese erinnernde Teilhabe hat mit der Wahrnehmung des Kunstwerkes selbst, d.h. mit der konkreten Aktion nichts zu tun.

den bisherigen Ausführungen dürfte jedoch klar geworden sein, dass sich die Bedeutung der Aktion als Ereignis nicht in seinen materialen Resten erschöpft.[42]

Das Problem der Ästhetisierung des Ereignisses

Als Beispiel könnte man sich die mit roter, blutähnlicher Farbe beschmierten bzw. beschütteten Tücher und Leinwände Nitschs vorstellen, die aus dem Kontext des Orgien Mysterien Theaters hervorgegangen sind.[43] Diese großformatigen Arbeiten, die sich in ähnlicher Form in verschiedenen europäischen Museen finden, werden im Allgemeinen wie herkömmliche Tafelbilder auf Rahmen aufgezogen und gehängt. Die künstlerische Aktion, die alle traditionellen Regeln der Kunst sowohl formal als auch inhaltlich überwunden hatte, wird wieder in die Form eines herkömmlichen Kunstobjekts gebannt. Dadurch, dass bei einer musealen Präsentation das Werk auf das Quadrat der Leinwand begrenzt wird und so die für den Aktionismus wesentliche Dynamik zum Stillstand kommt, wird die Entgrenzung der Kunst, ihre Auflösung in den Lebensfluss wieder rückgängig gemacht. Die Spur des Werkes verselbstständigt sich und geht den Weg zurück in die Sicherheit des Kunstgegenstandes.

Auch das Verhältnis der Aktion zum Kunstrezipienten ist von dieser Reduktion durch Objektivierung maßgeblich betroffen. Wie bereits dargestellt, geht in den mystischen Kunstspektakeln der Aktionisten der Betrachter ins Werk ein, er ist nicht mehr ein Unbeteiligter, der sich das Werk ansieht, er ist Teilnehmer. Die traditionelle Gegenüberstellung von Werk und Betrachter ist aufgegeben. Indem die Aktion auf die Darstellung ihrer Reste als Objekte reduziert wird, wird auch das Verhältnis zum Rezipienten wieder in herkömmliche Bahnen gelenkt. Der Rezipient wird wieder zum Betrachtenden, zum Gegenüber.

Die Unausstellbarkeit von Aktionskunst

Die Konsequenzen für das Museum, die sich aus der obigen Darstellung ergeben, sind ebenso simpel wie folgenschwer: Aktionskunst ist als Prozesskunst ephemer, d.h. unauflöslich mit ihrem Entstehungskontext verbunden und ohne diesen unwiederbringlich vergangen. Hieraus ergibt sich, dass diese

42 Es gibt allerdings auch Stimmen, u.a. aus den Reihen der Künstler, die in diesem „objektivierenden“ Umgang des Museums seinen eigentlichen Vorteil sehen. So behauptet der US-amerikanische Künstler Robert Smithson in einem Gespräch mit Allan Kaprow: „Ich glaube, das Beste, was man über Museen sagen könnte ist, dass sie den Aspekt der Aktion wirklich zunichte gemacht haben, und dies gehört wohl zu ihren größten Erfolgen“ (Kaprow/Smithson 2001, 12).

43 So ist z.B. im Musée d’Art Moderne et Contemporain in Straßburg ein blutverschmiertes Stoffhemd, Relikt einer Aktion von Hermann Nitsch, wie ein tachistisches Tafelbild völlig kommentarlos ausgestellt.

Kunst grundsätzlich nicht musealisierbar ist. Indem die Arbeiten oder auch materiale Reste einer Aktion ausgestellt werden, werden nur Erinnerungsstücke an das eigentliche Werk ausgestellt, nicht das Werk selbst. Es können lediglich die Spuren der Kunst präsentiert werden, die auf das Ereignis verweisen, ohne es selbst jedoch wiedererstehen zu lassen. Das bloße Anschauen der Aktions- oder Performance-Requisiten, das sinnliche Erleben der Kunstrelikte allein kann dem Betrachter das Werk nicht eröffnen; im Gegenteil, es verstellt eher den Blick auf die Tatsache, dass das eigentliche Werk vergangen ist.

Museale Bewahrung durch Dokumentation?

Eine Methode der musealen Präsentation von Aktionskunst könnte in der fotografischen Dokumentation der Ereignisse liegen. Nitsch hatte schon seine ersten Aktionen von 1960 in Form von Foto und Film festhalten lassen, und auch Mühl ließ Materialaktionen wie „Versumpfung eines weiblichen Körpers“ von dem Aktions-Fotografen Ludwig Hoffenreich dokumentieren (vgl. Schwarz/Loers, 21).

Für die Arbeit der Aktionisten spielte die Fotografie eine entscheidende Rolle, da sie die Möglichkeit barg, die vergänglichen Kunstaktionen für die Nachwelt zu erhalten. Sie war jedoch von Anfang an mehr als ein Dokumentationsmedium und entwickelte sich bei Künstlern wie Schwarzkogler schon bald zu einer eigenständigen und für den Aktionismus bedeutsamen Kunstform. Zum Teil beeinflusste die Ästhetik der Fotografie sogar die Weise, in der sich Aktionen darstellten, etwa im Falle Mühls, der die Fotoaufnahmen seiner Aktionen z.T. genau mit Aktionsskizzen vorbereitete (vgl. Schwarz/Loers, 22).

Die Fotografie als eigenständiges künstlerisches Ausdrucksmittel der Aktionisten kann hier nicht näher untersucht werden. Es interessiert vielmehr die Frage nach der grundsätzlichen Möglichkeit der Bewahrung der Werke der Aktionskunst durch das Medium der Fotografie. Beat Wyss beschreibt in „Die Welt als T-Shirt“ drei Wirklichkeitsebenen der Kunst bzw. des Kunstbetriebs. Er weist darauf hin, dass mit den vergänglichen Fluxus- und Happening-Künsten das Verhältnis von Kunstwerk und seiner Dokumentation in Form von filmischen Bildern kompliziert wird.

> „Bei Happening und Fluxus gehörte die Vergänglichkeit einer Aktion zum Programm. Ist die filmisch festgehaltene Aktion *Eurasienstab* von Joseph Beuys das Dokument einer zeitlich begrenzten Kunst? Oder ist das Video das Kunstwerk? Als Ursula Wevers das Ereignis 1968 filmte, wollte sie vielleicht einfach ein Ereignis festhalten; für den Kunstbetrieb wurde es zum originalen Fetisch, der in kontrollierter, geringer Menge an Museen und Sammler verkauft wurde“ (Wyss 1997, 60).

Ist es möglich, vergängliche Ereigniskunst von der Art der Performances bzw. der Aktionen in Form von Filmdokumenten zu musealisieren, bzw. anders formuliert: eröffnet sich die Kunstaktion im dokumentierenden Foto bzw. Film?[44]

Die Grenzen der Fotografie

Die fotografische bzw. filmische Dokumentation von Aktionskunst hat sehr deutliche Grenzen: Gerade jene Aspekte, welche den Kern der Aktionskunstwerke ausmachen, sind in der Fotografie, aber auch im Film, nicht darstellbar. Eine Fotografie fixiert das Geschehen; das Dynamische und Organische des Aktionsprozesses wird angehalten. In der fotografischen oder auch filmischen Abbildung werden jene künstlerischen Neuerungen, die den Aktionismus ausmachen, seine Bewegtheit und Dynamik jenseits gängiger Formvorstellungen, wieder zurückgenommen. Herkömmliche künstlerische Gestaltungsgesetze, etwa diejenigen der Komposition, die, wie gezeigt wurde, schon beim Happening gänzlich überholt wurden, spielen in der fotografischen Wiedergabe erneut eine entscheidende Rolle. Die bis ins Extrem gesteigerten sinnlichen Reize, die Gerüche, die Geräusche, auch die Farben der Aktionsspektakel können nicht oder nur unvollkommen wiedergegeben werden. Die Reproduktion macht immer nur Ausschnitte und sehr eingeschränkte Perspektiven sichtbar. Die Aktion in ihrer sinnlichen Gesamtheit ist mit Abbildungsmedien weder fassbar noch rekonstruierbar.

Ebenso problematisch ist die Tatsache, dass die künstlerische Aktion selbst und ihre Dokumentation in ästhetischer Konkurrenz zueinander stehen. Die filmischen oder fotografischen Dokumente besitzen eine eigene sinnliche Qualität, die mit der dargestellten Aktion selbst nichts zu tun hat, besonders dann, wenn die Bilder technisch verändert oder mit besonderen Objektiven fotografiert wurden. Diese ästhetische Selbstständigkeit des Fotos ist dann, wenn die Fotografie als eigene künstlerische Ausdrucksform eingesetzt wird, unproblematisch, ja bereichernd. Otto Mühl sieht etwa in den weich abgezogenen, gefilterten Aktionsfotos Hoffenreichs eine inspirierende Ergänzung zu seiner Arbeit, selbst wenn in ihnen zum Teil der destruktive Charakter seiner Aktionen vollständig zurücktritt und einer eher poetischen Stimmung weicht (vgl. Schwarz/Loers, 21). Ist das Foto als Fotodokument eingesetzt, stellt sich

44 Loers weist darauf hin, dass die Aktion, gerade um provozieren zu können, von der Aufmerksamkeit einer Öffentlichkeit und damit auch von der fotografischen Dokumentation abhängt. Die Öffentlichkeit jedoch, auf die die Aktionisten wirken wollen, ist nicht diejenige, die sich in Kunstausstellungen trifft, sondern eine viel breitere, die sie nur über die journalistischen Medien erreichen (vgl. Schwarz/Loers 1988, 23).
Aktionskunst als Schockkunst funktioniert nicht im Museum, sondern in der Sensationspresse.

dessen ästhetische Eigenständigkeit zwischen das Medium und das, was es zu dokumentieren gilt. Das Foto wird zu einem eigenständigen ästhetischen Gegenstand, der einerseits eine selbstständige, vom Dargestellten unabhängige ästhetische Qualität besitzt, andererseits in seiner Struktur und Methode gänzlich anders funktioniert als die Aktion selbst. „Die Komposition des Fotos holt die Ästhetik des aufgegebenen Bildes wieder zurück, freilich als eine vom Betrachter akzeptierte, außerhalb der Zeit gestellte Reportage-Realität" (Schwarz/Loers, 21). Mit diesem Satz fasst Veit Loers das für diesen Zusammenhang bedeutende Problem des Verhältnisses zwischen Aktion und ihrer Dokumentation zusammen. Die Fotografie, die eine Aktion abbildet, ist ein gegenständliches Bild, das die Aktion zum Sujet hat. Es handelt sich um ein eigenständiges Kunstobjekt, das eine eigene künstlerische Position (nämlich die des Fotografen) verkörpert.

Entsprechend gestaltet sich das Verhältnis des Betrachters zum Werk: Die Fotografie ist ein Objekt, d.h. ein Gegenstand (sei es nun als reines historisches Dokument oder als eigenständige künstlerische Arbeit), der wie ein herkömmliches Tafelbild vom Betrachter sinnlich (ästhetisch) *erlebt* wird. Hierin unterscheidet sich das Foto grundsätzlich von der Aktion, die mit dem Foto dokumentiert ist. Die Aktion ist ereignishaft, das Foto ästhetisch. Die Fotografie zwingt den Prozess des Ereignisses zum Stillstand, macht so aus der Aktion einen Gegenstand, macht aus dem *Ereignis in der Gegenwart* ein *Objekt für die Zukunft* bzw. die zukünftige Vergangenheit.

Auch die filmische Wiedergabe reduziert die Aktion, obwohl sie ihre Bewegtheit und ggf. auch den Ton darzustellen vermag, zum Objekt. Dies geschieht nicht nur dadurch, dass die Aktion in begrenzte Bilder „gesperrt" wird, sondern vor allem dadurch, dass der Betrachter nicht teilnehmend, sondern zuschauend ist, d.h. die Aktion ästhetisch erlebt und nicht an ihr als Ereignis teilhat.

Bewahrung durch Rekonstruktion – Museum als Kunst-Theater

Als Alternative könnte man sich vorstellen, dass Performances bzw. Aktionen in Museen nachgespielt würden und sie auf diese Weise mit Theaterstücken vergleichbar wären, die immer wieder aufgeführt und dergestalt bewahrt werden können. Das Museum fungierte dann als Theater historischer Aktionen, als „Kunst-Theater". Für Boris Groys wäre diese Form der Erhaltung von ephemerer Prozesskunst durchaus vorstellbar. Es dürfe jedoch nicht der Versuch unternommen werden, das Kunstereignis detailliert zu rekonstruieren. Nur eine Neuinterpretation wäre sinnvoll: „Damit die Ereignishaftigkeit des Werks erlebt werden kann, sieht sich der Interpret gezwungen, von der buchstäblichen Wiederholung der „primären" Aufführung Abstand zu nehmen. Die Dokumentation eines Ereignisses dient dabei nicht nur als Hilfe für seine genaue Rekonstruktion, sondern fordert die ausdrückliche Distanzierung von der dokumentierten Form“ (Groys 1997, 204). Damit erhielte der Begriff „Restaurierung“ in diesem Zusammenhang eine neue Bedeutung: „[...] eine Ausstellung oder eine Installation zu restaurieren, indem man sie neu inszeniert – mit anderen Gegenständen, in einer anderen Umgebung, im Kontext einer neuen Zeit“ (Groys 1997, 204).

Vor dem Hintergrund der bisherigen Ausführungen zur Dokumentation und Authentizität erscheint eine derartige Rekonstruktion von Aktionskunst fragwürdig. Das Kunstereignis ist in seiner wesenhaften Ephemerität nicht „nachspielbar“. Man stelle sich z.B. die Wiederaufführung eines Orgien Mysterien Theaters von Nitsch vor. Es wäre bestenfalls möglich, eine ähnliche bzw. analoge Aktionssituation wiederherzustellen, da es keine exakten dramaturgischen Anweisungen gibt, die eine totale gespielte Rekonstruktion ermöglichten. Dies widerspräche außerdem dem dionysisch spontanen Charakter der Aktionen. Hinzu kommt, dass die Aktionen sehr stark aus der Opposition gegen ihre gesellschaftlichen und kulturellen Zeitumstände erwachsen und hieraus eine starke, provokative Kraft ziehen. Diese zentrale Determinante der Aktionskunst ist nicht rekonstruierbar. Viele der damals zu brechenden Tabus existieren heute nicht mehr. Was damals seine schockierende Wirkung mit Sicherheit nicht verfehlte, würde heute lächerlich wirken. Eine gespielte bzw. inszenierte Rekonstruktion würde, wie jede Wiederinszenierung eines Theaterstückes, eine eigene künstlerische Arbeit darstellen, und es wäre wohl fraglich, ob sie als reine Rekonstruktionsinszenierung eine selbstständige künstlerische Ausdruckskraft und Wirkung finden würde.

Die Konsequenzen für das Museum wären zudem sehr weitreichend. Ein herkömmliches Objektmuseum könnte diese Form der Bewahrung nicht leisten. Ein Museum für Performance müsste seine traditionellen Strukturen aufgeben und den Charakter eines Theaters annehmen. Man könnte sich einen solchen Ort theoretisch durchaus vorstellen. Es würden, wie auf einer herkömmlichen Experimentierbühne, Performances und Aktionen gezeigt, jedoch nicht Arbeiten der Gegenwart, sondern Rekonstruktionen der Vergangenheit.[45] Dies wäre allerdings ein sonderbarer Ort, da vor allem, wie bereits erwähnt, der Gegenwartsabhängigkeit dieser Kunst nicht oder nur mit größtem Aufwand Rechnung getragen werden könnte.[46] Es wird deutlich, dass

45 Ein Beispiel für diese Form der Rekonstruktion von Performances stellte eine umfangreiche Retrospektive der Performance-Künstlerin Joan Jonas dar, die im Jahre 2000 in der Galerie der Stadt Stuttgart stattfand. Die Performances der Künstlerin wurden nicht nachgespielt, sondern die Requisiten ihrer jeweiligen Aktionen wurden als Installationen aufgebaut und z.T. mit Filmen begleitet. Die Statik der ausgestellten Gegenstände stand in einem merkwürdigen Missverhältnis zur Dynamik der Aktionen, denen sie entstammten. Der Eindruck der jeweiligen Kunstereignisse stellte sich nicht ein (vgl. Schmidt 2001).

46 Es wäre eine Art Wiederauferstehung des eigentlich wesentlich Vergänglichen und hätte somit etwas von einem Mumientanz.

das traditionelle Museum mit den ihm zur Verfügung stehenden Dokumentationsmethoden Kunst von der Art der Aktionskunst in ihrer Ereignishaftigkeit nicht angemessen bewahren kann. Mit der Aktionskunst gelangt das herkömmliche Kunstmuseum in seinen zentralen Aufgabenbereichen an seine Grenzen.

Doch nicht in jeder Hinsicht ist in der Aktionskunst das Ende der Erweiterung des Kunstbegriffs erreicht. Obwohl sich hier Kunst und Lebensvollzug miteinander verbinden, bewegen sich die Aktionen noch in einem artifiziellen Bezirk, indem lediglich eine individuelle (bzw. in beschränktem Rahmen) kollektive Vereinigung von Kunst und Leben vollzogen wird. Total wird die Entgrenzung des Kunstbegriffs erst mit dem Werk von Joseph Beuys, in dem Kunst und Gestaltung der gesellschaftlichen Wirklichkeit identisch werden.

Joseph Beuys: Die totale Auflösung des Kunstbegriffs

Das Werk von Joseph Beuys ist ein Kosmos, von dem hier nur ein kleiner Ausschnitt berücksichtigt werden soll.[47] Das äußerst komplexe bildnerische Werk des Künstlers, seine Objekte, Installationen und Zeichnungen müssen weitgehend unbeachtet bleiben. Der Fokus soll auf dem der konzeptuellen Teil seines neuen entgrenzten Kunstverständnisses liegen.

In einem Gespräch, das Beuys 1975 mit Frans Haks über das Kunstmuseum führte, unterscheidet er zwei Arten von Kunst: zum einen Kunst gemäß dem traditionellen Kunstbegriff, „wie er in der sogenannten Kunstwelt, in diesem kleinen, isolierten Tätigkeitsfeld existiert“ und zum anderen denjenigen, „der sehr universalisiert – also anthropologisch – ist“ (Beuys/Haks 1992, 10).[48] Kunstwerke im herkömmlichen Sinne sind nach Beuys dem ersten, „verkürzten“ Kunstbegriff zuzuordnen. Auch bei seinem eigenen bildnerischen Werk, selbst wenn es ungewohnte und zum Teil provozierende Formen annimmt, handelt es sich, wie er ausführt, um Kunst im traditionellen Sinne. „In meiner Biographie ist ein Teil meiner Tätigkeit rein traditionell. Auch wenn sich die Kunstform mehr oder weniger revolutionär gebärdet, sehe ich

47 Die mittlerweile unüberschaubare Sekundärliteratur muss hier weitgehend unberücksichtigt bleiben. Basis dieser Darlegungen sind ausgewählte Primärtexte.

48 Der Begriff der „Anthropologie“ bzw. der „Anthroposophie“ spielt im Denken und bildnerischen Werk Beuys’ eine wichtige Rolle. Der Künstler bezieht sich bekanntermaßen auf die Lehre Rudolf Steiners, vor deren Hintergrund er auch seinen erweiterten Kunstbegriff entwickelt. (Vgl. hierzu Zumdick 2001, zur Auflösung der herkömmlichen Kunstvorstellung besonders 127ff; zum Begriff der Sozialen Plastik 137ff).

doch, dass meine Innovationen auf diesem Felde (Objekte, Aktionskunst, usw.) auf der traditionellen Linie liegen [...]" (ebd., 12).[49]

Allerdings geht Beuys auch bei jenen Werken, die er zum Bereich der konventionellen Kunst zählt, über das hinaus, was sich in den Aktionen von Nitsch oder Mühl manifestiert. Für diese war die Kunst ästhetisches Therapiemedium, das den Menschen zu einer neuen Sinnlichkeit, also letzten Endes zu einem intensiveren ästhetischen Erleben führen sollte. Beuys' Zielrichtung ist noch allgemeiner. Sie betrifft den Menschen im Ganzen, d.h. in seiner ganzheitlichen anthropologischen und gesellschaftlichen Verfasstheit.

Entsprechend weit fasst Beuys auch den Begriff der Gestaltung und daran anschließend den Begriff des Plastischen. Gestalten bedeutet in der Kunst für Beuys nicht primär den bildnerischen Umgang mit künstlerischen Werkstoffen, d.h. eine kreative Veränderung des Materials. Ebenso wenig meint Plastik bzw. Skulptur das dreidimensionale künstlerische Objekt. Gestaltung bzw. Plastik bedeutet einen Eingriff in die lebensweltliche Wirklichkeit, sei es unmittelbar durch Aktionen oder mittelbar, indem in Objekten diese anthropologischen Veränderungsprozesse materialisiert werden. Die Themen des Plastikers sind existenzielle Grundfragen des Menschen. Beuys nennt dies „den gesamten Kräftekontext von Mensch und Welt"[50] (Harlan 1996, 13). Sein Ziel ist es, andere Menschen zur bewussten Auseinandersetzung mit diesen Grundfragen anzuregen. Im Vorwort zum Katalog seiner Retrospektive im Guggenheimmuseum New York schreibt er:

„Meine Objekte müssen als Anregungen zur Umsetzung der Idee des Plastischen verstanden werden. Sie wollen Gedanken darüber provozieren, was Plastik sein kann und wie das Konzept der Plastik sein *kann* und wie das Konzept der Plastik auf die unsichtbaren Substanzen ausgedehnt und von jedem verwendet werden kann:
Gedankenformen – Wie wir unsere Gedanken bilden
Sprachformen – Wie wir unsere Gedanken in Worte umgestalten

49 Für Beuys Zeitgenossen war es verständlicherweise nicht ohne weiteres möglich, seine Aktionen und Fluxus-Veranstaltungen als Kunst zu akzeptieren. Seine Arbeit sorgte, wenn sie einer breiteren Öffentlichkeit zugänglich war, für heftigste Reaktionen; so z.B. am 20. Juli 1964 als es beim „Festival der neuen Kunst" in der TU Aachen nach dem Happening von Beuys zu Handgreiflichkeiten unter den aufgebrachten Zuschauern kam (vgl. Ariani/Konnertz/Thomas 1981, 128f). Die „Vorkommnisse vom 20. Juli" und ihr juristisches Nachspiel wurden in der Presse ausgiebig besprochen (vgl. hierzu auch Oellers 1995, 76ff).

50 Die Terminologie von Beuys ist nicht immer einheitlich. Sie knüpft an die esoterische Begrifflichkeit von Rudolf Steiner an. Zur Beschreibung der existenziellen Verortung des Menschen verwendet er Ausdrücke wie „Kräftefelder" und „Energien", die sich weitgehend wissenschaftlichen Kategorien entziehen.

Soziale Plastik – Wie wir die Welt, in der wir leben, formen und gestalten: Plastik ist ein evolutionärer Prozeß, der Mensch ein Künstler" (zitiert nach Harlan 1996, 13).

Derartige Werke der Kunst können demnach nie abgeschlossen sein. Auch seine objekthaft anmutenden Arbeiten seien „statische Aktionen", d.h. angehaltene prozessuale Ereignisse. „Deswegen ist, was ich plastisch gestalte, nicht festgelegt und vollendet. Die Prozesse setzen sich fort: chemische Reaktionen, Gärungsprozesse, Farbverwandlungen, Fäulnis, Austrocknung. Alles wandelt sich." [51] (ebd.)

Mit der Vorstellung von Kunst als Sozialer Plastik, geht Beuys noch deutlich über das Kunstverständnis der Aktionisten hinaus. Die Kunst muss aus dem „isolierten Tätigkeitsfeld der Kunstwelt", in dem jene noch agieren, hinaus in die gesellschaftliche Öffentlichkeit. Kunst ist Wirklichkeitsgestaltung, ja mehr noch, die Kunst wird die Wirklichkeit.[52] Beuys steht für die Totalisierung des Kunstbegriffs.

Kunst als Welttherapie

Der Kunstbegriff von Beuys ist außerordentlich vielschichtig. Künstlerische bzw. kreative Prozesse haben gewissermaßen eine zweifache Therapieaufgabe: Therapie des Menschen und Therapie der Welt. Die Kunst soll den Menschen ein Verständnis für seine anthropologische Verfasstheit geben. Mit diesem Wissen dann soll er die Welt zum Besseren gestalten. Beuys' Ziel ist es, dass der Mensch lernt „sich selbst und den Weltinhalt zu bestimmen" (zitiert nach Harlan/Rappmann/Schata 1980, 38). Kunst als soziale Plastik ist für Beuys Wirklichkeitsgestaltung im Sinne von Wirklichkeitsverbesserung. Sie weist einen Weg aus dem weltweit etablierten Kapitalismus, sei es dem westlichen Privat- oder dem östlichen Staatskapitalismus, hin zu einer wahrhaften, einer direkten Demokratie, die es ihm ermöglicht, seine Freiheit zu entfalten. Damit ist etwas nur dann als Kunst relevant, wenn es sich direkt mit gesellschaftlichen Problemen auseinandersetzt: Im Jahre 1985 äußert Beuys in der Düsseldorfer Kunstakademie:

> „Es handelt sich um dieses für viele Leute immer noch schwer zu verstehende Prinzip, dass unsere Kunst heute nicht mehr Kunst sein kann, wenn sie nicht in das Herz unserer vorgegebenen Kultur hineinreicht und dort transformierend wirkt [...], d.h.

51 Vor dem Hintergrund dieser Äußerungen wird u.a. der häufige Einsatz von verderblichen Materialien oder auch das Bruchstückhafte, Unabgeschlossene bei Beuys Objekten verständlich.

52 Harald Szeeman spricht von der Sozialen Plastik als dem Gesamtkunstwerk Gesellschaft (vgl. Szeemann 1983, 421).

eine Kunst, die nicht die Gesellschaft gestalten kann und dadurch natürlich auch in die Herzfragen unserer Gesellschaft, letztendlich in die Kapitalfrage hineinwirken kann, ist keine Kunst. Das ist die Formel" (zitiert nach Zumdick 1995, 135).

Kunst als Politik

Indem Beuys die Kunst mit gesellschaftlicher Gestaltung gleichsetzt, rückt er sie in die Nähe der politischen Agitation.[53] Allerdings verwahrt sich Beuys immer wieder dagegen, seine Initiativen als Politik im herkömmlichen Sinne zu verstehen. In gleichem Maße, wie sich die Kunst entsprechend den neuen gesellschaftlichen Anforderungen ändert, muss sich auch die Politik wandeln. Kunst und Politik werden in dem Sinne identisch, als sie sich auf dem gemeinsamen Nenner des Prinzips *Wirklichkeitsgestaltung* treffen. So kolportiert Johannes Stüttgen aus einem Vortrag Beuys zum erweiterten Kunstbegriff den Satz: „Es sieht so aus, als wäre natürlich dieses sehr prosaisch. Komischerweise, für die meisten wirkt das nicht wie Kunst, sondern die sagen: der macht Politik! Aber nachweisbar ist, dass das gar nicht Politik ist, sondern *Gestaltungsprinzip* [...]" (Stüttgen 1986, 117).

Beuys Beitrag zur Documenta V war ein Büro der „Organisation für direkte Demokratie durch Volksabstimmung", das er als Forum nutzte, auf internationalem Parkett seinen erweiterten Kunstbegriff vorzustellen. Obwohl schon ihre Benennung die deutlich politische Zielrichtung der Aktion sichtbar machte, äußerte er sich, nach seinen Ambitionen gefragt, folgendermaßen: „Ich will ja kein politisches Programm ausbilden und sagen: so muss es gemacht werden. Sondern ich will anregen zu neuen, mit den alten konkurrierenden Einrichtungen, um das Alte nach und nach zu überwinden" (zitiert nach Harlan/Rappmann/Schata 1980, 37).[54] Trotz dieser Beteuerung engagierte er sich doch immer wieder unmittelbar politisch. Im Sommer 1967 rief er zur Gründung der Deutschen Studentenpartei auf, die allerdings eher eine

53 Im Laufe der 60er Jahre wird Beuys' direktes politisches Engagement stärker. Er tritt nicht nur aus dem „isolierten Bezirk der Kunstwelt", er instrumentalisiert ihn immer direkter für seine politische Agitation. Dabei erweist sich Beuys als Meister der großen Geste. Auch Aktionen von regionaler Bedeutung wurden immer in den Rahmen einer grundsätzlichen Gesellschaftskritik gestellt. So nannte er eine Aktion, mit der er ein Waldstück in Düsseldorf vor seiner Rodung zugunsten eines Tennisplatzes retten wollte: „Überwindet endlich die Parteiendiktatur" (vgl. Adriani/Konnertz/Thomas 1981, 283ff).
Barbara Lange stellt in ihrer Untersuchung zu Entstehen und Vergehen der Freien Akademie dar, wie Beuys sich des Kunstbetriebs als politischer Plattform bediente (vgl. z.B. Lange 1999, 151ff, 158ff).

54 Es scheint, dass Beuys den Politikbegriff analog zum Kunstbegriff aufweicht, was ihn in die Lage versetzt, ihn abhängig vom jeweiligen Kontext verschieden einzusetzen, sich zu ihm zu bekennen oder sich von ihm zu distanzieren. Der Begriff verliert an Griffigkeit.

hochschulinterne Rolle spielen sollte (vgl. Ariani/Konnertz/Thomas 1981, 179ff). Sie wurde durch die „Organisation für direkte Demokratie durch Volksabstimmung (freie Volksinitiative e.V.)“ ersetzt, von der sich Beuys eine breitere Wirkung seiner Arbeit erhoffte. Anfang der 80er Jahre tauchte er dann in der Bundespolitik auf, als er für DIE GRÜNEN kandidierte.[55]

Die Identifizierung von Künstler und Nichtkünstler – das Ende der Betrachterposition

Indem Beuys Kunst und gesellschaftliches Engagement ineinander schiebt, fallen alle bisherigen Grenzen der Kunst. Kunst hat nicht mehr mit Objekten zu tun, Kunst ist ein Zustand. Das Kunstobjekt als sinnlicher Gegenstand ist nur noch insofern von Bedeutung, als es einen Beitrag zur alles umfassenden Universalisierung der Kunst als Weltläuterung beiträgt.

Ebenso grundsätzlich verändert sich der Status des Künstlers und mit ihm derjenige des Kunstbetrachters. Alles kann Kunst sein, und jeder kann Künstler sein.[56] Jedes Individuum kann sich gemäß seiner Fähigkeiten an der kreativen Gestaltung der Welt beteiligen.[57]

„[...] diese Sache, Dinge aus der individuellen Fähigkeit, aus der individuellen Kreativität zu gestalten, das betrifft ja nicht nur den Künstler, das trifft auch zu auf den Brückenbauer, auf den Ingenieur, auf den Mediziner, auf die Krankenhäuser, den Straßenbau, wie Städte gebaut werden, darauf, wie das Geld kreativ in die

55 Das Niveau seiner politischen Agitation war nicht immer gleich hoch. Man muss den Kunstbegriff wirklich sehr weit fassen, um so zweifelhafte Machwerke wie Beuys Musikschallplatte, auf der er „Sonne statt Reagan“ singt, als Kunst gelten zu lassen (Beuys 1982). Zur Rolle Beuys als Politiker vgl. Lange 1999, 99ff.

56 Die Aufhebung der Unterscheidung von Künstler und Nicht-Künstler wird nicht erst von Joseph Beuys gefordert. Sie findet sich in unterschiedlicher Ausprägung bereits in fast allen avantgardistischen Bewegungen. So hatte z.B. Lissitzky 1920 gefordert: „das privateigentum am schöpferischen muss vernichtet werden, denn alle sind schöpfer und es gibt keinerlei veranlassung zur einteilung in künstler und nicht-künstler“ (Lissitzky-Küppers 1967, 329f).

57 Wie auch sein Kunstbegriff ist Beuys’ Künstlerbegriff von hoher Komplexität, die hier nicht durchleuchtet werden kann. Es sei jedoch mit den Worten Wilhelm Dickhoffs davor gewarnt, Slogans wie „Jeder Mensch ein Künstler“ als banale Allerweltsformel zu verstehen. „Jede Bemühung, aus Beuys’ berühmt gewordener Formulierung ‚Jeder Mensch ein Künstler‘ (J.B.). irgendein dümmliches Programm à la ‚Jeder, der irgend etwas nichtfunktional verbastelt, ob am Wochenende im Hobbykeller oder professionell in einer Werbeagentur, ist immer schon ein gesellschaftlich wirksamer Künstler‘ abzuleiten, um auf die soziale Brisanz der Formfrage verzichten zu können, macht sich, egal ob mit gutgemeinten Hippievorzeichen oder in kapitalistisch werbegraphischer Absicht, zum Komplizen jener Beschönigungsdesignkultur, zu der Beuys seine Installationen [...]. quergestellt und [...]. querkomponiert hat“ (Dickhoff 2001, 66).

Straßenbau, wie Städte gebaut werden, darauf, wie das Geld kreativ in die Prozesse eingreift, auf die Produktionsprozesse, auf die Marktsituation, wie Menschen konsumieren, auf die Landwirtschaft usw., auf alle Umweltfragen" (vgl. Beuys/Haks 1993, 19).[58]

Bei Beuys ist damit nicht nur die Distanz zwischen Kunst und Leben endgültig verschwunden, sondern auch der Kunstbetrachter. Er ist nicht nur (wie bei Happening und Aktionskunst) Teilhaber an der Kunst, er selbst ist zum Künstler geworden.

Die Entleerung des Kunstbegriffs

Die Kunst, wie sie Beuys vorschwebt, ist nicht primär sinnlich, sondern soll Sinn stiften. Sie beschäftigt sich mit dem Menschen im Ganzen und versucht eine Welt zu gestalten, in der er die ihm angemessene Position findet. Es handelt sich damit bei Beuys um ein Kunstverständnis, das auf überraschende Weise mit Martin Heideggers Gedanken zu Kunst und Ereignis korrespondiert.

Mit der Universalisierung bei Beuys wandelt sich allerdings der Begriff der Kunst so grundlegend, dass er seine Bedeutung verliert. In einem Interview mit der „Wirtschaftswoche" antwortet Beuys auf die Frage, was seine Kunst bewirken wolle: „Es ist die Kunst des Anstoßgebens, um auf die Verbindungen aufmerksam zu machen, die zwischen allen möglichen Begriffen in der Welt bestehen" (Wirtschaftswoche Nr. 43, 22.10.1976, 15).

Mit einer solchen Charakterisierung ist der Begriff so weit gefasst, dass er nicht mehr sinnvoll begrenzt werden kann. Damit hat er sich so weit vom herkömmlichen Verständnis von Kunst entfernt, dass alle Kontexte, in denen das Wort „Kunst" bislang einen Sinn hatte, absurd werden, wenn Beuys' neuer Kunstbegriff eingesetzt wird. Damit wird es fragwürdig, ob das, was Beuys den universalisierten Kunstbegriff nennt, vernünftigerweise noch „Kunst" genannt werden sollte.[59] Es drängt sich mitunter der Verdacht auf, dass Beuys

58 Beuys sieht eine enge Verbindung zwischen der Kunst, wie er sie versteht und ökonomischen Prozessen. Auf die Frage: „Die Zukunft der Kunst als Weltwirtschaftproblem?" meint Beuys: „Das ist mein erweiterter Kunstbegriff, und der ist tatsächlich wirtschaftlicher Natur. Denn Wirtschaft ist schöpferisch. Das primäre Gut, das Menschen produzieren können, sind Erkenntnisse, und nach diesen Erkenntnissen richten sich alle weiteren Produktionsprozesse. Deshalb meine Formel: Kreativität gleich Volksvermögen" (Wirtschaftswoche Nr. 43, 22.10.1976, 15).

59 Oskar Bätschmann weist darauf hin, dass sich Beuys Erweiterung des Kunstbegriffes nicht auf die Kunst, sondern auf den Begriff bezieht. „Es muss fraglich erscheinen, ob sich der Kunstbegriff nach Duchamp und Klein noch weiter hätte ausdehnen lassen ohne vollends leer und unbrauchbar zu werden" (Bätschmann 1997, 218).

traditionell eingeführte Begriffe gezielt ungewohnt verwendet, dass er es genau genommen auf eine Verwirrung der Begriffe anlegt, um der Diskussion den nötigen Esprit zu verleihen.[60] Beuys verwendet z.B. bei dem Ausdruck „Soziale Plastik“ mit „Plastik“ einen Begriff aus der traditionellen kunstwissenschaftlichen Terminologie,[61] obwohl das, was er damit beschreibt, mit herkömmlichen Kunstkategorien nur mehr gemeinsam hat, dass sie kreative Akte darstellen. Ebenso verhält es sich mit seinem zentralen Kunstbegriff. Aus der Verwendung traditioneller Begriffe zur Bezeichnung seiner revolutionären Ideen resultiert zum einen die Verwirrung, die sich bei einem beträchtlichen Teil der Kunstbetrachter im Zusammenhang mit Beuys-Kunst einstellt und zum andern die bis heute wirksame provokative Kraft seiner Arbeit. Überspitzt gesagt müsste man auf die im Zusammenhang mit Beuys' Schaffen penetrant gestellte Frage „Das soll Kunst sein?“ vor dem Hintergrund des universalisierten Kunstbegriffs konsequenterweise antworten: „Nein, es heißt nur so“.[62]

60 Man könnte hier die Parallele zu Wittgensteins Sprachphilosophie ziehen, in der er – hier allerdings im Zusammenhang mit philosophischen Fragestellungen – die Ansicht vertritt, dass ein großer Teil der Missverständnisse und Streitigkeiten im wissenschaftlichen Diskurs nicht daran liegt, dass de facto Probleme bestehen, sondern daran, dass Begriffe uneinheitlich oder falsch verwendet werden.
„Die meisten Sätze und Fragen, welche über philosophische Dinge geschrieben werden, sind nicht falsch, sondern unsinnig [...]. Die meisten Fragen und Sätze der Philosophen beruhen darauf, daß wir unsere Sprachlogik nicht verstehen [...]. Und es ist nicht verwunderlich, daß die tiefsten Probleme eigentlich keine Probleme sind“ (TLP, Nr. 4003).
Die Klärung von Begriffen behebt diese Schwierigkeit. Probleme werden dergestalt nicht gelöst, sondern sie lösen sich auf. (Vgl. hierzu Keller 1990, 14f.).

61 Beuys gibt entgegen dem allgemeinen kunstwissenschaftlichen Sprachgebrauch eine Vielzahl von Definitionen für „Plastik“, etwa: „Plastik ist ein Synonym für das Menschliche.“ oder „ein Begriff für den Menschen selbst, der objektiven Charakter hat“ (zitiert nach Harlan/Rappmann/Schata 1980, 58). Er spricht davon, dass zwischen den einander entfremdeten Menschen „eine Art Kälteplastik“ sitzt. „[...] da muss eben die Wärmeplastik hinein. Die zwischenmenschliche Wärme muss da erzeugt werden. Das ist die Liebe“ (zitiert nach ebd.).
Er rückt seinen Kunstbegriff in den Bereich einer konventionelleren, wenn auch immer noch erweiterten Kunstauffassung, wenn er schreibt „Denken ist bereits Plastik [...] Gedanken wirken in der Welt unter Umständen natürlich viel vehementer als eine Plastik, die sich nur abgeleitet hat und in gewisser Weise sich verstofflicht hat in ein Objekt hinein“ (zitiert nach ebd., 61).

62 Diese Ausführungen sind keinesfalls kulturpessimistisch aufzufassen. Im vorliegenden Zusammenhang stellt sich nicht die Frage nach dem Ende der Kunst, sondern nach dem Wandel des Kunstbegriffs und seinen Zusammenhängen mit der Museumspraxis.

Unter der Voraussetzung von Beuys' Kunstverständnis ist eine sinnvolle Position des Kunstmuseums im herkömmlichen Sinne kaum mehr auszumachen. Das Kunstobjekt existiert nicht mehr, ebenso wenig sind die Grenzen von Kunstwelt und Lebenswelt auszumachen, selbst der Betrachter ist verschwunden. In einem nachfolgenden Kapitel wird noch darzustellen sein, wie sich Beuys ein Museum unter den Bedingungen seines entgrenzten Kunstverständnisses vorstellt (S.177ff). Zunächst allerdings gilt es zu untersuchen, wie mit dem Werk Beuys' innerhalb des bestehenden musealen Rahmens umgegangen werden kann.

Die Kunst Beuys' und das Museum: Präsentation – Explikation – Dokumentation

Es dürfte klar geworden sein, dass ein musealer Umgang mit Beuys' Werk sich nicht auf die Präsentation von Beuys-Objekten beschränken kann, wenn das umfassende Anliegen des Künstlers ernst genommen wird. Die materiellen Teile seines Werkes haben als ästhetische Gegenstände allein keine Bedeutung, sondern erhalten ihren Sinn erst innerhalb Beuys' komplexen kunst- und gesellschaftstheoretischen Theoriegebäudes.[63] Die Ausstellung der Arbeiten von Joseph Beuys, seine Zeichnungen, Installationen und Environments ist daher eine besonders anspruchsvolle Herausforderung an die Kunstmuseen. Zur Darstellung dieser Problematik sollen nun einige Beuys-Präsentationen in deutschen Museen vorgestellt und diskutiert werden, die in jeweils unterschiedlicher Weise dem erweiterten Kunstverständnis des Künstlers Rechnung tragen.

Als Beispiel für einen eher traditionell Objekt-orientierten musealen Umgang mit der Kunst von Beuys sei die Präsentation der Arbeit „Ausfegen" aus den Jahren 1972/1985 im Neuen Museum Nürnberg angeführt. Bei diesem Werk handelt es sich um eine Glasvitrine, in welcher sich der Straßenmüll befindet, den Joseph Beuys am 1. Mai 1972 im Anschluss an die Mai-Demonstration auf dem Karl-Marx-Platz in Berlin Neukölln zusammengefegt hatte. Beuys hatte die Maidemonstration begleitet, ohne jedoch direkt daran teilzunehmen.[64] „Damit wollte ich klar machen, dass auch die ideologie-fixierte Orientierung der Demonstranten ausgefegt werden muss, nämlich das, was als Diktatur des Proletariats auf den Transparenten verkündet wurde" (zitiert

63 Ein Museum, das den Beuysschen Kunstbegriff in aller Konsequenz ernst nimmt, hätte folglich mit der herkömmlichen Museumsinstitution nichts mehr gemein. Es wird sich, analog zum Kunstbegriff, auflösen. In einem späteren Kapitel soll noch ausführlich auf die Konsequenzen der Entgrenzung des Kunstbegriffs für das Museum und Beuys Überlegungen zu dieser Problematik eingegangen werden.

64 Vgl. hierzu Harlan/Rappmann/Schata 1980, 53f bzw. Adriani 1981, 292.

nach Harlan/Rappmann/Schata 1980, 53). Der Kehricht wurde nach der Aktion in die Galerie René Block verbracht, dort ausgeschüttet und mit Besen und Plastiktüten versehen. Erst 1985 gelangten die Reste und der Besen in die Glasvitrine, die in Nürnberg aufgestellt ist.

Der gesellschaftskritische Hintergrund der Plastik wird dem Betrachter, vorausgesetzt, er ist kein ausgewiesener Beuys-Kenner, bei der Präsentation der Vitrine im Nürnberger Museum zunächst nicht klar. Die erläuternden Texte an der Seite der Glasvitrine und im Katalog (Neues Museum Nürnberg 2000, 40) deuten den ideologischen und weltanschaulichen Rahmen, innerhalb dessen diese ungewöhnliche Ansammlung von Alltagsgegenständen Sinn macht, nur an. Es wird nicht explizit erklärt, dass es sich bei dem vorliegenden Werk um kein ästhetisches Schauobjekt, sondern um den Ausdruck eines umfassend erweiterten Kunstbegriffs handelt und dass hier im strengen Sinne kein Kunstwerk, sondern lediglich die Spur des eigentlichen Werkes zu sehen ist. Durch diese Form der Ausstellung wird suggeriert, dass es sich bei der Arbeit um ein ästhetisches Objekt handelt, was selbstverständlich nicht der Fall ist. Entsprechend groß sind die Enttäuschung und die Verwirrung der Besucher, denen das Werk bei einem ästhetischen Zugang nichts sagt. Eine Begegnung mit dem Werk Beuys' findet nicht statt, die Präsentation ist für den Betrachter vollständig nutzlos.[65] Sie dient dann primär dazu, deutlich zu machen, dass die Sammlung auch einen Beuys besitzt. Diese Ästhetisierung von nichtästhetischer Kunst ist nicht nur charakteristisch für die Nürnberger Ausstellung, sie ist vielmehr in den meisten Museen für Gegenwartskunst gängige Praxis.

Differenzierter als in Nürnberg führt das Museum für Moderne Kunst in Frankfurt am Main den Besucher an seine komplexe Beuys-Installation „Blitzschlag mit Lichtstein auf Hirsch" (1958/85) heran. Das raumgreifende Werk, das aus 39 z.T. wuchtigen metallenen Einzelelementen besteht, füllt mit seinem Hauptelement, einem über sechs Meter langen, mit seiner Spitze nach unten zeigenden Keil, einen kleineren Saal des Museums komplett aus.

Der Betrachter wird mit der materialen Wucht des Werks hier nicht allein gelassen. Die Kuratoren bemühen sich um eine umfassende erläuternde Begleitung des Museumsbesuchers, indem sie ihm die Möglichkeit geben, sich mittels eines mehrseitigen erklärenden (in Deutsch und Englisch verfassten) Textes, der in dem Raum ausliegt, ein genaueres Bild über die konzeptuellen Hintergründe der Arbeit zu verschaffen[66]. In einem angrenzenden Raum sind

65 Anders verhält es sich natürlich bei kunstgeschichtlich vorgebildeten Betrachtern, die die Hintergründe des Werks kennen.

66 Besonders die hohe Qualität der Erläuterungstexte, sowohl inhaltlich als auch hinsichtlich des Materials, beweist, wie ernst im Museum für Moderne Kunst die Kunstvermittlung genommen wird: Die Texte sind auf sehr schweres Papier

Fotografien zu sehen, die den Entstehungsprozess des Werkes bzw. den direkten Umgang des Künstlers mit dem Material dokumentieren. Selbst wenn die Fotos auch hier, wie bereits im Zusammenhang mit der Dokumentation von Aktionskunst dargestellt, eine ästhetische Eigenständigkeit entwickeln, und auch die aufwendigste Dokumentation weder den „Kosmos Beuys" noch das Kunstereignis selbst wieder erwecken kann, ermöglicht die Frankfurter Präsentation des Museums für Moderne Kunst im Gegensatz zu den Ausstellungen in Nürnberg einen Zugang zu dem Werk, bei dem weit mehr geschieht als ein „bloßes Anschauen", also als eine ästhetische Auseinandersetzung.

Noch einen entscheidenden Schritt weiter bei der Vermittlung der Kunst von Joseph Beuys geht der Hamburger Bahnhof – Museum für Gegenwart in Berlin. Das 1996 eröffnete Museum besitzt eine einzigartige Sammlung der Kunst Joseph Beuys', die neben wichtigen Installationen und Objekten vor allem Zeichnungen umfasst.[67] Die in den großzügigen Ausstellungsräumen präsentierten Objekte selbst sind zwar wie in anderen Objektmuseen in konventionellem Sinne präsentiert, d.h. beschriftet und mit erklärenden Kurztexten versehen. Das Museum entwickelte jedoch Ende der 90er Jahre ein aufwendiges digitales Vermittlungssystem, das die Präsentation und vor allem die Rezeptionsmöglichkeiten seiner Beuys-Sammlung entscheidend erweitert und einen ganzheitlichen Blick auf die Arbeit dieses Künstlers ermöglicht: das digitale „Joseph Beuys Medien Archiv".

Die folgenden Ausführungen beziehen sich auf den Zustand des Archivs im November 1995. Bei einem Besuch im Jahre 2002 stellte sich heraus, dass das Beuys-Dokumentationszentrum, das hier beschrieben wird, aus dem unmittelbaren Besucherbereich des Museums verschwunden ist. Es wurde, laut Auskunft der verantwortlichen Referentin, in den Bibliotheksbereich verlegt, wo es nur noch nach Voranmeldung besucht werden kann (Stöckmann 13.3.2001). Damit bestehen die im Laufe des Textes beschriebenen Verhältnisse gegenwärtig nicht mehr. Dennoch sollen sie hier Erwähnung finden, weil sie eine Erweiterung der Ausstellungspraxis darstellen, die vor allem vor dem Hintergrund der Problematik der Musealisierung von neuer Kunst äußerst gewinnbringend zu sein scheint.

In einem separaten Raum, angeschlossen an einen großen Saal mit Beuys-Zeichnungen, befinden sich eine Reihe von Computerplätzen, über die auf das

gedruckt und mit einer Lochung versehen, die es erlaubt, die Blätter ggf. in einen Ordner einzuheften. So ist es dem Betrachter möglich, sich seinen individuellen Ausstellungsführer zusammenzustellen. (Der Text zu Beuys „Blitzschlag" findet sich online unter: www.artist-info.com/cgi-bin/search/user_search.cgi?action=show_bio&ID=2935)

67 Vgl. Bastian 1996, Schmitz 1996, Kleihues/Scheer 1996.

„Joseph Beuys Medienarchiv" zugegriffen werden kann.[68] Es beinhaltet das gesamte heute noch verfügbare Filmmaterial von, mit und über Beuys. Der Zugriff ist in Form einer interaktiven Computeranwendung möglich.[69] Über die Computerterminals kann der Besucher umfassendes Material über Leben, Arbeit und Werk von Beuys, etwa Filmaufnahmen von Aktionen, Gesprächen und Diskussionsrunden abrufen. Trotz seines interaktiven Grundkonzeptes hat das Dokumentationszentrum den Charakter eines Archivs. Der Besucher wird ausschließlich mit Quellenmaterial konfrontiert, das nicht didaktisch aufgearbeitet ist und damit keine besucherorientierte bzw. erlebnisorientierte Einführung zum Leben und Werk von Joseph Beuys bietet. Er kann lediglich zwischen einer Vielzahl von unterschiedlichen Filmdokumenten auswählen und hat die Möglichkeit, diese in kleineren Sequenzen unterteilt und damit wiederholt aufzurufen. Je nachdem, wie viel Zeit ein Besucher zur Verfügung hat, kann er sich Informationen vom Kurzüberblick bis hin zu einer detaillierten Auseinandersetzung verschaffen. Hierfür steht u.a. eine umfassende Suchmaschine zur Verfügung. Der Besucher kann, etwa wenn er nach dem Besuch des Museums Fragen zum Thema „Fett" bei Beuys hat, diesen Begriff in die Suchmaschine eingeben und wird auf die entsprechenden Passagen aus Interviews und Texten verwiesen.

Es ist wichtig zu unterstreichen, dass es sich bei dem Berliner Dokumentationszentrum nicht um eine museumspädagogische Einrichtung im herkömmlichen Sinne handelt. Der Besucher bekommt kein Lehrmaterial zu Beuys präsentiert, sondern er erhält die Möglichkeit, selbstständig Einsicht in Beuys Kunst bzw. in Dokumente seiner vergangenen Kunst zu nehmen. Hierfür kann er sich sowohl seinen Objekten und Installationen in der Ausstellung, als auch seinen Aktionen, Gesprächen und Diskussionen im Archiv widmen. Andreas Bienert, der für die Konzeption des digitalen Beuys-Archivs verantwortlich ist, zitiert in einem Aufsatz, in dem er sein Projekt vorstellt, Eugen Blume:

> „Der erweiterte Werk- und Kunstbegriff, für den Namen wie Beuys, Warhol oder Naumann stehen, bedeuten die Konfrontation mit einer Überlieferungs- und Rezeptionssituation, in der massenmediale und flüchtige Vermittlungsformen neben und mit den materiellen Surrogaten der Werke wirksam werden. Film, Fernsehen und Videotapes sind dabei nur selten als zeithistorische Dokumente im herkömmlichen Sinne zu verstehen. Häufig sind sie Teil der künstlerischen Arbeit selbst, die – wie im Falle von Beuys – in den gesellschaftlichen Raum hineinragt und auf soziale Prozesse bezogen werden will" (zitiert nach Bienert 1998, 77).

68 Zum Konzept des Joseph Beuys Medienarchiv vgl. Bienert 1998, 76f.

69 Das Archiv umfasst insgesamt mehr als 200 Stunden Filmmaterial (Bienert 1998, 76), von dem momentan ca. 20 Stunden verfügbar sind (Stöckmann 13.3.2001).

Die computervermittelte Form einer umfassenden Kontextualisierung, wie sie das Museum Hamburger Bahnhof bietet, stellt eine Möglichkeit für den Besucher dar, einen sehr differenzierten Einblick in die Welt von Beuys und seine Auffassung zu Politik und Kunst zu erlangen, und es eröffnet sich ihm im Idealfall der umfassende und tief greifende konzeptuelle Überbau dieses künstlerischen Werkes. Mit diesem Hintergrundwissen entfalten sich die Objekte und Installationen über ihre sinnliche Erscheinung hinaus, und es wird offenbar, dass es sich hier nicht nur um sonderbare Schaugegenstände bzw. kryptische Zeichen handelt, die nur von findigen Experten entschlüsselt werden können. Die Arbeiten werden von Schauobjekten zu Spuren des eigentlichen Werkes.

Mit seinem aufwendigen Vermittlungskonzept geht das Museum Hamburger Bahnhof weit über die Präsentation des Nürnberger und Frankfurter Museums hinaus. Es eröffnet einen Einblick auf das Werk Beuys' jenseits der Objekte. Diesen Einblick jedoch wird nur derjenige Besucher bekommen, der dazu bereit ist, sich mit dem umfassenden angebotenen Material auseinander zu setzen und zu akzeptieren, dass das Museum auch fordert.[70] Wie und ob Kunst von der Art des Werkes Beuys' im Museum funktioniert, hängt damit nicht allein vom Museum und seinen Präsentationsmethoden, sondern auch vom Betrachter und seiner Neugierde ab.

Zusammenfassung: Die Auflösung der Grundlage des traditionellen Museums in der Kunst des 20. Jahrhunderts – Prozess und Ereignis statt Objekt und Erlebnis

Mit der Kunst von Beuys wurde der Punkt der größtmöglichen Erweiterung des Kunstbegriffes erreicht. Ausgegangen wurde von der Kunst der Abstraktion, die durch die Verabsolutierung des ästhetischen Objekts den autonomen Kunstbegriff zu seiner ausgeprägtesten Form geführt hatte. Mit den Avantgarde-Strömungen löst sich die Kunst zunehmend von den Kategorien der Autonomie und des Ästhetischen. Aktionsmalerei und die daraus hervorgehenden Aktionskunst emanzipieren sich vom statischen Kunstobjekt. Die völlige Entgrenzung des Kunstbegriffes, d.h. seine totale Ablösung vom Bereich der traditionellen Kunstwelt erfolgt schließlich im Werk von Joseph Beuys. Mit ‚Kunst' wird nun jede Form der Wirklichkeitsgestaltung bezeichnet; der ästhetische Kunstgegenstand ist völlig verschwunden, die Grenzen zwischen Kunstwelt und Lebenswelt existieren nicht mehr.

70 Für Bazon Brook ist das ideale Museum „Arbeitsplatz" für den Besucher, wie in einem folgenden Kapitel noch dargestellt wird. (S. 154f.)

Analog zum Wandel des Kunstbegriffs verändert sich das Verhältnis des Kunstbetrachters zum Werk: Das ästhetisch-passive Wahrnehmen weicht nach und nach einer aktiven Teilnahme des Rezipienten an der Kunst bis hin zur Identifikation mit dem Künstler.

Es traten damit bei diesen Überlegungen zur Entwicklung des Kunstbegriffs besonders zwei Aspekte in den Vordergrund, die sich jeweils vor dem Hintergrund des sich wandelnden Verhältnisses von Kunst und Lebenswelt ergaben: zum einen die Prozesshaftigkeit der Kunst, d.h. ihre Dynamik und Vergänglichkeit als Resultat der zunehmenden Entmachtung des Objekts bzw. der wachsenden Bedeutung des unmittelbaren Handelns für das künstlerische Werk: Indem das Werk Tatkunst wurde, vereinten sich Kunstschaffen und Lebenspraxis. Gleichzeitig tritt bei dieser Entwicklung an die Stelle des ästhetischen Erlebens zunehmend das ganzheitliche, existentielle Ereignis.

Der erste Abschnitt dieser Ausführungen zur Grundlage des Kunstmuseums hat verdeutlicht, dass die traditionelle Museumsinstitution von der Kunst im Laufe im 20. Jahrhunderts nach und nach in wesentlichen Punkten unterwandert wird. Die strikte Trennung von Kunst- und Betrachterwelt bzw. Kunst und Leben wird immer weiter aufgehoben, bis sie schließlich aufhört zu existieren. Das autonome ästhetische Objekt wandelt sich zu einem ganzheitlichen, offenen, gewissermaßen entgrenzten Kunstprozess. Der ästhetisch erlebende Betrachter wird zu einem aktiv Teilnehmenden bzw. selbst zum Künstler, der nicht mehr nur den schönen Schein genießt, sondern in der Kunst seine gesellschaftliche oder existenzielle Befindlichkeit auslotet. Kunst wird nicht erlebt, sie ereignet sich.

Damit sind die Grundvoraussetzungen des traditionellen Museums als Archiv des ästhetischen Objekts verschwunden, es wird funktionsuntüchtig. Das bedeutet, dass das traditionelle Museum wichtigen Teilen der Kunst des 20. Jahrhunderts nicht gewachsen ist. Es bewahrheitet sich, was Werner Hofmann bereits 1970 feststellte: „Der offene Kunstbegriff und die ihm angemessene Art des Fragens haben in der herkömmlichen Sammlungs- und Demonstrationspraxis [der Museen] keinen Verbündeten.“ (Hofmann 1970, 119).

Mit der Einsicht in die Unvereinbarkeit von traditionellem Museum und Kunst im 20. Jahrhundert ist Ende des ersten Teils dieser Untersuchung erreicht. Welche Konsequenzen, so lautet nun die Fragestellung des zweiten Teils dieser Arbeit, ergeben sich hieraus für das Kunstmuseum? Ist die Institution des Objektmuseums prinzipiell am Ende oder gibt es Möglichkeiten, die bestehenden Strukturen so zu wandeln, dass es den neuen Anforderungen der Kunst gerecht werden kann? Wie gehen innovative Museumsleiter oder auch Künstler mit diesen Spannungen zwischen Kunst und Museum um?

Das Museum und die Kunst des 20. Jahrhunderts

Der zweite Teil dieser Untersuchung wird mit einigen Bemerkungen zur Museumskritik eingeleitet. Hier sollen exemplarisch zwei markante Positionen besprochen werden, die in ihrer Unterschiedlichkeit die Bandbreite der möglichen kritischen Ansätze verdeutlichen: zum einen die Kritik der Futuristen, bei denen der direkte Angriff auf die bürgerlichen Kunstinstitutionen seine radikalste Ausprägung erfährt, und zum anderen die Arbeit von Marcel Duchamp, der mit seinem künstlerischen Werk zwar auf indirektem Wege, aber mit durchschlagender Wirkung die Museumsinstitution in Frage stellt.[1]

Zwei Postitionen der Museumskritik von Künstlern

Die Museumskritik ist so alt wie die Museumsinstitution selbst. Immer schon wurden Zweifel daran gehegt, dass das Museum der rechte Ort für die Präsentation von Kunst sei. Sie ergibt sich schon bei historischen Kunstwerken: Die Frage war, ob Kunstwerke außerhalb des Kontextes, für den sie geschaffen wurden, sei es ein Palast oder ein Gotteshaus, in einer mehr oder weniger neutralen Ausstellungssituation ihre Wirkung entfalten? Ist das Museum der angemessene Lebensraum für Kunst oder ist es vielmehr ein Sterberaum der Kunst?

Bereits zu Beginn der Öffnung der ersten Kunstmuseen wurden Stimmen laut, die die seelenlose Atmosphäre der Sammlungen bemängelten. Im Jahre 1796 bezeichnet der Schriftsteller und Kunstkritiker Quatremère de Quincy das Museum als „wächserne Einöde“, in der man lebendige Kunst kaum

1 Zur Museumskritik vgl. Grasskamp 1981, Sheehan 2002, 207f, Kravagna 2001.

antreffen kann (vgl. Newhouse 1998, 47). De Quincys Kritik richtete sich vor allem gegen die Kunststätten, die in der Folge der Kunstbeutezüge Napoleons in Italien errichtet wurden, etwa das *Musée des monuments français* oder das *Musée Napoléon*.[2] Ihres Entstehungskontextes beraubt, herausgenommen aus ihrem ursprünglichen Sinnzusammenhang, führt die Kunst, so De Quincy, ein trauriges Mumiendasein; das Kunstwerk könne sich nur an dem Ort entfalten, für den es geschaffen wurde. De Quincys Ideal ist Italien, wo der Kunstliebhaber selbst in den kleinsten Dorfkirchlein großartigen Kunstwerken begegnen kann. Hier sei die Verbindung von Kunst und Leben noch erhalten, eine Verbindung, die im Museum unwiederbringlich zerstört wird (ebd.). Museen, so de Quincy, „töten die Kunst, um Geschichte zu produzieren" (zitiert nach Sheenan 2001, 51).

Bereits in dieser frühen Kritik des Kunstmuseums tritt ein Motiv zu Tage, das durch die gesamte moderne Kulturgeschichte bis in die Gegenwart in Variationen immer wieder auftaucht: Das Museum wird als ein Ort beschrieben, an dem die Kunst abstirbt: das Museum als Friedhof der Kunst.[3]

Futurismus – Aggression

Die futuristische Museumskritik treibt den Topos des Museums als Friedhof der Kunst auf die Spitze. Bereits im ersten Manifest des Futurismus von 1909 macht Marinetti seinem Hass auf die Museen Luft:

> „Schon zu lange ist Italien ein Markt von Trödlern. Wir wollen es von den unzähligen Museen befreien, die es wie zahllose Friedhöfe über und über bedecken.
> Museen: Friedhöfe! [...] Wahrlich identisch in dem unheilvollen Durcheinander von vielen Körpern, die einander nicht kennen. Museen: öffentliche Schlafsäle, in denen man für immer neben verhaßten oder unbekannten Wesen schläft! Museen: absurde

2 Zur Museums- und Sammlungskultur unter Napoleon vgl. Gould 1965, Wescher 1976.

3 Mit dem vielzitierten Hinweis auf diese Morbidität des Musealen leitet bekanntlich auch Adorno seinen bekannten Aufsatz „Valéry Proust Museum" (Adorno 1973, 16ff) ein: „Der Ausdruck ‚museal' hat im Deutschen unfreundliche Farbe. Er bezeichnet Gegenstände, zu denen der Betrachter nicht mehr lebendig sich verhält und die selber absterben. Sie werden mehr aus historischer Rücksicht aufbewahrt als aus gegenwärtigem Bedürfnis. Museum und Mausoleum verbinden nicht bloß die phonetische Assoziation. Museen sind wie Erbbegräbnisse von Kunstwerken. Sie bezeugen die Neutralisierung der Kultur" (ebd., 16).
Im Jahre 2001 erschien eine Dissertation, die belegt, dass Friedhöfe und Museen auch in der Literatur nicht selten in vergleichbaren Kontexten auftreten (Hillebrand 2001).

Schlachthöfe der Maler und Bildhauer, die sich gegenseitig wild mit Farben und Linien entlang der umkämpften Ausstellungswände abschlachten!" (ebd., 35).[4]

Neben der Friedhofsmetapher findet sich in Marinettis Text ein weiteres häufiges Motiv der Museumskritik: das Museum als chaotische Rumpelkammer. In den überfüllten Sammlungen der Museen stehen die Kunstwerke einander im Wege und verhindern so, dass sich die einzelnen Werke entfalten können.

Auch Paul Valéry stößt sich in seinem berühmten Essay „Das Problem der Museen" (Valéry 1954) an der gedrängten und unsensiblen Präsentation der Werke in den Museen; er fühlt sich im Skulpturensaal „inmitten eines Aufruhrs eingefrorener Kreaturen, deren jede einzelne – ohne dass es ihr gewährt würde – nach dem Nichtvorhandensein aller anderen schreit" (ebd., 52). Valéry formuliert seine Kritik aus der Warte des feinsinnigen Kunstromantikers, der sich vom Durcheinander im Museum in seinem Kunstgenuss beeinträchtigt fühlt. Nur Menschen ohne jeden Geschmack können, so seine Auffassung, diese Unordnung vollbracht haben: „Nur eine weder Genuss noch Vernunft verhaftete Zivilisation hat dieses Haus des Nichtzusammengehörigen errichten können. Etwas seltsam Widersinniges geht von diesem nachbarschaftlichen Nebeneinander toter Gesichter aus; sie überwachen einander eifersüchtig und versuchen einander den Blick wegzustehlen, der ihnen ein Dasein zubringt [...]" (ebd., 54).

Die differenzierte Kennerschaft, die den Hintergrund von Valérys Museumskritik bildet, geht den Futuristen hingegen gänzlich ab. Museen stellen für sie nicht deswegen ein Problem dar, weil sie mit ihrer geschmacklosen Hängung den Kunstgenuss behindern, sondern weil das verstaubte Chaos der Museen für sie Sinnbild einer längst überholten Vergangenheit ist. Kunst hat für den futuristischen Revolutionär nichts mit feinsinniger Ästhetik zu tun. „[...] Kunst kann nur Heftigkeit, Grausamkeit und Ungerechtigkeit sein" (ebd., 36). Ästhetischer Kunstgenuss, die schöngeistige Betrachtung der Kunst um ihrer selbst willen ist für ihn Verschwendung von Zeit und Kraft. Er hemmt die künstlerische Energie, anstatt sie zu beflügeln: „Ein altes Bild bewundern heißt, unsere Sensibilität in eine Ascheurne schütten, anstatt sie weit und kräftig ausstrahlen zu lassen in Schöpfung und Tat" (ebd., 35).

4 Bis in die Gegenwart wird von Künstlern im Zusammenhang mit Museen die Todesmetaphorik bemüht. So äußert der amerikanische Maler Fischl: „Bei Museen geht es um tote Dinge. Lebenden Malern bieten sie keinen optimalen Raum, weil der Kunst ihre Beziehung zu lebendigen Institutionen, wie Kirche oder Staat in der Vergangenheit, beziehungsweise zum Leben des wohlhabenden Bürgertums fehlt, wie es im 19. Jahrhundert der Fall war" (Newhouse 1998, 49).

Marinettis Offensive richtete sich nicht nur gegen die Kunstmuseen; er rief zum Sturz aller Institutionen auf, die die kulturelle Tradition bewahrten und weitergaben. Er sagt im Gründungsmanifest des Futurismus auch Akademien und Bibliotheken den Kampf an. Er macht in seinem verbalen Zerstörungsrausch nicht einmal Halt vor den historischen Baudenkmälern seiner italienischen Heimat. „Legt Feuer an die Regale der Bibliotheken!... Leitet den Lauf der Kanäle ab, um die Museen zu überschwemmen! [...] Oh welche Freude, auf dem Wasser die alten ruhmreichen Bilder zerfetzt und entfärbt treiben zu sehen! Ergreift die Spitzhacken, die Äxte und Hämmer und reißt nieder, reißt ohne Erbarmen die ehrwürdigen Städte nieder!“ (Apollonio 1972, 35). Dieser Hass der Anhänger des Futurismus gegen alles Vergangene ist die Konsequenz aus einem rückhaltlosen Zukunftsglauben (der ihnen ihren Namen gab), begleitet von einer Begeisterung für die technischen Neuerungen ihrer Zeit, die sie nicht nur als nutzbringend, sondern als schön empfanden.[5]

Das Endziel der Zerstörung der Kulturtradition war nicht allein die Ausrottung der etablierten Kunstinstitutionen, es war die Vernichtung jeglichen geistigen Lebens, wie es bisher bestand. Der Futurismus versteht sich in seinen Kampf auf einem Weg zu einer neuen und ursprünglichen Kreativität. Im *Technischen Manifest der futuristischen Literatur* schreibt Marinetti: „Ich habe Euch gelehrt, Bibliotheken und Museen zu hassen, um euch darauf vorzubereiten, *die Intelligenz zu hassen*, und ich habe in euch die göttliche Intuition wieder erweckt, diese charakteristische Gabe der romanischen Völker“ (zitiert nach Apollonio 1972, 81).

Die Museumskritik der Futuristen ist radikal und zerstörerisch. Nie stellten sie den Versuch an, Reformvorschläge für eine angemessene Museumsinstitution zu erarbeiten. Auseinandersetzung mit dem Museum bedeutet immer Kampf gegen das Museum.[6] Diese kompromisslose Haltung zeigt in aller

5 Für Marinetti ist bekanntlich „ein aufheulendes Auto, das auf Kartätschen zu laufen scheint, [...] schöner als die Nike von Samothrake“ (vgl. Asholt/Fähnders 5ff).

6 Diesen Kampf gegen das Museum haben die Futuristen verloren. Ihre Werke hängen heute brav aufgereiht in allen bedeutenden Kunstmuseen dieser Welt.
Damit teilt die Kunst der Futuristen das Schicksal aller frühen Avantgardekunst, die trotz ihrer vehementen Museumsfeindlichkeit früher oder später im Museum landete. Stephan Heidenreich meint sogar:
„Es sieht heute so aus, dass genau die Werke am ehesten damit rechnen können, ins Museum zu kommen, die am vehementesten die momentan im Museum ausgestellte Kunst angreifen.“ (Heidenreich 1998, 74).
Ihre Bestrebungen, Kunst und Leben zu vereinen, wurden so im Nachhinein nachhaltig vereitelt, indem ihre Kunstwerke als Kunstobjekte ausgestellt und so wieder aus dem Kontext der Lebenspraxis herausgelöst wurden. Es bewahrheitet sich also, was Heinrich Klotz über das Scheitern aller Entgrenzungsversuche der Kunst schreibt: „So sehr die Kunst in das Leben vorstieß, so sehr wurde sie von den Institutionen der Kunst wieder eingefangen“ (Klotz 1999, 13f).

Deutlichkeit, mit welcher Gewalt hier altes und neues Kunstverständnis aufeinander treffen. Es tritt ein neues Kunstideal zu Tage, das die bisherigen Kategorien des bürgerlichen Kunstbegriffs in aller Entschiedenheit ablehnt. Die Futuristen wenden sich gegen einen bürgerlichen Eskapismus, der die Welt der Kunst als Sonderreich der Alltagswirklichkeit gegenüberstellt und so die Kunst in ihren Augen zu einer selbstbetrügerischen Droge verkommen lässt. Entsprechend musste eine Kunst, die sich in bürgerliche Museumsgebäude zurückzog, in ihren Augen verlogen sein.[7]

Die futuristische Museumskritik zeitigte zwar keine unmittelbaren Konsequenzen für die europäische Museumskultur, mittelbar war ihre Wirkung jedoch weitreichend. Die Kunst entwickelte ein neues Selbstbewusstsein, sie befreite sich von alten Zwängen, Traditionen und Normen. Sie verabschiedete ihre traditionellen Wirkungsstätten freilich zu dem Preis einer sonderbaren Heimatlosigkeit. So gilt für die modernen Kunstströmungen am Beginn des 20. Jahrhundert das, was Julius Meier-Graefe in seiner Einleitung zu *Entwicklungsgeschichte der Modernen Kunst* über die Loslösung der Kunst von ihrem sakralen Kontext im 19. Jahrhundert schreibt: „Man wollte frei werden in der Kunst aber frei wovon? Man vergaß, dass Freiheit gleichzeitig Alleinsein bedeutet. In ihrem ungestümen Drange befreite sich die Kunst von ihrer Unentbehrlichkeit. Je mehr sich vor ihr das weite Meer unbeschränkter Ziele ausdehnte, desto weiter entschwand ihr das feste Land, wo sie heimisch gewesen war“ (Meier-Graefe 1914 I, 14).

Die Kritik der Futuristen fand eine Vielzahl von Nachfolgern in den avantgardistischen Strömungen des 20. Jahrhunderts. Auch wenn der Ton in der Folge weniger aggressiv und destruktiv war, blieben die Argumente der Künstler bis in die Gegenwart in Variation die gleichen.[8] In ganz anderer, wenn auch ebenso radikaler Weise stellt Marcel Duchamp die herkömmliche Museumsinstitution in Frage, ohne sie jedoch unmittelbar anzugreifen. Marcel Duchamp formuliert seine Museumskritik aus dem Inneren des Kunstbetriebs heraus.

7 Walter Grasskamp weist darauf hin, dass die Futuristen mit ihrer Kulturkritik auf das widersprüchliche Verhalten des Bürgertums reagieren, das in der Industrialisierung einerseits eine grundlegende Veränderung der Alltagswelt verursachte, aber andererseits in der Kunst ein Reservat aufrechterhielt, in der der Schein des vorindustriellen Idylls weiter gepflegt wurde (Grasskamp 1981, 49).

8 Zur gegenwärtigen Kritik von Künstlern an der Museumsinstitution vgl. Kravagna 2001.

Marcel Duchamp – Reflektion

Mit der Arbeit Marcel Duchamps erfolgte der subversivste und in seiner Art vielleicht folgenreichste Angriff der Kunst gegen die traditionellen Kunstinstitutionen. Duchamp wetterte nicht wie die Futuristen in Pamphleten und Vorträgen gegen das Museum; er unterlief dessen Struktur, indem er Werke ausstellte, die das genaue Gegenteil von dem waren, was nach dem bürgerlichen Verständnis als Kunst galt. Obwohl er nie ausdrücklich die Zerstörung der traditionellen Kunstinstitutionen forderte, hatte seine künstlerische Form der Museumskritik als Reflexion über die Mechanismen des Kunst- und Ausstellungsbetriebes unumkehrbare Folgen, die bis in die Gegenwart wirksam sind.

Duchamps Infragestellung der bürgerlichen Ausstellungspraxis, zu der auch die museale Präsentation gehört, erfolgte mit seinen „Readymades". Er isolierte Gegenstände aus ihrem alltäglichen Kontext und präsentierte sie als Kunst. Damit brachte er die bisherig wirksamen Prinzipien des bürgerlichen Kunstbetriebes, das Prinzip des künstlerisch geschaffenen Kunstoriginals und das Prinzip der klaren Trennung von Kunstsphäre und Alltagssphäre, vollständig durcheinander. 1917 stellte Duchamp erstmals seine berühmte „Fontaine" aus, ein um 90 Grad gedrehtes Urinal, das er mit „R. Mutt" signierte hatte. Zunächst scheint es, dass er mit der Präsentation der „Fontaine" die gewohnten Regeln der Ausstellungskultur einhält. Er als Künstler nahm einen signierten Gegenstand und platzierte ihn in einem für Kunstwerke vorgesehen Raum.[9] Indem er jedoch kein im herkömmlichen, akademischen Sinne bedeutendes Kunstwerk, sondern einen gewöhnlichen, allzu gewöhnlichen Gegenstand mittels einer Signatur zur Kunst erklärte[10] und als solche präsentierte, erschütterte er das gewohnte Verhältnis des Betrachters zum Werk, sein Kunstverständnis und damit die Ausstellungssituation grund-legend. Das autonome Reich der Kunst und das Museum als sein „Statthalter auf Erden" sind außer Kraft gesetzt.[11] Mit Duchamps Readymade-Präsentationen fallen die

9 Die „Fontaine" wurde erstmals 1917 im Atelier von Alfred Stieglitz ausgestellt, nachdem sie von der „Gesellschaft unabhängiger Künstler" abgelehnt worden war (vgl. Naumann 1999, 75).

10 Duchamp signierte nicht einmal mit seinem Namen, sondern etwa im Falle des Urinals mit „R. Mutt", worin sich die restlose Distanzierung zum romantischen Bild der genialen Künstlerpersönlichkeit zeigt.

11 Joseph Beuys sieht in Duchamps Readymades die frühe Umsetzung eines entgrenzten Kunstbegriffs. Mit seiner Tat beweise Duchamp, dass jeder Mensch ein Künstler sei: „Wenn das möglich ist, daß ich das mache und daß das normale, anonyme Industrieprodukt im Kunstraum Kunst wird, geht doch daraus hervor, daß real der Künstler derjenige ist, der das Industrieprodukt gemacht hat. Und da das gar kein Einzelner gemacht hat, sondern es viele gemacht haben, geht daraus eigentlich hervor etwas ganz Lapidares: Nicht nur Maler, Bildhauer,

Grenzen von Kunst und Alltag und dies ohne das aggressive Pathos der futuristischen Avantgarde.

Obwohl auch Duchamp die Grenzen zwischen Kunst und Leben verwischt, kann man im Falle der Readymades nicht vom Werk eines Avantgardisten sprechen. Wenn man einem Avantgardisten unterstellt, dass er die Kunst ins Leben einbringen will, muss man im Falle von Duchamp von einem Gegen-Avantgardisten sprechen und zwar in dem Sinne, dass er nicht die Kunst ins Leben, sondern das Leben in die Kunst einbringt. „Duchamp brachte nicht die Kunst in den Alltag, sondern den Alltag und seine Gegenstände in die Kunst und ihre museal abgedichtete Zirkulationssphäre" (Grasskamp 1981, 62).

Duchamp ist mit seiner Ausstellung des Pissoirs, die im eigentlichen Sinne keine Ausstellung, sondern eine Ausstellungsperformance ist, in das vormals abgeschlossene Reich der bürgerlichen Museumsinstitution eingedrungen und unterwandert ihre Autorität. Der Kunstgegenstand, das bislang selbstverständliche Objekt einer künstlerischen Ausstellung und Zentrum allen musealen Handelns (des Sammelns, Bewahrens, Ausstellens, Vermittelns) wurde fragwürdig. Zum ersten Male wurde die Frage „Was ist Kunst?" in den heiligen Hallen jener Institutionen gestellt, deren Selbstverständnis bis dato auf der Fraglosigkeit in diesem Punkte beruht hatte.

Indem Duchamp nichtkünstlerische Fremdkörper in die Kunstsphäre einführt, wird der Ausstellungsraum selbst und das Museum als Rahmen der Kunst problematisiert. Der Künstler lenkt die Aufmerksamkeit auf den Präsentationenrahmen in seinem Verhältnis zum Kunstwerk: Inwieweit ist der Kunstwert eines Gegenstandes davon abhängig, dass der Rahmen, innerhalb dessen er präsentiert wird, von der Allgemeinheit als Kunstraum empfunden wird?[12] Die Wirkung von Duchamps Readymades macht deutlich, dass das Museum nicht als neutrales Kunstgehäuse fungiert, in dem die Kunst nur gelagert und präsentiert wird. In ihm ist als allgemein anerkanntem Kunstraum vielmehr ausschlaggebend, ob ein Gegenstand als Kunstwerk betrachtet wird oder nicht.

Klavierspieler, Tänzer, Sänger sind Künstler, sondern jeder Mensch ist ein Künstler! [...] Und was sich jetzt transformiert und verändert, dürfen eigentlich nicht nur die Innovationen in den Erscheinungen im Museum, im Kulturbetrieb sein, sondern ab sofort muss der Kunstbegriff selbst sich transformieren" (zitiert nach Oellers 1995, 303). Beuys wirft Duchamp jedoch vor, daß er nicht die Konsequenzen aus dieser Erweiterung des Kunstbegriffes gezogen habe, indem er direkt gesellschaftlich engagierte Projekte lanciert hätte. Er verharrte vielmehr im Status des Bürgerschrecks (vgl. SZ, Nr. 141, 23.6.1977, 9).

12 Auf diesen Gedankengängen baut die Institutionstheorie der Kunst auf, die z.B. der Kunsttheoretiker George Dickie vertritt. Sie besagt, verkürzt ausgedrückt, dass ein Werk dann Kunst ist, wenn es innerhalb des Kunstbetriebs als Kunst gilt, d.h. von den Verantwortlichen zur Kunst erklärt wird (Dickie 1988).

Bei Duchamp wird auch die Komplexität der Konstellation von Kunstbetrachter und konzeptueller Kunst offensichtlich. Kunstbetrachtung ist hier nicht mehr nur ein unbeteiligtes Konsumieren des ästhetischen Scheins von Kunstobjekten.

In einer Installation von 1942 thematisiert Duchamp direkt dieses Verhältnis von Betrachter und Kunstwerk. Duchamp hatte in einer Ausstellung mit dem Titel „First papers of Surrealism" den kompletten Ausstellungsraum mit Schnüren so verspannt, dass es den Besuchern nur unter Verrenkungen möglich war, ihn zu betreten (vgl. Tomkins 1999, 388). Die Ausstellung selbst war verhältnismäßig konventionell. An Stellwänden hingen Gemälde und Zeichnungen des Surrealismus und der europäischen Avantgarde. Eine gewöhnliche Ausstellungssituation hatte Duchamp mit seiner Installation, die er „a mile of string" titulierte, jedoch völlig verunmöglicht. Teilweise waren die Kunstwerke so umsponnen, dass man sie kaum sah.

Mit seiner Verschnürung hatte Duchamp die bisher gewohnte Ausstellungssituation vollkommen auf den Kopf gestellt. Ein unbehelligtes Flanieren vor der Kunst, ein ungestörtes Gegenüber, war in mehrfacher Hinsicht ausgeschlossen, Duchamp hatte den Ausstellungsraum sogar zum Spielplatz erklärt.[13] Die Zuschauergemeinde mit ihren bürgerlichen Rezeptionserwartungen musste sich notgedrungen fehl am Platze vorkommen, bzw. musste sie sich die Frage stellen, welche Rolle ihr hier zukam. Der Ausstellungsraum als Ort der Kunst verliert mit Duchamp seine selbstverständlichen Funktionsregeln und wird zu einem ungewohnten und schwierigen Ort. Es liegt auf der Hand, dass bei einer derartigen Ausstellungsinstallation die Kunst quasi nur indirekt Thema der Präsentation ist. Im Zentrum steht der Ausstellungsrahmen selbst, das Verhältnis von Kunst und Rezipient und damit der Betrachter selbst mit seiner Rolle in der Kunstausstellung. Marcel Duchamp verwandelt mit „First papers of Surrealism" eine Kunstausstellung in eine Besucherausstellung. Der Ausstellungsbesucher erfährt nicht primär die Kunst, sondern sich selbst.

Duchamps Arbeiten sind eine subtile und gleichzeitig hoch differenzierte Analyse bzw. Kritik der Museumsinstitution. Er provoziert durch gezielte Eingriffe in den kulturellen Apparat tiefgehende Reflexionen der bestehenden Verhältnisse. Duchamps künstlerische Statements sind nicht destruktiv und kriegerisch, sondern konstruktiv und spielerisch. Indem er Alltagsgegenstände in den Kunstkontext einbringt, spielt er zum einen mit der Differenz von

13 Duchamp hatte mit dem elfjährigen Sohn eines New Yorker Freundes ausgemacht, dass dieser bei der Ausstellungseröffnung mit einigen Freunden in den Ausstellungsräumen Hand- und Fußball spielen sollte. Wenn sich jemand der honorigen Gäste beschweren würde, sollten die Kinder entgegnen: „Mr. Duchamp hat gesagt, wir könnten hier spielen" (Tomkins 1999, 388).

Kunst und Alltag und zum anderen mit der Musealisierung des Alltags. Diese Spiele können nur solange funktionieren, wie das Museum in seiner traditionellen Struktur aufrecht erhalten bleibt und damit die Differenz von Kunst und Nichtkunst.[14] Werner Haftmann bemerkt, dass „[...] für diese Geste Duchamps [die Präsentation des Readymades] das Museum die *conditio sine qua non* war und ist, denn erst im vom Museum geformten Umraum konnte seine Geste erkennbar und virulent werden" (zitiert nach Schmied 1970, 249).[15]

Mit seinen Ausstellungsinstallationen führt Duchamp den Betrachter aus seiner bisherigen Position zu den Werken und seinem Präsentationsrahmen heraus und zwingt ihn, sich selbst und den Rezeptionsrahmen des Museums wahrzunehmen: Bewusstmachen durch Verunmöglichung des Gewohnten. Mit dieser Form des reflexiven Aufbruchs der bislang hermetischen Museumsinstitution legt Duchamp den Grundstock für eine Entwicklungslinie des modernen Kunstmuseums, die im Künstlerischen u.a. von Marcel Broodthaers und kuratorisch von Museumsmachern wie Michael Fehr weiterverfolgt wird. Auf beide wird noch ausführlicher einzugehen sein.

Duchamps Auseinandersetzung mit den Institutionen der Kunst erweist sich als äußerst komplex und vielschichtig. Sie oszilliert zwischen Affirmation und kompletter Infragestellung. Diese Uneinheitlichkeit und Widersprüchlichkeit in der Einstellung zu Museen ist kennzeichnend für viele Künstler des 20. Jahrhunderts. Zum einen ist das Museum für sie und ihr Werk ein erstrebenswerter Ort, an dem sich entscheidet, ob sie in die Kunstgeschichte eingehen oder nicht. Andererseits verkörpert es die bürgerlichen Traditionen und Wertevorstellungen, denen sie den Kampf angesagt haben.Vor dem Hintergrund dieser vielschichtigen „Hassliebe" ist es nicht verwunderlich, dass sich nicht wenige Künstler in die Diskussion über das moderne Museum eingeschaltet haben, sei es, indem sie sich in Interviews oder Artikeln äußerten (vgl. Kravagna 2001) oder indem sie künstlerisch das Thema Museum bearbeiteten bzw. ihre eigenen Museen schufen (vgl. hierzu McShrine 1999). Einige dieser künstlerischen Museumsprojekte haben nachhaltigen Einfluss auf die Entwicklung des Museums im 20. Jahrhundert ausgeübt. Zwei dieser bedeuten-

14 Duchamps grundsätzlich positive Haltung gegenüber der Idee des Museums spiegelt sich u.a. darin, dass er sich ein eigenes Museum geschaffen hat, ein Duchamp-Miniaturmuseum als einen portablen vielteiligen Œuvrekatalog. Ab 1941 beginnt er, einen flachen Lederkoffer mit einem Querschnitt seines bis dahin geschaffenen Werkes zu bestücken, den er dann als Edition in beschränkter Auflage herausgibt und der unter dem Titel „Boîte-en-valise" bzw. „Museum in der Schachtel" bekannt werden sollte. (Zur Boîte-en-valise vgl. u.a. Bonk 1989, Stoelting 2000, 86ff.).

15 Vgl. hierzu auch Mißelbeck 1980, 196f, Grasskamp 1981, 65f.

den künstlerischen Museumskonzepte, dasjenige Marcel Broodthaers und das Joseph Beuys' werden später noch ausführlich behandelt. Doch nicht nur von Seiten der Künstler, sondern auch von Museumsmachern wurde bezweifelt, dass das Museum der richtige Ort für zeitgenössische Kunstformen ist.

Die Bedenken der Kunstwissenschaftler

Bereits im 19. Jahrhundert vertraten Kunstexperten wie der Kunsthistoriker Adolf Furtwängler die Ansicht, dass Gegenwartskunst im Museum nichts zu suchen habe. Für ihn als Antikenforscher der alten Schule war das Museum primär ein Forschungsort, an dem Kunstwerke als Gegenstände wissenschaftlichen Interesses aufbewahrt werden. Ohne diesen Ausdruck kritisch gewertet wissen zu wollen, spricht er vom Museum als einer Stätte der „toten Kunst". Werke, die den Anspruch haben, in der Gegenwart wirksam zu werden, sollten diese Institution meiden. In seiner Schrift „Kunstsammlungen aus alter und neuer Zeit" von 1899 schreibt Furtwängler über Museen, die zeitgenössische Kunst ausstellen:

> „Museen dieser Art werden, so hoffe ich, im nächsten Jahrhundert nicht mehr existieren. Dies wünsche ich nicht aus Antipathie, sondern aus Achtung vor der zeitgenössischen Kunst. Sammlungen dieser Art konnten in unserer Zeit nur unter Bedingungen entstehen, die der Kunst feindlich gesinnt sind. Echte Museen sind Stätten der Kunst vergangener Zeiten, einer toten Kunst, in die wir uns nur durch ständiges Bemühen hineinversetzen können. Was an Museumswänden hängt, ist vor allem Gegenstand anspruchsvoller Studien, die wir nur anstellen können, wenn wir uns ernsthaft mit dem Vergangenen auseinandersetzen. Mögen die Bestrebungen der modernen Kunst weit davon entfernt sein, schon während der Entstehungszeit wie Kunstwerke der Antike behandelt zu werden" (zitiert nach Cunningham 1970, 35).

Ähnlich kritisch beschreibt 20 Jahre später der junge Kunstwissenschaftler Carl Georg Heise in einem Aufsatz das Verhältnis zeitgenössischer Kunst zum Kunstmuseum (Heise 1920). Ebenso wie Furtwängler betrachtet er das Museum als einen Ort, der sein Leben nicht dadurch erhält, dass sich hier die unmittelbare künstlerische Gegenwart ausbreite. Lebendigkeit bedeute vielmehr das geistige Leben, das sich bei der Auseinandersetzung mit historischer Kunst ergebe. Theoretiker und Kritiker, die das Museum zur Stätte der Gegenwartskunst reformieren wollten, missverstünden das Wesen des Museums: „Was ist ein Museum? Niemals eine Stätte des Lebens im einfachen Sinn. Wohl kann von ihm Leben ausgehen, aber niemals direkt in der schlichten Darbietung dessen, was unsere Zeit an befruchtenden, künstlerischen Kräften bedarf, sondern nur durch eine Schulung des Geistes an den ästhetischen Werten der Vergangenheit" (ebd., 3).

Heise stellt sich ein Museum, dem Begriff des Musealen entsprechend, als einen kultur*historischen* Ort vor, einem Ort also, der Dinge oder Kunstwerke beherbergt, die der Geschichte angehören. Damit kann ein Gegenstand erst dann in ein Museum eingehen, wenn er aus der Zirkulation des alltäglichen Lebens herausgenommen ist: „Denn – so wenig angenehm es modernen Ohren klingen mag – der Zeitpunkt, an dem ein Gegenstand bildender Kunst „museumsreif" wird, ist recht eigentlich erst dann gegeben, wenn das Kunstwerk anfängt, dem Leben zu entwachsen" (ebd.). Bevor dies jedoch geschehen kann, muss sich ein Werk erst in der Welt außerhalb des Museums bewährt haben. Erst dann „kann das jemals für eine spätere Generation zum Symbol dessen werden, was einst das Leben war" (ebd.).[16]

Indem man Werke der Gegenwartskunst ins Museum aufnimmt, verwandelt man sie gleichsam in Zombies: Sie werden in den Zustand der Historizität versetzt, ohne jedoch im eigentlichen Sinne historisch bzw. historisch relevant zu sein. Die Aufnahme von Gegenwartskunst ins Museum stellt demnach für Heise eine fatale Fehlentwicklung dar: „Daß unsere Zeit den Gedanken erfinden konnte, fortschrittlich zu sein durch Einkerkerung des Lebendigen, das wird ihr Schandmal werden!" (ebd.). Er kann die Museumsfeindlichkeit der Gegenwartskünstler wohl verstehen, er ist sogar froh darüber, denn hierin zeige sich, dass die Gegenwartskunst sich dagegen wehre, eingesperrt zu werden. Er hoffe, dass die Künstler stark genug sein werden, „um sich langsam vom Museum fort, entgegen der Marschroute der Propheten, den Weg zum Leben dennoch zu erzwingen" (ebd.).[17]

---

16 Vor dem Hintergrund der zahlreichen Neugründungen von so genannten Museen für Gegenwartskunst wendet sich Martin Warnke in einem Aufsatz von 2000 mit einer ähnlichen Argumentation wie Heise gegen die Musealisierung von Gegenwartskunst. Er fordert „[...] daß jedes Kunstwerk, bevor es in ein Museum einzieht, erst ein Stück sozialen Lebens durchgemacht hat. Museen sollten Kunstwerken vorbehalten bleiben, die eine Strecke ihrer Biographie in öffentlichen oder privaten Räumen außerhalb der Museen zurückgelegt haben." (Warnke 2000, 62). Bereits 1970 hatte Werner Schmalenbach gefordert, dass ein Werk erst eine „Museumsreife" zu erlangen habe, bevor es im Museum seinen Platz finden sollte. „Ich fordere das Bestehen einer Belastungsprobe" (Schmalenbach 1970, 233).

17 Heise ist der Auffassung, dass die Gegenwartskunst ihren eigentlichen „befruchtenden Platz im Leben" dann einnehmen wird, wenn sie „in Schule und Fabrik, Rathaus, Kirche und Volkshaus" einzieht (Heise 1920, 3). Hieraus ergibt sich auch eine zweifache Position des Museumsleiters. Zum einen soll er in Zurückhaltung seine historischen Werke bewahren und zum anderen muss er sich als Förderer und Vermittler junger Kunst, allerdings außerhalb der Mauern seines Museums, hervortun: „[...] als Beamter seiner Anstalt anspruchslos Hüter bleiben von gelehrten Traditionen, die er wahren muss ohne sie wesentlich mehren zu können, als Freund der neuen künstlerischen Kräfte seiner Zeit aber tätig Mittler werden bei ihrer Eroberung des Lebens" (Heise 1920, 4).

Die Vorbehalte Furtwänglers und Heises gegenüber einer Liaison zwischen Gegenwartskunst und Museum scheinen aus ihrer Sicht nachvollziehbar. Sie befürchten, analog der Museumskritik der Futuristen, wenn auch unter völlig anderen Vorzeichen, eine ‚Beerdigung der Kunst im Friedhof Museum'. Als Reaktion auf die Unvereinbarkeit von Kunst und Museum fordern sie die strikte Trennung der beiden Bereiche, d.h. sie unterstreichen die Bedeutung der Distanz zum Museum für die Überlebensfähigkeit der Kunst.[18] Allerdings darf man nicht vergessen, dass die beiden Wissenschaftler ihre Bedenken zu Beginn des 20. Jahrhunderts vor dem Hintergrund eines traditionellen Kunstverständnisses formulierten. Sie dachten an junge Maler, Bildhauer und Zeichner und deren Relevanz für die Kunstgeschichte. Die künstlerischen Avantgarden, mit deren Kunst das Museum in der Tat Schwierigkeiten bekommen würde, waren noch nicht in ihrem Blickfeld.

Die Diskussion um das Verhältnis vom Kunstmuseum und der neuen Kunst setzte erst in der Nachkriegszeit, besonders in den 60er und 70er Jahren ein. Es wurde deutlich, dass sich Kunstströmungen etabliert hatten, welche die Museumsinstitution vor ganz neue Herausforderungen stellten und denen nun begegnet werden musste. Es lohnt sich, sich dieser Diskussion zu widmen, zum einen, da sie eine Reihe von Themen aufnahm, die auch den Gang dieser Argumentation leiten und zum anderen, weil es sich hier um eine Zeit handelt, in der die Generation der konservativen Traditionalisten auf diejenige der unkonventionellen Reformer trifft. 1970 erschien unter dem Titel „Das Museum der Zukunft" ein Sammelband mit Beiträgen von bedeutenden Museumsexperten und Künstlern, die das Verhältnis von Kunst und Museum unter den neuen Bedingungen erörterten

Die Museumsdebatte der 70er Jahre

Ab der Mitte der 60er Jahre war die avantgardistische Sicht des einander bedingenden Verhältnisses von Kunst und gesellschaftlichem Leben zum künstlerischen Mainstream geworden.[19] Die Grenzen des traditionellen, auf

18 Es gab allerdings auch Kunstwissenschaftler wie Gustav Stiefler, der in einem Aufsatz unter dem Titel „Für die Kunst der Lebenden in den Museen" bereits vor dem zweiten Weltkrieg einen Platz für zeitgenössische Kunst im Museum forderten. (Stiefler 1930)

19 Programmatisch wurde die neue Kulturpolitik von Hilmar Hoffmann in seinem Buch „Kultur für alle" (Hoffmann 1981) formuliert. Er forderte, dass Kunst und Kultur im sozialen Leben integriert werden sollten. Kunst sollte ihren elitären Status verlieren und gesamtgesellschaftlich wirken. Hoffmann forderte eine Demokratisierung der Kultur. Indem nun die Kunst einem möglichst großen Teil der Bevölkerung zugänglich gemacht wurde, sollte deren Bewusstsein für die

Hochkultur ausgerichteten Kunstbegriffs waren aufgegeben; mit der Demokratisierung der Kultur wird in letzter Konsequenz „alles Kunst". So kamen in den 70er Jahren zum ersten Mal jene Formen der Kunst ins Blickfeld der Museumsdiskussion, die künstlerische Methoden jenseits der akademischen Tradition wählten, eben jene Kunst, die oben als Ereigniskunst bezeichnet wurde.[20]

Gerhard Bott und Peter Beye: Das Museum als dynamisches Archiv und Plattform für neue Kunst

Die neue Kulturpolitik forderte einen näheren und intensiveren Gegenwartsbezug der Kultur und ihrer Institutionen, auch der Museen.[21] In dem Aufsatz, den der Herausgeber Gerhard Bott dem von ihm herausgegebenen Band „Das Museum der Zukunft" voranstellt, unterstreicht er, dass die gesellschaftliche Relevanz des Museums und damit seine Zukunft von seiner Agilität und Flexibilität abhängt. Beweglichkeit sei von jeher eine Grundvoraussetzung für die Überlebensfähigkeit des Museums. Mit einigem Stolz zitiert er Goethe, der die Lebendigkeit der Darmstädter Sammlungen (deren Kurator Bott in den 70er Jahren war), lobt: „Was jedoch beinahe mehr als die Schätze selbst den Besucher anspricht, ist die Lebendigkeit, welche man dieser Sammlung als sich immer fortbildenden anmerkt. Alle Fächer sind in Bewegung; überall schließt sich was neues an" (zitiert nach Bott 1970, 7).[22] Dort, wo dieser Wandel nicht stattfindet, stellt sich unweigerlich ein Gefühl der Unzufriedenheit ein. Im Zentrum der Dynamik des Museums sollten nach Bott immer der Besucher und sein Informationsbedürfnis stehen. Das Museum ist eine Institution, die sich dem demokratischen Grundverständnis gemäß als Bildungsstätte verstehen muss. Bildungsvermittlung ist „Aufgabe und Legitimation der Museen" (ebd., 8).[23] Zur Bewältigung dieser Aufgabe kann sich die Museumsar-

---

demokratischen Grundwerte gestärkt, bzw. deren „Emanzipationsprozess" gefördert werden. Das Ziel war eine Demokratisierung durch Kultur.

20 Eine detaillierte Auseinandersetzung mit dem Verhältnis der Museumsinstitution zu den neueren künstlerischen Strömungen der 60er und 70er Jahre liegt mit Mißelbeck 1980 vor.

21 Im Hintergrund der Kulturdebatte und damit auch der Museumsdiskussion jener Jahre steht Herbert Marcuses einflussreiche Schrift „Über den affirmativen Charakter der Kultur" (Marcuse 1965). Wenn man vom traditionellen Kunstmuseum als Institutionalisierung der Distanz von Kunst und Leben spricht, verkörpert es genau das, was Marcuse den „affirmativen Kunstbegriff" nennt.

22 Siehe auch Goethe 1818, 125; ausführlich beschäftigt sich Rudolf Berliner in einem frühen museumshistorischen Aufsatz mit Goethes Reaktion auf die Darmstädter Sammlung (Berliner 1928).

23 Auch für Christoph Vitali kann, wie er in einem neueren Aufsatz schreibt, nur ein umfassend dynamisches Museum seine demokratische Aufgabe erfüllen (vgl. Vitali 2000).

beit nicht auf die Museumsräumlichkeiten beschränken. Kunst muss „Teil des Lebens, überall sichtbar und wirkungsvoll sein“ (ebd.). Das Museum muss sich mit zeitgemäßen Präsentationen als ein lebendiger Ort für Gegenwartskunst etablieren, zeitlich begrenzte Ausstellungsevents können der Kunst nicht die ihr angemessene Präsenz garantieren. „Hier im Museum, nicht nur in einer auf die Unterrichtung über die Möglichkeiten der zeitgenössischen Kunst beschränkten temporären Ausstellung (Documenta – Biennale), will der Interessierte sich orientieren“ (Bott 1970, 8).

In diesem Sinne äußert sich auch der Stuttgarter Museumsdirektor Peter Beye in seinem Beitrag. Er plädiert dafür, dass Kunst neben dem Bewahren und Erforschen historischer Kunst auch die Möglichkeit zur Begegnung mit jungen künstlerischen Postitionen schaffen sollte, um so die Wahrnehmungsmöglichkeiten der Besucher zu erweitern. Diese Erweiterung geschehe in besonderem Maße in der Auseinandersetzung mit ungewohnten Kunstformen, woraus sich eine spezielle Verantwortung des Museums für die junge Kunst ergäbe. Gerade die Kunst, die von bisherigen Einteilungen nicht fassbar sei, die er, bezugnehmend auf die damalige Kunstdiskussion, „Kunst der Kunstlosigkeit“ nennt (ebd.), sei auf das Museum als Präsentationsraum angewiesen. Beye unterstreicht jedoch, dass das wissenschaftliche Kunstarchiv und der Bereich für zeitgenössische Kunst klar voneinander zu trennen seien. Er plädiert dafür, dass im Falle der zeitgenössischen Kunst das Museum von seiner ordnenden und archivierenden Aufgabe gänzlich Abstand nehmen und auf Kategorisierungen im Sinne einer chronologischen oder thematischen Einordnung verzichten solle. Es gehe nicht an, wie er meint, „von überlieferten Bildvorstellungen aus die Grenzen noch ‚museumsfähiger‘ Kunst zu bestimmen, wenn diese Grenzen durch die Kunst selber aufgehoben und damit neue Formanschauungen konstituiert werden“ (ebd., 19). Im Falle der Ermöglichung junger Kunst sei es nicht die Aufgabe des Museums, die Kunstgeschichte weiter zu schreiben.

Bott und Beye dokumentieren mit ihren Beiträgen ihr Anliegen, die lebendige, gegenwartsbezogene Kunst mit der bewahrenden traditionellen Museumsinstitution zu vereinbaren. Sie konstruieren ein zweigeteiltes Museum, in dem es sowohl Bereiche für die kunsthistorisch aufgearbeitete Kunst als auch für die von wissenschaftlichen Kategorien unabhängige Gegenwartskunst gibt. Museum ist Archiv und Experimentierfeld gleichermaßen. Dieses zweiteilige Museumsmodell hat sich in der europäischen Museumslandschaft weitgehend etabliert. Eines seiner jüngsten Umsetzungen ist z.B. das Kunstmuseum Stuttgart (eröffnet 2005) in dem neben der festen Sammlung regelmäßig Ausstellungen junger Künstler zu sehen sind. Fraglich bleibt, ob dieses Hybridkonzept wirklich eine grundlegende Neuformulierung des Museumsgedankens darstellt, oder ob es sich nicht eher um eine Kompromisslösung handelt, die Zeitgenössischem ein zeitlich begrenztes Refugium einräumt, ohne in der Lage zu sein, sich in aller Konsequenz auf die Ansprüche der Gegenwartskunst einzulassen. Diese Ausstellungen erscheinen oft wie die Vorhöfe zum Heiligtum der Museumssammlung. Denn glücklich schätzen sich jene Künstler, die mit ihrem Werk den Weg aus den düsteren Eckchen für Gegenwartskunst in die repräsentativen Schauräume schaffen, d.h., die in die Sammlung des Museums aufgenommen werden. Ihre Relevanz erhält die Kunst sich dann jedoch weniger ausgehend von ihrem künstlerischen Anliegen sondern von ihrer Position innerhalb des Kanons kunsthistorisch sanktionierter und damit allgemein geachteter und marktgängiger Kunstwerke. Das Museum fungiert damit lediglich als Experimentierfeld im Hinblick auf eine zukünftige Etablierung einer künstlerischen Position auf dem Markt.

Werner Haftmann – Das Museum als künstlerische Instanz

Werner Haftmann, seinerzeit Direktor der Berliner Nationalgalerie und künstlerischer Leiter der Documenta VI, wendet sich in seinem Beitrag zu „Museum der Zukunft", anders als seine Kollegen Bott und Beye, entschieden gegen eine Vermengung des politisierenden Zeitgeistes mit der Kunst und plädiert für eine Weiterführung des traditionellen Konzepts eines in sich geschlossenen Museums: Das Museum sollte Kunstarchiv bleiben und seine Aufgabe in der Bewahrung künstlerischer Werte und ihrem Erhalt im Strome gesellschaftlicher und kultureller Veränderungen sehen. Haftmann warnte davor, der Mode einer totalen Soziologisierung aller Lebensbereiche auch in den Kunstinstitutionen nachzugeben und stellt sich damit gegen den Trend einer Erweiterung des Kunstbegriffes in politisch-gesellschaftliche Bereiche. Werner Haftmann ist der linksliberale Zeitgeist suspekt. In seinem Beitrag zu „Das Museum der Zukunft" führt er aus, dass er der ewig gleichen und immer unüberlegteren Kritik am traditionellen Museum von Seiten selbst ernannter Gesellschaftsverbesserer und ebenso der Künstler überdrüssig sei (Haftmann 1970).[24] Jene Kritiker, die das Museum als abgeschottete, trostlose Lagerstätte der Kunst bezeichnen und mit modischen Zeitgeistfloskeln eine neue Gesellschaftsrelevanz der Museen fordern, übersehen, wie er meint, dass traditionelle Museen wie die Berliner Nationalgalerie riesige Besuchermengen anziehen und auf diese Weise in einem regen Austausch mit der gesellschaftlichen Öffentlichkeit stehen. Haftmann hegt den Verdacht, dass diese Kritik

24 Er selbst hatte als Mitorganisator der ersten drei Documenta-Ausstellungen Deutschland wieder auf die Höhe der internationalen Kunstszenerie gebracht und dafür gesorgt, dass sich die Kunst ehemals verfemter Künstler etablieren konnte. Darüber hinaus verfasste er das Werk „Die Malerei des 20. Jahrhunderts", eine kunsthistorische Bestandsaufnahme der modernen Malerei, die bis heute ihre Bedeutung nicht verloren hat (Haftmann 1954).

um ihrer selbst willen formuliert wird, und dass sich die Kritiker selbst durch ihre Realitätsferne in selbstreferenzielle Elfenbeintürme manövrieren.[25] Er geht mit den linksintellektuellen Kritikern – er spricht von „Kunstsoziologen und ihrem politologisch verseuchten Anhang von Kunstkritikern“ (ebd., 113) – hart ins Gericht. Er fragt sich, „ob diese negative Kritik sich nicht aus einer verengten, sektiererischen Haltung herleitet, die aus ziellosem Avantgardismus, futurologischen Träumereien, aus schematisch verkürzten Vorstellungen von rapide wechselnden Kunstabläufen und einem vom Narzissmus der eigenen kleinen Gruppe gereizten Hang zur Verneinung an den Tatsachen des kulturellen Lebens unserer Gesellschaft absichtlich vorbeigeht, um unter dem Ruf nach radikaler Veränderung Verwirrung zu stiften“ (ebd., 110).

Das Museum als Ort der täglichen Begegnung mit Kunstwerken funktioniert bestens, so Haftmann, und die Behauptung, das Museum sei ein lebensferner Elfenbeinturm, sei schlicht falsch. Vor einer zu engen Vermengung von Kunst und Gesellschaft bzw. Politik warnt Haftmann nachdrücklich. Nicht nur die nationalsozialistische Kulturpolitik, sondern auch die Entwicklung der Kunst in den kommunistischen Staaten sollten ausreichen, allzu eifrige Kritiker eines Besseren zu belehren.[26] Seine gesellschaftspolitische Verantwortung hat der Künstler für Haftmann nicht von sich aus. Diese ist nur ein Konstrukt ideologisch verblendeter und von den Medien aufgeputschter Soziologen. Der Künstler der Gegenwart werde nicht, wie die Kritiker behaupten, vom bürgerlichen Kunstbetrieb, sondern vom soziologischen Zeitgeist instrumentalisiert: „Indem man den Künstler zum „zoon politikon“ macht – was Gottfried Benn so hübsch die „Balkan-Idee“ nannte – paßt man ihn ein, ordnet ihn unter, schneidet ihn zurecht nach den jeweiligen Schnittmusterbögen, die die Soziologie von ihrem verkürzten Wirklichkeitsbegriff und ihrem auf soziale Verhaltensweise abgekürzten Ausgangsmaterial her entwirft“ (ebd., 113).[27]

Gerade in der Abhebung von der bewegten und unzuverlässigen Kunstszene, in der mehr Scharlatane als echte Künstler ihr Unwesen treiben, be-

25 Schon kurz nach dem Krieg hatte Haftmann in einem Artikel sich gegen jene Intellektuellen gewandt, die in rhetorisch versiertem Pessimismus allzeit eine Krise der Kultur heraufbeschwören wollten (vgl. Haftmann 1947).

26 Das Verhältnis von Kunst und Politik beschäftigte Haftmann bereits in einer Reihe früherer Aufsätze, vereinigt in seinem „Skizzenbuch zur Kultur der Gegenwart“ (vgl. Haftmann 1960, 66-122).

27 1948 hatte Gottfried Benn im so genannten „Berliner Brief“ in sehr direkter Form Kritik an der Politikkultur der Zeit unmittelbar nach dem Zweiten Weltkrieg geübt, die er als überintellektualisiert empfand. Er schreibt: „Das Abendland geht nämlich meiner Meinung nach gar nicht zugrunde an den totalitären Systemen oder den SS-Verbrechen, auch nicht an seiner materiellen Verarmung oder an den Gottwalds und Molotows, sondern an dem hündischen Kriechen seiner Intelligenz vor den politischen Begriffen. Das Zoon politikon, dieser griechische Mißgriff, diese Balkanidee – das ist der Keim des Untergangs, der sich jetzt vollzieht“ (Benn 1992, 281f). Vgl. hierzu auch Trampedach 2000.

stimmt sich nach Haftmanns Auffassung die Rolle des Museums der Gegenwart. Es ist eine Sammlung der großen, bewährten Kunst und fungiert dergestalt als Archiv der künstlerischen Maßstäbe. Damit ist es der Ort, an dem die Bestimmung, was in der Kunst gut und was schlecht ist, erst möglich wird. Aus der Sicht Haftmanns erhält die Museumsinstitution damit die Position, die nach allgemeiner Auffassung der zeitgenössischen Kunst zukommen sollte: die Position einer kritischen und mahnenden Instanz im Kunstbetrieb.[28] Die Aufgabe des Museums ist demnach, wie Haftmann es ausdrückt, eine „aggressive und bösartige". Sie besteht darin, „der Stachel im Fleisch gegenwärtiger Kunstproduktion zu sein und auf der einzelnen abgeschlossenen Leistung zu bestehen und nicht zuzulassen, dass diese in den schrecklichen Konformismen lärmender Kunststrudel ertränkt wird" (ebd., 112). Diese Aufgabe kann das Museum nur wahrnehmen, wenn es sich nicht von den jungen Kunstströmungen beliebig vereinnahmen lässt. Zwar muss es immer offen sein für die Entwicklungen der Gegenwart; es darf jedoch auf keinen Fall ausschließlich das Experimentierfeld für junge Künstler werden.

In diesem Geiste hatte Haftmann 1964 sein „Museum der 100 Tage", die Documenta III, als eine Documenta der etablierten, großen Kunst gestaltet, auf der, obwohl Haftmann auch den damals noch kaum bekannten Joseph Beuys eingeladen hatte, jene Künstlerpersönlichkeiten dominierten, die sich traditioneller Ausdrucksformen bedienten.

Haftmann sah seine Documenta ganz bewusst abgehoben vom Lauf der gegenwärtigen Ereignisse in der Kunstszene. Die hier präsentierte Kunst sollte unabhängig, sogar abgeschottet von der „außermusealen" Wirklichkeit für sich ihre Kraft entfalten. Im Vorwort zum Documenta-Katalog schreibt er: „Kunst in diesem Verstande hat keinen Modell- oder Entwurfscharakter, sondern den Charakter des Vor-Wurfs, der weit jenseits zeitgenössischer Verwertbarkeit steht [...] sie ist frei von jeder sozialen Bindung, besteht als einzelnes Ereignis ganz für sich und hält sich einzig in ihren eigenen Rängen und im Gespräch mit ihrer eigenen Geschichte, in welchem unter Umständen ein Wort von Tintoretto, eine Formel Poussins, ein Leitsatz Cézannes oder ein Zuruf aus Peru wichtiger sein können als die begeisternden Erfindungen der zeitgenössischen Welt. Selbst das sogenannte „Moderne", das wir ständig im

28 Ein Museum als Hort der großen, beispielgebenden Kunst wurde bereits im 19. Jahrhundert von Jaques Louis David gefordert:
„Täuscht Euch nicht, Mitbürger, das Museum ist keine oberflächliche Ansammlung von Luxusgegenständen oder Frivolitäten, die nur der Befriedigung der Neugier dienen sollen. Es muß eine ehrfurchtgebietende Schule werden. [...] Wir schreiben nach Art der Alten unsere Geschichte in Monumenten; sie sollten groß und unsterblich sein wie die Republik, die wir geschaffen haben; und der Genius der Kunst, Erhalter erhabener Werke, die wir besitzen, sei zugleich ein schöpferisches Genie, das neue Meisterwerke hervorbringt." (Scheinfuß, 130)

Munde führen, ist bereits eine Verengung der ungeheuren Freiheit, die im Raum der Kunst verwaltet wird. Davon soll Documenta III berichten" (Haftmann 1964 I, XV). Am liebsten hätte er auf die Darstellung des „Gesamtaspekts der modernen Kunst" gänzlich verzichtet und die „Moderne" aus ihren zeitlichen Bezügen herausgerückt, um sie „vor den Fond schon zeitlos gewordener Kunst zu stellen" (ebd.).

Das Präsentationsmodell, das sich in Haftmanns Documenta-Konzept von 1964 ausdrückt, wirkt erstaunlich konservativ. Es erinnert an Museumskonzepte der Museumsreformbewegung des frühen 20. Jahrhunderts, wie etwa jenes von Wilhelm Valentiner, das er 1918 dem preußischen Ministerium für Wissenschaft, Kunst und Volksbildung eingereicht hatte.[29] Valentiner schreibt dort: „Die Museen sind Erinnerungsstätten der besten künstlerischen Leistungen des Volkes, ja der Menschheit, die aus dem eingeborenen Drang der Persönlichkeit nach Verewigung ihres höchsten Schaffens heraus schon vor Jahrhunderten errichtet wurden. Sie werden weiterbestehen und auch die Stätten sein, in denen jene Künstler fortleben, die jetzt gegen sie kämpfen, wenn es ihnen bestimmt ist, ‚alte Meister' zu werden" (Valentiner 1919, 7f).

Haftmanns Documenta stellt sich im wahrsten Sinne als ein *Museum* der 100 Tage dar. Sie tritt als ein Kunst-Archiv der jüngsten Vergangenheit auf, in dem die Kunst der Gegenwart ihre Meister findet. Ein Museum mit einem so verstandenen Gegenwartsbezug erhält seine Bedeutung nicht durch eigene künstlerische Aktivität, sondern dadurch dass die präsentierten Bestände in immer neuer Interpretation und im Vergleich der Werke untereinander ihre Wirkung entfalten. So entwickelt Haftmann eine Kunst-immanente Interpretation des Begriffs eines aktiven Labormuseums. Es soll, wie er im Documenta-Katalog schreibt, „dem einzelnen Kunstwerk einen Umraum geben, in dem es zu seiner ganzen Fülle und Bedeutung kommt; es soll immer wieder zu einem Laboratorium künstlerischer Arbeit werden, zur Arbeitsstätte des Künstlers selbst" (Haftmann 1964 I, XVI).

Bei seiner Rede zur Jahrhundertfeier der Hamburger Kunsthalle entwickelt Haftmann einen bemerkenswerten Gedanken, in dem er diese Idee des aktiven Museumsarchivs als Laboratorium des Künstlers näher ausführt: Die Aufgabe des Museums besteht demnach darin, die Arbeit des Künstlers weiterzuführen. Das, was der Künstler schafft, d.h. das Kunstwerk, entwickelt seine Wirkung und vor allem seine kunsthistorische bzw. gesellschaftliche Relevanz erst vollständig im Museum in der Korrespondenz mit anderen Werken: „Das Museum eifre dem Künstler nach, indem es das, worin eine erlebte vollständige Wirklichkeitserfahrung sich als Bild entwirft, bei sich versammelt und ihre Neuartigkeit und Besonderheit durch den Vergleich mit früheren Leistungen vollends sichtbar macht" (zitiert nach Schmied 1970, 248).

29 Vgl. hierzu Flacke-Knoch 1985, 16ff bzw. Flacke-Knoch 1980.

Die Kunst bewährt sich also für Haftmann im Museum und nicht, wie Heise behauptet hatte, außerhalb seiner Mauern (Heise 1920, 3).[30]

Obwohl Haftmann das Museumsarchiv in besagter Weise dynamisiert, hält er bei zentralen Punkten an den bisher in dieser Untersuchung herausgearbeiteten Prinzipien des traditionellen Museums fest: Er pocht vehement auf eine Trennung der Welt der Kunst von dem Bereich der gesellschaftlichen Realität und behandelt die Werke der Kunst als Objekte, deren Relevanz sich vor einem kunstgeschichtlichen Hintergrund bestimmen lässt. Er versteht das Museum als wissenschaftliches Objektarchiv, in dem Kriterien erarbeitet werden, mit deren Hilfe sich Kunst sowohl im wissenschaftlich-systematischen als auch im qualitativen Sinne einteilen lässt. Das Museum fungiert auf diese Weise als fester Orientierungspunkt im Fluss der Kunstgeschichte und behält damit konsequenterweise seinen statischen Charakter.[31]

Haftmann formuliert in seinem Beitrag in „Museum der Zukunft" eine der sehr überzeugende und schlüssige Positionen, die bis in die Gegenwart vertreten und in vielen Museums- und Ausstellungskonzepten umgesetzt wird. Solange ein eng gefasster Kunstbegriff vorausgesetzt wird, ist seiner Argumentation wenig entgegen zu setzen. Anders verhält es sich jedoch, wenn man Haftmanns Prämisse nicht übernimmt und versucht, das Museum mit einem erweiterten Kunstbegriff zusammen zu bringen.

30 Andere Werke sind folglich für die Wirkung eines Kunstwerkes nicht störend, sondern verstärken sie. Wieland Schmied, der Haftmanns Äußerungen zum Anlass für seinen Beitrag für „Das Museum der Zukunft" genommen hat, beschreibt diesen Kampf folgendermaßen: „Der Roy Lichtenstein, der heute von einem Museum erworben wird, muss sich neben dem Fernand Léger behaupten – aber der Léger muss zugleich seine fortdauernde (und sich vielleicht sogar steigernde) Wirksamkeit beweisen vor der Prüfung eines Lichtenstein, so wie Léger sich wieder behauptet hat neben Courbet und Courbet seine Lebendigkeit beweist vor Léger. Was dieser Probe vor der eigenen Zeit aber nicht standhält [...] gehört ebenso ins Depot wie das heute gemalte Bild, das an innerer Aktualität Picassos Guernica oder (um nicht ganz so hoch zu greifen) etwa hinter dem Aufruhr und der Dynamik des Futurismus zurückbleibt" (Schmied 1970, 249).

31 Die Diskussion um die kategorisierende Aufgabe des Museums wird bis in die Gegenwart geführt. An ihr entscheidet sich die Stellung des Museums in der Gegenwart, d.h. ob es affirmativ oder innovativ ist. Vgl. hierzu z.B. das Gespräch, das Jean Baptiste Joly im Rahmen der Ausstellung „Solitude im Museum" mit verschiedenen Kuratoren geführt hat. Während Joly eine klare Gegenüberstellung von dynamischer Akademie Solitude und statischem Museum vornimmt, wehren sich die angesprochenen Museumskuratoren vehement dagegen, auf die Position des Bewahrers bzw. Kategorisierers von Kunst reduziert zu werden (Joly 2000, 12ff).

HAP Grieshaber: Das Museum als Spielplatz

Gerhard Bott hatte für seine Aufsatzsammlung zur Zukunft des Museums nicht nur Museumskuratoren, sondern auch Künstler und Kunsttheoretiker um Beiträge gebeten, von denen hier exemplarisch die Texte von HAP Grieshaber und Bazon Brock herausgegriffen werden sollen. Diese konnten, frei von museumspraktischen Abwägungen, Positionen entwickeln, die ein erweitertes Kunstverständnis einbeziehen. Es zeigt sich jedoch, dass auch im Lager der Künstler und Denker bei allem Reformwillen z.T. noch erstaunlich konservative Grundansichten bezüglich junger Kunst vertreten werden.

Beye trennt in seinem Aufsatz, wie dargestellt wurde, zwei Arten von Kunst im Museum: die historische, kunstgeschichtlich fassbare und die zeitgenössische, kunsthistorisch nicht fassbare, denen dann auch entsprechend getrennte Bereiche zuzuordnen sind. Die neue Kunst scheint dem Museumsmann nicht ganz geheuer gewesen zu sein. Betrachtet man die Ausführungen von HAP Grieshaber, mag man ihm mit seinen Bedenken Recht geben. Grieshabers Ausführungen belegen, welch sonderbare Wandlungen der Museumsbegriff erfahren kann, wenn die Erweiterung des Kunstbegriffs zu einer Beliebigkeit des Kunstbegriffs wird. Außerdem dokumentieren HAP Grieshabers Äußerungen exemplarisch, wie konservativ – bei aller Unkonventionalität ihrer Gedankenführung – die Grundhaltung eines etablierten Künstlers bezüglich junger Kunst und ihrem Verhältnis zu Kunstinstitutionen sein kann.

Die Überlegungen Grieshabers gehen von einem Kunstbegriff aus, der die Kunst über den Bereich der Hochkultur hinaus auf das allgemein kreative Schaffen des Menschen ausdehnt (HAP Grieshaber 1971). Er schränkt allerdings dieses erweiterte Kunstverständnis auf eine herkömmliche „kunstgestaltende“ Kreativität ein, ohne, wie etwa Beuys, von der Kunst eine umfassende gesellschaftliche Gestaltung zu fordern. Grieshabers Haltung gegenüber neuen künstlerischen Tendenzen ist allerdings äußerst konservativ. Er, der erfolgreiche Holzschneider und Illustrator, zeigt spürbare Vorbehalte gegenüber den neuartigen Ausdrucksformen junger Künstler. Er bezweifelt, dass es sich hierbei um ausgegorene Kunstformen handelt; sie seien vielmehr Ausdruck einer Orientierungslosigkeit. Im herkömmlichen Museum könne diese Kunst einer umherirrenden Generation seiner Ansicht nach kaum Platz finden, höchstens im Separée. Er empfiehlt den Eltern der jungen Wilden – er spricht von den „verlorenen Söhnen“ (ebd., 96) – ihnen die Möglichkeit zu schaffen, sich in Räumen fernab der etablierten Kultur auszutoben, z.B. in „Nebenräumen zum Museum“ (ebd.), damit sie nicht das gefährden, was in der Zivilisation schützenswert ist.

„Vielleicht muss diese Generation verletzen, was der Achtung wert ist, Happenings, Aktionen, Free Beat und Free Jazz haben; das diskutieren, was sie diskutieren will.

Irgendein unterirdischer Gang wird sich schon finden, der mit dem Museum verbindet. Eine Schleuse, wie man sie auch für unsere Flughäfen noch nicht gefunden hat. Irgend etwas, das das Verletzliche an unserer Zivilisation schützt. Schützt ohne zu blockieren" (ebd.).

Um seiner Auffassung Nachdruck zu verleihen, zitiert Grieshaber gar die Bibel: „Eltern erzürnt eure Kinder nicht, damit sie nicht mutlos werden. Ihr Herren über viele Bilder, die ihr nicht im selben Rhythmus lebt, habt Geduld mit dieser Jugend! Wendet Euch nicht ab! Erfindet Zwischenräume! Institute vielleicht, in denen das gezeigt und bewertet wird, was nicht ins Museum gehört" (ebd.). Derartige Äußerungen deuten darauf hin, dass Grieshaber das Museum als Hort der ewigen Werte der Zivilisation zu verteidigen scheint. So verwundert es umso mehr, dass er sich im selben Text für eine Reform des Museums stark macht, die die herkömmliche Institution in zentralen Punkten in Frage stellt. Grieshaber plädiert für ein Museum, das als ein kreatives Erlebniszentrum für jedermann arbeitet. Er tritt für die Einrichtung von neuartigen Kulturinstitutionen ein, die er „Kerne" nennt, und an denen Menschen die Möglichkeit haben, ihre Kreativität frei auszuleben. In einer derart umstrukturierten Kunstinstitution sollen sich Kunst und Leben in der menschlichen Kreativität verbinden: „Zur kreativen Verwertung der Freizeit brauchen wir neue Kerne, wo man sich trifft, wo jedermann Gelegenheit findet, ohne Zwang zu malen, zu singen, zu tanzen, zu lesen, sich eine Ausstellung anzusehen oder einen Film, sich über das Erlebte zu unterhalten, sich einzusetzen oder zu entspannen, seine Energie anzubringen" (ebd.).

Grieshabers Modell des Museums als „kreativer Kern", ist das Beispiel für eine Museumskonzeption, die, ganz im Sinne der Idee „Kultur für alle", der herkömmlichen Museumsinstitution eine kreative Alternativ-Institution an die Seite stellt. Grieshabers Konzept des „Kerns" entspricht weniger einem Museum als einem soziokulturellen Zentrum.

Für den Kontext dieser Untersuchung ist Grieshabers Alternativ-Modell deswegen von Relevanz, weil sich hier ein sonderbar zweigeteiltes Kunstverständnis ausdrückt, das auch z.T. gegenwärtig noch prägend ist: Zum einen die Vorstellung von Kunst als dem Bereich einer schützenswerten Hochkultur, dem das traditionelle Museum als Heimstatt entspricht und zum anderen Kunst als Volkskreativität, die sich in kulturellen Begegnungsstätten austobt. Nur Letzteres löst die traditionellen Prinzipien des Museums, Distanz und Objektorientiertheit auf und ermöglicht das Zusammenspiel von Kunst und Leben. Allerdings bleibt es damit bei in sich geschlossenen Institutionen, die ohne den Anspruch arbeiten, die gesellschaftliche Wirklichkeit zu verändern. Es sind zwanglose Spielplätze der Kreativität für jedermann, die bewusst unbequeme künstlerische Innovation ausschließen und damit, mit den Worten

Benjamins gesprochen, den affirmativen Charakter der bürgerlichen Kultur weiterführen.

Neue Kunstströmungen, die als Ereigniskunst gekennzeichnet wurden, finden in der Grieshaberschen Einteilung keinen Platz. Sie werden an den Rand oder ins Hinterzimmer der Kunstinstitutionen verbannt. Damit bringen HAP Grieshabers Ausführungen zu einem neuen Ereignismuseum keinen Schritt weiter. Weitreichender und differenzierter erscheinen die Überlegungen des Künstlers und Kunsttheoretikers Bazon Brock, der sich vehement für künstlerische Neuerungen einsetzt und sich folglich in zentralen Punkten der Auffassung Grieshabers entgegenstellt.

Bazon Brock: Das Museum als Arbeitsplatz und künstlerischer Freiraum

Für Bazon Brock ist ein Museum, das im Sinne Grieshabers als „Kreativerlebnispark" auftritt und sich durch „Mitmachideologien" (ebd., 27) in einen lächerlichen Spielplatz verwandelt, nicht ernst zu nehmen. Ein „spielerischer Umgang mit Kunst" fördert, so Brock, eine Verflachung der Kunstrezeption, da das Publikum das Museum allein um des Erlebnisses, der Aktion willen, nicht jedoch wegen der Kunst besucht. Er schreibt: „Der kulturelle Vermittlungsdruck wird [...] abgewiesen; es wird nahegelegt, sich adäquat den Realisaten zu nähern, sie zu rezipieren, indem man einfach mit ihnen spielt oder durch sie ‚angeregt', ‚ein freies Spiel mit sich selber' entwickelt. Hatte vor Jahren noch eine Mutter Picassosche Tafelbilder mit dem Hinweis rezipiert, das könne ihr zehnjähriger Franz auch, so boten nunmehr die im Museum gemachten Erfahrungen den strahlendweißen Hausfrauen die Möglichkeit, das Umstürzen eines Sektglases am abendlichen Knabbertisch mit dem Ausruf ‚happening' zu begleiten" (ebd., 27). Brock wirft den Spielmuseen vor, dass sie sich auf ihre Weise aus ihrer Vermittlungsverantwortung stehlen: Das Museum sieht sich nicht in der Lage, eine tiefer gehende Auseinandersetzung mit der Kunst zu initiieren und sucht deswegen eine ‚neue Nähe im Spiel'.

Brock unterstreicht, dass die Auseinandersetzung mit der Kunst niemals nur das reine Vergnügen darstellt. Sie ist Arbeit und daraus folgt, dass immer nur eine begrenzte Zahl von Leuten bereit ist, sich der Mühe der Kunst zu unterziehen.[32] Die kulturelle „Do-it-yourself-Bewegung" verwässere diese Tat-

32 Brock spricht hier das zentrale Problem der Popularisierung und Eventisierung der Kunst im Zuge immer aufwendigerer Präsentations- und Vermittlungskonzepte an, ein Problem, das die Museumsarbeit des 20. Jahrhunderts bis in die Gegenwart begleitet. Es handelt sich um eine Frage, deren Antwort sich an der Bewertung des Begriffes der Demokratisierung des Museums entscheidet. Walter Grasskamp etwa ist der Ansicht, dass der Begriff der Demokratisierung lediglich die grundsätzliche Zugangsberechtigung aller Menschen zu den Kul-

sache, indem sie suggeriere, dass ein spielerisch leichter Zugang zur Kunst möglich sei. „Sie [die Do-it-yourself-Bewegung] verhindert, dass jene Wahrheit über künstlerische und wissenschaftliche Hervorbringung und Aneignung vermittelt wird, die sich allen Künstlern und Wissenschaftlern gegenüber durchsetzt: Nicht spontane schöpferische, freudespendende, genussreiche Selbstverwirklichung kennzeichnet ihre Tätigkeit, sondern Arbeit mit dem gleichen äußeren Zwang und dem gleichen Risiko des Scheiterns, dem die Arbeit in allen anderen gesellschaftlichen Handlungsfeldern ausgesetzt ist" (Brock 1977, 179). Daraus folgt, dass das Museum kein Spielplatz sein darf, an dem die Kunst hinter einer unterhaltsamen Vermittlungsagitation zurücktritt,[33] sondern ein Ort tiefgehender Auseinandersetzung mit der Kunst. Er ist als solcher allerdings nicht ausschließlich Wirkungsstätte für Kuratoren oder Künstler, sondern ein Arbeitsplatz für den Besucher (ebd., 26).[34]

Das Museum ist für Brock jedoch nicht nur Arbeitsplatz, sondern auch Schutzraum für die Kunst vor den kapitalistischen Marktmechanismen.[35] Ohne hier näher auf die antikapitalistische kulturtheoretische Debatte der 60er und 70er Jahre eingehen zu können, sollen Brocks diesbezügliche Ausführungen kurz dargestellt werden, nicht nur weil sie einen weit verbreiteten Zeitgeist der damaligen Intellektuellen und Künstlerschaft dokumentieren, son-

turinstitutionen bedeute und somit seit der Herausbildung des öffentlichen Museums weitgehend gewährleistet sei (Grasskamp 1981, 85). Es bestehe allerdings die Gefahr, den Grad der Demokratisierung an der Masse der Besucher einer Institution zu messen, was letztlich eine fatale Gleichsetzung von Demokratisierung und Popularisierung zur Folge hat (ebd., 86).

33 Eine ähnliche Meinung vertritt 19 Jahre später Werner Schmalenbach in dem Band „Museum 2000", den man als analoge Aufsatzsammlung zu Botts „Das Museum der Zukunft" sehen könnte. Auch Schmalenbach sieht bei der modernen Museumskultur die Gefahr einer Verflachung der Kunstbegegnung, allerdings anders als Brock, nicht indem das Museum Spielplatz wird. Für ihn besteht das Problem darin, dass eine totale Didaktisierung die Museen zu geschwätzigen Lehrorten macht, in denen die Werke nur noch dokumentarischen oder illustrativen Charakter haben (Schmalenbach 2000, 242).

34 Brock ist der Ansicht, die Auffassung, Kunst sei immer mit Kunstgenuss und nicht Kunstarbeit verbunden, gründe im bürgerlich romantischen Kunstverständnis. Die Kunstproduktion erhebt sich über alle anderen alltäglichen Herstellungsprozesse und analog dazu die Kunstrezeption. Dies geschieht, wie auch bei Schopenhauer dargestellt wurde, mit dem Ziel, das weltenthobene autonome Reich der Kunst aufrecht zu erhalten: „Schöpfung und Arbeit sollen zwei qualitativ verschiedene Hervorbringungsweisen bleiben, da man sonst nicht wüßte, woher das Große und Rettende kommen sollte" (Brock 1977, 180).

35 Die Vorstellung des Museums als Schutzraum findet sich in der Museumsgeschichte des 20. Jahrhunderts in Variationen immer wieder. So ist etwa der Künstler Daniel Buren der Überzeugung, „daß das Museum ein Zufluchtsort ist und daß ohne diesen kein Werk leben kann. Das Museum ist ein Hort. In ihm ist das Werk geschützt vor Unbilden der Witterung, geschützt vor Risiken und geschützt offenbar auch vor jeder Art von Fragen." (Buren 1970, 45)

dern auch, weil die Rolle des Museum für den Kunstmarkt in den jüngeren Museumsdiskussionen ebenfalls eine gewisse Rolle spielt.[36]

Brock entwickelt seine gesellschaftspolitische Argumentation vor dem Hintergrund der Entstehung der neuen künstlerischen Ausdrucksformen, die über die Herstellung von Kunstobjekten hinausgehen. Im bürgerlichen Kunstbetrieb bemessen sich Wert und Bedeutung von Kunst weitgehend an ihrem Marktwert. Entsprechend formiert sich, so Brock, das Selbstverständnis des bürgerlichen Kunstmuseums als Ort des Besonderen (des wertvollen Gegenstandes) aus den Zusammenhängen kapitalistischer Funktionsmechanismen.[37] Ein Künstler hatte nur dann Erfolg, wenn er für den Kunstmarkt entsprechende Ware, d.h. monetär taxierbare Kunstgegenstände produzierte. Brock be-

---

36 Eine detaillierte Auseinandersetzung mit dem Verhältnis Museum und Markt kann hier nicht erfolgen. Es fällt allerdings auf, dass vor allem junge Kuratoren immer wieder das Ideal einer Kunst und ihrer Institutionen verfechten, das von Marktmechanismen unabhängig ist. So hofft etwa Charles Esche 2001 auf einem Kuratorensymposium, dass die Kunst als Weise des Realitätsbezugs eine Alternative zur Marktorientierung der Gesellschaft darstellt: „[...] we have to suggest that there are non-market mechanisms through which we can relate to each other, because I think the market has far to big a role in the world. I would hope that art could present some of those alternative ways of relating" (Hiller/Martin 2001a, 85).
Auch auf dem Symposium „Das diskursive Museum" in Wien im Jahr 2001 wurde immer wieder dafür plädiert, Kulturinstitutionen bewusst als Alternativen zur ökonomisierten Kultur zu erhalten (vgl. z.B. Schweeger 2001, 37f). Andererseits sind die Abhängigkeiten von Museum und Markt offensichtlich und jeder Künstler und Galerist rechnet damit: Der Marktwert der Arbeit eines Künstlers steigt beträchtlich, wenn sich sein Werk in einem Museum befindet. Die materielle und die ideelle Aufwertung von Kunst im Museum sind nicht zu trennen. Zum Verhältnis von Kunst und Markt vgl. u.a. Bonus /Ronte 1997, Hechenröder 2000, zum Verhältnis Künstler und Kunstbetrieb die sicher nicht mehr ganz zeitgemäße Abhandlung Weber 1981.

37 Es wäre interessant, die Entwicklung der Kunst besonders des 19. und 20. Jahrhunderts vor dem Hintergrund ihrer jeweiligen Abnehmerschaft bzw. des Marktes zu sehen. In einem Gespräch mit Prof. Dr. Armin Klein am 31. Oktober 2001 machte er mich auf diese Zusammenhänge von Kunstentwicklung und Marktentwicklung aufmerksam. Kunst und ihr Markt stehen in einer komplexen Wechselbeziehung. Bis ins ausgehende 19. Jahrhundert existierte Kunst de facto nur als Auftragskunst. Zuerst waren Adel und Klerus und danach das Bürgertum die Auftraggeber. Die Künstler begannen jedoch immer mehr gemäß ihren eigenen Vorstellungen und Interessen zu arbeiten und kappten damit die direkte Beziehung zu ihren Auftraggebern und so zum Markt. Nun begann zum einen der freie Markt zu dominieren (den es allerdings schon seit der ausgehenden Renaissance gab), und zum anderen entstanden immer mehr Werke, die sich um die Ansprüche und Möglichkeiten (etwa hinsichtlich des Präsentationsraumes) nicht mehr kümmerten. Die Kunst wurde immer stärker von Institutionen abhängig, die ihren Werken gewachsen waren. Das Museum löste die bürgerliche Sammlung ab. Kunst wurde Museumskunst. Eine Darlegung dieser Zusammenhänge finden sich auch in Heinrichs 1997b, 8f bzw. 13-16.

hauptet, dass die Künstler in der Abhängigkeit von der kapitalistischen Warenwelt zunehmend den Sinn und die Aufgabe ihrer Arbeit schwinden sahen; und zunehmend lethargisch wurden. Er spricht in Anlehnung an Karl Marx von einer zunehmenden „Verelendung" der Künstler. „Das Bedingungsloswerden des Lebens verstanden sie allmählich als wahre Verelendung, die aufzuheben ja ein wesentliches Zeichen künstlerischer Arbeit gewesen ist" (ebd., 30).

Brock sieht in den neuesten künstlerischen Entwicklungen des 20. Jahrhunderts, die keine Kunstwerke im engen Sinne produzieren, den Ausdruck einer Emanzipation der Künstler aus ihrer Marktabhängigkeit und damit ihres Versuchs, sich aus eben dieser Verelendung innerhalb des bürgerlich-kapitalistischen Systems zu befreien: Sie bedienen sich Ausdrucksformen, die sich jenseits traditioneller ästhetischer Manifestationen bewegen und entfernen sich so aus dem Kreislauf des Warenhandels. „Sachimmanente Gründe sind in den Entwicklungstendenzen neuerer künstlerischer Aktivitäten zu sehen, die die einzelnen Künstler mehr und mehr zwingen, keinerlei materielle Resultate ihrer Arbeit vorzuweisen, den Prozeß ihrer Arbeit nicht mehr in der Hervorbringung materialer Produktionen verenden zu lassen" (ebd., 29). Nur so, indem sie sich in ihrer Arbeit dem Markt entziehen, sei es den Künstlern möglich, ihre kritische Distanz zur Gesellschaft aufrecht zu erhalten. Sie wollen sich „der Abstempelung als Agenten kapitalistischer Tauschwirtschaft entziehen, um in ihren Intentionen, das System zu transzendieren, glaubhaft zu bleiben" (ebd., 30). Nur wenn sich die Künstler eine neue unabhängige Ausdruckssphäre schaffen, in der nicht nur marktfähige Kunst produziert wird, treten sie mit ihrer Kunst in einen verantwortungsvollen Austausch mit der gesellschaftlichen Wirklichkeit.[38]

Angesichts dieser Entwicklungen ist nach der Auffassung Brocks die Position der Kunstmuseen in der Gegenwart zu bestimmen. Das Museum muss eine Institution werden, die sich dezidiert junger Kunst annimmt. Die Galerien, die traditionell für die Verbreitung der zeitgenössischen Kunst zuständig sind, können der neuen Kunst nicht den ihr angemessenen Ort geben, da sie den Gesetzen des Marktes verpflichtet sind.[39] Das Museum hingegen ist als

38 Auch Danto ist der Auffassung, dass eine wichtige Aufgabe der Museen darin bestehe, Orte für Kunst bereit zu stellen, die im normalen Alltagsleben keinen angemessenen Platz findet. Er spricht von Kunstwerken, etwa provokativen Fotografien, „die uns zu viel abverlangen, als dass wir uns vorstellen könnten, zu Hause mit ihnen konfrontiert zu werden" (Danto 2000, 232).

39 Schon 1931 hatte sich der Deutsche Museumsbund in einer Entschließung unter dem Titel „Der Deutsche Museumsbund für die Kunst der Lebenden" zum Engagement der Museen für die zeitgenössische Kunst aufgerufen. Das Museum sollte hier allerdings nicht marktunabhängig agieren, sondern vielmehr die Künstler durch Ankäufe für den Markt interessant machen (vgl. Museum der Gegenwart, Jahrgang 1, Heft IV, 1931, 137).

öffentliche Einrichtung nicht unmittelbar den Zwängen des Marktes unterworfen und befindet sich damit in der Position, der zeitgenössischen engagierten Kunst die ihr zustehende gesellschaftsrelevante Präsenz zu verleihen. „Die Unabhängigkeit des Museums von der Erwirtschaftung finanzieller Gewinne könnte Formen ästhetischer Produktion entstehen lassen, die nicht mehr an materiale Charaktere gebunden sind, da sie auch außerhalb des Marktes den Künstlern genügend Entschädigungen für ihre Arbeit ermöglichen würden" (ebd., 31).[40]

Dadurch, dass Brock das Museum zum freien Aktionsfeld der jungen Kunst erklärt, weitet er die Funktion des Museums als Arbeitsplatz auf die Künstler aus. Der Begriff der Arbeit ist hier so weit zu fassen, dass er auf Museumsbesucher und Künstler gleichermaßen anwendbar ist. Museumsarbeit ist zu verstehen als eine Weiterführung der Aufklärung, d.h. die Arbeit des Menschen an seiner Entwicklung zum selbstbewussten Subjekt, an der Verwirklichung seiner Freiheit, d.h. seiner grundsätzlichen Unabhängigkeit von „der Willkür natürlicher Determinanten". Eine so verstandene Arbeit hat das Ziel, für sich und die Gesellschaft Perspektiven zu entwickeln, um auf diese Weise zu der sinnerfüllten Weiterführung der Geschichte beizutragen. In Brocks von der Kritischen Theorie aufgeladenen Worten heißt Arbeit im Museum somit: „[...] das Leben zu perspektivieren, Sinnforderungen einzulösen und dem Versinken des nicht mehr durch das Fortleben der Gattung geretteten Subjekts Widerstand entgegenzusetzen" (ebd., 32).

Es zeigt sich, dass Brocks Ausführungen das traditionelle Museumsverständnis weit hinter sich lassen. Er bestimmt das Museum als Arbeitsplatz, der unabhängig von objektorientierten Marktmechanismen aktiv gesellschaftlich wirksam ist. Sein Arbeitsplatzmodell stellt einen weiteren Schritt auf dem Weg zur Auflösung des statischen Kunstarchivs dar.[41]

Bis in die Gegenwart ist das Museum für Künstler weniger als marktfreies Refugium im Sinne Brocks denn als „Wertsteigerungsinstitution" von Interesse.

40 Brock spricht davon, dass die Museen „unabhängig vom Markt den Künstlern eine angemessene Entschädigung" für ihre Kunst ermöglichen könnten, ohne jedoch näher darauf einzugehen, wie diese Entschädigung auszusehen hätte, ob sie sich in Geldern für den Ankauf von Werken erschöpfen solle oder ob durch Stipendien bzw. Renten ein werk- und damit marktunabhängiges Künstlerleben zu ermöglichen sei.

41 Bis heute führt Bazon Brock seine Idee des Museums als Arbeitsplatz fort. In den Jahren 2005/2006 tourte er durch europäische Kunstmuseen und arbeitete in stundenlangen Vorträgen und Diskussionen vor dem Publikum ausgewählte Stücke der jeweiligen Sammlungen durch, die er u.a. mit mitgebrachten Objekten kombiniert. Präsentiert wird in diesen mitunter sehr monologischen Veranstaltungen allerdings vor allem der Künstler Bazon Brock selbst.

Hier soll bei der Darstellung der Museumsdiskussion der 70er Jahre innegehalten werden. Vor allem ein Sachverhalt müsste klar geworden sein: Museumsbegriff und Kunstbegriff hängen untrennbar zusammen. Je weiter das Kunstverständnis geht, um so weiter entfernt sich der Museumsbegriff vom traditionellen Kunstarchiv der Distanz und Objektivierung. Haftmann hält mit seiner klar auf etablierte Hochkultur beschränkten Kunstauffassung entschieden am herkömmlichen, geschlossenen Museumskonzept fest, Bott und Beye respektieren neue Kunstformen, ohne ihnen jedoch einen klaren Ort im Museum geben zu können. Grieshabers Kunstverständnis ist zweideutig, einerseits erzkonservativ eng, andererseits sehr weit, indem er Kunst und allgemeine Kreativität zusammenrückt. Er fordert mit seinen „Kernen" einen offenen Ort der „Kreativität für alle", besteht allerdings gleichzeitig auf ein Museum, das unantastbar der etablierten Kunst vorbehalten ist. Erst Bazon Brock bestimmt das Museum neu. Für ihn ist es Arbeitsplatz für Künstler und Betrachter gleichermaßen, ein Ort, an dem an den gesellschaftlichen Verhältnissen gearbeitet wird.

In den nun folgenden Kapiteln sollen schließlich die Positionen zweier Künstler bei ihrer Auseinandersetzung mit dem Museum dargestellt werden: Joseph Beuys und Marcel Broodhaers. In ihrer Arbeit findet die Verkomplizierung des Verhältnisses von Kunst und Museum, die sich bereits am Ende der oben dargestellten Museumsdiskussion angedeutet hat, sehr deutliche, wenn auch äußerst unterschiedliche Ausprägungen. Zunächst wird Joseph Beuys zu Wort kommen, diejenige Künstlerpersönlichkeit, bei der der Kunstbegriff alle Grenzen sprengt. Wie soll das Museum in Zeiten der Kunst als sozialer Plastik aussehen? Die Erörterungen zu Beuys führen weiter zu Marcel Broodthaers, einem Künstler, der mit seinem Künstlermuseum auf ganz andere Weise die Idee des Museums über seine traditionellen Grenzen hinausführt: Er hebt nicht wie Beuys den Unterschied von Kunst und Politik auf, sondern denjenigen von Museum und Kunstwerk auf.

Joseph Beuys und Marcel Broodthaers: Die Kunst überholt das Museum – und sich selbst

Joseph Beuys und Marcel Broodthaers formulieren jeweils Museumskonzepte, die die Prinzipien herkömmlicher Museumsinstitutionen gänzlich hinter sich lassen: Bei ihnen setzt sich auf unterschiedliche Art der Laborcharakter des Museums endgültig durch. Die Ansätze von Beuys und Broodthaers erhalten in dieser Arbeit ein besonderes Gewicht, da sie in vielerlei Hinsicht Anknüpfungspunkt und Inspirationsquelle für die Konzeptionen der gegenwärtige Kuratorengeneration sind, auf die in einigen Beispielen im abschließenden Teil der Studie einzugehen sein wird.

Joseph Beuys: Das Museum als Labor der Gesellschaft

Beuys' Überlegungen zum Kunstmuseum hängen untrennbar mit seiner Erweiterung des Kunstbegriffs zusammen, die wie bereits (S.133ff) dargestellt wurde, so weit geht, dass das Wort „Kunst" seine geläufige Bedeutung verliert. Bereits bei den Ausführurungen von Bazon Brook wurde deutlich, dass ein Museum, wenn es sich den neuen Anforderungen einer gesellschaftlich aktiven Kunst stellt, nicht mehr statisches Objektmuseum sein kann, sondern Arbeitsplatz werden muss. Bei Beuys nun wird dieser Gedanke des aktiven Museums noch weitergetrieben. Es wird interessant sein zu verfolgen, was bei ihm vom herkömmlichen Museumsbegriff noch übrigbleibt.

Die folgenden Ausführungen beziehen sich vor allem auf eine Unterhaltung, das Joseph Beuys im Jahre 1975 in seiner Düsseldorfer Wohnung mit dem damaligen Museumsdirektor von Groningen, Frans Haks und einigen Freunden, Mia und Martin Visser sowie Carel Blotkamp, über die Bedeutung und Möglichkeiten des Museums in der Gesellschaft führte.[42] Diese Diskussion soll in einigen wichtigen Punkten verfolgt werden, wobei sich zeigen wird, wie schwierig es ist, Beuys' mitunter sehr assoziativen und heterogenen Argumentationsstil, der sich u.a. aus der Gesprächssituation ergibt, auf eine einheitliche diskursive Linie zu bringen.

42 Dieses Gespräch wurde 1992 unter dem Titel „Das Museum: ein Gespräch über seine Aufgaben, Möglichkeiten, Dimensionen" erstmals in Deutsch publiziert (Beuys/Haks 1992). Die Erstveröffentlichung des Interviews findet sich in dem Museumskatalog Museum in motion in holländischer Sprache mit englischer Übersetzung (Blotkamp 1979, 184ff); Beuys hat sich insgesamt verhältnismäßig selten direkt zum Museum geäußert. Eine Auflistung der wichtigsten Gespräche und Interviews, die das Museumsthema behandeln, findet sich bei Angerbauer-Rau 1998, 589.

Das Museum des traditionellen und des erweiterten Kunstbegriffs

Beuys grenzt in seinem Gespräch zwei unterschiedliche Typen des Museums gegeneinander ab, einen traditionellen und einen progressiven,[43] eine Unterscheidung, die mit der Einteilung in Archiv und Labormuseum vergleichbar ist. Welcher der beiden Typen sich durchsetzt, hängt laut Beuys davon ab, ob sich das Museum von heute auf den erweiterten Kunstbegriff einlässt oder nicht. Das konventionelle Museum ist für Beuys von einem Begriff von Kunst bestimmt, „wie er traditionell in der sogenannten Kunstwelt, in diesem kleinen isolierten Tätigkeitsfeld existiert" (Beuys/Haks 1993, 10). Progressiv wird das Museum dann, wenn es von dem erweiterten, dem universalisierten Kunstbegriff ausgeht, der sich nicht mehr auf den herkömmlichen Kunstbereich beschränkt, sondern ein umfassendes anthropologisches Phänomen darstellt (ebd.). Im Falle des engen Kunstbegriffs spielt das Museum die Rolle einer in sich geschlossenen, sammelnden und archivierenden Institution. Interessanterweise macht Beuys hier zunächst keinen Unterschied zwischen alter Kunst und Arbeiten des 20. Jahrhunderts. Auch die Neuerungen in der zeitgenössischen Kunst können, so Beuys, im Museum „mehr oder weniger gut" analog zu den Werken früherer Epochen ausgestellt und dargestellt werden. „Wenn man objekthafte Gegenstände – z.B. eine Zeichnung oder einen Zyklus von Zeichnungen – darstellt oder ein Environment macht, dann gibt es in der Gegenwart kaum einen anderen Platz als das Museum (ebd.). Die Innovationen konnten in den Museen ja vorgeführt werden, einschließlich der *Aktionskunst*, der *land art,* der *body-art*, der *conceptual-art* usw." (ebd., 11).

Beuys stuft bemerkenswerterweise auch einen Teil seiner eigenen Arbeiten als Kunstobjekte im traditionellen Sinne ein. Auch sie bewegten sich, trotz ihrer teilweise radikalen und provokanten Erscheinung, innerhalb des herkömmlichen Kunstbegriffs.[44] „Auch wenn sich die Kunstform mehr oder weniger revolutionär gebärdet, sehe ich doch, dass meine Innovationen auf diesem Felde (Objekte, Aktionskunst, usw.) auf der traditionellen Linie liegen, und auf der traditionellen Linie kann ich im Museum diese Sachen vorführen"

43 Beuys verwendet nicht ausdrücklich den Begriff „progressiv". Er unterscheidet Museen, die innerhalb des Kunstbetriebs agieren von jenen, die dessen Grenzen überwinden.

44 Es verwundert, dass Beuys die Objekthaftigkeit seiner Arbeiten in den Vordergrund rückt. Beuys' Werke (auch jene, die als „Objektkunst" bezeichnet werden) sind niemals ausschließlich ästhetische Gegenstände, selbst wenn der Begriff der Ästhetik sehr weit gefasst ist. Für den Betrachter funktionieren die Arbeiten Beuys niemals ausschließlich als Kunstgegenstände. Beuys' Kunst ist Ereignis- und nicht Erlebniskunst. Es ist schlichtweg falsch, wenn er behauptet, dass er, wenn er Objekte schafft oder auch Kunstaktionen stattfinden lässt, „in seiner Tätigkeit rein traditionell" vorgeht (ebd., 12).

(ebd., 12).[45] Es wird deutlich, dass Beuys den traditionellen Kunstbegriff nicht grundsätzlich ablehnt. Allerdings haben die Werke, die ihm entsprechen, nur begrenzte Wirkung. Die Kunst jedoch, die seinem neuen Kunstverständnis entspricht, ist ganzheitlich bzw. gesamtgesellschaftlich ausgerichtet. Diesem Anspruch können Kunstobjekte, die innerhalb des Kunstbetriebs als Objektkunst funktionieren, nicht entsprechen. „Ich sehe“, so Beuys, „die Unfähigkeiten, auf dieser Linie [der konventionellen Kunst] etwas für das Ganze zu erreichen“ (ebd., 34).

Entsprechend wirkungslos sind für ihn diejenigen Institutionen, die sich ausschließlich mit dieser Objektkunst beschäftigen. Sie fungieren lediglich als Archiv innerhalb des in sich geschlossenen Kunstbereichs, als Schatzkästchen der Kultur. Ihre Bedeutung hängt nicht von ihrer gesellschaftlichen Wirkung, sondern von den Pretiosen ab, die sie beherbergen.[46] „Dann geht man wie in ein Archiv und schaut sich ein *Bild* von *Rembrandt* an. Dann ist das Museum nichts anderes geworden als ein Archiv für menschliche, kulturelle Tätigkeit [...] Aber das ist m. E. viel zu wenig“ (ebd.).

Beuys ist der Ansicht, dass fast alle zu seiner Zeit existierenden Museen für seine künstlerisch-gesellschaftlichen Ziele nicht geeignet sind. Selbst innovative Museumsinstitutionen, die erklärtermaßen die Form und Funktion des traditionellen Museums aufbrechen wollten, wie z.B. das 1977 eröffnete Centre Pompidou, dessen Konzept in mancherlei Hinsicht an Beuys' Vorstellung vom gesellschaftspolitisch engagierten Museum erinnert,[47] ist, wie Beuys später in einem Interview in der Süddeutschen Zeitung äußert, nicht der Ort seiner neuen Kunstvorstellung (SZ, Nr. 141, 23.6.1977, 9). Seine Versprechen, sich mit der Kunst auch pädagogischen und politischen Problemen zu nähern, habe das Pompidou nicht eingelöst; es unterscheide sich somit nicht grundlegend von traditionellen Museen. Beuys behauptet sogar, es gäbe „keinen Ort der Welt, an dem Kunst so schlecht präsentiert wird wie dort“ (ebd.). Sein Kunstbegriff, so Beuys, kann „besser im Louvre umgesetzt werden [...] als im Centre Pompidou“ (ebd.). Er stört sich vor allem an der nach wie vor systematisierenden Archivstruktur der Präsentation im Centre Pompidou, die eine Entfaltung der Kunst unmöglich macht. „Im Louvre erlebt der Besucher die merkwürdige Sonderstellung der Kunst, während im Pompidou-

45 Dagegen weist er etwas später im Interview ausdrücklich darauf hin, dass sein bildnerisches Arbeiten nicht von seiner erweiterten Kunstvorstellung zu trennen ist. Kunstwerke und gesellschaftliche Aktion dürfen nicht separat gesehen werden. Beuys spricht von einem „gleitenden Übergang“ (ebd., 31).

46 Nach Beuys werden Museen dieser Art nur dann eine Zukunft haben, wenn sie über einen qualitativ herausragenden Bestand verfügen (ebd., 34).

47 Zur Konzeption des Centre Pompidou vgl. z.B. Fils 1980.

leum die Kunst wie eine Briefmarkensammlung abgehandelt wird" (ebd.).[48] Der Grund für die Begrenztheit der Kunstmuseen liegt für Beuys in der Tatsache begründet, dass sie der Erweiterung seines Kunstdenkens nicht folgen bzw. seiner Umsetzung schlicht nicht gewachsen sind. Nur in Ausnahmefällen, so Beuys, wie etwa in Dublin oder bei der Documenta, sind etablierte Institutionen bzw. Ausstellungen bereit, mit ihm im Sinne seiner Auffassung von Kunst zusammenzuarbeiten.[49]

Kunst wird von Beuys in ihrem erweiterten Sinne mit gesellschaftlicher Gestaltung gleichgesetzt. Das Werk des Künstlers besteht nicht aus ästhetischen Objekten, es durchbricht mit neuartigen künstlerischen Äußerungsformen die Grenzen des in sich geschlossenen Kunstbetriebes und drängt in die gesellschaftliche Öffentlichkeit. Kunst bedeutet für den Künstler die „soziale Plastik", und folglich muss ein Kunstmuseum, das diesen Kunstbegriff annimmt, ein Ort der gesellschaftlichen Formung, d.h. in letzter Konsequenz ein Ort der Politik werden.

Museum und Gesellschaft – Das Museum als „permanente Konferenz"

Wenn das Museum als aktive, gesellschaftlich relevante Institution funktionieren soll, muss es sich radikal von dem eingeschränkten Kunstbegriff lossagen, da dieser allein das Museum in seine gesellschaftliche Isolation gebracht habe (Beuys/Haks 1993, 20). Nur wenn es grundsätzlich anders arbeitet als das herkömmliche Museum, wenn es seine Selbstbezogenheit aufgibt und die Zuständigkeit für alle kulturellen und gesellschaftlichen Probleme erkennt, wird das Museum in den Augen Beuys' eine Zukunft haben. D.h. ein derartiges Museum würde sich nicht nur kunstwissenschaftlichen oder künstlerischen Fragen stellen bzw. sich rein musealen Aufgaben widmen, sondern interdisziplinär an verschiedensten allgemein gesellschaftlich relevanten Aufgaben arbeiten.

48 Beuys spricht vom „Pompidouleum". Er stellt es mit dieser Namensgebung ironisch in die Reihe der alterwürdigen nach ihren feudalen Gründern lateinisch benannten Museumsinstitutionen wie das Fridericianum oder die Albertina, also jener Museen, von denen sich das Centre Pompidou mit seinem Konzept bewusst abheben wollte.

49 1974 entstand im Zusammenhang mit der Ausstellungstournee The Secret Block for a Secret Person in Ireland die Idee, die Freie Hochschule für Kreativität und Interdisziplinäre Forschung, die ursprünglich in Düsseldorf geplant war, in Dublin zu gründen (vgl. Lange 1999, 213). Gerade hier sollte der politische Aspekt künstlerischen Schaffens im Vordergrund stehen (vgl. Halan/Rappmann/Schata 1980, 41ff).

Aus dieser umfassenden Erweiterung des Museums ergibt sich, dass hier nicht nur Künstler und Kuratoren tätig wären, sondern jeder, der den universellen Kulturbegriff akzeptiert und ihn fördern will.

Jeder Mensch ist für Beuys in der Lage, mit seinen Fähigkeiten, seien sie nun künstlerisch oder nicht, an gesellschaftlichen Veränderungen mitzuwirken. Nur wenn sich die Kräfte der verschiedenen Fachgebiete gemeinsam bei der Wirklichkeitsgestaltung engagieren, lässt sich der totale Kunstbegriff umsetzen.

Künstler sind, so die Überzeugung Beuys', gegenwärtig bei der Umsetzung seines umfassenden Konzepts wenig hilfreich, da die meisten von ihnen ein deutliches Interesse daran haben, dass der enge Kunstbegriff aufrecht erhalten wird. „Die meisten Künstler – ich würde sagen 99 Prozent aller Künstler – sind daran interessiert, dass der traditionelle Kunstbegriff weiterbesteht, weil sie gewisse egoistische Interessen haben, stilistischer Art, wirtschaftlicher Art, usw" (ebd., 19).[50] Da sie es sind, die als Meinungsmacher den engen Kunstbegriff im Kunstverständnis des Kunstbetriebs konservieren, sind sie für Beuys maßgeblich dafür verantwortlich, dass sich sein Kunstbegriff nicht durchsetzen kann. „Also deswegen sage ich radikal: Es liegt an den Künstlern" (ebd., 26).[51]

Beuys öffnet sein Museum jedem, der in seinem Sinne kreativ wirken will. Damit scheint er in die Nähe der Museumsvorstellung HAP Grieshabers zu rücken, der seine Kunstinstitute als Orte einer freien und allgemeinen Kreativitätsausübung verstanden wissen wollte. Beuys verwahrt sich jedoch, wie auch Bazon Brock, energisch gegen ein Museum als Refugium der künstlerischen Kreativität, da sich hier die Schaffenden letzten Endes selbst wieder isolieren. Die Freiheit ist zwar das höchste Gut des Künstlers, sie dürfe aber unter keinen Umständen dazu führen, dass er sich von der Gesellschaft abkapsele und sich in ein selbstbezogenes Reich der Kunst manövriere. Denn

50 1972 malt Jörg Immendorf, Beuys-Schüler und Mitbegründer der Lidl-Akademie, d.h. der ersten freien inoffiziellen Akademie in Düsseldorf, das Bild „Ich wollte Künstler werden". Dargestellt ist ein Künstler, der in einem kerzenbeleuchteten Dachboden vor der weißen Leinwand sitzt, in die mondhelle Nacht vor dem Dachfenster blickt und vom künstlerischen Ruhm träumt. Immendorf schreibt unter das Bild den Text: „Ich träumte davon, in der Zeitung zu stehen, von vielen Ausstellungen, und natürlich wollte ich etwas ‚Neues' in der Kunst machen. Mein Leitfaden war der Egoismus" (nach Bätschmann 1997, 2). Die Problematik der Marktorientiertheit des Künstler war u.a. Thema bei einer Diskussion, die Beuys 1981 mit Jannis Kounellis, Anselm Kiefer und Enzo Cucchi führte (vgl. Burckhardt 1988, 151f).

51 Aufgrund ihres engen Kunstverständnisses sind die Künstler nach Beuys gegenwärtig nicht in der Lage, wirklich wichtige Werke zu schaffen. Er ist, wie er in einem Interview mit der Süddeutschen Zeitung äußert, der Überzeugung, „dass diese wichtige Kunst, die die Menschheit braucht, gegenwärtig gar nicht entstehen kann" (SZ, Nr. 141, 23.6.1977, 9).

gerade in der Freiheit des Künstlers liege sein gesellschaftsveränderndes Potenzial. So formuliert Beuys im Zusammenhang mit seinen Reformplänen der Kunstakademie: „[...] die Freiheit eines Instituts wie die Kunstakademie ist nicht die Freiheit eines Schonreviers, in dessen Schutz sich Menschen esoterischen Praktiken hingeben. Die viel berufene Freiheit des Künstlers ist keine Narrenfreiheit, sondern gesellschaftliche Freiheit von hoher Effektivität, wahrscheinlich von weit höherer, als sich die verantwortlichen Stellen in Politik und Wirtschaft klar werden“ (zitiert nach Harlan/Rappmann/Schata 1980, 37).

In der Funktion einer Spielwiese für sonderbare und exzentrische Künstler-Existenzen dienen Kunstinstitutionen dem *establishment* lediglich zur Unterhaltung und bewirken gesellschaftlich nichts. „Au ja, verrückte Leute, die Künstler! Jetzt wieder was ganz Fremdes, Ausgefallenes! Aber die Künstler sind sowieso Spinner; das schadet uns nichts“ (ebd., 29). Die Vertreter der etablierten gesellschaftlichen Strukturen sind jedoch an Künstlern, die an einer Umsetzung des neuen Kunstverständnisses arbeiten, nicht interessiert. Sobald diese nicht mehr nur als Objektproduzenten bzw. als Kreativclowns auftreten, sondern direkt in die politische und gesellschaftliche Wirklichkeit eingreifen wollen, würden sie von den staatlichen Instanzen blockiert (Beuys/Haks 1993, 21).[52] In der Tatsache, dass der Staat die grundsätzliche Unabhängigkeit des Künstlers und die Ausweitung seiner künstlerischen Arbeit in die politische Dimension nicht akzeptiere, liegt für Beuys das Hauptproblem der neuen Kunst und damit auch des Aufbaus eines neuartigen Museums. Der Grund für diese ablehnende Haltung sei, wie auch Bazon Brock behauptet hatte, in der kapitalistischen Verfasstheit des politischen Systems, d.h. in der Verquickung von Staat und Kapital, zu suchen, von der u.a. auch die Funktionsmechanismen des Kunstbetriebes abhängen. Der Staat sei, so Beuys' Auffassung, als Handlanger des internationalen Kapitals immer ein Hemmnis kultureller Aktivitäten. Hieraus folgert er in einem Interview mit der Wirtschaftswoche, dass sich Kultur nur in Selbstverwaltung „frei von

52 Beuys weist darauf hin, dass er bei seinen Aktionen von offizieller Seite keinerlei Unterstützung erhielt. Selbst bei seinen Aktionen auf der Documenta V, wo er sein Informationsbüro der „Organisation für direkte Demokratie durch Volksabstimmung“ einrichtete (vgl. Ariani/Konnertz/Thomas 1981, 293) habe er alles selbst bezahlt bzw. wäre ihm unentgeltlich von Studenten assistiert worden. Er sei bei seiner Arbeit sogar von staatlicher Seite behindert worden. So lief etwa zur Zeit des Interviews noch der Prozess gegen den Wissenschaftsminister von Nordrhein-Westfalen wegen Beuys' Agitationen an der Kunstakademie. Beuys hatte zum wiederholten Male versucht, eine Immatrikulation abgelehnter Akademieaspiranten zu erwirken, indem er mit einer Gruppe 1972 in das Studentensekretariat eindrang. Dies führte zu seiner Entlassung, gegen die er Klage erhob, mit der er 1978 schließlich Erfolg hatte (vgl. hierzu Harlan/Rappmann/Schata 1980, 36f, Lange 1999, 158 f).

staatlicher Bevormundung und Gängelei“ entfalten kann (Wirtschaftswoche Nr. 43, 22.10.1976, 16).[53]

Erst wenn der Staat basisdemokratisch strukturiert ist und das Museum nicht mehr „rechtlich und ökonomisch im gesamtgesellschaftlichen Wesen drinsteht“ (ebd., 24), kann es als Institution des erweiterten Kunstbegriffs funktionieren.[54]

Aus dieser Einsicht folgt konsequenterweise, dass eine wichtige Aufgabe des Künstlers bzw. allgemein des kreativen Menschen und Förderers des neuen Kunstbegriffs darin liegt, an der Veränderung des politischen Status quo zu arbeiten. Beuys nimmt bei dieser Forderung kein Blatt vor den Mund: Der Staat muss – so wie er existiert – abgeschafft werden, und es muss ein ganz

53 Ein plastisches Bild der leidenschaftlichen Auseinandersetzung des Künstlers mit offiziellen politischen Instanzen vermittelt Beuys’ öffentlich ausgetragener Kampf um die Lidl-Akademie bzw. die Einrichtung der Freien Schule für Kreativität an der Akademie in Düsseldorf ab 1969. Beuys hatte Studenten unterstützt, die trotz Verbots in der Akademie inoffizielle Veranstaltungen abhielten, was schließlich zur Räumung durch die Polizei führte (vgl. Adriani/Konnertz/-Thomas 1981, 221f). Barbara Langes Darstellung der Auseinandersetzung verdeutlicht, dass die Freie Akademie keineswegs nur aufgrund mangelnder Kooperationsbereitschaft von Seiten der Politik scheiterte, sondern wegen Beuys’ z.T. aggressiven Provokationen und nicht zuletzt aufgrund der ungenügenden Strukturiertheit seiner Konzepte (vgl. Lange 1999, 142ff).

54 Die Kritik der Künstlerschaft an der Verquickung von Kunstpolitik bzw. Kunstinstitutionen mit kapitalistischen Strukturen war in den ausgehenden 60 Jahren weltweit besonders scharf. Sie führte zur Gründung von radikalen Aktionsgruppen wie z.B. der Art Workers Group oder ihrem Ableger, der Guerilla Art Action Group, die etwa 1969 den Rücktritt der Rockefellers aus dem Vorstand des Museum of Modern Art forderten (vgl. Kravagna 2001, 29f.). Sie unterstrichen ihre Forderung mit unangemeldeten Aktionen, wie jener im Museum of Modern Art, bei der sich Künstler im Eingangsbereich in mitgebrachtem Rinderblut wälzten (ebd., 31). Bis heute ist die Abhängigkeit der Kunstinstitutionen in den USA vom Großkapital Thema für amerikanische Künstler, wie etwa Andrea Fraser, die in Anlehnung an obige Aktion im Jahre 1990 ein Plakat mit „Guerilla Girls Code of Ethics for Art Museums“ verlegte (vgl. McShrine 1999, 239). Die Verstrickung von Kunst und Kapital bzw. kapitalistischen Machtstrukturen ist häufig auch das Thema deutscher Künstler, etwa Hans Haakes. In seinem Kunstwerk Seurat’s „Les Poseuses“ (Small version), 1888-1975 von 1975 stellt er die Biographien verschiedener Käufer eines Werkes von Seurat aus und dokumentiert so, wie ein Werk, das ursprünglich in mehr oder weniger subversiven Künstlerkreisen geschaffen wurde (der erste Käufer war Sympathisant der Anarchisten) zunehmend in die Hände des Establishments gerät (vgl. ebd., 152). Zu Haakes Verständnis von der Verflechtung von Kunst und Macht siehe auch Kravagna 2001, 82f. Einen einflussreichen Beitrag zu dieser Diskussion lieferte Hilmar Hoffmann mit seinem Band „Das Guggenheim-Prinzip“ (Hoffmann 1999).

neuer Staatsbegriff *gestaltet* werden [...]. Da muss die Kunst mit einem *Erweiterten Kunstbegriff* hinein" (Beuys/Haks 1993, 27).[55]

Beuys sieht seine Initiativen als bewusste Alternativen zum bestehenden System, seinen Funktionsmechanismen und Wertesystemen. Er hofft, mit neuen künstlerischen Formen der Sinnstiftung auf ein Umdenken der gesamten Gesellschaft, auf ein neues politisches Selbstbewusstsein und eine Verantwortungsbereitschaft für die Allgemeinheit hinarbeiten zu können. Hierin liegt das Ziel seiner umfassenden Wirklichkeitsgestaltung, die er Kunst nennt.[56]

Wenn das Museum „zum Tätigkeitsfeld für diese Frage der Gestaltung werden soll, die sich ja eben nicht nur auf kulturelle Gestaltungen wie Plastik oder Musik bezieht, sondern auch auf Gestaltungen in der demokratischen, ökonomischen Sphäre und der Produktionssphäre" (ebd., 51), muss es, so Beuys, der kreativen Tat eines jeden Menschen offen sein. Im Museum sollte jeder seinen Beitrag zur Wirklichkeitsgestaltung einbringen und ihn mit anderen diskutieren können und auf diese Weise zu einem Zentrum einer Vielzahl gleichberechtigter kultureller Initiativen werden. Das Museum, wie Beuys es sich vorstellt, muss ein Ort der unbedingten Toleranz sein. Dergestalt könnte es „das erste Modell einer *permanenten Konferenz* für diese kulturellen Fragen werden" (ebd., 53).[57]

55 Beuys' Darstellung der Zusammenhänge von Kunst und Politik bzw. der Wirkungsmöglichkeiten von Kunst auf die gesellschaftlichen Verhältnisse sind mitunter erstaunlich unkomplex. Zur Illustration seiner Argumentation verfertigt Beuys beim Museumsgespräch eine Zeichnung und meint dazu abschließend: „Wenn ich das so zeichne, wird das ja schon eine Skulptur. Also das muss so eingreifen in den ganzen Prozeß nach dem Motto: Die Kunst, wenn sie sich erweitert, schafft den Menschen große Fähigkeiten. Diese Fähigkeiten sind dann in der Lage, den Staat abzuschaffen, d.h. einen demokratischen Staat zu schaffen, „from the grassroots", wie das so schön heißt, d.h. von unten, da, wo die Menschen leben und wo das Gras wächst. Das ist eine spirituelle Skulptur, und dann wird hier das Geld tangiert und mit einer Rechtsqualität belegt [...] es wäre ganz klar, daß nicht der Staat das Geld gibt, sondern die Menschen. Die Menschen, die in einer Gesellschaft leben, geben aus der Einsicht Geld, weil sie jetzt wissen, daß die Tätigkeiten der Kunst für sie lebenswichtig sind" (43/44).

56 Innerhalb des bestehenden Kunstbetriebes lässt sich dies in den Augen Beuys' nicht bewerkstelligen, was er besonders plastisch in seinem Ausspruch „Hiermit trete ich aus der Kunst aus" zum Ausdruck bringt (zitiert nach Zumdick 1995, 136).

57 Diesen Gedanken des Museums als permanente Konferenz, bzw. die Zusammenhänge von Museum und neuem Kunstbegriff entwickelt Beuys auch in einem Interview mit Louwrien Wijers 1980 (u.a. abgedruckt in FOUR WALLS EIGHT WINDOWS 1990, 215ff).

Die Auflösung des Museums bei Beuys

An diesem Punkt des Gesprächs wird endgültig deutlich, dass Beuys' Museumsmodell mit dem traditionellen Museum nichts mehr gemein hat. In der Form der „Permanenten Konferenz" fungiert es nicht mehr als Kunstarchiv, sondern es ist der Ort einer interdisziplinären diskursiven Auseinandersetzung mit der gesellschaftlichen Wirklichkeit.

Das Museum als eigenständige Institution hat bei Beuys sein Ende erreicht, denn es unterscheidet sich hinsichtlich seiner Aufgabenstellung nicht mehr von anderen gesellschaftlichen Einrichtungen. So kann sein Museum des „völlig totalisierten Kunstbegriffs" (ebd., 12) auch den Charakter einer Universität annehmen; die museale Kunstsammlung wäre nunmehr lediglich eine Sonderabteilung für künstlerische Objekte. „Und das ist ja, was ich will. Ich will ja die Museen zu Universitäten machen [...]" (ebd., 18).

Mit der Idee des Museums als „Permanenter Konferenz" bzw. als Universität überträgt Beuys seine Erweiterung des Kunstbegriffs direkt auf das Museum. Analog zur totalen Kunst wird auch das Museum universal. Sein Verständnis einer zeitgemäßen Kunstinstitution hat sich vom traditionellen Museumsbegriff so weit entfernt wie sein Kunstbegriff von der herkömmlichen Kunstvorstellung. In letzter Konsequenz bedeutet dies freilich, dass sich das Museum nach Beuys' Plänen nicht nur verändert, sondern dass es seine Identität einbüßt. Im Grunde ist das Museum als feste Institution für die Verwirklichung von Beuys' Zielen gar nicht geeignet; denn ob sein Kunstbegriff umgesetzt wird, ist, „nicht die Frage des Museums, sondern eine Frage der Orte. Überall da, wo etwas stattfinden kann, was den Begriff erweitert, da ist der Ort gut. Ob das im Parlament, in der Kirche, im Museum, auf der Straße ist, oder ob das in einer Kommune, in einem Arbeiterquartier oder der Fabrik ist. Überall, wo Menschen bereit sind, einen Ort herzustellen, wo etwas passieren kann, was die zukünftige Evolution der Kultur, der Demokratie und der Wirtschaftsfragen provoziert, also befürwortet, das sehe ich immer positiv. Und ab und zu ist eben auch ein Museum an solchen positiven Aktionen beteiligt" (ebd., 13).

Sein Ideal ist nicht eine fixe Institution für Kunst, sondern das *Museum in motion*, d.h. eine Vielzahl verschiedener Orte, an denen möglichst effizient an der Veränderung der Gesellschaft gearbeitet wird. „Das ist es, was ich meine mit meinem *Museum in motion* – diese Bewegung, dass man sagt: Die Welt besteht nur aus topi, d.h. aus verschiedenen Orten. Die Orte sollen alle so gut wie möglich genutzt werden, damit das große Ziel einer veränderten Gesellschaft erreicht wird" (ebd., 32).[58]

58 Der Begriff des Museum in motion wurde in der neueren Museumsgeschichte immer wieder aufgegriffen. 1979 veröffentlichte Carel Blotkamp einen Band

In vergleichbarer Weise hatte sich Beuys ab der Mitte der 70er Jahre von dem Plan verabschiedet, seine Freie Hochschule als feste Institution an einem Ort zu installieren.[59] Damit büßt die Museumsinstitution bei Beuys' Modell nicht nur ihre Identität ein, sie löst sich zumindest als Kultureinrichtung mit fester institutioneller Struktur auf. Am Ende dieser Untersuchung (S.295ff) wird mit dem *„museum in progress“* ein zeitgenössisches Kunstprojekt vorgestellt, das ganz im Sinne des *Museum in motion* ohne institutionellen Rahmen arbeitet.

Brüche in Beuys' Museumskonzept

Hinsichtlich der konkreten Arbeitsweise seines Museumsmodells und der Art und Weise, wie es gesamtgesellschaftlich wirksam werden soll, bleibt Beuys bei seinem Gespräch mit Haks sehr ungenau. Als Frans Haks die provokative Anmerkung macht, dass das Museum, wenn Beuys' Ziel erreicht sei und *Jeder Mensch ein Künstler* sei, ganz überflüssig wäre, antwortet Beuys überraschenderweise: „Nein gar nicht. Es müsste doch z.B. einen Platz geben, wohin die Menschen gehen können, wenn sie sich über Farbe unterhalten wollen“ (ebd., 47).

An dieser Stelle des Gesprächs scheint Beuys seinen politischen Argumentationsstrang gänzlich zu verlassen und sich einem spirituellen, beinahe kultischen Aspekt des Museums zuzuwenden. Er wirft den Begriff des Museums als einem Tempel auf, in dem der Mensch therapiert wird. „Hier befasse ich mich mit der geistigen Seite des Menschen, die ganz spirituell, ganz religiös ist, die dem Menschen überhaupt erst seine Menschenwürde gibt. Und dann wissen die Menschen, dass die Farbe das kann. Deswegen gehen sie dann an den Ort, an diesen Tempel zurück, weil da der Tempel für Farbe ist“ (ebd., 48).

Das Museum ist z.B. für das Phänomen der Farbe „der Tempel für dieses Problem in der Welt“ (ebd., 49), an dem sich dann verschiedene Spezialisten zusammensetzen, um gemeinsam Lösungen zu erarbeiten, die gesellschaftlich

---

mit Aufsätzen zum Museum unter dem Titel „Museum in motion“ (Blotkamp1979). Das Berner Kunstmuseum präsentierte im Jahr 2002 in einer Ausstellung mit dem Titel ‚Zeitmaschine. Oder: Das Museum in Bewegung‘ seine Sammlung neu (Beil 2002).

59 In einem Gespräch zu seiner Arbeit auf der Documenta VI sagt Beuys auf die Frage nach einer Institutionalisierung seiner Hochschule: „Nein, die Schule an einem Orte, das existiert ja auch schon. Wir werden im Documenta-Katalog die Arbeitsstätten abbilden, die ersten Gebäude, die zur Verfügung stehen, in Derry, Nordirland, in London, und in der Bundesrepublik – um zu markieren, dass das keine permanente, in alle Zukunft hin arbeitende university in motion ist, wie es ja weitgehend bis jetzt war [...]“ (KUNSTFORUM INTERNATIONAL 21, 3/77, 209f).

fruchtbar gemacht werden können. „[...] in der Zukunft wird das regelrecht das therapeutische Modell sein" (ebd.). Wie hierbei genau vorzugehen sei, lässt Beuys im Dunkeln.

Es zeigt sich, dass Beuys' Museumskonzept nicht einheitlich ist. Er vermengt Politisches mit Spirituellem und lässt darüber hinaus keinen plausiblen Arbeitsplan seines neuen Museums erkennen.[60] Noch deutlicher wird die mangelnde Strukturiertheit des Beuysschen Entwurfs im Zusammenhang mit dem Museum als Ort der totalen Toleranz. Frans Haks stellt die nahe liegende Frage, nach welchen Kriterien in einem solchen Museum festzulegen ist, was aufgenommen und was abgelehnt wird und wer diese Entscheidung treffen kann. Erstaunlicherweise nimmt Beuys bei der Beantwortung dieser Frage die vormals geforderte totale Toleranz im Museum sogleich wieder zurück:

> „Also durch einen demokratischen Prozeß wird überhaupt nichts geschehen, sondern nur dadurch, dass einige fähige Leute ganz genau im Bewusstsein haben: Ja so verläuft die Linie der Kunst [...]. Wir müssen den Begriff der Kunst totalisieren. Das können doch nur fähige Leute organisieren. Durch Volksabstimmung, Demokratie kommt sowas doch nicht zustande" (ebd., 54). „[...] entscheiden [...], was im Museum zu geschehen hat. Das können doch nur die Allerbesten, die Elite. Die Elite ist doch der beste Begriff für das Museum" (ebd., 58).

Ein Museum sei nur dann sinnvoll, wenn in ihm, wie er sagt, die „allerhöchste Kunst anzuschauen ist". Wenn es den Verantwortlichen im Museum nicht gelingt, die allerbesten künstlerischen Leistungen vorzuführen, braucht man kein Museum (ebd., 55). Damit ist die Toleranz des Museums spürbar eingeschränkt.

Indem er dem Museum seinen (traditionellen) elitären Charakter zurückgibt, stellt Beuys seine gesamte bisherige Museumskonzeption in Frage. Im ersten Teil seiner Ausführungen hatte er das Museum als permanente Konferenz, also als Institution der allumfassenden kreativen Gesellschaftsgestaltung bestimmt, in der jeder gemäß seinen Gestaltungsfähigkeiten teilhaben könnte. All dies wird hinfällig, wenn er Eliten die Verantwortung für die Institution überträgt und somit die mühsam demontierten Hierarchien wieder einführt. Auf diese Weise werden die traditionellen Strukturen des Museums, die er ja überwinden wollte, restituiert: Die Distanz von Kunst und Leben wird wieder

60 Dieses Problem hatte Beuys offenbar häufiger bei den großen Projekten. So wurde ein Plan zur Errichtung einer Freien Schule für Kreativität auf dem alten Messegelände Frankfurt von der Stadt abgelehnt, weil, wie das Protokoll vermerkt: „[...] über die rein theoretische Konzeption hinaus keinerlei konkrete Vorstellungen über Organisation und Finanzierung eines solchen Unternehmens bestehen" (vgl. Lange 1999, 156).

aufgebaut, das Museum wird wieder der Ort des besonderen (von Experten ausgewählten) Dings.

Beuys als Vorbild?

Joseph Beuys ist ein faszinierender Visionär, ein Utopist, dessen gesamtes Schaffen und Engagement von der Idee einer politisch besseren Welt beseelt ist.[61] All seine Projekte und Initiativen, so auch seine Museumsüberlegungen, erhalten ihren Sinn vor diesem geradezu messianischen Hintergrund. Anders als es später bei Dorner dargestellt wird (S.213ff), ruhen seine Überlegungen zum Museum nicht auf einem durchstrukturierten theoretischen Konzept und zielen damit nicht auf eine systematische Museumsreform.[62] Sie sind der Ausdruck einer umfassenden Gesellschaftsutopie.

Trotz der Unstimmigkeiten innerhalb der Konzeption von Beuys sind seine Überlegungen zur Museumsinstitution für diesen Zusammenhang von entscheidender Bedeutung. Sie stellen den konsequenten Versuch dar, das Museum als eine Kunstinstitution nach der Auflösung der Kunst zu entwerfen. An seinen Ausführungen werden zwei Punkte in besonders plastischer Weise deutlich: Erstens zeigt sich erneut, wie sehr Stellung und Funktion des Kunstmuseums von dem Kunstbegriff abhängen, der ihm zugrunde liegt. Zweitens wird klar, wie schwierig es sogar für Visionäre wie Beuys ist, die Konsequenzen aus einem erweiterten Kunstverständnis zu ziehen und sich von einer traditionellen Auffassung des Kunstmuseums frei zu machen. Nur das Museum als „Permanente Konferenz" entspricht den Anforderungen seines universellen Kunstverständnisses. Hier löst sich das traditionelle Museum endgültig auf. Dieses befreite Kunstmuseum stellt sich im Wesen als Gegenentwurf zu der traditionellen Museumsinstitution als Ort der Distanz von Kunst und Le-

61 Wie unvereinbar Beuys' Idealvorstellungen mit der Pragmatik der Kulturpolitik waren, dokumentiert z.B. eine Unterredung vom 22.9.1971, die der Künstler mit dem damaligen Staatssekretär des Wissenschaftsministers von NRW führte. Beuys berichtet: „Dr. Schnorr [...] sagte zu mir, dass meine politischen Ideen für den Menschen nur in einem Himmlischen Jerusalem zu verwirklichen wären, also unwirklich seien. Ich sagte zu ihm, wenn er recht hätte und diese Ideen von Freiheit, Demokratie und Sozialismus nur dort zu verwirklichen wären, dass wir dann, also jetzt, das Himmlische Jerusalem verwirklichen müßten" (Lange 1999, 154f, Fußnote 65).

62 Beuys ist sich der z.T. mangelnden Konsistenz seiner Darlegungen durchaus bewusst. Als er auf der Documenta VI in einem Vortrag seine Gedanken zur Sozialen Plastik vorstellt, macht er einleitend deutlich: „Es kann [...] oftmals erscheinen, als gäbe es in diesen Darlegungen Brüche. Aber es scheint mir notwendig zu sein, daß diese in Erscheinung treten, aber dann doch genommen werden müssen als eine Grenze, an die man stößt, wenn man operationell, d.h. mit Begriffen versucht, diese Dinge zu erarbeiten" (zitiert nach Harlan/Rappmann/Schata 1980, 123).

ben einerseits und des autonomen ästhetischen Objekts andererseits dar: Das Museum ist ein Ort, an dem Lebenspraxis und gesellschaftliche Wirklichkeit gestaltet werden. Sein Museum ist so zum Ort der sozialen Plastik, zum grenzenlos offenen Experimentierfeld politischer Aktion geworden. Im Laufe der Argumentation wird die unumkehrbare Konsequenz deutlich, die sich bei der völligen Entgrenzung des Kunstbegriffs für die Museumsinstitution ergibt: Sie löst sich auf. Beuys' Museum hat mit dem herkömmlichen Museum nur noch den Namen gemein. Die traditionellen Museumsaufgaben des Sammelns, Bewahrens und Vermittelns tauchen bei seinen Überlegungen nicht auf, und nur die Forschung hat im Rahmen einer gesellschaftspolitischen Diagnostik für ihn noch Bedeutung.

Beuys' Ausführungen zum neuen Kunstmuseum üben trotz der Brüche aufgrund ihrer Kompromisslosigkeit bis in die Gegenwart eine ungebrochene Faszination aus. Vor allem an zwei entscheidenden Punkten knüpfen insbesondere die jüngeren Kuratoren der Gegenwart an: Sie verstehen ihre Museen als offene Institutionen neuer Kunstformen, deren Aufgabe in der Auseinandersetzung mit den Fragestellungen der gesellschaftlichen Praxis liegt. Adam C. Oellers vertritt die Ansicht, dass gerade in der neuesten Zeit, in der sich die Museumsdiskussion permanent um sich selbst drehe ohne an grundsätzlichen Änderungen zu arbeiten, Beuys' unkonventionelle Theorien eine gangbare Zukunft aufzeigen könnten. Er hält die Gedanken von Beuys für die „einzig existierende, umfassend konzipierte Möglichkeit [...], die Konfrontation von geistiger Entwicklung und ökonomischer Ausnutzung aufzuheben, den ‚Freiheitsimpuls' auch für das Museum neu zu definieren und ihm für die Zukunft auch wieder Aufgaben in der evolutionären Entwicklung der Menschheit zuzuerkennen" (Oeller 1995, 302).

Oellers Begeisterung wird man nicht in jeder Hinsicht teilen können. Es bleibt fraglich, ob es sich bei Beuys' Gedanken um umsetzbare Reformkonzepte für das Museum der Gegenwart handelt. Wie weit man Beuys bei seinen Gedanken zum Museum folgen kann, hängt davon ab, bis zu welchem Grad man bereit ist, seinen universalen Kunstbegriff zu akzeptieren.

Mit Beuys ist erstmals der Punkt erreicht, an dem man von einer Verunmöglichung des traditionellen Museums durch die Kunst sprechen muss. Beide Prinzipien, die im ersten Teil dieser Ausführungen als wesentliche Charakteristika des traditionellen Museums herausgearbeitet wurden, das Prinzip der Trennung von Kunst und Leben und jenes der Objektorientierung, bestehen in Beuys' „Museum als permanenter Konferenz" nicht mehr. Wird Kunst mit gesellschaftlicher Gestaltung gleichgesetzt, kann sie an jedem beliebigen Ort stattfinden. Das Museum ist ein Ort wie jeder andere. Es ist daher fraglich, ob es überhaupt noch sinnvoll ist, bei Beuys von einem Museum zu sprechen.[63] Bei Beuys löst sich der Kunstbegriff auf und mit ihm der Begriff des Kunstmuseums.

Nachdem nun die Auflösung des Kunstarchivmuseums in ein gesellschaftliches Laboratorium bei Beuys dargestellt wurde, soll im Folgenden die Arbeit eines weiteren Künstlers betrachtet werden, der sich in unmittelbar künstlerischer Weise mit der Museumsinstitution auseinandersetzt: Marcel Broodthaers. Bei ihm liegt eine weitere bedeutende Ausformung des Labormuseums vor. Dieses erhält seinen Charakter allerdings nicht aus einem politisch-gesellschaftlichen Kontext, sondern aus einer sehr differenzierten künstlerischen Reflexion der Museumsinstitution selbst. Bei Broodthaers wird das Museum mit seiner Struktur, Position und Funktion zum Thema seines Werks. Er entwirft ein Labor der Selbstdiagnose des Museums.

Marcel Broodthaers: Das Museum als Untersuchungslabor seiner selbst

Joseph Beuys hatte sich als Konsequenz aus seinem erweiterten Kunstbegriff für eine Politisierung des Museums eingesetzt. Die abgeschottete selbstreferenzielle Kunstinstitution sollte eine Stätte der unmittelbaren künstlerischen Artikulation und der direkten Gesellschaftsgestaltung werden. Beuys' Denken war getragen vom Geist der Nachkriegsintellektuellen, die Ende der 60er Jahre in ganz Europa öffentlich die Demontage bzw. Öffnung der etablierten politischen und kulturellen Institutionen forderten. Die verhärteten, immer noch von der bürgerlichen Tradition durchdrungenen Strukturen sollten einer neuen, befreiten und sozialen Demokratie weichen. Die Kreativität, das Geistige, die Poesie wurden als Möglichkeiten der Gestaltung von Wirklichkeit proklamiert. Die Vereinigung von Kunst und Leben, der alte Traum der Avantgarde, sollte endlich Wirklichkeit werden.

Da sich die politischen Entscheidungsträger durch rhetorische Überzeugungsarbeit nicht zu Reformen veranlassen ließen, wurden die in Wort und Schrift formulierten Proteste nach und nach von direkten, z.T. künstlerischen Aktionen begleitet. Argumentation und Vorgehensweise der kreativen Reformer waren jedoch, wie sich auch in Beuys' Museumsinterview zeigt, nicht selten chaotisch: Die Konzepte waren unstrukturiert und die Zielsetzungen wenig konkret, was zur Folge hatte, dass es gerade unter den überzeugtesten Idealisten sehr schnell Enttäuschte gab. Einer von ihnen war der belgische Künstler Marcel Broodthaers. Für ihn wurde bald klar, dass die Aktionen der

63 Die Frage nach dem Sinn des Begriffes „Museum" ist hier ebenso berechtigt wie die Frage nach dem Sinn des Begriffes „Plastik" im Ausdruck „Soziale Plastik".

Studenten keine tief greifende Veränderung der bestehenden Verhältnisse, besonders im Kulturbereich, durchsetzen würden. Ein direktes Zusammenlegen von Kunstpraxis und kunstpolitischer Institution, wie sie auch Beuys gefordert hatte, erwies sich in seinen Augen als unmöglich bzw. unsinnig. Dennoch blieb auch für ihn die Frage nach der Kunst und der künstlerischen Institutionen in ihrem Verhältnis zur Gesellschaft Zentrum seines künstlerischen Schaffens.

Marcel Broodthaers war ursprünglich Schriftsteller und arbeitete ab 1964 als bildender Künstler bzw. Konzeptkünstler.[64] Seine künstlerische Auseinandersetzung mit der Museumsinstitution ist für die Entwicklung des Kunstmuseums im 20. Jahrhundert von großer Bedeutung, obwohl er weder Kurator einer festen Museumsinstitution war, noch systematische Werke zur Museumstheorie verfasste. Er beschäftigte sich als Künstler mit dem Museum; er war der erste Künstlerkurator.

Im Zentrum der folgenden Darlegungen soll eine der umfassendsten und bekanntesten Arbeiten von Marcel Broodthaers stehen, sein Musée d'Art Moderne. Es handelt sich hierbei nicht um ein wirkliches Museum, sondern um einen Zyklus von Ausstellungs- und Museumsinstallationen, bei denen sich der Künstler mit dem Phänomen des Museums auseinander setzt. Es ist nicht möglich, hier genauer auf alle Teile dieses Zyklus einzugehen. Es wird vor allem jene Teilausstellung behandelt, die 1972 in Düsseldorf stattfand und als Broodthaers *Adlermuseum* bekannt wurde.

Obwohl der Künstler bei seinem Musée d'Art Moderne keine systematisch ausgearbeitete Museumskonzeption vorlegt, ist seine Arbeit für die moderne Museumsdiskussion sehr bedeutsam. Er betreibt mit seiner Arbeit in äußerst hintergründiger Weise die Demontage eingefahrener musealer Strukturen, indem er den Typ des reflexiven Museumslabors entwickelt, in dem das Museum selbst zum Gegenstand der Beobachtung wird. Das Museum wird mit Broodthaers' Musée d'Art Moderne also ein Ort der Selbstreflexion, in dem die Konstellation „Künstler-Kunst-Museum-Betrachter“ durchleuchtet wird. Auch hinsichtlich der gegenseitigen Abhängigkeit von Kunstbegriff und Museumsverständnis ist Broodthaers' Arbeit interessant, da beim Musée d'Art Moderne eine besonders komplexe Verflechtung von Kunstbegriff und Museumsbegriff vorliegt. Genau genommen ist eine Unterscheidung von Kunst und Präsentationsrahmen hier nicht mehr möglich. Sein Kunstmuseum ist selbst das Kunstwerk. Diese Form der Gleichsetzung unterscheidet sich jedoch grundlegend von der Auffassung Beuys', die alle gesellschaftlich rele-

64 Broodthaers hatte sich, nachdem er als Schriftsteller kein Auskommen hatte, dazu entschieden, bildender Künstler zu werden. „Ich fragte mich, ob es mir nicht auch möglich sein könnte, etwas zu verkaufen und Erfolg zu haben“, formulierte er auf seiner ersten Ausstellung (zitiert nach McShrine 1997, 62).

vanten Institutionen, so auch das Museum, unter seinem umfassenden Kunstbegriff subsumiert und so zu Kunst erklärt. Broodthaers konnte mit der totalen Entgrenzung des Kunstbegriffes im Sinne von Beuys nichts anfangen.[65] Seine Bearbeitung des Museumsthemas erfolgte nicht als die eines künstlerischen Politikers, sondern als die eines kunstreflektierenden Theoretikers bzw. konzeptuellen Künstlers.

Marcel Broodthaers Weg zum Museum

Broodthaers' künstlerische Auseinandersetzung mit dem Museum begann in den späten 60er Jahren. Er gehörte zu den Künstlern und Kunststudenten, die sich in Belgien gegen das Establishment und die verhärteten Strukturen des Kunstbetriebes auflehnten. Neben den Akademien standen besonders Museumsinstitutionen mit ihren hierarchischen Strukturen und spießbürgerlichen Selektionsmechanismen im Brennpunkt der Kritik. 1968 besetzte Broodthaers zusammen mit einer Reihe von Künstlern und Studenten das Palais des Beaux-Arts in Brüssel.[66] Aus dem verstaubten Museum, das, so die gängige Auffassung, in seinem bürgerlichen Mief nichts als der phlegmatische Hort des Affirmativen war, sollte endlich ein lebendiger Ort der Kunst werden. Die jungen Künstler nisteten sich in den Museumshallen ein und begannen dort selbst zu malen. Anders als Broodthaers es erwartet hatte, folgten auf diesen provokativen Auftakt keine weiteren Aktionen, die auf eine langfristige und konstruktive Strategie ausgerichtet gewesen wären. Mit dem unausgereiften Plan, Kunst und Lebenspraxis zu verbinden, indem man das Museum zur Produktionsstätte von Kunst uminterpretierte, war eine tief greifende Reform des Kunstbetriebes nicht zu erreichen. Nach acht Tagen verließ Broodthaers das besetzte Museum. Er entschloss sich, Symposien und Diskussionsrunden zu organisieren, in denen die kulturpolitischen Zustände diskutiert werden

65 Broodthaers lebte seit Ende der 60er Jahre in Düsseldorf und kannte Beuys sehr gut. Ihr anfänglich freundschaftliches Verhältnis kühlte sich allerdings zunehmend ab, was nicht zuletzt an ihrer fundamental unterschiedlichen Kunstsicht lag. Schließlich trug Broodthaers seinen Zwist mit Beuys in Form von offenen Briefen aus, in denen er Beuys jedoch nicht direkt ansprach, sondern indem er einen fiktiven Briefwechsel zwischen Jaques Offenbach, dessen Rolle er übernahm, und Richard Wagner verfasste. In dem zweiten und letzten dieser offenen Briefe schreibt Broodthaers an Beuys:
„Ich bin kaum mit der Position einverstanden, die Du beziehst, und auf jeden Fall erkläre ich meine Ablehnung, wenn Du in Deine Definition der Kunst die Politik miteinschließen willst – Magie? – Mein lieber Wagner, unsere Beziehung ist schwierig geworden. Dies ist gewiß die letzte Mitteilung, die ich Dir sende“ (zitiert nach Zwirner 1997, 138). Der Brief findet sich in Originalform abgedruckt in Szeemann 1983, 430f. Zum Verhältnis von Beuys und Broodthaers vgl. Zwirner 1997, 137ff bzw. Zwirner 1995, 17f.

66 Vgl. hierzu Zwirner 1997, 82ff, Mosebach 1989, 171f.

sollten. Im Zuge der Vorbereitung einer dieser Veranstaltungen entstand die Urform seines Musée d'Art Moderne. Es sollte zu einer seiner einflussreichsten Arbeiten werden.

Das Musée d'Art Moderne – Eine reflexive Museumsfiktion

Seinen Anfang nahm das Musée d'Art Moderne eher zufällig.[67] Bei der Vorbereitung zu einer seiner Einladungen bemerkte Broodthaers, dass es für die geladenen Gäste zu wenig Sitzgelegenheiten gab. Er kam auf die Idee, sich Kunsttransportkisten von einer Spedition auszuleihen auf denen, wie dies üblich ist, Worte wie „Vorsicht zerbrechlich" u.ä. geschrieben war. Versehen mit diesen Kunstmuseums-Requisiten entfaltete der Raum eine völlig neuartige Wirkung. Broodthaers baute diese Transformation der Räumlichkeit noch aus. Er heftete an die Kisten Kunstpostkarten mit Abbildungen von Kunstwerken des 19. Jahrhunderts und schrieb zu guter Letzt auf die Fenster seiner Wohnung „Museum" und auf die Mauer hinter dem Garten die Worte „Département des Aigles".[68] Das Musée d'Art Moderne Section XIXème siécle, Broodthaers fiktives Museum war geboren.[69]

Die Eröffnung der „Museumsfiktion" war ein voller Erfolg.[70] Es erschienen nicht nur Künstler und Persönlichkeiten aus dem öffentlichen Kulturleben,[71] sondern mit Johannes Cladders hielt sogar ein Museumsdirektor die Eröffnungsrede.[72] Der Erfolg der Aktion gründete in der Tatsache, dass sie

67 Die folgenden Ausführungen beziehen sich auf eine Unterhaltung Broodthaers' mit Freddy de Vree (u.a. abgedruckt in Kravagna 2000, 37-41). Hier behauptet Broodthaers, dass sein Museum nicht einem Konzept folgend, sondern spontan aus der Situation heraus entstanden sei (ebd.).

68 Adler spielten inhaltlich bei dieser ersten Museumsaktion noch keine Rolle. Sie sollten erst in Broodthaers Ausstellung in Düsseldorf direkt Thema werden.

69 Broodthaers verfasste sogar ein Einladungsschreiben für sein Museum, in dem er die Ausdrucksweise offizieller Einladungen der etablierten Institutionen persiflierte. Er schrieb: „Eröffnung. Wir haben das Vergnügen, die Kundschaft und die Neugierigen über die Einweihung des Département des Aigles, des Museums moderner Kunst zu informieren. Die Arbeiten sind im Gange. Ihre Fertigstellung wird zu dem Zeitpunkt erreicht werden, an dem wir hoffen, die Poesie und die bildenden Künste, Hand in Hand, brillieren zu lassen. Wir hoffen, daß unsere Formel ‚Desinteresse plus Verwaltung' Sie verführen wird" (zitiert nach Zwirner 1997, 85).

70 Zur Ausgestaltung der Räume des Musée d'Art Moderne, Département des Aigles, Section XIX ème Siècle, vgl. Goldwater/Compton 1989, 180f. Hier ist auch eine Abbildung der Einladungskarte zu sehen.

71 Broodthaers selbst spricht ironisch von 60 „Persönlichkeiten des öffentlichen Lebens und des Militärs" (Zwirner 1997, 88).

72 Cladders Rede behandelte die Stellung des Museums in der Gesellschaft und wurde von Broodthaers selbst mit einem Vortrag zum Thema „Beziehung zwischen der institutionalisierten und der poetischen Gewalt" beantwortet (vgl.

das genaue Maß von Provokation und Anspruch einhielt und damit exakt das erreichte, was mit der Besetzung des Palais des Beaux Arts nicht gelungen war: eine intensive Auseinandersetzung mit der Museumsinstitution, ihren Möglichkeiten und Grenzen in der Gesellschaft.

Das Musée d'Art Moderne, Département des Aigles, Section XIXème Siècle bestand ein Jahr; wurde dann abgebaut und andernorts, mit anderen Postkarten versehen, unter dem Titel Musée d'Art Moderne, Département des Aigles, Section XIIème Siècle wieder aufgebaut.[73] Die Gründung seines Musée d'Art Moderne in Brüssel war der Beginn eines groß angelegten Projektzyklus' Broodthaers', mit dem er sich dem Thema Museum bzw. Sammlung widmete. Dieses Projekt des fiktiven Museums gliederte sich im Laufe der folgenden vier Jahre in verschiedene Teilprojekte, die Broodthaers jeweils als Abteilungen (Départements oder Sections) seines Museums bezeichnete. Er faltete in den jeweiligen Teilprojekten nach und nach die verschiedenen Funktionsbereiche und Teilbereiche der Museumsinstitution sowohl strukturell als auch inhaltlich auf. So gab es Abteilungen seines Museums für die Kunst des 19. oder des 20. Jahrhunderts, für neue Kunst, für alte Kunst, für Kino, für Adler aber auch für Finanzen und Öffentlichkeit. Diese Abteilungen wurden an verschiedenartigsten Orten errichtet: in Galerien, auf Messen,[74] in Museen oder, wie bei der Eröffnung des Museums, auch in Privatwohnungen.[75]

Mit den Museen, die Broodthaers konstruierte, verfolgte er von Anfang an Ziele, die sich von denjenigen gewöhnlicher Museumseinrichtungen grundlegend unterschieden. Sammeln, Bewahren, Vermitteln, ja sogar Kunstwerke selbst spielten bei den ersten Etappen seines Museumsprojekts zunächst keine Rolle. Es ging Broodthaers nicht um die Präsentation von Kunstgegenständen, sondern um eine künstlerische Auseinandersetzung mit der theoretischen und gesellschaftlichen Verfasstheit der Museumsinstitution selbst.

Diese Neuausrichtung wurde bereits in der Eröffnungsausstellung, dem Musée d'Art Moderne, Département des Aigles, Section XIXème Siècle u.a. dadurch deutlich, dass Kunstwerke, traditionell das Zentrum einer Museums-

Zwirner 1997, 89). Es verwundert nicht, dass gerade Cladders bei der Eröffnung sprach. Auch er setzte sich als Kurator intensiv mit alternativen Ausstellungs- und Museumsprojekten auseinander. Zur Bedeutung Cladders für die Museumskultur des 20. Jahrhunderts vgl. Wischermann 1997, bes. S. 98-105. Grasskamp 2006

73 Vgl. hierzu Crimp 1989, 81f bzw. Goldwater/Compton 1989, 182.

74 Im Gespräch mit Freddy de Vree meint Broodthaers, dass er sich auf der Kunstmesse Köln besser fühle als in seinem Museum, „weil wir auf der Kölner Kunstmesse in der heutigen gesellschaftlichen Realität sind, in ihrem System, in ihrem niedrigsten kommerziellen Aspekt“ (Kravagna 2001, 40).

75 Nähere Ausführungen zu den einzelnen Abteilungen finden sich bei Goldwater/Compton 1989, 179ff.

ausstellung, nur in lächerlichen Postkartenabbildungen vorkamen.[76] Ebenso erwies sich die Bezeichnung Ausstellung mit dem Titel „Adler-Abteilung“ als irreführend. Adlerdarstellungen spielten bei seinen Projekten bis zur „Section des Figures“ in Düsseldorf keine Rolle. Mit Hilfe einiger signifikanter Ausstattungsstücke schuf Broodthaers einen fiktiven Museumsrahmen, der anfänglich nichts zeigte außer sich selbst. Auf diesem Weg konfrontierte er den Betrachter mit der Idee des Museums als solchem. Es ging um eine Verortung des Museums mit all den Aspekten, die sich aus dem Verhältnis Künstler, Kunst, Betrachter, Kurator, Institution, kulturpolitische Bedingungen etc. ergaben. Konkrete Ausstellungsinhalte waren somit zunächst irrelevant.[77]

Der theoretische Rahmen, den Broodthaers mit seinen ersten Projekten thematisierte, sollte erst später mit Inhalten gefüllt werden: Dies erfolgte zunächst 1971/72 mit der Section Cinéma, bei der er sich des Kinos annahm und darauf folgend im selben Jahr mit der Section des Figures im Düsseldorfer Kunstmuseum, die später noch dargestellt wird. Doch selbst in der Auseinandersetzung mit Inhalten hielt Broodthaers Museum die Distanz zu gewöhnlichen Ausstellungen. Sein Museum blieb fiktiv, bzw. theoretisch.

Der Adler vom Oligozän bis heute – Vom Präsentationsraum zum Experimentalraum

Das aufwendigste Projekt im Rahmen des *Musee d'Art Moderne* war die Section des Figures, die 1972 in der Städtischen Kunsthalle Düsseldorf stattfand. Hier nahm sich Broodthaers erstmals direkt des Themas „Adler“ an, das seine Museumsaktionen bisher nur in Form der Bezeichnung *Département d'Aigle* begleitet hatte. Broodthaers hatte über 300 Gegenstände unterschiedlichster Art und Provenienz zusammengesammelt, die allesamt entweder einen Adler darstellten oder eine Adlerapplikation aufwiesen. Im begleitenden Heft zur Ausstellung schreibt er: „Das Publikum wird mit folgenden Kunstge-

76 Man fühlt sich an René Magritte erinnert, einen Künstler, der für Broodthaers außerordentlich wichtig war, und der behauptete, dass ihn Kunstmuseen wie die Uffizien nicht sonderlich interessierten. Die Kunstwerke, die für ihn wichtig waren, genügten ihm als Postkartenabbildungen.

77 Entsprechend entstand 1969 am Strand von Le Coq die „Section Documentaire“, die vollständig ohne Exponate oder deren Versatzstücke auskam. Broodthaers ließ den Plan eines Museums in den Strandsand eingraben und mit verschiedenen zweisprachig ausgeführten Schildern versehen. „Museum für Moderne Kunst, 19. Jahrhundert“ oder „ Es ist absolut verboten, die Objekte zu berühren“ oder „Es ist strikt untersagt, die Arbeiten zu stören“ (Zwirner 1997, 92). Mit den Schildern gab sich das Sandmuseum zunächst betont bedeutsam und einschüchternd. Dieses verbale Pathos führte jedoch vollständig ins Leere, da keinerlei Kunst vorhanden war, die die Schilder hätten beschützen können. Die Museumsinstallation selbst war überdies so nah an den Strand gebaut, dass sie nach sechs Stunden von der Flut mitgenommen wurde (vgl. Goldwater/Compton 1989, 185).

genständen konfrontiert: Adler aller Art, von denen ein Teil mit schwerwiegenden symbolischen und historischen Ideen befrachtet ist" (Broodthaers 1972 I, 16). Entsprechend hieß die Ausstellung „Der Adler vom Oligozän bis heute". Broodthaers hatte sich entschieden, dem Adler innerhalb seines Musée d'Art Moderne eine eigene Ausstellung zu widmen, weil sich in dieser symbolträchtigen Figur die Verflechtungen von Kultur und Macht, von Kunst und Politik am komplexesten und differenziertesten verbanden. „Einerseits verkörpert er die Rolle einer gesellschaftlichen Parodie künstlerischer Hervorbringungen, andererseits die einer künstlerischen Parodie gesellschaftlicher Sachverhalte" (ebd., 18f).

Das Museum jenseits von Inhalten

Broodthaers war allerdings nicht darauf aus, eine originelle Ausstellung vorzuführen, die den Betrachter über den Adler aufklären sollte. Die Distanz seiner Präsentation zum klassischen Objektmuseum war offensichtlich u.a. durch die Tatsache, dass die verschiedenen Objekte entgegen der Museumstradition ohne chronologische oder inhaltliche Systematik ausgestellt wurden. Das deutlichste Zeichen jedoch, mit dem Broodthaers den Rahmen der herkömmlichen Kunstausstellungssituation sprengte, bestand darin, dass er jedes einzelne der Exponate mit auffälligen Schildchen versah, auf welchen in drei Sprachen die Worte „das ist kein Kunstwerk" zu lesen war.

Es zeigte sich, dass trotz der unüberschaubaren Menge an Exponaten der Section des Figures weder die einzelnen Kunstgegenstände noch der Adler als kulturhistorisch interessantes Motiv der eigentliche Inhalt der Ausstellung waren. Der Adler war nicht das Thema der Ausstellung, sondern er war der Gegenstand, an dem die konzeptuelle Methode des Künstlers exemplifiziert werden sollte. In einem seiner *Six lettres ouvertes avis*, die zu seiner Ausstellung erscheinen, bringt er diese Abwendung von der Ausstellungstradition auf die folgende provokante Formel: „Jede Ähnlichkeit der Adler mit solchen Museen anderer Art [...] ist zufällig, rein formal, unbeabsichtigt, existiert nur in der Einbildung oder ist ein Ergebnis der Zivilisation – die Direktion lehnt jede Verantwortung ab" (zitiert nach Zwirner 1997, 128, Fußnote 243).

Die Kataloghefte der Düsseldorfer Ausstellung waren auf der ersten Seite mit dem Wort „Museum" überschrieben (Broodthaers 1972 I/II)[78], während der Titel der Ausstellung „Der Adler vom Oligozän bis heute" sich bezeichnenderweise erst auf der ersten Katalogseite fand. Durch diese Platzierung der Titel wurde von vornherein deutlich, dass für Broodthaers nicht bestimmte Inhalte, sondern das Museum selbst als komplexes kultursoziologisches Phä-

78 Zu der Ausstellung erschienen zwei Katalogheftchen, eines zur Ausstellung selbst und ein zweites, das u.a. die Publikumsreaktionen aus dem Gästebuch aufnahm (Broodthaers 1972 I/II).

nomen das Thema seiner Ausstellung ist. Das Ziel seiner Präsentation bestand folglich darin, grundsätzliche museumstheoretische bzw. rezeptionstheoretische Fragestellungen vorzuführen. Im zweiten Katalogband schreibt er: „Das Konzept der Ausstellung basiert auf der Identität des Adlers als Idee mit der Kunst als Idee. Das Ziel ist, eine kritische Überlegung darüber nahezulegen, wie Kunst in der Öffentlichkeit präsentiert wird“ (Broodthaers 1972 II, 19).

Die Auflösung der Ordnung

Beim Musée d'Art Moderne handelte es sich nicht um ein wirkliches Museum, d.h. eine Stätte der systematischen Ordnung von historischen Gegenständen bzw. Kunstwerken. Man könnte sagen, dass Broodthaers die Ausstellung der Section des Figures in Düsseldorf als eine Art Zerrbild des herkömmlichen Museums gestaltete.

Obwohl er mit dem Adler ein Ausstellungsthema gewählt hatte, das sowohl kulturhistorisch als auch kunstgeschichtlich interessant war, legte er sich bei seiner Präsentation auf keinerlei nachvollziehbare Systematik fest. Er mied demonstrativ die kunstwissenschaftliche Ordnung des herkömmlichen Museums, indem er z.B. bewusst auf eindeutige ikonographische oder ikonologische Erläuterungen und Zuweisungen verzichtete. Der Künstler setzte diesem traditionellen Sinnsystem ein vielschichtiges und ausdifferenziertes Bedeutungsgeflecht entgegen, das Jürgen Harten, der das Projekt kuratorisch begleitete, poetisch nennt: „Was Broodthaers unter Ikonographie versteht, ist mir nie ganz klar geworden. Wahrscheinlich verhält es sich so: Die Bedeutung einer Adlerdarstellung ist dehnbar. Wenn man sie zu weit ausdehnt, verliert sie den Kontakt mit dem Bild. Oder: den Zweck ohne besondere Rücksicht auf das Ding, den Adler, auf eine ikonographische Idee beziehen, das heißt für Broodthaers: Blindsein. Bei ihm stellen die Dinge die Fragen. Also Poesie statt Ikonographie“ (ebd., 24).[79]

Broodthaers' „poetische Systematik“ dokumentiert sich am deutlichsten in den Texten der ausstellungsbegleitenden Kataloghefte. Auf den ersten Blick scheinen diese den Ansprüchen eines herkömmlichen Museumskatalogs zu genügen: Sie enthalten Vorwort, Einführung, Abbildungen und sogar ein Glossar. Dieses nennt er, trotz der Beliebigkeit seiner Texte, Enzyklopädie, ein Begriff, mit dem Systematik, Wissenschaftlichkeit und vor allem Vollständigkeit verbunden werden.[80] Bei näherer Betrachtung gewinnt man jedoch

79 Die „Poesie“ von Künstlermuseen wird nicht nur bei Sammlungsgestaltungen zeitgenössischer Künstler konstatiert, auch die sehr frühen Kunstmuseen, etwa Sir John Soane's Museum in London, das lange Zeit von Künstlern geführt wurde und dessen Ordnung bis heute erhalten ist, besitzt, so zumindest Selby Whittingham, diese Poesie (Whittingham 1996).

80 Broodthaers erklärt in seiner Adler-Enzyklopädie selbst das Wort „Enzyklopädie“, indem er den altertümlichen Titel eines enzyklopädischen Werkes aus dem

den Eindruck, dass der Katalog, zumindest in den Passagen, die vom Künstler geschrieben oder ausgewählt sind, nicht der Klärung, sondern der ‚Verunklärung' der Ausstellungsinhalte dient und er sich bewusst von einem wissenschaftlich fundierten Ausstellungskonzept distanziert. Es finden sich zwar einerseits Begriffe, die mit dem Adler in der Kunstgeschichte zu tun haben, wie etwa „Ganymed" oder „Johannesadler", aber auch solche, die entweder sehr allgemein sind oder nur entfernt im Zusammenhang mit dem Thema stehen, wie z.B. „Himmelfahrt" oder „Identität" (Broodthaers 1972 II, 63).[81] Oft bezieht sich Broodthaers auf betont altertümliche Quellen[82] und druckt die aus moderner Sicht z.T. abstrusen Theorien unkommentiert ab.

Als Beispiel könnte man die Rubrik „Adler" aufführen, die in seinem Glossar mehrfach auftaucht. Einmal wird der Adler beschrieben als der „stärckste und geschwindeste unter den Raub-Vögeln", dann als das Tier, das „von sehr frühen Zeiten her, in denen die Einbildungskraft noch mit dem bemerkenden Verstande herrschte, für König der Vögel" galt, schließlich aber auch als „Linker Nebenfluß der Elbe in Böhmen, der aus der Wilden Adler und der Stillen Adler entsteht und bei Königgrätz mündet" (Broodthaers 1972 I, 58).[83] Teilweise erscheinen Broodthaers' Texte auch als bewusster Nonsens, wenn er z.B. an einer anderen Stelle des Kataloges schreibt: „Der Adler ist wie ein Papiertiger ein schwächliches Ungeheuer. Er nistet in öffentlichen Museen. Das spiegelt sich auch in meinem fiktiven Museum, das ich 1968 gründete und dem ich den Namen Département des Aigles gab" (Broodthaers 1972 II, 18).[84] Mit seinen Katalogtexten macht es Broodthaers dem Leser bewusst schwer, sich ein wie auch immer geartetes klares und deutliches Bild seines Themas zu verschaffen.[85]

18. Jahrhundert in seiner altertümlichen Schreibweise und Formulierung abdruckt (Broodthaers 1972 I, 62).

81 Auch die Erklärungen selbst haben im Sinne der Wissenschaftlichkeit nur beschränkten Informationswert. Als Erklärung für Identität steht „siehe A=A" (ebd.). Wenn man unter dieser Rubrik nachsieht, findet man „A=A, s. Identität" (ebd., 58).

82 Broodthaers erwähnt ausdrücklich den „Physiologus" (Broodthaers 1972 II, 55).

83 Broodthaers deutet mit der Altertümlichkeit seiner Bemerkungen im Glossar auf die Nähe seiner poetischen (bzw. phänomenologischen) Darstellung zur Vorwissenschaftlichkeit der Systematik der Kunst- und Raritätenkammern hin.

84 Bei einer genaueren Analyse stellt sich freilich heraus, dass derartige Sätze keinesfalls als bloßer Nonsens abgetan werden können. In ihnen spiegelt sich letztlich das ganze hintergründige Konzept von Broodthaers' Musée d'Art Moderne.

85 Dorothea Zwirner spricht davon, dass Broodthaers diese Enzyklopädie auf Veranlassung Hartens „als ‚enzyklopädisches Alibi' für die unvermeidliche Relativität jeglicher Gliederungssysteme beigefügt" habe (Zwirner 1997, 126).

Die Verwirrung des Besuchers

In Broodthaers Konzept geht es nicht nur darum, das Museumsarchiv in seiner herkömmlichen wissenschaftlich orientierten Form aufzugeben. Er legt es in seiner Ausstellung bewusst auf eine kontinuierliche Störung des gewohnten Museumserlebens des Betrachters an. Dies erreicht er zunächst dadurch, dass er den Besucher mit einer unüberschaubaren Menge von unterschiedlichsten Dingen konfrontiert, die weder in irgendeiner Hinsicht kategorisierbar sind, noch im gewohnten Sinne Kunstwerke darstellen.

Die Verwirrung wird vollkommen, indem er jedes der Exponate mit auffälligen Schildern versieht, die darauf hinwiesen, dass es sich hier nicht um Kunstwerke handelt. Broodthaers beschreibt in seinem Katalog diese Vermerke als eine Vereinigung eines Konzeptes von Duchamp (der Nicht-Kunst zur Kunst erklärt hatte) und eines Konzepts von René Magritte (der die Unterscheidung von Abbild und Abgebildetem unterstreicht: „Ceci n'est pas une pipe"), dem er auch im Katalog seine Referenz erweist (Broodthaers I 14/ 15).[86] An anderer Stelle äußert sich Broodthaers über diese konzeptuellen Zusammenhänge folgendermaßen: „‚Dies ist kein Kunstwerk' ist eine Formel, die ich aus dem Widerspruch des Konzepts von Duchamp und dem antithetischen Konzept Magrittes erlangt habe. Sie erlaubt mir, Duchamps Urinoir mit dem Emblem eines Adlers zu dekorieren, der eine Pfeife raucht. Ich glaube, ich habe das Prinzip der Autorität unterstrichen, das das Symbol des Adlers zum Chef der Kunst gemacht hat" (zitiert nach Zwirner 1997, 210, Fußnote 239).

Auf die zeichentheoretischen und rezeptionstheoretischen Implikationen der Adler-Ausstellung, die besonders bei Broodthaers Schildern deutlich werden, kann hier, obwohl sie einen inhaltlichen Schwerpunkt seines Werkes darstellen, nicht näher eingegangen werden.[87] In dem vorliegenden museums-

86 Michael Compton ist der Ansicht, dass Broodthaers mit seinen Schildern „Das ist kein Kunstwerk", das Duchampsche Prinzip des Readymades umkehrt: „Duchamp brought the urinal into a museum, thus declaring the artist's right to turn it into a work of art. Broodthaers reverses the process, which has been vulgarized by commerce: he brings objects into the museum, including works of art, and declares them not to be works of art" (Compton 1989, 51).

87 Broodthaers führt Duchamps bzw. Magrittes künstlerische Auseinandersetzung mit der Frage nach der Referentialität des Kunstwerks als komplexem Zeichensystem in seiner Arbeit weiter. Hier stellen sich grundsätzliche Fragen der Unterscheidung von Kunst und Nicht-Kunst, Original und Reproduktion, Ähnlichkeit und Identität, Präsentation und Repräsentation jeweils vor dem Hintergrund von Rezeptionskonventionen (vgl. hierzu Zwirner 1997, 15ff, bzw. ebd., 126ff).
Das Magrittesche Spiel von Abbild und Original und seiner Abhängigkeit von der jeweiligen Darstellungsform variiert Broodthaers in seinem Katalog zur Ausstellung in besonders hintergründiger Weise. Das Foto von drei Adlereiern auf dem Umschlag des ersten Katalogheftes taucht im Katalog unter zwei ver-

theoretischen Zusammenhang ist die verwirrende Wirkung dieser ständig wiederholten Ermahnung an den Museumsbesucher, d.h. der unmittelbare Eingriff in das Rezeptionsgeschehen im Museum, von entscheidender Bedeutung. Denn indem Broodthaers den Betrachter permanent aus seinem gewohnten Gegenüber mit den Ausstellungsobjekten reißt, lenkt er zum einen den Blick auf die Rahmenbedingungen, innerhalb derer dies stattfindet und veranlasst zum anderen den Betrachter, die Gegenstände außerhalb gewohnter Wahrnehmungsmodi zu sehen.[88] Mit seinen Schildern verwandelt der Künstler den musealen Präsentationsraum in einen Reflexionsraum über das Museum.

Broodthaers' Konzept steuert implizit gegen die kunstwissenschaftlich bzw. bildungsbürgerlich geprägten Rezeptionserwartungen, die einen Museumsbesuch gewöhnlicherweise tragen. Ein durchschnittlicher Museumsbesucher erwartet im Museum Kunst oder kulturhistorisch herausragende Werke. Eine derartige Erwartungshaltung schränkt jedoch den Wahrnehmungshorizont ein, da sie dazu verleitet, die Werke lediglich als Repräsentanten eines bestimmten Stils bzw. einer gewissen Epoche zu betrachten ohne sie als für sich gültige Einzelwerke wirken zu lassen.[89] Diese Eindimensionalität des „kunstorientierten" Zugangs zu Dingen im Museum bricht Broodthaers mit seinen im Museum unerwarteten Schildern „Das ist kein Kunstwerk".

Im Katalog weist er direkt auf diese Zielsetzung seiner Ausstellung hin: „Was den Bereich der Wahrnehmung durch das Publikum betrifft, so stelle ich fest, dass die Gewohnheiten und die persönliche Fixierung eine vorurteilsfreie „Lektüre" verhindern. Trotzdem spielt die Plakette mit der Inschrift: „Dies ist kein Kunstwerk", eine gewisse Rolle. Sie stört die narzisstische Projektion des Besuchers auf den Gegenstand, den er betrachtet, aber sein Bewusstsein erreicht sie nicht" (Broodthaers 1972 II, 19). Im einleitenden Kurztext zu Band I schreibt Broodthaers: „Der Charakter dieser Gegenüberstellung

schiedenen Nummern auf (vgl. Broodthaers 1972 I, 53). Zum einen als die Eier im Original aus dem Besitz des Löbbekemuseums und zum anderen als Foto derselben Eier aus der Sammlung Glissen. Auf der Katalogabbildung lässt sich nicht mehr unterscheiden, ob es sich hier um die Darstellung des Fotos oder die der Originaleier handelt.

88 Indem die Schilder Broodthaers den Betrachter in seinem Verhältnis zum Ausstellungsgegenstand immer wieder verunsichern und innehalten lassen, geben sie ihm die Möglichkeit, die Komplexität und Vielschichtigkeit des eigenen Rezeptionsverhaltens und seiner Kunstwahrnehmung zu reflektieren, was allerdings nur dann erfolgt, wenn der Betrachter die anfängliche Verärgerung bzgl. der vermeintlichen Nonsens-Schildchen überwindet.

89 Besonders kunstgeschichtlich geschulte Museumsbesucher kennen dieses Phänomen. Man geht in eine Ausstellung, um einen Rembrandt oder einen Kirchner zu sehen. Die Auseinandersetzung mit dem Werk erschöpft sich dann darin, ihn gesehen zu haben. Was man de facto gesehen hat, und wie dies vonstatten ging, ist letztlich unwichtig.

[von Ausstellungsgegenstand und Betrachter] ist bestimmt durch die negative Inschrift: ‚Das ist kein ... Das ist kein Kunstwerk'. Das heißt nichts anderes als: Publikum, wie bist Du blind!" (Broodthaers 1972 I, 16).[90]

Das Anliegen des Künstlers ist jedoch keinesfalls pädagogisch. Er will den Betrachter weder belehren noch zu einem bestimmten Rezeptionsverhalten drängen.[91] Es geht ihm im Gegenteil darum zu unterstreichen, dass die jeweilige Nähe zu den Dingen bei jedem Menschen verschiedenartig ist und dass jegliche Normierung der Rezeption, etwa durch wissenschaftliche Vorgaben, den Reichtum der Wahrnehmung beeinträchtigt.[92] Die Auseinandersetzung mit dem ausgestellten Gegenstand lässt sich durch keinerlei Ordnungssystem zuverlässig vereinheitlichen.[93]

Mit der Aufhebung des durch Konventionen festgelegten Kunststatus' der Ausstellungsstücke bricht er den bislang selbstverständlichen Präsentations-

90 Auch diesen Aspekt von Broodthaers' Museumskonzept könnte man als phänomenologisch bezeichnen. Er versucht, den Betrachter zunächst aus seiner perspektivischen Situiertheit, d.h. aus seiner von Konventionen geprägten Voreingenommenheit zu befreien und ihm gleichzeitig diese perspektivische Verfasstheit vor Augen zu führen, mit dem Ziel, den Blick auf die Dinge „an sich" freizulegen. Er handelt damit gemäß Husserls phänomenologischer Maxime „zu den Sachen selbst".
„Die Selbstreflexion des erkennenden Bewusstseins auf sich selbst steht", wie Gerd Haeffner zur Methode Husserls schreibt, „[...] im Dienste eines adäquateren Sach- und Selbstbezugs. Das Motto „Zu den Sachen selbst!" geht auf ein Mehr, ja ein Absolutes an Wahrheit, Gewißheit und Echtheit" (Coreth/Ehlen/Haeffner/Ricken 1993, 19). Diese Worte könnten auch Broodthaers' Konzept des Musée d'Art Moderne beschreiben. Zu Husserls phänomenologischer Methode und eidetischer Reduktion vgl. Keller 1990, 101ff.

91 Martin Mosebach schreibt über Broodthaers: „He was not a man to work with „educated" allusions. It would have gone against his grain to supply his skillfully concealed inventions with a key that any scolar would recognize" (Mosebach 1989, 175).

92 Broodthaers' Vorgehen ist nur sinnvoll, wenn man davon ausgeht, dass Unvoreingenommenheit die Voraussetzung für adäquates Wahrnehmen von Kunst darstellt. Damit erweist sich Broodthaers' Ansatz als gegensätzlich zu Bourdieus bzw. Panofskys Auffassung, die besagt, dass ein Werk um so angemessener erfasst wird, je mehr Vorwissen man über es besitzt, anders ausgedrückt, je voreingenommener man ihm gegenüber ist.

93 So unterschiedlich der Charakter der Gegenstände und damit das Verhältnis des Betrachters zu ihnen ist, so verschieden ist auch die Wirkung, die das Schild „Das ist kein Kunstwerk" jeweils erzielt. Auch Jürgen Harten vermerkt in seinen Notizen zur Ausstellung, dass die Häufung der Schilder keine Wiederholung desselben Sachverhaltes darstellt. Aufgrund der großen Unterschiedlichkeit der Exponate, von Nippes und Dekoration über politische Symbole bis hin zu traditionell künstlerischen Arbeiten, bedeutet der Text auf dem Schild immer etwas anderes (Broodthaers 1972 II, 25).

modus von Gegenständen im Kunstmuseum und eröffnet die Möglichkeit einer vorurteilsfreien und individuellen Wahrnehmung der Dinge.[94]

Die Interaktivität der Ausstellung

Wollte man eine inhaltliche Ausrichtung der Ausstellung Broodthaers' beschreiben, müsste sie wohl folgendermaßen lauten: Sie zeigt das, was im abendländischen Kulturkreis Adler bedeuten kann. Der Sinn von „Adler" manifestiert sich allerdings nicht in den Exponaten selbst, so dass er sich auch nicht allgemeingültig in wissenschaftlichen Texten (sei es auf erklärenden Schildern oder in Katalogtexten) beschreiben lässt. Der Sinn ergibt sich erst in der Auseinandersetzung der Betrachter und unbegrenzt vielen möglichen Lesarten, die – abhängig vom jeweiligen Präsentationsrahmen und der Disposition des Betrachters – jedes der Dinge zulässt. In Parallelisierung, Überkreuzung und Überlagerung verbinden sich die unterschiedlichen Lesarten, Assoziationen und Interpretationen zu einem unendlich dichten Sinngeflecht um den Ausstellungsgegenstand.[95] Dies bedeutet, dass die Ausstellung nicht in einseitiger Ausrichtung funktioniert, bei der der Gegenstand den Betrachter ästhetisch affiziert, sondern im individuellen Austausch mit ihm und darauf aufbauend in der kontroversen Diskussion der Besucher über die gezeigten Dinge und deren Präsentation. Man könnte also im Falle der Section des Figures im wahrsten Sinne von einer interaktiven Ausstellung sprechen.[96] Indem die Gegenstände bewusst ohne vorgefertigte Bedeutung geliefert werden (die Katalogtexte sind lediglich unverbindliche Vorschläge), entsteht der Sinn der

94 Es bleibt freilich fraglich, ob Broodthaers mit seiner Beschilderung sein Ziel erreichte. Die im Katalog II abgedruckten Besucherreaktionen zu den Schildern drücken meist Unverständnis aus: „Was soll der Satz ‚Kein Kunstwerk'? Das sieht man auch so" (Broodthaers 1972 II, 8) oder „Die Klassifizierung nach Kunstwerk und Nichtkunstwerk ist völlig unzutreffend. Oder soll damit zum Nachdenken provoziert werden?" (ebd., 10).

95 Auch hier tritt wieder die phänomenologische Methodik von Broodthaers' Konzept zu Tage. Sein Adlermuseum könnte als die museale Form einer Phänomenologie des Adlers, das Gesamtprojekt Musée des Arts Modernes als die ‚Phänomenologie des Museums' bezeichnet werden.

96 Interaktivität ist eines der Modeworte der modernen Museumsdiskussion, mit dem der Versuch der totalen Einbindung des Besuchers in die Ausstellung beschrieben werden soll. In den meisten Fällen, etwa bei computergestützter Vermittlung, handelt es sich jedoch um einen sehr einseitigen Austausch zwischen Rezipient und Ausgestelltem. Der Rezipient kann zwar bis zu einem gewissen Teil aktiv werden, jedoch nur soweit es das programmierte System zulässt (vgl. hierzu Bockemühl 1998, 105). Im Falle des Adlermuseums ist die Interaktivität hingegen unbegrenzt. Der Ausstellungsinhalt entsteht mit der Gesamtheit der Betrachter. Der Preis für diese Freiheit ist allerdings sehr groß. Der gemeinsam gebildete Sinn wird nie ganz deutlich. Auch der Versuch einer Annäherung, wie er im Katalog II der Ausstellung erfolgt ist, kann kaum ein differenziertes Bild des Ausstellungssinns liefern.

Ausstellung erst in den vielen Lesarten der Besucher. Eine Allgemeinverständlichkeit wäre dieser Form wirklicher Interaktivität abträglich.

Broodthaers und Jürgen Harten, der damalige Kurator des Düsseldorfer Museums, versuchten diese zentrale Komponente der Interaktivität dadurch in die Ausstellung einzubeziehen, dass sie den Katalog zweiteilten. Der erste Teil, der vor der Eröffnung fertig gestellt wurde, enthielt einführende Texte und Angaben zum Adlerthema, wenn auch in unkonventioneller Form. In dem zweiten Katalogteil sollten dann die Erfahrungen, die mit der Ausstellung gemacht worden waren, ihren (selbst wiederum unabgeschlossenen) Niederschlag finden. Neben aphorismenhaften Erklärungen von Broodthaers (vgl. Broodthaers 1972 II, 18f) und Notizen von Jürgen Harten (ebd., 24ff) waren etliche Seiten dem Abdruck der ersten Besucherreaktionen (ebd., 8ff) und Pressestimmen vorbehalten (ebd., 32ff). Wie nicht anders zu erwarten waren die Kommentare der Besucher zu Broodthaers Ausstellung gemischt. Ein Teil äußerte sich verwirrt, verärgert oder unqualifiziert. Es fand sich jedoch eine angesichts der Kompliziertheit der Ausstellung bemerkenswert große Zahl von positiven Reaktionen, die in der Adlerausstellung eine wichtige Erweiterung der Museumskultur sahen.[97]

Es wurde deutlich, dass Broodthaers mit seinem Museumskonzept den Betrachter aus seinem gewohnten Rezeptionsverhalten führt, indem er ihn mit seinen Wahrnehmungsgewohnheiten konfrontiert. Auf diese Weise hofft er, ihm einen Zugang jenseits des wissenschaftlich systematisierenden Blicks auf die Dinge zu ermöglichen. Sein Konzept soll jedoch nicht nur die Aufmerksamkeit auf „die Dinge selbst", sondern auf den institutionellen Rahmen lenken, innerhalb dessen sich Kunst und Betrachter begegnen.

Fiktion und Dekomposition des Museums

Indem er das Musée d'Art Moderne als Museumsfiktion konzipierte, schuf Broodthaers eine neue Form des „Kunst"-Museums, wobei das Wort „Kunst" nicht, wie gewöhnlich, die Tatsache bezeichnet, dass hier Kunst gezeigt wird, sondern dass es sich hier um ein künstliches Museum handelt.

Broodthaers legte Wert darauf, wie er in einem Interview mit Freddy de Vree äußerte, dass sich der Besucher seiner zwiespältigen Position in der Ausstellung bewusst ist: Er befindet sich sowohl in einem Museum als auch

97 Die Reaktionen reichen von „Ist dies Zeitverschwendung?" und „Adler sind scheiße" über „Adler verpflichtet" oder „Ich bin auch kein Kunstwerk, Katrin Adler" bis hin zu „Endlich mal was, das Spaß macht und doch zum Denken anregen sollte" oder „Ich werde nie mehr unbefangen ein Bild von einem Adler betrachten können" (Broodthaers 1972 II, 8f). vgl. FN 149.

in der Fiktion eines Museums (vgl. Kravagna 2001, 39).[98] Nur in diesem Bewusstsein kann er die Distanz zum Ausstellungsgeschehen halten, die es ihm ermöglicht, die konzeptuellen Winkelzüge des Künstlers mitzugehen. „Eine Fiktion erlaubt es, die Wahrheit zu sehen und außerdem das, was sie verbirgt", wie Broodthaers es ausdrückt (zitiert nach McShrine 1997, 62).[99]

In seiner Museumsfiktion gibt er dem Betrachter die Möglichkeit, hinter die gewohnte Oberfläche der bestehenden Institution zu blicken, indem er ein Gegenmodell konstruiert, das die musealen Strukturen und Funktionsmechanismen auf den Kopf stellt. Broodthaers hofft, wie er im Gespräch mit Johannes Cladders einmal formuliert, mit seinem Museum „ein neues Licht auf die Mechanismen der Kunst, der Welt und des Lebens der Kunst" zu werfen (zitiert nach Zwirner 1997, 135). Hierfür bedient sich Broodthaers der Teilelemente der herkömmlichen Museumsinstitution, zergliedert und analysiert sie, um sie jenseits ihres gewohnten Kontextes wieder zusammenzustellen. Durch diese Sektion, Neubewertung und Rekombination der Teilaspekte der traditionellen Museumsinstitution eröffnet der Künstler ungewohnte und außerordentlich tiefe Einblicke in die meist wenig offensichtlichen Funktionsstrukturen und Machtverhältnisse des Museums.

Broodthaers als Künstlerkurator

Kaum ein Künstler hat sich in vergleichbarer Vielschichtigkeit und in ähnlichem Umfang dem Thema Museum gewidmet wie Marcel Broodthaers. Er konzipiert sein fiktives Museum aus einer Art Allmachtsposition heraus; er ist, wie Harald Szeeman schreibt, „in seiner Eigenschaft als Museumsdirektor, Sammler, Künstler, [...] dreifacher Verfüger über die Bilder" (Szeemann 1983, 427).

Er kümmert sich nicht um gewohnte Museumsordnungen und setzt auf poetische Verunklärung statt auf wissenschaftliche Erklärung. Der Sinn seiner Ausstellung ist nicht allgemeingültig vorgegeben, sondern entsteht im Verlauf der individuellen Auseinandersetzung des Betrachters mit dem Gegenstand und – dies gilt es zu unterstreichen – mit dem Rahmen, innerhalb dessen er präsentiert wird.[100] Da er als Ausstellungsmacher die Wissenschaft durch die

98 Das Gespräch erfolgte 1971 im Zusammenhang mit der Düsseldorfer Ausstellung Section Cinema, ist jedoch für alle Sektionen gleichermaßen gültig.

99 Gegenüber Johannes Cladders fasst er den Fiktionsgedanken noch überspitzter: „Das Musée d'Art Moderne, Département des Aigles ist ganz einfach eine Lüge, ein Trug. [...]. Über dieses mein Museum zu reden heißt, [...] den Trug zu analysieren" (Kravagna 2001, 42).

100 Broodthaers bleibt auch bei seinem Musée d'Art Moderne immer insofern Poet, als das Spiel mit Sprache und Bedeutung bei seiner Arbeit eine grundlegend wichtige Rolle spielt (vgl. hierzu Mosebach 1989, 175).

Poesie ersetzt, muss seine Vorgehensweise künstlerisch genannt werden. Broodthaers nimmt als Künstler dem herkömmlichen, kunstwissenschaftlich geschulten Kurator die Verantwortung für die Vergegenwärtigung von Wirklichkeit im Museum ab. Hiermit begründet er die Tradition des Künstlerkurators,[101] die sich in den 70er Jahren mit Harald Szeeman, Johannes Cladders[102] oder Pontus Hulten[103] zu etablieren beginnt und die bis heute unter den jungen Ausstellungsmachern und Kuratoren zu finden ist.[104]

In seinen *Notizen* zur Ausstellung vermerkt Jürgen Harten: „Die Kunst der Künstler ist die Kunst in den Ausstellungen, Sammlungen, Museen. Broodthaers' Kunstwerk (sein Konzept) ist das Musée d'Art Moderne, Département des Aigles, in dem er sich selbst als Konservator einsetzt. Ich fürchte, er hält Kunsthallenleiter auch für Künstler, für schlechte allerdings" (Broodthaers 1972 II, 24).

Im 20. Jahrhundert traten Künstler immer wieder als Kuratoren von Ausstellungen ihrer eigenen Werke auf. Bei seinem Musée d'Art Moderne ist die Situation insofern verschieden, als Broodthaers nicht eigene Kunstobjekte ausstellt, sondern als Künstler die gesamte Konzeption gestaltet. Sein Werk als Künstler und Kurator besteht nicht aus Kunstobjekten innerhalb einer Ausstellung, sondern es ist die Ausstellung selbst, d.h. das Ausstellungsenvironment. „Der Ort der Werke wird zum Werk", wie Harald Szeemann über Broodthaers Konzept schreibt (Szeemann 1983, 427).[105]

101 Bis dahin trennten selbst revolutionäre Museumsreformer wie Alexander Dorner streng zwischen dem künstlerischen Gestalter und dem kunstwissenschaftlichen Kurator. Auch wenn er, wie in Kap. 6.1.3 noch dargestellt wird, intensiv mit Künstlern wie El Lissitzky zusammenarbeitete, blieb die letzte Entscheidung immer bei ihm als Kurator. Andererseits hätte sich Dorner selbst nie als Künstler verstanden.

102 Zu Johannes Cladders als Kurator und Künstler vgl. Wischermann 1997, Grasskamp 2006.

103 In einem Gespräch mit Lutz Jahre äußert sich Hulten über seine künstlerischen Ambitionen, die sich allerdings weitgehend auf die Gestaltung der Kataloge der von ihm kuratierten Ausstellungen beschränkte (Jahre 1996, 24).

104 Viele Kuratoren der jüngeren Generation, z.B. Ute Meta Bauer, arbeiten sowohl als Künstler als auch als Kurator. Auf die Frage, wie sie das vereinbaren, meint Bauer: „Die jeweilige Tätigkeit an sich ist unterschiedlich, aber das Feld, die darin und dadurch aufgeworfenen Fragestellungen sind dieselben" (Puck/Richter/Weigle 1999, 78). Das Thema des Künstlerkurators, besonders in seiner Konkurrenzstellung zum herkömmlichen Kurator, wird bis in die Gegenwart heiß diskutiert. Sie wird in einem folgenden Abschnitt noch ausführlich dargelegt.

105 Im Lauf der Kunstgeschichte haben sich viele Künstler dem Thema Museum in unterschiedlichster Weise gewidmet, angefangen bei Duchamp und dessen „Boîte en valise". Berühmt sind neben Broodthaers' Musée d'Art Moderne etwa Claes Oldenbourgs Mouse Museum, das 1978 im Whitney Museum of Modern Art errichtet wurde, oder Daniel Spoerris Musée Sentimental, das

Antimuseum – Museumslabor – Metamuseum?

Man könnte den Eindruck gewinnen, dass Broodthaers mit seinem Projekt des Musée d'Art Moderne das Konzept eines Antimuseums verfolgt. In jedem seiner Sektionen oder Abteilungen persifliert er das traditionelle Museum, indem er Teilelemente der Institution isoliert, in ihrer Funktionsweise überzeichnet und außerhalb ihres bislang sinngebenden Kontextes präsentiert. Den Höhepunkt dieses Konzeptes bildet das Musée d'Art Modernes Section des Figures in Düsseldorf, da der Künstler hier nicht nur den Museumsrahmen karikiert, sondern in einer konkreten Ausstellung das Museumserleben selbst völlig durcheinander bringt. Es wäre allerdings zu kurz gegriffen, Broodthaers Arbeit auf das Konzept eines Antimuseums zu reduzieren. Sein Musée d'Art Moderne ist zwar subversiv, jedoch keinesfalls destruktiv.[106] Es entwickelte sich aus dem Bedürfnis nach einer Reform der kulturellen Institutionen, die durch aktiven Protest nicht zu erreichen war.[107] Sein Projekt könnte höchstens in dem Sinne als Anti-Museum bezeichnet werden, in dem Broodthaers selbst ein Anti-Künstler war: Wie oben erwähnt hatte sich Broodthaers 1964 entschlossen, ein großer bildender Künstler zu sein (nicht zu werden!). Indem er sich selbst zum Künstler machte, d.h. indem er ein fiktiver Künstler wurde, brach er noch konsequenter als Duchamp mit dem romantischen Künstlerbild.[108] Er weitete Duchamps Readymade-Konzept auf den Menschen aus: So wie ein Kunstwerk zu einem solchen wird, indem es von einem Künstler dazu

---

1979 in Köln zu sehen war, um hier nur zwei Beispiele aufzuführen. Die jüngste Ausstellung zu diesem Thema fand, begleitet von einem Symposium 1996 in der Fondació Tapies in Barcelona, unter dem Titel „The End(s) of the Museum – Els límits del museu" statt (Keenan 1996). Vgl. hierzu auch Földenyi 2001, 69ff.
Die Hamburger Kunsthalle lud 2000 zu der Ausstellung „ein/räumen" verschiedene Künstler dazu ein, mit ihren Werken die bestehende Sammlung zu kommentieren (Hamburger Kunsthalle 2001). Astrid Legge hat eine umfassende Unter-suchung zum Thema ‚Künstlermuseen als alternative Museumskonzepte' vorgelegt (Legge 2000). Zum Künstlermuseum allgemein vgl. Bronson/ Gale 1983, Martin 1995, Zeiller 1998, McShrine 1999; zum Verhältnis von Künstler und Museum vgl. Schneede 2001, Schneckenburger 2001.

106 In der Kölner Zeitschrift „Interfunktionen" schreibt Broodthaers im Zusammenhang mit seiner Documenta-Präsentation, dass es seine Aufgabe als Künstler wäre, „zumindest zu versuchen, eine Subversion in das Organisationsschema einer Ausstellung zu bringen" (zitiert nach Zwirner 1997, 135).

107 In einem offenen Brief zur Documenta V weist Broodthaers ausdrücklich auf den kulturpolitischen Hintergrund seines Museumsprojekts hin (vgl. CRIMP 1989, 75).

108 Indem er gewöhnliche Alltagsgegenstände per Signatur zur Kunst erklärte, hatte sich Duchamp zwar vom romantischen Künstlerideal verabschiedet, spielte allerdings weiter mit dieser Vorstellung, da seine Readymades nur funktionierten, weil er mit der Autorität des Künstlers zu Werke ging.

erklärt wird, entstand im Falle Broodthaers der Künstler selbst. Damit war die romantische Vorstellung des göttlichen Genius (entsprechend zum romantischen autonomen Kunstwerk) endgültig passé. Broodthaers ist also insofern als Anti-Künstler zu bezeichnen, als er das Gegenteil des romantisch genialischen Künstlertyps verkörpert. Analog hierzu ließe sich das fiktive Museum Broodthaers als Anti-Museum bezeichnen. Es stellt sich als das Gegenteil des romantischen Kunsttempels dar, d.h. es funktioniert weder als Ort des genialen Künstlers noch des besonderen Kunstgegenstandes.

Broodthaers Auflösung des Museums – Das postmoderne Museumslabor

Broodthaers bricht nicht nur mit dem romantischen Objektmuseum, sondern, durch die Auflösung herkömmlicher Ordnungsstrukturen, mit der bildungsorientierten Museums- und Ausstellungstradition: Die Exponate und die von ihnen verkörperten Inhalte sind sekundär.

Der Künstler übersteigt mit seinem Museumsexperiment in mehrerlei Hinsicht die beiden Wesenszüge, die bisher als die grundlegenden Eigenschaften des Museums herausgearbeitet wurden. Zum einen verabschiedet er sich ausdrücklich vom autonomen Kunstwerk („Das ist kein Kunstwerk") und zum anderen überwindet er die von Romantik und Wissenschaftlichkeit begründete Distanz, d.h. die Gegenüberstellung von Kunstwelt und Lebenswelt. In gewisser Hinsicht lässt sich Broodthaers' Konzept als die direkteste Form der Verbindung der künstlerischen mit der lebenspraktischen Sphäre interpretieren. Er präsentiert in seiner Ausstellung die Exponate bewusst ohne statische, nachvollziehbare Ordnung, er will nicht Wissen vermitteln oder den Betrachter mit vorgegebenen Wahrheiten *konfrontieren.* Sein Ziel ist es, die Wahrheit bzw. den Sinn von Wirklichkeit – (der nie eindeutig und fest ist) – für den Betrachter in der Ausstellung selbst entstehen zu lassen. Dieser Sinn ergibt sich erst, wenn die Gegenstände in ihrer assoziativen Verflechtung auf den einzelnen Wahrnehmenden treffen und dieser in seiner Rezeption seine individuelle Verstehensstruktur herausbildet. „Mit meinem Museum stelle ich die Frage. Ich habe es deshalb nicht nötig, die Antwort zu geben", meint Broodthaers zu Johannes Cladders (Kravagna 2001, 42). Ziel der Ausstellung ist damit die unmittelbare, d.h. nicht vermittelte Nähe von Besucher und Wirklichkeit über die Exponate.

Broodthaers bietet in seiner Ausstellung alles und nichts, er nimmt ein beliebiges Thema und spielt mit ihm sowohl das Prinzip der Ordnung als auch dasjenige der Unordnung durch. Angesichts seiner Düsseldorfer Adlerausstellung könnte man sich die Frage stellen, ob der Künstler den Betrachter wirklich in die Tiefe seiner Konzeption führen möchte oder ob er es lediglich darauf anlegt, ihn an der schimmernden und schlingernden Oberfläche der

Wirklichkeit – am Thema Adler exemplifiziert – teilhaben zu lassen. Eine eindeutige Beantwortung wird hier nicht möglich sein, eine festgelegte Zielrichtung ist nicht auszumachen. Jeder Besucher kann und soll denken, was er will. Anything goes. So gesehen könnte man bei Broodthaers Musée d'Art Moderne zumindest im Falle der Section des Figures von einer Art des postmodernen Museums sprechen.

Im zweiten Katalogteil findet sich folgende Reihe von Statements verschiedener Besucher, die diesen Eindruck dokumentieren:

„– Bringt die Ausstellung uns einen Schritt weiter?
– Wem nutzt sie?
– Wem nutzt Du?
– Warum sollte eine Ausstellung auch weiterbringen, – und wen? – und wohin??"
(Broodthaers 1972 II, 8)

Broodthaers setzt sich sowohl über das traditionelle Museumsarchiv als romantischem Kunsttempel, als auch über dieses als wissenschaftlich geordnete Kunstpräsentation hinweg und entwirft eine neue, besonders komplexe Form des Museumslabors. Anders als bei Beuys' Konzept, wird es nicht zum gesellschaftlichen Forum und ebenso wenig im Sinne Bazon Brocks zum künstlerischen Experimentierfeld oder Arbeitsplatz. Das Musée d'Art Moderne erweist sich als eine Art Beobachtungsstation, die sowohl die Museumsstrukturen als auch das Verhältnis des Betrachters zur Kunst beleuchtet. Broodthaers Musée d'Art Moderne arbeitet als Labor um seiner selbst willen, als Metamuseum.

Am Ende dieses Kapitels wird deutlich, dass die Konfrontation des Kunstmuseums mit der Kunst im 20. Jahrhundert tiefgreifende Konsequenzen für die Institution haben kann. Mit dem Kunstverständnis von Joseph Beuys wird das Museum zur politischen Bildungseinrichtung und mit den Ausstellungskonzepten von Broodthaers zu einem selbstreflexiven Kunstwerk. Beide künstlerischen Ansätze sind reich an Anregungen für die Diskussion über eine moderne Museumskultur, sie sind allerdings gleichzeitig nicht als Grundlagen konkreter Konzepte für ein Museum der Gegenwartskunst geeignet. Solche zu entwerfen ist auch nicht die Absicht von Beuys oder Broodhaers: Sie sind Künstler und nicht Museumsmanager.

Das Museum auf dem Weg vom Archiv zum Labor

In den folgenden Kapiteln soll dargestellt werden, wie Kuratoren und Museumsmacher sich im 20. Jahrhundert den neuen Herausforderungen der Kunst stellen. Bevor einige Beispiele aus der gegenwärtigen Museumslandschaft diskutiert werden, soll in einem ausführlichen Abschnitt die Museumsarbeit von Alexander Dorner behandelt werden. Dorner unternahm in den 20er Jahren des 20. Jahrhunderts als einer der ersten Museumsdirektoren den Versuch, ein Museum zu gestalten, das die Herausforderungen moderner Kunstströmungen annimmt. Seine Bedeutung für die moderne Museums- und Ausstellungskultur ist bis heute enorm. Wulf Herzogenrath, Leiter der Kunsthalle Bremen, sprach beim Herbsttreffen der Fachgruppe Kulturhistorische Museen und Kunstmuseen im Deutschen Museumsbund 2001 in Düsseldorf von „unser aller Vorbild Alexander Dorner“ (Herzogenrath 2001).

Alexander Dorners Museum als Kraftwerk

1919 hatte Gustav Pauli in der Gründungsschrift des Deutschen Museumsbundes eine „Aktivierung“ des Museums, d.h. eine aktive Zusammenführung von Kunst und Betrachter gefordert, um es so zu einem Begegnungsort für Kunst und Leben zu machen (Pauli 1919, 4). Es sollte jedoch noch ein knappes Jahrzehnt dauern, bis ein junger Kurator den Versuch unternahm, der Durchdringung von Kunst und Leben einen Raum im Museum zu verschaffen. Dieser Kurator war Alexander Dorner, der ab 1925 das Landesmuseum in Hannover leitete. Dorner war der erste Museumsdirektor, der sich mit seiner museumspraktischen Arbeit direkt den künstlerischen Neuerungen seiner Zeit stellte. Den Kunsttempel bzw. das statische Museumsarchiv baute er in eine dynamische Institution um.

Die folgenden Kapitel sollen sich ausführlich mit der Person Dorners, seiner museumstheoretischen und museumspraktischen Arbeit auseinandersetzen, da er der Museumskultur des 20. und 21. Jahrhunderts entscheidende Impulse gab und sich sein Museumsbegriff in wichtigen Punkten der Vorstellung des Museums als Ereignisort nähert. [1]

Das Museum und die Überwindung der Kunst

Alexander Dorner kam 1919 nach seiner Promotion als Kustos an das Landesmuseum Hannover und übernahm 1925 im Alter von nur 30 Jahren als jüngster Museumsleiter Deutschlands die dortige Direktorenstelle. Im Laufe seines Studiums und seiner frühen Museumsarbeit war er zur Überzeugung gekommen, dass es zu Beginn des 20. Jahrhunderts für das Museum an der Zeit sei, sich in wesentlichen Punkten zu wandeln. Die Sammlung in Hannover gestaltete er gänzlich neu und entwickelte in Zusammenarbeit mit Künstlern Präsentationsformen, die den neuen Entwicklungen der Kunst in seinen Augen angemessen waren. Es gelang ihm, sein Museum auch nach der nationalsozialistischen Machtübernahme noch einige Jahre weiterzuführen, bis er schließlich 1936 in die USA emigrieren musste, wo er seine Arbeit fortführte. Dorner gilt bis heute als einer der herausragenden Museumstheoretiker und -praktiker des 20. Jahrhunderts.

Neben seiner museumspraktischen Arbeit entwickelte Dorner eine rege publizistische Tätigkeit. Immer war es sein Anliegen, kunstgeschichtliche und kunsttheoretische Fragestellungen direkt in seine Museumsarbeit eingehen zu lassen und dergestalt praktisch zu erproben. Er arbeitete an einer grundlegenden Reform, die das Museum in eine moderne Zukunft führen sollte, deren Wirklichkeitssicht nicht mehr von den Idealen der Romantik, sondern von den komplexen Gesetzen der Psychologie und Physik geprägt wurde. Den museumsfeindlichen Anfechtungen der künstlerischen Avantgarde setzte er die Theorie eines Avantgardemuseums entgegen, in der er deren Forderung nach Auflösung der Kunst im Leben Rechnung trug und sich ebenso vollständig von den herkömmlichen Kunstvorstellungen verabschiedete, ohne jedoch das Museum grundsätzlich in Frage zu stellen.

Dorners Lebenswerk als Kurator und Museumstheoretiker bestand in dem Versuch, das, was als das Wesen des traditionellen Museums bestimmt wurde, also die Distanz von Kunst und Leben, zu überwinden und ging mit seinen

1 Hans Ulrich Obrist, der zur momentanen Avantgarde der jungen Kuratoren zu zählen ist, beruft sich immer wieder auf Dorner als entscheidenden Stichwortgeber für seine Museums- und Ausstellungskonzepte; so z.B. in Hiller/Martin 2000, 25.

Museumskonzeptionen weit über das hinaus, was andere Museumsleiter seiner Zeit forderten und umsetzten.[2] Es genügte ihm nicht, das Museum in eine besucherfreundlichere Bildungsanstalt zu verwandeln, in der sich das Volk an den Errungenschaften der Vergangenheit schulen und delektieren konnte. Für Dorner waren Kunst und Lebenspraxis nicht zu trennen. Die Auseinandersetzung mit künstlerischen Werken und deren Präsentation im Museum war eine Möglichkeit für den Besucher sich selbst als soziales und geschichtliches Wesen zu erfahren. Von besonderem Interesse musste demnach die Gegenwartskunst sein, die den Besucher mit seiner gegenwärtigen Befindlichkeit konfrontierte. Dorner lag jedoch im gleichen Maße die Vermittlung der Kunst vergangener Epochen am Herzen. Auch hier verfolgte er das Ziel, dem Museumsbesucher mehr zu zeigen als bloße Kunstobjekte früherer Zeiten. Es war ihm wichtig mit der musealen Präsentation die kulturellen, gesellschaftlichen aber auch unmittelbar existenziellen Hintergründe aufzudecken, die zur Ausbildung bestimmter Kunstformen und Stilarten geführt hatte. Im Museum sollte durch die Kunstwerke das Leben der Vergangenheit und der Gegenwart erfahrbar werden.

Eine Konzeption, die sich wie die Dorners darum bemühte, Kunst und Leben ineinander zu führen, beruhte auf einem Kunstverständnis, das sich grundlegend vom romantischen Begriff des autonomen Kunstwerks unterschied. In seinen kunstwissenschaftlichen Studien setzte er sich intensiv mit dem traditionellen Kunstbegriff auseinander mit dem Ziel ihn zu reformieren, d.h. in neuer Weise zu fassen. Auf diesen neuen Kunstbegriff baut dann seine gesamte Museumsarbeit auf, man könnte sogar sagen, dass seine Museumsreform den Versuch darstellt, seine kunstgeschichtlichen Theorien in die Praxis umzusetzen. „Für Dorner", so schreibt Samuel Cauman in seiner Dorner-Biographie, „drückte das Kunstmuseum [...] in allen seinen Erscheinungen eine Kunstphilosophie aus" (Cauman 1960, 50). In „Überwindung der ‚Kunst'", seinem kunsttheoretischen Hauptwerk,[3] nennt Dorner das Hannoversche Kunstmuseum, das er bis 1936 leitete, ein „Laboratorium für eine neue Philo-

2 Nach dem ersten Weltkrieg setzte eine allgemeine Museumsreformbewegung ein, die z.T. bereits vor dem Kriege vorbereitet worden war und die Institution aus ihrem Dornröschenschlaf erwecken wollte. Derartige Forderungen erheben z.B. Gustav Pauli in der programmatischen Schrift des Deutschen Museumsbundes (Pauli/Kroetschau 1919) oder Wilhelm Valentiner mit seiner Abhandlung zur Umgestaltung der Museen (Valentiner 1919). Zur Museumsreform ab dem Ende des 19. Jahrhunderts vgl. Joachimides 2001, 99ff; zur Museumsreform der 20er Jahre ebd., 187ff. Interessanterweise taucht in Joachimides Untersuchung die Arbeit Dorners in Hannover nicht auf.

3 Dorner publizierte erst 1947 im amerikanischen Exil mit dem Band „The Way beyond Art" das Ergebnis seiner langjährigen kunstphilosophischen Überlegungen (Dorner 1947).

sophie der Kunstgeschichte" (Dorner 1959, 19).[4] Trotz der Wichtigkeit der Kunstwissenschaft für Dorners museumspraktische Arbeit ist es hier nicht möglich, detailliert auf Dorners kunsttheoretisches Denken einzugehen. Zum Verständnis seiner Museumskonzeptionen müssen hier einige kurze Andeutungen zu seinem kunstwissenschaftlichen Hintergrund genügen.

Dorners ganzheitliche Kunsttheorie

Alexander Dorner hatte sich seit seiner Studienzeit intensiv mit kunstgeschichtlichen und kunstphilosophischen Fragestellungen beschäftigt. Von Anbeginn bemühte er sich um ein Verständnis der großen kulturgeschichtlichen Zusammenhänge. Ihn interessierte nicht die Einteilung in Kunststile und einzelne Werke oder Werkgruppen. Seine theoretischen Überlegungen waren der Versuch einer ganzheitlichen Kunstgeschichte. Er begab sich auf die Suche nach den Gesetzmäßigkeiten der menschlichen Kultur im Ganzen, die jeder Epoche ihren geistesgeschichtlichen Sinn gaben und als deren Ausdruck er die Kunst verstand. Dorners Kunstdenken entwickelte sich von Beginn an in einer Opposition zu allen statischen kunstwissenschaftlichen Systemen, die von ewigen Gesetzmäßigkeiten der Kunstentwicklung ausgingen, wie sie von den Vertretern einer formalen Kunstgeschichte, z.B. Heinrich Wölflin, formuliert worden waren. Wölflin stellte die Kunstgeschichte als eine Abfolge analog wiederkehrender Entwicklungszyklen dar. Sein Ziel war es, wie er es im Vorwort zur sechsten Auflage seiner „Kunstgeschichtliche Grundbegriffe" schreibt, der „Stilcharakteristik eine festere Basis zu geben" und „Maßstäbe aufzustellen, an denen man die geschichtlichen Wandlungen (und nationalen Typen) genauer bestimmen kann" (Wölflin 1996, 5).[5] Wölflin sucht nach überzeitlichen Gesetzmäßigkeiten, so dass eine zu nahe Beziehung der künst-

4 Kunstgeschichte um ihrer selbst willen konnte Dorner nicht akzeptieren. Sein Anliegen war es, die Gesetze der Kunst zu erforschen, um sie in seiner Museumsarbeit den Menschen zu vermitteln. Cauman berichtet in seiner Dorner-Biographie von einer Begebenheit, die zum einen sehr plastisch den praxisfernen Geist verdeutlicht, mit dem zu Beginn des Jahrhunderts Kunstgeschichte betrieben wurde und zum anderen, mit welcher Direktheit Dorner sich gegen diese schöngeistige Selbstbezüglichkeit kunstwissenschaftlicher Studien wandte: Dorner fragt einen hochgestellten Ministerialbeamten, der wie er bei Goldtschmidt promoviert hatte: „‚Warum studieren wir Kunstgeschichte?' Die erstaunte Antwort war: „Warum schauen wir ein schönes Mädchen an? Müssen Sie darüber Rechenschaft ablegen?" Als Dorner weiterfragte: „Halten Sie das für eine ausreichende Begründung, um öffentliche Gelder für den Bau und die Unterstützung von Kunstmuseen und kunstgeschichtlichen Seminaren an den Universitäten auszugeben?', wurde die Unterhaltung abrupt beendet (Cauman 1960, 37).

5 In „Kunstgeschichtliche Grundbegriffe", das erstmals 1915 erschien, exemplifiziert er seine Sicht der Kunstgeschichte an der Kunst des 16. und 17. Jahrhunderts (Wölflin 1991).

lerischen Entwicklungen zu ihrem Entstehungskontext, zum Leben, in seinen Augen nicht förderlich erscheint: „Es ist kein glücklicher Vergleich, wenn man die Kunst den Spiegel des Lebens nennt, und eine Betrachtung, die die Kunstgeschichte ausschließlich als Ausdrucksgeschichte nimmt, ist der Gefahr unheilvoller Einseitigkeit ausgesetzt" (ebd., 263).

Theorien von der Art Wölflins sehen, wie Dorner später schreibt, die Kunst-geschichte als Stilgeschichte. Sie erklären „den geschichtlichen Verlauf [...] aus dem Semi-Absolutismus zeitloser, subjektiver Anlagen, die im Zusammenwirken mit immer verschiedenen sinnlichen Erfahrungen immer neue – und doch ewiggültige – ‚Stilformen' erzeugen" (Dorner 1959, 177).[6] Für Dorner wurde in seinen Studien jedoch klar, dass die Kunst nicht das Ergebnis von wie auch immer gearteten notwendigen Gesetzmäßigkeiten sein konnte, eine Überzeugung, die sein gesamtes Schaffen bestimmen sollte. 1932 schreibt er in den *Cahiers d'Art:* „Nichts [...] ist m.E. überhaupt lähmender und verwirrender als die Predigt von den sogenannten ‚ewigen' Werten" (zitiert nach Cauman 1960, 209).[7]

Die Kultur des Menschen und so auch die Kunst entspringt den jeweiligen geschichtlichen Lebensumständen und entwickelt sich wie diese immer neu und unvorhersehbar. Kunst ist für Dorner die Emergenz des Lebens, eines Lebens, das sich immer weiterentwickelt.[8] Nicht Gesetze sind das Wesen der Kunst, sondern die Veränderlichkeit der Gesetze in ihrer Anwendung. Ihr Wesen ist damit das Werden, die Zeitlichkeit.[9] Entsprechend forschte Dorner

6 Für Dorner war die Arbeit des Bauhauses exemplarisch für das Wirken der neuen Kunst, so wie er es sich vorstellte. Hier handelte es sich um einen kreativen Umgang mit Wirklichkeit, der sich bewusst außerhalb stilgeschichtlicher Einteilungen bewegen wollte: „So etwas wie einen Bauhaus-Stil gibt es nicht" hatte Gropius immer wieder unterstrichen (vgl. Cauman 1960, 47). Es ist allerdings nicht zu leugnen, dass die Erzeugnisse des Bauhauses durchaus einen Stil geprägt haben und seine Werke und sein Wirken einen festen und klaren Platz in der Kunstgeschichte des 20. Jahrhunderts gefunden haben.

7 Mit dieser Meinung steht Dorner in seiner Zeit nicht allein da. Der Kunsttheoretiker Sigfried Giedion etwa schreibt 1929 in „Der Cicerone": „Nichts ist uns heute widerwärtiger, als der sogenannte ‚Ewigkeitsstandpunkt'. Der Standpunkt ‚sub specie aeternitatis'" (Giedion 1929, 103).

8 Ein ähnlicher Gedankengang findet sich bei Dieter Henrich: „Kunstwerke gehen aus dem Leben hervor und treten ihm so gegenüber, daß sie es sich vergegenwärtigen, sich steigern und verwandeln lassen können. Aber die Wirkungskraft dieser Tendenzen ist vergänglich, und alle Kunst ist notwendig in einem Wandel begriffen, der sich niemals stillstellen lässt" (Henrich 2001, 18).

9 Ein wegweisender Aufsatz zum prozessualen Charakter der Kunstentwicklung und ihrem Verhältnis zur Kunstgeschichtsschreibung ist Hans Beltings Aufsatz „Vasari und die Folgen – Die Geschichte der Kunst als Prozeß" (Belting 1983, 63ff). Er weist hier u.a. darauf hin, dass es zwei mögliche Betrachtungsweisen eines Kunstwerkes innerhalb der Kunstgeschichte gibt, abhängig davon, ob von einer unumstößlichen Norm (etwa einem klassischen Ideal) ausgegangen wird

mit Nachdruck nach einem theoretischen System, das der kunstgeschichtlichen Abfolge einen Sinn gab ohne sie auf feste Gesetzmäßigkeiten festzulegen. Ansatzpunkte auf seinem Weg zu einer dynamischen und evolutionären Kunstgeschichte fand er u.a. in der Kunstphilosophie Alois Riegls.[10] Riegl baute in seiner kunstgeschichtlichen Lehre auf der hegelianischen Dialektik der beiden Pole Körper und Geist auf. In der Kunst verkörperte sich der reine Geist, im Schaffen des göttlich inspirierten Künstlers fand der Geist zu sich selbst. Kunstgeschichte war die Entwicklungsgeschichte des menschlichen Geistes, der sich von der haptischen Eindimensionalität, etwa in der ägyptischen Kunst, zur subjektiven dreidimensionalen Räumlichkeit in der Renaissance weiterentwickelte.[11]

Auch wenn Riegls Gedanken Dorners Suche nach einer „dynamischen Kunstgeschichte" bei weitem näher kam als das statische System Wölflins, reichte sein Erklärungswert dem jungen Dorner bald nicht mehr aus. Er misstraute einer teleologischen Kunstauffassung, die von einer Entwicklung der Kunst auf ein ideales Ziel ausging.[12]

---

oder ob die Kunstgeschichte als Entwicklung aus sich selbst heraus mit eigenen Gesetzmäßig-keiten gelesen wird. „Das Werk ist entweder Station auf dem Weg der Kunst, dessen Fortsetzung es womöglich determiniert. Oder es ist die Einlösung einer Norm, an der seine Realität gemessen wird (ebd., 63). Dorners Auffassung entspräche ersterem, die seiner Lehrer dem zweiten Modell.

10 Vgl. Cauman 1960, 35f.

11 Alois Riegl spricht von einer„Historischen Grammatik" der Kunst. „Jedes Kunstwerk redet eine eigene Kunstsprache, wenn auch die Elemente der Kunst natürlich andere sind als diejenigen der Sprache. Gibt es aber eine Kunstsprache, so gibt es auch eine historische Grammatik derselben, natürlich auch nur in metaphorischem Sinne" (Swoboda/Pächt 1966, 9).
Die Analogie der Kunst zur Sprache birgt die Möglichkeit einer kunstgeschichtlichen Evolution trotz der Annahme von Gesetzmäßigkeiten. Ebenso wie bei der Sprache gibt es in der Kunst zwar bestimmte Entstehungsregeln, die in ihrer konkreten Erscheinung, abhängig vom Entstehungskontext, jedoch völlig verschiedene Ausprägungen erfahren können. Die Kunst ist wie die Sprache ein lebendiger Kosmos innerhalb dessen man (bei Bedarf) intersubjektiv nachvollziehbare Gesetzmäßigkeiten aufstellen kann.

12 Ähnlich prägend wie Riegl waren für Dorner die Schriften des Wiener Kunsthistorikers Max Dvořák, der zwar selbst keine durchgearbeitete kunstwissenschaftliche Methode entwickelte, aber in seinen Aufsätzen das Kunstschaffen in seinen gesellschaftlichen und kulturellen Zusammenhängen darstellte, wie etwa in dem posthum erschienen Band „Kunstgeschichte als Geistesgeschichte" (Dvorak 1924).
Eine kurze aber prägnante Einführung in Dvořáks Werk findet sich in Form eines Essays von Irma Emmerich in Dvorak 1989, 311ff.

Die Überwindung der „Kunst“

Indem sich Dorners Theorie nach und nach von der Auffassung einer klar strukturierbaren Kunstgeschichte löst, entwickelt er einen Kunstbegriff, der dem grundlegenden Wandel der Kunst ab dem ausgehenden 19. Jahrhundert immer deutlicher Rechnung trägt. Zu Beginn seines kunsttheoretischen Hauptwerks „Überwindung der ‚Kunst‘“ (Dorner 1959) beschreibt er, welche Mühe er hatte, die rechten Begriffe zu finden, um den Kern seiner neuen Kunsttheorie zu fassen. Seiner Meinung nach hätte sein Werk „Die Selbstveränderung der Kunst“ genannt werden können (ebd., 18). Diese Formulierung verdeutlicht bereits wichtige Grundzüge seine Theorie.

Dorner ist der Überzeugung, dass es sich bei dem Phänomen „Kunst“ nicht um einen fixen und im Grunde nur an der Oberfläche veränderlichen „Zustand“ handelt, sondern dass es „eine Abfolge explosiver evolutionärer Vorgänge“ ist, „in die dieser Zustand sich auflöst“ (ebd.). Die Kunst als unabänderliche Idee habe sich erst aus einer Reihe von Vorstellungen entwickelt, „die mit der ‚Kunst‘ selbst nichts zu tun haben“ (ebd.). Die Veränderungen der Kunst seien hierbei so grundlegend, dass von einer wesenhaften Identität des Phänomens nicht gesprochen werden kann. Es erweist sich letztendlich als unsinnig, alles gleichermaßen ‚Kunst‘ zu nennen, da „diese Änderung einen solchen Grad der Umwandlung erreicht, dass der Begriff „Kunst“ nicht weiter gestreckt werden kann, ohne aufzuhören, noch etwas zu bezeichnen“ (ebd.).[13]

Dorners Gedanken zum Wandel der Kunst entwickeln sich vor dem Hintergrund der künstlerischen Revolution der Abstraktion, insbesondere des Konstruktivismus bzw. Suprematismus. Die Abstraktion stellt für Dorner den entscheidenden Wendepunkt in der Kunstgeschichte dar; mit ihr wird der Begriff der Kunst, wie er bislang verwendet wurde, im Sinne seiner Theorie fragwürdig.

13 Mit diesem Satz wird auch deutlich, was Dorner unter dem Titel „Überwindung der ‚Kunst‘“ verstanden wissen will: Der Umwandlungsprozess der Kunst hat im Laufe der Jahrhunderte einen Grad erreicht, der den Gebrauch des starren Terminus „Kunst“ nicht mehr sinnvoll erscheinen lässt (vgl. ebd., 165). Dieser Kerngedanke Dorners dokumentiert sich auch darin, dass er im Titel seines Buches und in bestimmten Teilen seines Textes das Wort „Kunst“ in Anführungszeichen setzt. Damit hält er in Erinnerung, dass für ihn dieses Wort keinen festen Inhalt hat, bzw. dass das, was allgemein als „Kunst“ bezeichnet wird, in der Kulturgeschichte so unterschiedliche Ausformungen erfahren hat, dass eine einheitliche Benennung als Kunst nicht angemessen ist. Er weist damit auf ein Problem hin, das sich mit der Erweiterung bzw. Entgrenzung des Kunstbegriffes ergibt und das – ins Positive gewendet – zu dem wohl meist verwendeten Bonmot der Kunst-diskussion der zweiten Hälfte des 20. Jahrhunderts wurde: „Alles ist Kunst“.

Er knüpft hierbei bei den theoretischen Äußerungen El Lissitzkys an, der schon 1922 in einem Artikel mit dem Titel „Die Überwindung der Kunst", zur Überzeugung gelangt, dass für die Arbeiten des Konstruktivismus der Begriff „Kunst" unbrauchbar sei. Mit der gegenstandlosen Malerei sei die Kunst im herkömmlichen Sinne an ihr Ende gekommen ist. Der Begriff „Kunst" hat seinen Sinn verloren. Lissitzky schlägt vor, zur Beschreibung der neuen künstlerischen Phänomene, die sich auf den Anspruch der neuen Zeit einlassen und nicht das gestrige beschwören, einen anderen Begriff einzuführen, in dem für ihn das Ende der bisherigen Kunst nachschwingt: Proun. „Der Name *Proun* bedeutete für uns die Station auf dem Weg der schöpferischen Gestaltung der neuen Form, die aus der Erde wächst, die mit den toten Körpern des Bildes und der Künstler gedüngt ist" (Lissitzky 1922 zitiert nach Nobis 1988, 71).[14]

Den Gedanken der Auflösung der Kunst im 20. Jahrhundert nahm Dorner als das zentrale Motiv seiner Kunstphilosophie „Überwindung der ‚Kunst'" auf.[15] Er begnügte sich freilich damit, den Begriff Kunst in Anführungszeichen zu setzen und entschloss sich nicht, wie Lissitzky, einen neuen Begriff für die Kunst nach der Kunst zu prägen.

Diese Gedankengänge Dorners zur Auflösung oder zumindest Relativierung des Kunstbegriffes sind für den Zusammenhang dieser Untersuchung von großem Interesse. Sie treffen in verschiedener Hinsicht die Kernfrage dieser Arbeit nach der Möglichkeit des Kunstmuseums in einer Zeit nach der „Kunst". Dorner formuliert aus einem speziellen evolutionstheoretischen Ansatz heraus das Phänomen der Erweiterung und Entgrenzung des Kunstbegriffs im 20. Jahrhundert und überlegt, ob das Kunstmuseum dies verkraften kann.[16] Dies entspricht der Gedankenfolge der vorausgegangenen kunstge-

14 Der Begriff „Proun" ist die Abkürzung für „proekt utverzhdeniya novogo", was mit „Projekt zur Bekräftigung des Neuen" übersetzt werden kann (nach Henderson 1983, 294).

15 Es würde einer eigenen Arbeit bedürfen, die Zusammenhänge von Lissitzkys Gedanken zur Kunst und Dorners Kunsttheorie genauer zu untersuchen. Der Einfluss ist offensichtlich. Er zeigt sich u.a. in der schlichten Tatsache, dass Dorner mit dem Titel seiner Kunstphilosophie „Überwindung der ‚Kunst'" (Dorner 1959) fast wortwörtlich die Überschrift des Lissitzky-Aufsatzes „Die Überwindung der Kunst" (Lissitzky 1922) übernimmt. Auffällige inhaltliche oder zumindest thematische Parallelen zu „Überwindung der Kunst", besonders hinsichtlich der Raumtheorie finden sich in Lissitzkys Aufsatz „K. und Pangeometrie" (Lissitzky 1925).

16 Aus Dorners Theorie ergeben sich nicht nur Konsequenzen für Gegenwartsmuseen sondern auch für Museen mit historischem Schwerpunkt, besonders für jene, die sich der „Kunst" des Mittelalters bzw. außereuropäischer Kunst widmen. Besonders in diesen Fällen ist die Einordnung der Gegenstände unter einen statischen Kunstbegriff, d.h. als „Kunstwerke", bekanntermaßen fragwürdig. Konse-

schichtlichen Kapitel, in denen gezeigt wurde, dass sich im Laufe des 20. Jahrhunderts die kreativen Ausdrucksformen in einer Weise entwickelt haben, dass der herkömmliche Kunst-Begriff letztlich unbrauchbar wird.

Die Dynamisierung der Kunst

Dorner hatte sich intensiv mit den modernen Naturwissenschaften und ihrem Einfluss auf die moderne Sicht der Wirklichkeit befasst. Nachdem ihn bei seinen Studien keiner der geisteswissenschaftlichen Ansätze restlos überzeugt hatte, versuchte er nun, wie er später in der Einleitung zu „Überwindung der Kunst" schrieb, „das Denken der modernen Naturwissenschaften in die ausschließlich geisteswissenschaftlich orientierte Kunstgeschichte einzuführen" (Dorner 1959, 21). Er glaubte, dass in der Naturwissenschaft jenes Phänomen überzeugend beschrieben war, das in seinen Augen auch das Prinzip der Kunst darstellte: die Bewegung. In der Biologie, der Physik, der Psychologie war die Erkenntnis des dynamischen Charakters der Natur bereits eine Selbstverständlichkeit. Daneben beeinflusste ihn entscheidend die Philosophie der amerikanischen Pragmatisten John Dewey oder Charles Sanders Pierce, da auch sie sich von der Vorstellung von statischen oder fixen „unabänderlichen Gesetzmäßigkeiten" verabschiedet hatten. In allen Wissenschaften hatte sich das Bild einer dynamischen und in vielerlei Hinsicht relativierten Sicht von Wirklichkeit durchgesetzt, so dass es nun konsequenterweise an der Zeit war, auch in der Kunstwissenschaft das Moment des evolutiven Wachsens und der „Unberechenbarkeit" als zentrales Moment des menschlichen Lebens aufzunehmen.[17] So finden in Dorners Theorie Kunst und Leben über die Prinzipien der Naturwissenschaften zusammen.

Die Kunst, sei sie historisch oder zeitgenössisch, erwächst, so Dorners Über-legung, direkt dem menschlichen Leben. Jede Veränderung eines künstlerischen Stils ist demnach Ausdruck eines gesellschaftlichen oder kulturellen Wandels seiner Entstehungszeit. Kunst und Lebenspraxis sind nicht voneinander zu trennen.[18] Auch die lebenspraktische Relevanz des Museums hängt

---

quenterweise ist auch die Bestimmung der Institution, die selbige ausstellt, als Kunstmuseum neu zu hinterfragen.

17 „Das Leben ist viel lebendiger, als wir jemals dachten", verkündete Dorner 1945 in einer Vorlesung an der Brown-Universität in Providence (USA) dem Auditorium.

18 Erwin Panofsky studierte zusammen mit Dorner in Berlin bei Alois Riegl. Auch er entwickelte den Gedanken, dass jedes Kunstwerk Ausdruck der Lebenswelt seiner Entstehungszeit ist und dass sich sein eigentlicher Sinn von diesem Kontext her bestimmen lässt. Das, was das Werk ausmacht, sein ikonologischer Hintergrund, wird von einem Betrachter, wie es Panofsky in „Ikonographie und Ikonologie. Eine Einführung in die Kunst der Renaissance" schreibt. Nach seiner Meinung erfasst man ein Werk „[...] indem man jene zugrunde liegenden

laut Dorner davon ab, inwieweit, sich die Kunstgeschichte von den Banden des kategorialen Denkens befreien kann: „Da nun unsere kunstgeschichtliche Philosophie bei allem Zuwachs an innerer Flexibilität in überwältigendem Maße noch in der kantischen und hegelschen Tradition lebt und die Einheit der Geschichte noch durch ewige, seelische Fähigkeiten (‚Kategorien'), d.h. auf statischem Wege, zu erhalten sucht, so erscheint mir die pragmatische Befreiung der Kunstgeschichte von diesen Resten des Absoluten der Schritt, der entwicklungsgeschichtlich notwendig ist und zu dem mich selbst lange Erfahrung gedrängt hat. Hier allein scheint der Weg zu liegen, der die Kunstgeschichte und mit ihr Ästhetik und Kunstmuseum wieder mit dem Leben vereinigt, indem sie zu Leben umbildenden Energien werden, statt sich gegen die völlige Selbstverständlichkeit des Lebens zu stemmen" (ebd., 22).[19]

Die Idee einer evolutiven Kunstgeschichte ist der Kern von Dorners Kunsttheorie und seiner museumspraktischen Arbeit. Nur wenn die Kunst als lebendiger Teil des Kosmos der menschlichen Realität betrachtet wird, d.h. wenn die Kunst als etwas angesehen wird, das in Form und Inhalt dem Leben nicht äußerlich ist, kann sie auch auf dieses Leben zurückwirken, d.h. Kunst und Leben in einer Form zusammenführen, die mehr als eine äußerliche Begegnung darstellt. Auf diese Weise würde in die Tat umgesetzt, was Dorner bereits 1924 gefordert hatte: „Die Praxis erhält ihre Würde zurück, und die

Prinzipien ermittelt, die die Grundeinstellung einer Nation, einer Epoche, einer Klasse, einer religiösen oder philosophischen Überzeugung enthüllen, modifiziert durch eine Persönlichkeit und verdichtet in einem einzigen Werk" (Panofsky 1975, 40).

19 Es ist hier weder möglich, näher auf Dorners Neuinterpretation des Ästhetik-Begriffs einzugehen, noch auf die etwaigen Parallelen zur Antiästhetik bei Heidegger. Es ist allerdings wichtig, festzuhalten, dass sich der herkömmliche Begriff der Ästhetik, gleich demjenigen der Kunst, überlebt hat. Einige Passagen aus der Schlussbemerkung zur „Überwindung der ‚Kunst'" mögen als Andeutungen genügen. „Was die Ästhetik betrifft, so geht aus den Andeutungen im Verlauf dieser Studie hervor, daß sie sich als Formerlebnis überlebt hat" (Dorner 1959, 174). Und später: „Es gibt keine ‚Kunst' an sich und keine ‚Ästhetik' an sich, es gibt nur Umbildungsvorgänge [...]. So wachsen wir denn aus dem Erlebnis zeitloser Form, d.h. aus der eigentlichen Ästhetik heraus. Wir erleben weniger und weniger einen unveränderlichen Fundamental-Zustand in der Welt. Wie die vorästhetischen magischen Menschen, so beginnen auch wir wieder die Umbildungskraft im Leben und in der bildlichen Produktion zu erleben. Nützlichkeit, Wirksamkeit, aktive Kraft, das Leben spontan zu verändern, kehren heute in vertiefter und intensiver Form wieder, und damit hört das ästhetische Erlebnis, das seinem eigentlichen Wesen nach vom Nützlichen getrennt ist, auf" (ebd., 176).

Eine Analogie zu Heideggers Antiästhetik könnte man hier in der Abwendung vom Prinzip der „Interesselosigkeit" sehen. Für Dorner strebt allerdings eine pragmatische Uminterpretation des Ästhetikbegriffs an, Heidegger eine existenzial-ontologische bzw. fundamental-ontologische.

Kunst wächst wieder in den lebendigen Organismus des Lebens hinein" (Cauman 1960, 201).

Vor dem Hintergrund seiner evolutionären Kunstauffassung muss Dorner konsequenterweise den romantischen Kunstbegriff des autonomen Kunstwerkes und mit ihm das romantische Künstlerbild ablehnen. Er hat kein Verständnis für eine Kunst, die um ihrer selbst willen geschaffen wird. Ebenso wendet er sich gegen Künstler, die den romantischen Subjektivismus immer weitertreiben, um sich letzten Endes in einer eigenen Welt, völlig unabhängig von der Lebenspraxis zu verschanzen. Er sieht interessanterweise im Schaffen Paul Klees ein Beispiel für diese romantische Entfremdung in der Gegenwart: „Paul Klees [...] unbewusste Assoziationen – Rückfälle in die Technik der Kinderzeichnungen [...] hier hat die Isolierung der Kunst einen Grad erreicht, wo nur die Titel unter den Bildern einen Hinweis auf ihre Bedeutung geben. Heute ist die Romantik in Exhibitionismus und asozialen Zynismus entartet" (zitiert nach ebd., 203). Während sich Dorner von der Kunst Klees distanziert, stellt der praktische Kreative, wie er am Bauhaus herangebildet wurde, in seinen Augen das Ideal des neuen Künstlers dar. Dorner stand seit den 20er Jahren in intensivem Austausch mit Gropius, der ihm dann später auch seine Karriere in den USA ermöglichen sollte (vgl. ebd., 128/131ff). Der Künstlertypus, den Gropius propagierte, hatte nicht den Drang, sich selbst auszudrücken. Er sollte sich vielmehr den Herausforderungen der Zeit stellen und den drängenden Problemen des Alltags kreative Lösungen entgegensetzen. Es muss, wie Gropius 1926 in einem Artikel mit dem Titel: „Wo berühren sich die Schaffensgebiete des Technikers und Künstlers" schreibt, endlich ins Bewusstsein dringen: „[...] dass das Problem der künstlerischen Gestaltung nicht eine geistige Luxusangelegenheit, sondern Sache des Lebens selbst ist, sich also nur innerhalb der elementaren physiologischen Eigenschaften des Menschen und der ihn umgebenden Natur lösen lässt und mit nationalen, ästhetisch-formalistischen oder beschränkenden Faktoren materiellen Ursprungs überhaupt nichts zu tun hat" (Gropius 1926 zitiert nach Probst/Schädlich 1988, 101).

Das Künstlerideal von Gropius und Dorner ist der kreativ Schaffende, der sich in seinem Werk unmittelbar an der Gestaltung der Wirklichkeit beteiligt, der Designer, der „eine Wiedervereinigung von Kunst und modernem Leben zum Ziel hat" (ebd.).[20] Die Vision dieser Vereinigung war auch der Motor von Dorners ehrgeiziger Reform des Kunstmuseums in Hannover.

20 In einem Katalogtext aus dem Jahr 1957 verleiht Dorner seiner Faszination für die Futuristen Ausdruck, nicht nur, weil sie in ihrem Werk der Bewegung und damit der Zeit Einzug in die Kunst verschafft hatten, sondern weil sie mit ihren dynamischen Werken ins Leben eingriffen und mit Nachdruck, sogar mit Gewalt die gesellschaftliche Macht ihrer Kunst propagierten. Dorner zitiert in seinem Artikel Boccioni mit den Worten: „Unsere Gemälde sind futuristisch, weil

Dorners Museumsreform in Hannover

Als Dorner 1919 am Hannoverschen Kunstmuseum seine erste Anstellung als Archivar erhielt, fand er hier ein in jeder Hinsicht konventionelles Museum vor. Die Kunstwerke waren in Petersburger Hängung, d.h. Rahmen an Rahmen, übereinander angeordnet (Cauman 1960, 38). Gemälde und Plastiken aus Mittelalter, Renaissance und Barock waren ohne durchgängige Systematik, nach ihren Besitzern geordnet, auf die Räume verteilt.[21] Das Museum umfasste bei Dorners Antritt Kunstwerke vom Mittelalter bis ins 19. Jahrhundert; moderne oder zeitgenössische Kunst spielte in der Sammlung kaum eine Rolle.[22] Als Dorner 1925 zum Direktor des Museums berufen wurde, machte er sich sogleich an die Neuordnung der Sammlung. Es war von Anfang an sein Ziel, eine völlig neue Form des Museums zu entwickeln: ein dynamisches, lebendiges Museum. Das neue Ordnungsprinizip seiner Sammlung sollte nicht die kunstwissenschaftliche Lehre sein, sondern: das Leben selbst.

Somit wurde Dorner auf seinem Weg zum neuen Museum von jenen zwei Aspekten der neuen Kunst geleitet, die er in seinen theoretischen Schriften herausgearbeitet hatte, und die sich mit den Entwicklungsprinzipien decken, die die kunstwissenschaftlichen Untersuchungen in den vergangenen Kapiteln zu verdeutlichen suchten: Zum einen die Dynamisierung der Kunst, also die Verabschiedung des statischen Objekts und zum anderen das sich gegenseitig bedingende Verhältnis von Kunst und Leben.

Die Auflösung des Kunstarchivs

In Dorners lebendigem Museum hatte die Vermittlung eindeutig Vorrang vor dem Sammeln und Bewahren. Schon in den frühen 20er Jahren schrieb Dorner in einem Bericht an den Direktor der Staatlichen Museumsverwaltung: „Das Kunstmuseum sollte sein Hauptaugenmerk und seine Aktivität nicht in erster Linie auf das Sammeln von Kunstwerken richten, sondern darauf, was es mit seiner Sammlung macht" (zitiert nach ebd., 208). Folglich strebte er weg von einer statischen Archiv-Institution, die nur für sich, in Orientierung an festgesetzten kunsthistorischen Kriterien, Kunstgegenstände

sie das ethische, ästhetische, politische und soziale Konzept der Zukunft darstellen" (vgl. Cauman 1960, 206).

21 Der damalige Museumsleiter Dr. Wilhelm Behnke verstand sich, obwohl museumsreformerischen Strömungen gegenüber aufgeschlossen, primär als Konservator und fand seine Aufgabe im möglichst unveränderten Erhalt des Museums und seiner Bestände. Vgl. hierzu auch Flacke-Knoch 1985, 38.

22 Behnke beschäftigte sich in seinen kunstwissenschaftlichen Studien kaum mit gegenwärtigen Kunstentwicklungen. Er war Experte für Spätmittelalter und Frührenaissance und arbeitete z.B. über den Bildhauer Albert von Soest (vgl. Behnke 1901).

sammelt. Ihm schwebte ein bewegter, ein aktiver Ort vor, an dem die Bestände in einer Form präsentiert werden, die den Betrachter in einen Austausch mit der Gegenwart eintreten lassen sollte.

Gleich nach dem Antritt seines Direktorenpostens, veröffentlicht Dorner im Hamburger Kurier einen Artikel mit dem Titel „Was sollen heute Kunstmuseen?“, in dem er klar macht, dass für ihn eine neue Ära der Kunstmuseen angebrochen sei: In der Vergangenheit, d.h. vor allem in den Zeiten des Historismus hätte die Aufgabe der Kunstmuseen darin bestanden, Vorbilder für die bildenden Künste zu bewahren und zugänglich zu machen.[23] Nun jedoch, nachdem die Kunst neue Wege ginge, sei diese Aufgabe des Museums obsolet[24] (vgl. ebd., 207). Zwar ist das Museum für ihn immer noch „in erster Linie ein Erziehungsinstitut“, allerdings nicht in dem Sinne, dass es eine Ansammlung von Lehrgegenständen verkörpert. Die Kunst solle nicht um ihrer selbst Willen oder als Vorbild ausgestellt werden, sondern mit dem Ziel das menschliche Leben und dessen Entwicklung in der Geschichte, d.h. in seiner Wechselwirkung mit der lebendigen Kultur, zu verdeutlichen.

> „Ein Kunstmuseum soll nicht nur erfreuen und daneben einige innerlich nicht verbundene Detailkenntnisse erzeugen; es soll darüber hinaus Erkenntnisse vermitteln. Erkenntnisse entstehen aus der Erfassung von Zusammenhängen. [...] Wir müssen heute die alle Erscheinungen miteinander verbindenden inneren Zusammenhänge suchen, den durch Jahrtausende sinnvoll sich vollziehenden Aufbau vom primitivsten Menschentum bis zum komplizierten Gebilde unserer Kultur“ (zitiert nach ebd., 207).

1924 hatte Dorner – dem damals beginnenden Trend der Besucherorientierung folgend – klargemacht, welche Aufgabe ein Museum zu erfüllen hat:

---

23 Noch 1930 beantwortet hingegen der seinerzeit fast 70 jährige Gustav Pauli die Frage nach dem zeitgemäßen Kunstmuseum traditionsgemäß folgendermaßen: „Wozu sind Museen da? Kunstmuseen sind dazu bestimmt, Musterwürdiges aus verschiedenen Zeiten zu sammeln und auszustellen zur Erbauung, zur Lehre und zum Nutzen unserer Bevölkerung“ (Pauli 1930, 97). Ausgehend von dieser Prämisse ergibt sich für ihn auch das Thema seines Aufsatzes, nämlich die Schwierigkeit, im Zusammenhang mit Gegenwartskunst, ‚Musterwüdiges‘ verbindlich auszumachen. Dies ist auch das Hauptthema des Kapitels zur zeitgenössischen Kunst in Museen in Otto Homburgers früher Museumskunde von 1924 (Homburger 1924, 65ff).

24 Dieser Museumstyp des Beispiel- oder Mustermuseums führt bei näherer Betrachtung zu den Überlegungen am Anfang dieser Untersuchung zurück, bei denen nach dem Wesen des traditionellen Kunstmuseums geforscht wird. Es wurde der Begriff der Distanz erarbeitet. Der Ausdruck „Kunst als Vorbild“ verkörpert in sehr knapper Form eben dieses Wesensmerkmal des traditionellen Kunstmuseums. Fungiert nämliche das Kunstwerk als Vor-bild, befindet es sich dem Rezipienten gegenüber, es ist als Abbild vor dem Betrachter.

„Ein Kunstmuseum ist in erster Linie ein Erziehungsinstitut der großen Masse des Publikums [...] als Erziehungsinstitut aber muss das Museum unter allen Umständen aus seiner passiven Position heraustreten“ (zitiert nach B. Nobis 1988, 222). Wichtig ist der Begriff „Erziehungsinstitut“, der deutlich vom Begriff des „Bildungsinstituts“ zu unterscheiden ist. Wie bereits dargestellt wurde, misstraute Dorner den Regeln und Gesetzen, die die traditionelle Kunstgeschichte aufgestellt hatte und die nach wie vor die Struktur und damit auch Vermittlung der Museumsbestände prägte. Das Konzept des Museums als Bildungseinrichtung, wie sie seit der Jahrhundertwende gefordert worden war, konnte ihm nicht ausreichen, da sie lediglich traditionelle Gesetzmäßigkeiten reproduzierte.[25] Die Gegenwart ist, laut Dorner, mit den Kategorien des herkömmlichen Bildungskanons nicht mehr zu fassen, und entsprechend muss sich ein Museum, das dem Betrachter aus seinem Lebenskontext heraus einen Blick für die Gegenwart öffnen will, von den traditionellen Vermittlungsmodi verabschieden. Es galt nicht nur, den Begriff der Kunst, sondern auch den der Bildung zu überwinden. In der Ansprache zur Eröffnung des Emdener Museums für ostfriesische Kunst distanziert sich Dorner in aller Deutlichkeit vom herkömmlichen Bildungsgedanken des Museums:

„[...] wie kann ein Kunstmuseum wirklich für alle eine Quelle der Erkenntnis und der Kraft für das tätige Leben werden? Denn es ist ein nicht mehr ertragbarer Gedanke, dass solche wertvollen Institute keinen anderen Zweck haben sollten, als dass der Besucher sogenannte ‚Bildung‘ erlernt [...]. Diese Art von Bildung hat uns zwar die heutigen Museumsbestände geschenkt, ihr verdanken wir auch die Gründung der Museen, aber sie ist heute überlebt und eine Flucht vor dem wirklichen Leben. Ja, sie bedeutet die Gefahr, dass die natürlichen Instinkte und das klare Sehen für die Gegenwart durch das Chaos an Einzelwissen und Einzeleindrücken aus vergangenen Zeiten verschüttet und verunklärt wird [...]. Was wir brauchen und was die moderne Kunstgeschichte uns geben kann, ist ein klares Bild [davon] woher wir kommen und wohin wir gehen“ (zitiert nach Cauman 1960, 118).

Mit dieser Forderung überträgt Dorner die Erkenntnisse seiner kunsttheoretischen Studien auf die Museumskonzeption. Das Ziel des Museums ist die Arbeit an einer „neuen kulturellen Einheit“, wie er es 1927 bereits in einer Rede anlässlich der Tagung des Museumsbundes ausgedrückt hatte (ebd., 208f).

25 Vgl. hierzu Pauli/Kroetschau 1919.

Das Museum als Experiment

Um die Verbindung von Kunst und kultureller Identität der Kunst im Museum zur Entfaltung zu bringen, musste Dorner in der musealen Praxis neue und unkonventionelle Wege gehen. Sein neues Museum sollte seine bisherige Unbeweglichkeit aufgeben und dem allumfassenden Prinzip der „Selbstveränderung" gehorchen, einem Prinzip, dem nicht nur die Kunst, sondern auch der Mensch mit seinen geistigen Fähigkeiten, ja die Wirklichkeit insgesamt unterlag. Es mussten Wege der Visualisierung dieser Zusammenhänge gefunden werden.

Als Museumsdirektor in Hannover arbeitete Dorner daran, die Sammlung in ein kulturwissenschaftliches Museumsexperiment, ein „Laboratorium für eine neue Philosophie der Kunstgeschichte" zu verwandeln (Dorner 1959, 19). Er beabsichtigte, die statische Präsentation zu dynamisieren, d.h. jede Epoche um die Dimension der Zeit zu erweitern, um auf diese Weise die Objekte gemäß seiner Kunstphilosophie in den Kontext eines gesamtkulturellen Werdens zu stellen. Dorner kam zur Überzeugung, dass derartige Zusammenhänge in historischen Stimmungsräumen, wie sie in den kunsthistorischen Museen seit dem ausgehenden 19. Jahrhundert üblich waren, nicht vermittelt werden konnten.

Er ordnete den gesamten Bestand der hannoverschen Sammlung seinen Vorstellungen entsprechend neu. Die Gesamtkonzeption der neuen Präsentation war es, die Kunst, sei es historische oder gegenwärtige, als einen wesentlichen Bestandteil des modernen Lebens zu präsentieren, d.h. dem Betrachter die Möglichkeit zu geben, sich in der Auseinandersetzung mit der Kunst als kulturelles Wesen verstehen zu lernen. Dorner spricht interessanterweise davon, dass „der Besucher physisch und geistig am Werden der modernen Wirklichkeit aktiven Anteil" hat (ebd., 20). Diese Formulierung deutet darauf hin, dass es ihm nicht primär um ein visuelles, d.h. ästhetisches Erlebnis der Kunstwerke, sondern um eine ganzheitliche Wirklichkeitserfahrung und um Selbsterfahrung mittels der Kunst ging.

Dorner stand vor der anspruchsvollen Aufgabe, die „Rumpelkammer",[26] die ihm sein Vorgänger hinterlassen hatte, in ein lebendiges Museum nach seiner Vorstellung zu verwandeln.[27] Zunächst räumte Dorner die bestehenden

26 Monika Flacke-Knoch interviewte im Zusammenhang mit ihrer Arbeit über Dorner eine ehemalige Angestellte des Museums, die die Sammlung vor Dorners Neugestaltung mit folgenden Worten beschreibt: „Da stand ein Altar, und dann kam dahinter ein ausgestopftes Wildschwein, und dann kam ein Bild. Das war eine richtige ‚Rumpelkammer', wirklich ein Raritäten-Kabinett" (Flacke-Knoch 1985, 36).

27 Zu Dorners Neuordnung der Hannoverschen Sammlung vgl. Cauman 1960, 92, bzw. Flacke-Knoch 1985, 47ff.

Räume des Museums auf und ordnete sie neu. Es sollten nur herausragende Stücke gezeigt werden; weniger Bedeutendes war in einer Studiensammlung unterzubringen. Die historistisch ausgestalteten Räumlichkeiten wurden zum Teil mit weißen Wänden ausgekleidet und die Zahl der präsentierten Objekte wurde reduziert.[28] Bei der Neuordnung der historischen Sammlung schuf er „Atmosphärenräume“, wie er sie nannte, die er gemäß der zeitlichen Abfolge aufeinander folgen ließ. Nach der Überzeugung Dorners war es wichtig, die Exponate nicht als bloße Dokumente einer bestimmten Epoche und noch weniger als ästhetische Objekte zu präsentieren. Dorners Atmosphärenräume unterschieden sich grundsätzliche von den herkömmlichen historisierenden „Stimmungsräumen“, die dem Betrachter eine bestimmte Epoche vorspielten. Seine Absicht war es, über die Kunst die jeweilige Wirklichkeitsauffassung einer bestimmten Epoche anschaulich werden zu lassen. Er wollte nicht die *Sicht* auf einen kulturhistorisch relevanten Abschnitt vermitteln, sondern das *Sehen* dieser Zeit selbst verständlich machen. Sein Museum war kein kunsthistorisches Museum mehr, sondern eine erkenntnis- oder wahrnehmungshistorische Institution und damit weit entfernt vom romantischen Museumstempel.

Wichtig war für ihn die Gestaltung des Ausstellungsrahmens, der den kulturellen Kontext der jeweiligen Werke mit zum Teil aufwendiger didaktischer Ausstattung vergegenwärtigen sollte. Die Raumausstattung sollte besonders den Bezug der jeweiligen kulturellen Phasen untereinander verdeutlichen mit dem Ziel, den großen Zusammenhang der kulturellen Entwicklung des Menschen darzustellen. Dorner zielte auf eine reflektierte Auseinandersetzung des Betrachters mit der Kunst. Nicht nur die einzelnen Werke, sondern auch der kulturgeschichtliche Rahmen ihrer Entstehung wurde in Texten vermittelt. Dies erfolgte, indem er zum einen die Titel und Kurzbeschreibungen der Bilder gut sichtbar auf farblich abgestimmtem Untergrund in Augenhöhe der Besucher platzierte, zum anderen durch allgemein verständliche Texte in den Türfüllungen der jeweiligen Räume und darüber hinaus durch einen „amtlichen Führer“, der in drei Teilen die Sammlung allgemeinverständlich erklärte.[29] Ein lebendiges Museum sollte den Besucher mit allen medialen Mitteln

28 Der Wandel im hannoverschen Museum wurde u.a. von der Zeitschrift „Museum der Gegenwart“ dokumentiert (Museum der Gegenwart, Jahrgang 1, Heft II, Berlin 1930, 34f).

29 Dorner war ein Meister des kunsthistorischen Textes. Er hatte die Fähigkeit, ohne allzu grobe Vereinfachungen auch weitläufige und komplexe kulturgeschichtliche Zusammenhänge in Worte zu fassen, die auch einem Laien verständlich waren. Als Beispiel hierfür lässt sich u.a. seine Schrift über Meister Bertram von Minden anführen, in der es ihm auf wenigen Seiten gelingt, außerordentlich plastisch den Geist des späten Mittelalters zu umreißen (Dorner 1937, 5f). Dorner hatte Anfang der 30er Jahre in einem finanziellen Kraftakt den berühmten Passionsaltar Bertrams von Minden gekauft, eine Tat, die dem Museum

ansprechen. Dorner machte sich Gedanken darüber, wie er die neuen Medientechniken seiner Zeit in die Kunstvermittlung einbringen könnte. Schon früh wollte er Tonbänder, Schallplatten und sogar Filme bei der Kunstvermittlung einsetzen. Im Leipziger Kunstverein hatte er 1928 angeregt: „Man könnte in jedem Raum einen Lautsprecher einbauen, der auf Schallplatten aufgenommene Vorträge und Erklärungen wiedergibt [...].[30] Ich erachte es für einen Fehler, wenn wir die technischen Errungenschaften von ‚den heiligen Hallen der Kunst' fernhalten wollen. Der Film ist eine andere und weitere Sache, die im Kunstmuseum von großem Nutzen sein kann" (zitiert nach Cauman 1960, 208).[31]

Die technische und finanzielle Ausstattung in Hannover erlaubten es Dorner jedoch nicht, seine Multimedia-Pläne in die Tat umzusetzen. Erst als er nach seiner Emigration in die USA das Museum in Providence übernahm, wurden dort die neu eingerichteten Räume mit den modernsten Vermittlungsmedien ausgestattet (vgl. ebd., 138f).[32] In den USA entwickelte Dorner seine Pläne des lebendigen Museums über die Frage der Vermittlungsmedien hinaus konsequent weiter. Sein Traum war es, eine flexible Architektur zu schaffen, die die Dynamik seiner kunsttheoretischen Ideen aufnehmen würde. Zusammen mit der Harvard Graduate School of Design arbeitete er intensiv

einen bis heute wirksamen Anziehungspunkt verschafft, die aber auch dazu führte, dass andere Pläne Dorners, z.B. sein „Raum der Gegenwart" unvollendet bleiben mussten.

30 Mit dem Einsatz von Grammophonen als Vermittlungsmedien im Museum wurden in den späten 20er und frühen 30er Jahren auch an anderen Orten experimentiert. So beschreibt Walter Stengel 1931 in einem Aufsatz in der Zeitschrift Museumskunde seine Erfahrungen mit Schallplattenführungen im Märkischen Museum in Berlin (Stengel 1931). Er weist darauf hin, dass sogar die Emelka-Wochenschau über diese neuen Methoden im Museum berichtet hätte (ebd., 60).

31 Schon 1926 hatte Alfred Kuhn im Cicerone, allerdings im Zusammenhang mit der Vermittlung in historischen Sammlungen, auf die Bedeutung des Films für die Zukunft des Museums hingewiesen. Über einen amerikanischen Dokumentarfilm zur historischen Waffenkunde schreibt er: „Man erfuhr mit Staunen, wie alle jene Dinge, die man bisher blankgeputzt aber doch tot, unendlichen tot in den Vitrinen der Waffensäle gesehen hatte, einem starken, blühenden Leben einst gedient. Wir möchten auf diesen Film ganz besonders hinweisen, da er uns als ein vorzügliches Mittel zur Popularisierung der Museen erscheint, die zu propagieren eine unabweisbare Forderung der Zeit ist" (Kuhn 1926, 686).

32 Dorner hatte bis 1936 versucht sein Museum in Hannover auch gegen massive Anfeindungen der Nationalsozialisten zu halten. Mit enormem diplomatischem Geschick hatte er es vermocht noch lange nach 1933 Werke der Abstraktion und des Expressionismus zu zeigen, ohne sich an die Machthaber zu verkaufen. Doch seine Bemühungen blieben am Ende vergebens. Als er 1936 von einer Ausstellung aus London zurückkehrte, hatte die SS das Abstrakte Kabinett „einfach abgebaut". Dorner resignierte. Er floh über Paris in die USA (vgl. hierzu Flacke-Knoch 1985, 111ff, Cauman 1960, 124 ff). Zu Dorners Umgang mit den nationalsozialistischen Kulturpolitikern vgl. Wendland 1999.

an der Ausarbeitung einer derartigen Museumsarchitektur, ohne allerdings letztlich die gewünschten Ergebnisse zu erlangen. Doch obwohl viele seiner Projekte nie zur Realisierung kamen, ließ Dorner zeit seines Lebens nicht davon ab, die herausragende Bedeutung der Kunst und der Kunstgeschichte für die gesellschaftliche Gegenwart zu propagieren. Er suchte das Gespräch mit Künstlern, Architekten und Naturwissenschaftlern und diskutierte mit ihnen die Wechselwirkungen und Bezüge der jeweiligen Disziplinen mit der Kunst und ihre Auswirkung auf die Wirklichkeitswahrnehmung.[33]

Die Verabschiedung des Originals

Besonders deutlich wird Dorners Bruch mit der herkömmlichen Museumsvorstellung angesichts seines Verhältnisses zum Kunstoriginal. Die Kunstwahrnehmung in seinem Museum hatte mit der Vorstellung einer romantischen Versenkung in den Gegenstand nichts mehr zu tun, das Kunstwerk als einmaliges Objekt des ästhetischen Kultes spielte keine Rolle. Folglich war für Dorner die Authentizität der Stücke nur sekundär wichtig. Das herkömmliche Museum hingegen war auf das Original, auf das vom Genius geschaffene, einmalige Werk angewiesen. Dorner konnte, wie bereits erwähnt, mit der Vorstellung unabänderlicher und ewiger Werte in der Kunst nichts anfangen. Für ihn kam die Kunst ohne romantische Aura aus. In Dorners neuartigem kultur- bzw. wahrnehmungsgeschichtlichem Museum konnte damit eine gute Reproduktion dieselbe Aufgabe erfüllen wie ein Original.[34]

Seit den 20er Jahren war die Reproduktionstechnik so weit verbessert worden, dass eine Unterscheidung zwischen Original und Abzug mit bloßem Auge immer schwieriger wurde. Im Falle der Werke der für Dorner besonders bedeutsamen konstruktivistischen Kunst waren die Reproduktionen mit ihrer glatten und homogenen Oberfläche mitunter wirkungsvoller als die gemalten Arbeiten. Dorner wusste natürlich, dass er ein Sakrileg beging, indem er der Alleinherrschaft des Originals im Museum ein Ende setzte. Die Wirkung eines Werkes war, solange es ästhetischer Kultgegenstand war, in hohem Maße von der mittelbaren Präsenz der Künstlers in seinem Werk und damit von der Originalität der Arbeit abhängig. Im Original könne man, wie damals geäußert wurde „den Geist des Meisters fühlen, der dem Werk innewohnt"

33 Ein Beispiel für Dorners interdisziplinäres Arbeiten sind seine Vorlesungen, die er in den 50er Jahren u.a. zusammen mit Musikwissenschaftlern hielt (vgl. Cauman 1960, 185f).

34 Zur Diskussion von Dorners Verhältnis zu Reproduktion und Original vgl. Flacke-Knoch 1985, 100ff.

(vgl. ebd., 120).[35] 1929 machte Dorner die Probe aufs Exempel. Er organisierte eine Ausstellung unter dem Titel „Original und Faximile“, bei der er Originale neben Reproduktionen hängte und Experten aufforderte, festzustellen, welches Blatt echt und welches der Nachdruck sei.[36] Die Ausstellung sorgte für erhebliche Unruhe unter den Kunstgelehrten.[37]

Es ist bemerkenswert, dass sich selbst gelehrte Köpfe in dieser Diskussion in romantisch irrationale Theorien flüchteten. Es finden sich z.B. Behauptungen, dass nur im Original „der Atem des Schöpfers strömen“ würde. Reproduktionen waren in den Augen der meisten Kunstgelehrten indiskutabel. Dorner hingegen war der Ansicht, dass in einem Museum, das als „Stammbaum unserer gegenwärtigen visuellen Sprache“ fungieren sollte (vgl. ebd., 181), Reproduktion ohne weiteres die Aufgabe der Originale übernehmen konnten.[38]

---

35 Offizielle Berliner Stimmen hatten sogar ein Verbot der Herstellung von Faksimiles gefordert, da sie der Kunst unwürdig und somit ‚kunstfeindlich‘ seien (vgl. ebd., 121).

36 Dorner hatte bei seinen Ausstellungen schon früher mit Reproduktionen gearbeitet. In der ersten Hälfte des Jahres 1928 wurden nicht weniger als vier reine Reproduktionsausstellungen gezeigt, u.a. Dürer-Graphik und Landschaftsbilder (vgl. Kurznachrichten des Deutschen Museumsbundes in Museumskunde 1929, I, 1, 35).

37 So wurde z.B. 1930 in Essen ein Kongress ausgerichtet, in dem das Problem von Original und Faksimile kontrovers diskutiert wurde. Eine Zusammenfassung der wichtigsten Argumente veröffentlichte Köhn 1931 in der Zeitschrift Museumskunde (Köhn 1931). Sogar Kapazitäten wie Erwin Panofsky schalteten sich in die Diskussion ein. Er verfasste in der Zeitschrift „Der Kreis“ 1930, in der seit September 1929 die Reproduktions-Debatte geführt wurde, eine Stellungnahme, in der er sich sehr differenziert mit der Problematik auseinandersetzte. Er versuchte in dieser emotional überladenen Streitigkeit neutral zu bleiben, denn er kann, wie er schreibt „die Faksimilereproduktion weder als eine Bedrohung heiligster Güter ansehen, noch als einen gewaltigen Fortschritt über die ‚Vätergeneration‘ bejubeln“. Er sieht in ihr „eine technische Errungenschaft, die – wie alle technischen Errungenschaften – ihre Vorzüge und ihre Gefahren, vor allem aber [...] die ihr eigenen stilistischen Grenzen und Möglichkeiten hat“ (Panofsky 1930, 1089).

Für ihn liegt das Problem nicht an der Reproduktion selbst, sondern an der Art und Weise, wie mit ihr umgegangen wird. Der grundsätzliche Unterschied von Original und Nachbildung darf nie aus dem Blick geraten. Am Ende seines Artikels schreibt Panofsky: „Sollte es jemals dazu kommen, dass niemand mehr zu dieser Unterscheidung fähig wäre, dass Menschenwerk und Maschinenwerk tatsächlich identisch geworden wären – dann wäre nicht sowohl das Kunst-Verständnis tot als vielmehr die Kunst; und sie wäre dann nicht an der Reproduktion gestorben“ (ebd.).

38 Dorners Verhältnis zum Original hatte natürlich auch nachhaltige Auswirkungen auf seine Sicht zur Bedeutung der Restaurierung. Bei seinem Museum in Providence zögerte er nicht, unvollständige historische Stücke vom Restaurator wie-

Die Ausstellung „Original und Reproduktion" war von Dorner keineswegs als effektvolle Provokation gemeint. Über den Einsatz von Reproduktionen im Museum hatte er schon früher öffentlich gesprochen.[39] Er setzte vielmehr hier zum ersten Mal mit aller Konsequenz seine kunst- und museumstheoretischen Überlegungen in Form einer Ausstellung um und setzte erstmals dem romantischen Museumsbegriff seine postästhetische Vorstellung von Kunstmuseen entgegen.[40] Mit seiner Reproduktionsausstellung hat Dorner seine neue Position in der Museumskultur in aller Radikalität offenbart. Ein Museum, das auf Originale verzichten kann, hat sich vollständig vom herkömmlichen Museum verabschiedet. Es löst sich vom Werk als anbetungswürdigem Kultobjekt. Echtheit und Aura spielen keine Rolle mehr.[41] Das Museum hört demnach auf, „ein Tempel humanistischer Reliquien" zu sein (Dorner 1959, 180). Das heißt zum einen, dass es sich aus seiner statischen Systematik als Archiv befreit, aber mehr noch, dass es sich von dem Kult des Originals löst. Dieser Gedanke ist für diese Abhandlung entscheidend. Folgt man ihm, entfällt eines der zentralen Probleme, von denen bei diesen Überlegungen ausgegangen wurde: das Problem der Vergänglichkeit der Kunstwerke. Kunst muss für Dorner keineswegs als Original vorliegen, um seine Aufgabe im Museum zu erfüllen. Damit wäre es vorstellbar, vergängliche Arbeiten ausreichend zu dokumentieren und Abbildungen davon zu

---

derherstellen zu lassen (wobei freilich auf die Tatsache der Rekonstruktion unmissverständlich hingewiesen wurde) (vgl. hierzu Cauman 1960, 138).

39 In dem schon erwähnten Vortrag im Leipziger Kunstverein, in dem er den Einsatz von Lautsprechern und Schallplatten anregte, erwähnt er bereits den Einsatz von Faksimile-Repros bei der Museumspräsentation: „Sammlungen von farbigen Faksimiles, wie in Hildesheim und Braunschweig, große Leuchtbilder in den Fenstern, die Rekonstruktionen von Tempeln usw. zeigen, könnten die Sammlung der Originale ergänzen" (zitiert nach Cauman 1960, 208).

40 Den Gedanken eines Reproduktionsmuseums verfolgte Dorner konsequent weiter. Mit dem Blick auf weniger gut ausgestattete Provinzmuseen meinte er, dass es besser sei, wenn diese eine zusammenhängende Sammlung guter Reproduktionen hängen würden als verstreute drittklassige Originale. Dieser Vorschlag führte dazu, dass Dorner beinahe aus der internationalen Gesellschaft für Museums-direktoren ausgeschlossen wurde (vgl. Cauman 1960, 112).

41 Den einflussreichsten Aufsatz zu diesem Themenkomplex hat, zumindest was die Diskussion in Deutschland betrifft, Walter Benjamin mit „Das Kunstwerk im Zeitalter seiner technischen Reproduzierbarkeit" verfasst (Benjamin 1937). Er diagnostiziert, dass mit seiner Vervielfältigung, sei sie auch noch so perfekt, das Wesen des Originals zugrunde gehe, seine Echtheit und mir ihr seine Aura. „Doch bei der höchst vollendeten Reproduktion fällt eines aus: das Hier und Jetzt des Kunstwerks – sein einmaliges Dasein an dem Orte, an dem es sich befindet. An diesem einmaligen Dasein aber und an nichts sonst vollzog sich die Geschichte, der es im Laufe seines Bestehens unterworfen gewesen ist" (Benjamin 13f).

schaffen oder sogar solidere Reproduktionen[42] und als solche im Museum aufzustellen.

Dorner überwindet das Museum als Archiv der ästhetischen Originale. Sein ‚lebendiges Museum' schöpft nicht mehr vom Geist vergangener Genien, die sich in autonomen Kunstwerken verkörpern. Die Gegenwart stand in Dorners Museum nicht einer in Form von Ausstellungsgegenständen objektivierten Vergangenheit gegenüber, sondern sie stellte sich als Teil eines umfassenden schöpferischen Wachstums dar. Dem Betrachter werden weder kunst-geschichtliches Einzelwissen noch anbetungswürdige Kultobjekte präsentiert. Er sollte vielmehr eintauchen in übergreifende kulturelle Entwicklungszusammenhänge und so einen Blick auf seine eigene Position im Laufe dieser Entwicklung bekommen. Auf diese Weise wollte Dorner die Kunst im Museum mit der Lebenspraxis verbinden.

Das Abstrakte Kabinett

Eine besondere Herausforderung stellte bei Dorners Museumsarbeit die Präsentation der Gegenwartskunst dar, die im Folgenden behandelt werden soll. Wie dargestellt wurde, ist die Abstraktion für Dorner diejenige Strömung, die ihrer Zeit am angemessensten ist, da sich hier das den naturwissenschaftlichen Erkenntnissen entsprechende relativistische Wirklichkeitsbewusstsein Form verschafft. Dorner arbeitete intensiv an einem Konzept zur musealen Präsentation der neuen Kunst, d.h. der Kunst nach der Kunst. Das Ergebnis war das so genannte „Abstrakte Kabinett", das Dorner als den Höhepunkt seiner Museumskonzeption in Hannover (ebd., 20) bezeichnete.[43]

Hinsichtlich des musealen Umgangs von Gegenwartskunst stellt Dorners Abstraktes Kabinett einen Meilenstein in der Ausstellungspraxis dar. Er unternimmt hier zum ersten Mal den Versuch, die traditionelle Ausstellungssituation, d.h. das Gegenüber von Kunstwerk und Betrachter zu überwinden, um so das Ideal eines dynamischen Ausstellungsraumes jenseits einer ästhetischen Objektpräsentation zu verwirklichen. Dorner stand in regem Austausch mit verschiedenen Künstlern und diskutierte mit ihnen u.a. die Problematik

42 Man stelle sich etwa die Rekonstruktion einer Fettecke von Beuys aus Wachs vor. Das Museum würde zum Wachsfiguren-Kabinett der Kunstwerke.

43 Dorners Überlegungen zur Kunst und deren Überwindung, vor allem jedoch zur Visualisierung dieser Zusammenhänge im Museum sollten ihren konsequenten Abschluss in einem „Raum der Gegenwart" haben, in dem alle kreativen Errungenschaften der Gegenwart gezeigt werden sollten und in dem die Grenze zwischen Kunst und angewandter Kunst keine Rolle mehr spielte. Dieser Raum wurde jedoch, wie bereits erwähnt, nie verwirklicht, so dass im Folgenden ausschließlich die Konzeption des Kabinetts der Abstrakten behandelt wird. Zum Raum der Gegenwart vgl. Flacke-Knoch 1985, 77ff, Cauman 1960, 113ff.

der Präsentation von Gegenwartskunst, insbesondere abstrakter Kunst.[44] Er entschloss sich, seinen „Raum der Abstrakten" in Zusammenarbeit mit einem Künstler zu entwickeln. Zunächst fanden Gespräche mit Theo van Doesburg, einem der Begründer der De-Stijl-Bewegung in Holland statt. Sein Konzept für einen Raum für abstrakte Kunst konnte den Plänen Dorners jedoch nicht genügen. Der Künstler hatte ein abstraktes Glas-Bild entworfen, das zwar selbst ein überzeugendes abstraktes Ausstellungsstück gewesen wäre, ohne dass es jedoch einen ganzheitlich wirkenden dynamischen Raum im Sinne Dorners hätte konstituieren können (vgl. Cauman 1960, 107).[45] Erst der Entwurf des russischen Konstruktivisten El Lissitzky entsprach Dorners Vorstellungen.[46] Schon 1923 hatte er die Gelegenheit gehabt, bei der Ausstellung der „Novembergruppe" in Berlin die innovativen Ausstellungskonzepte des Künstlers zu erleben. Lissitzky hatte dort einen kleinen Raum zugewiesen bekommen, in dem er erstmals sein neuartiges Konzept des „Prounenraums" umsetzte.[47] Drei Jahre später gestaltete er nach ähnlichen Vorgaben auf der internationalen Kunstausstellung in Dresden den ersten „Demonstrationsraum" im neuen Stile für die Präsentation der Konstruktivisten.[48] Lissitzky verfolgte bei seinen Ausstellungsprojekten ein völlig neuartiges und ganzheitliches Raumkonzept, bei dem die Dynamisierung des Raumes eine entscheidende Rolle spielte. Er sollte sich als der ideale Partner für Dorner bei der Verwirklichung seines Raumes für abstrakte Kunst erweisen.

44 In der Zeit nach dem Ersten Weltkrieg entwickelte sich Hannover, u.a. dank Alexander Dorner, zu einem der Zentren des modernen Kunstlebens in Deutschland. So beschreibt Justus Bier 1930 in der Zeitschrift „Museum der Gegenwart" die ausgesprochen progressive Atmosphäre in Hannover (Bier 1930). Zur Avantgarde in Hannover vgl. auch Cauman 1960, 43, bzw. Moeller 1987.

45 Der Entwurf ist in Form einer kleinen Zeichnung erhalten. Eine Abbildung desselben findet sich in Valstar 1985, 102ff.

46 Zu Lissitzkys Bedeutung für den Hannoveraner Raum der Abstrakten vgl. Nobis Beatrix 1991.

47 Zum Prounenraum allgemein vgl. Hemken 1988 b.

48 Obwohl Lissitzky diesen Raum als neues und bahnbrechendes Konzept für einen Standardraum für abstrakte Kunst propagierte (vgl. Flacke-Knoch 1985, 60ff), wird er in einem zeitgenössischen Bericht Will Grohmanns über die Ausstellung im Cicerone nicht ausdrücklich erwähnt (vgl. Grohmann 1926).
Die Räume in Berlin, Dresden und Hannover waren erstaunlicherweise die einzigen Ausstellungsräume, die Lissitzky realisierte. Den Raum der Gegenwart des Hannoverschen Museums konzipierte Dorner zusammen mit Mohly-Nagy. Der Grund dafür könnte, wie Beatrix Nobis mutmaßt, darin liegen, dass Lissitzky seine künstlerische Phasen gewöhnlich sehr unvermittelt und rigoros abzuschließen pflegte (vgl. Nobis Beatrix 1988, 220).

Das Raumkonzept Lissitzkys

Wie bereits bei den Ausstellungen in Berlin und Dresden wurden im Hannoverschen Abstrakten Kabinett[49] Kunst und Raum eine Bedeutungseinheit. Lissitzky war es wichtig, dass die Räumlichkeit selbst zum Bedeutungsträger wird und nicht lediglich als Hülle für die Kunstgegenstände dient. Raum bedeutet für Lissitzky nicht das dreidimensionale Volumen, in dem Gegenstände aufgestellt sind und in dem sich der Betrachter ebenso wie ein Ding befindet. Der Raum ist für ihn nicht ein primär visuelles, sondern ein existenzielles Phänomen: Raum ist gelebter Raum. In seinem programmatischen Aufsatz „Prounenraum" schreibt er:

„Raum: das, was man nicht durch das Schlüsselloch ansieht, nicht durch die offene Tür.Raum ist nicht nur für die Augen da, ist kein Bild; man will darin leben" und dann später im Text mit der betonten Schärfe des Revolutionärs: „Wir wollen den Raum als ausgemalten Sarg für unseren lebenden Körper nicht mehr" (Lissitzky-Küppers 1967, 361).[50] Sein Ziel war der „aktive Demonstrations-Raum",[51] was zunächst bedeutet, dass die Wand als statischer Träger für Bilder verabschiedet wird: „Ob wir Wände ‚bemalen' oder an die Wand Bilder hängen, ist gleich falsch. Der neue Raum braucht und will keine Bilder – ist kein Bild, das in Flächen transportiert ist [...]. Wir zerstören die Wand als Ruhebett für [...] Bilder" (ebd.).[52]

Das Anliegen Lissitzkys lag also nicht darin, einen bestehenden Raum mit Kunstgegenständen zu füllen, also in einem Raum *auszustellen*; seine Absicht

49 Am Rande sei bemerkt, dass sich der Name „Abstraktes Kabinett" erst im Laufe der Zeit einbürgerte. Dorner selbst nannte das Kabinett immer „Raum der Abstrakten", Lissitzky sprach vom „Schaukabinett im Museum Hannover" oder von einem der „Demonstrationsräume" (vgl. Valstar 111).

50 Ausstellungspraxis und künstlerische Praxis rücken bei Lissitzkys Prounenraum erstmals eng zusammen. Georg Friedrich Hoch bezeichnet den Prounenraum als das erste environment (vgl. Koch 1983, 151). Er ist für ihn die Inkunabel der „Ausstellungskunst". Diese Form der Annäherung von Ausstellendem (Kurator) und Künstler im 20. Jahrhundert wird im Laufe unserer Arbeit noch mehrfach auftauchen.

51 Später, in „Überwindung der ‚Kunst'" spricht Dorner von einem „elastischen Museum", um die Dynamik seiner Räumlichkeiten zu veranschaulichen (Dorner 1959, 180).

52 Hier ist der Punkt, an dem sich die Konventionalität von van Doesburgs Entwurf für das Abstrakte Kabinett zeigt. Während Lissitzky seiner Arbeit eine grundsätzlich neue Raumauffassung zu Grunde legt, bleibt van Doesburg mit seinem Glasbild der herkömmlichen Vorstellung von Raum und Wand verhaftet. Es ist auffällig, dass Lissitzky diesen Aufsatz, mit dem die Raumauffassung von De Stijl überholt, gerade in Den Haag niederschreibt.

war es vielmehr, einen Raum *herzustellen*. Die Unterscheidung zwischen Ausstellungsraum und Ausstellungsgegenstand wurde zunehmend hinfällig.[53]

Die Aktivierung des Betrachters und des Raumes

Das Ziel der Dynamisierung des Ausstellungsraumes ist die Aktivierung des Betrachters, ein Anliegen, das Lissitzky, wie der Amerikanische Kunsthistoriker Alan Birnholz ausführt, mit seinem gesamten Schaffen verfolgt: „One of the principal themes in the art of El Lissitzky [...] was the search for ways to compel the spectator to act" (Birnholz 1980, 98). Lissitzky will eine lebendige Begegnung von Kunst und Betrachter, kein starres Gegenüber. In dem Aufsatz „Demonstrationsräume", der im Zusammenhang mit dem Abstrakten Kabinett in Hannover entstand, schreibt der Künstler, dass die bisherigen überladenen Ausstellungen den Betrachter überfordern und so in eine Passivität zwingen.

„Die großen internationalen Bilder-Revuen gleichen einem Zoo, wo die Besucher gleichzeitig von tausend verschiedenen Bestien angebrüllt werden. In meinem Raum sollten die Objekte den Beschauer nicht alle auf einmal überfallen. Wenn er sonst durch das Vorbeiziehen an den Bilderwänden in eine bestimmte Passivität eingelullt wurde, so soll unsere Gestaltung den Mann aktiv machen. Dies sollte der Zweck des Raumes sein" (Lissitzky-Küppers 1967, 362).[54]

Lissitzky hatte die Absicht, durch eine bestimmte Gestaltung des Raumes die Wahrnehmung des Betrachters im Sinne der Kunst zu leiten, ohne dass hierfür z.B. erklärendes Textmaterial notwendig gewesen wäre. Die Kunst ereignete sich dem Betrachter unvermittelt, er wurde gleichsam von den abstrakten Formen selbst durch die Ausstellung geleitet. In seiner Schrift „Prounenraum", die er im Zusammenhang mit der Großen Berliner Kunstausstellung verfasste, beschreibt der Künstler, wie genau er sich die aktivierende Wirkung seines Raumes in Hannover vorstellt: „In der Ausstellung geht man ringsherum. Darum soll der Raum so organisiert sein, dass man durch ihn selbst ver-

53 Lissitzkys Berliner Prounenraum von 1923 war nicht mehr im eigentlichen Sinne mit Bildern behängt, es waren geometrische Formen installiert. Lissitzky arbeitete nicht nur in der Fläche, sondern verwendete auch dreidimensionale Körper, die in den Raum hineinragten (vgl Hemke 1988 b, dort findet sich auch die Abbildung des 1965 vom Van Abbemuseum in Eindhoven rekonstruierten Berliner Prounenraums).

54 Auffällig ist hier die Analogie zu Paul Valérys berühmter Museumskritik, in der er die überladenen Museen als Kampfplätzen der Kunstwerke beschreibt: „Ich stehe inmitten eines Aufruhrs eingefrorener Kreaturen, deren jede einzelne – ohne daß es ihr gewährt würde – nach dem Nichtvorhandensein aller anderen schreit" (Valéry 1959, 52).

anlasst wird, in ihm herumzugehen“ (ebd., 361).[55] In seinem Manuskript „Demonstrationsräume“ (ebd.) legt Lissitzky genau dar, welche Wirkung er mit seiner Konzeption in Hannover erreichen will. Unter der Überschrift „Die Wirkung“ schreibt er:

„Beim Betreten des Raumes (der Ein- und Ausgang ist in der Form des Ständers für die Plastik angedeutet) hat man eine graue Wandfläche vor sich, linker Hand eine ins Weiße, rechts eine ins Schwarze gehende. Durch die verschiedenen Breiten der Kassetten sind die Blickachsen verschoben von den Symmetrieachsen der Türen, so entsteht die Rhythmik des Ganzen. Bei jeder Bewegung des Beschauers im Raume ändert sich die Wirkung der Wände, was weiß war, wird schwarz und umgekehrt. So entsteht als Folge des menschlichen Schreitens eine optische Dynamik. Dies Spiel macht den Betrachtenden aktiv. Das Spiel der Wände wird ergänzt von dem Durchschimmern der Kassetten. Der Besucher schiebt die gelochten Deckflächen hinauf oder hinunter, entdeckt neue Bilder oder verdeckt, was ihn nicht interessiert. Er ist physisch gezwungen, sich mit den ausgestellten Gegenständen auseinanderzusetzen“ (ebd., 362f).[56]

Lissitzky erreichte diese Wirkung, indem er die Wand durch grau und weiß gestrichene Lamellen auflöste. Damit entsprach er Dorners Vorstellung von „sich selbst verändernden“ Wänden, die mit den Exponaten korrespondieren sollten.[57] Je nach seiner Position im Raum nahm der Betrachter die Wand in unterschiedlicher Färbung war. Lissitzky installierte an drei Wänden Kassetten mit verschiebbaren Abdecktafeln, die es ermöglichten, Bilder aufzudecken, aber auch wieder abzudecken. Mit dieser Vorgehensweise konnte er eine größere Anzahl von Bildern unterbringen, ohne den Raum damit zu überladen. Die Räumlichkeit war also in zweierlei Hinsicht von Bewegung geprägt. Zum einen dadurch, dass bestimmte Raumteile veränderbar oder verschiebbar waren und zum anderen dadurch, dass sich durch die verschiedenfarbige Lamellierung der Wand für den Betrachter der Eindruck einer stetig wechselnden, irisierenden Bewegung ergab.[58] Der Besucher wurde so ver-

55 El Lissitzkys neue Raumvorstellung korrespondiert mit seinen Gedanken zu „Proun“, d.h. der neuen Kunst nach der ‚Überwindung der Kunst‘: „[...] wir sahen, dass die Oberfläche des Prouns als Gemälde aufhört, er wird ein Bau, den man umkreisend von allen Seiten betrachten muss, von oben beschauen, von unten untersuchen“ (Lissitzky 1967, 344).

56 Abbildungen des „Raum der Abstrakten“ finden sich u.a. in Dorner 1928, Valstar 1985, Nobis 1988, 225-229.

57 Vgl. den Brief Dorners vom 23.5.1956 an Dr. Stuttmann; zitiert nach Valstar 1985, 104.

58 Ursprünglich hatte Lissitzky gehofft, diese Raumdynamik noch durch eine periodische Veränderung der elektrischen Raumbeleuchtung steigern zu können. Dies war allerdings nicht möglich, da „in diesem Hallenkomplex keine Leitungen angelegt“ waren (vgl. Lissitzky-Küppers 1967, 363).

anlasst, sich aktiv mit den aufgestellten Gegenständen zu beschäftigen. Nur so, d.h. unter Mitwirkung des Betrachters, konnte der Raum als dynamischer Raum funktionieren. An seiner Stirnwand befand sich eine Glasvitrine, die auf Wunsch Dorners eingerichtet worden war. Hier konnten Abbildungen und Dokumente angewandter Künste wie Typographie, Architektur oder Design gezeigt werden, um die Weite des kreativen Spektrums auch jenseits der traditionellen Kunstgattungen zu veranschaulichen. Aus demselben Grund befand sich im Kabinett auch ein Stahlrohrstuhl im Stil des Bauhaus.[59]

Im Abstrakten Kabinett wurde ausschließlich gegenstandslose Kunst, Malerei und Plastik der verschiedensten Ausprägung von „De Stijl" über „abstraction création" bis zum russischen Konstruktivismus gezeigt, wobei Dorner die Exponate regelmäßig auswechselte. Für Dorner entsprach Lissitzkys Raumkonzept in idealer Weise seinen kunsttheoretischen Vorstellungen, da es genau das verkörperte, was für ihn auch das Ideal von Innenarchitektur darstellte: die Entgrenzung, ja Auflösung des dreidimensionalen Raumes. „An seine Stelle tritt", wie Giedion 1929 in seinem Artikel über das Abstrakte Kabinett formuliert, „ein neues System von BEZIEHUNGEN und DURCHDRINGUNGEN" (Giedion 1929, 105).

Lissitzky geht bei seiner Raumkonstruktion mit Umsicht auf den einzelnen Betrachter ein. Alan Birnholz weist seinem Artikel zu Lissitzkys Aktivierung des Kunstbetrachters darauf hin, dass die Menge an Neuerungen und Veränderungsmöglichkeiten in den jeweiligen Schauräumen immer überschaubar war, wodurch Lissitzky die Überforderung des Betrachters vermied. „It is as if Lissitzky took the viewer into the new, somewhat frightening world of modern art gently, by the hand." (Birnholz 1980, 99). Der Künstler arbeitete, so Birnholz, offensichtlich nicht für ein Massenpublikum, sondern für Einzelpersonen. Die Auseinandersetzung mit seinen Räumen, aber auch mit seinen Graphiken und Gemälden stellten immer eine intime und private Erfahrung dar. Lissitzkys Kunst und die Weise, wie er sie *als Raum vorstellte*, führte nicht nur zu einer Begegnung mit Kunstgegenständen, sondern zu einer Begegnung des Betrachters mit sich selbst. „In the *Abstrakte Kabinett* or the *Prounspace* in this exhibition, one is made conscious of his own individual being" (ebd., 100). Obwohl der Künstler das Rezeptionsverhalten bis zu einem gewissen Punkt lenkt, drückt sich doch in dem grundsätzlichen Ansatz der Aktivierung eine neue Wertschätzung des Betrachters aus. „Der Raum ‚dient' nicht, sondern er schiebt sich in das Bewusstsein des Betrachters, er fordert ihn auf und er fordert ihn heraus," wie Beatrix Nobis schreibt

59 Es handelte sich um einen Stahlrohrstuhl von Hanns Nietschke, der Dorner sehr imponiert hatte. Cauman schreibt, Dorner hätte den Stuhl in seiner Funktionalität und Neuartigkeit als die „modernste Schöpfung, die er kannte" eingestuft (Cauman 1960, 42).

(Beatrix Nobis 1991, 76). Die Kunst entfaltet sich erst, wenn sie vom Betrachter aktiv wahrgenommen wird, so dass man sagen könnte, dass die Werke nicht allein vom Künstler hervorgebracht werden. Der Betrachter ist, indem er rezipiert, selbst am Schaffensprozess beteiligt.[60]

Mit der Konzeption Lissitzkys für das Abstrakte Kabinett hatte der Ausstellungsraum seine Aufgabe als Kunstbehältnis aufgegeben. Die Kunstwerke waren keine Gegenstände, die sich in einem fixen Gegenüber zum Betrachter befanden. Die Auseinandersetzung mit der Kunst war in Bewegung geraten. Zusammen mit El Lissitzky hatte Dorner einen Kunstraum geschaffen, der die vierte, die zeitliche Dimension eingehen ließ. Er war dynamisiert und damit der Kunst nach der „Kunst" im Sinne Dorners angemessen: „Das neue Raumbild ist das dynamische: der Raum wird nicht mehr von einem starren, absoluten Standpunkt aus, sondern von einer Mehrheit wechselnder, relativer Standpunkte aus erfaßt, d.h. die neue Vorstellung von Raum resultiert aus einer Durchdringung verschiedener Raumansichten, aus einem Wandern im Raum, so dass die Zeit zur vierten Dimension des Raumes wird" (Dorner 1931, 130).

Die Verbindung von Kunst und Leben

Mit dem Raumkonzept Lissitzkys war es Dorner gelungen – in der hier entwickelten Begrifflichkeit gesprochen – einen Ereignisraum zu schaffen. Er trägt der Ereigniskunst im Sinne der sich in der Zeit ereignenden Kunst Rechnung. Dorner hat mit dem Abstrakten Kabinett die herkömmliche Ausstellungssituation insofern revolutioniert, als er sich von der Präsentation von Kunst als statischen Gegenständen verabschiedete. Das Ziel der Raumgestaltung war ein ganzheitliches Wahrnehmen der Kunst. Hieraus ergibt sich die für diese Untersuchung wichtige Folge, dass Kunstwahrnehmung für Dorner, der sich in jeder Hinsicht von der romantischen Kunst- und Rezeptionstradition lossagte, mehr als ein ästhetisches Vergnügen darstellt. Mit der Dynamisierung des Ausstellungsraumes und der Aktivierung des Betrachters durch Lissitzkys Gestaltung, wurde es ein Ort der aktiven Auseinandersetzung mit dem Werk.[61] So gelang ihm, in seinem Museum mit künstlerischen Mitteln die

60 Für Judith Barry stellen Lissitzkys konstruktivistische Räume einen Höhepunkt des Ausstellungsdesigns dar, da hier der Betrachter und die Kunst aktiv zusammengeführt werden, nicht zuletzt durch den Einsatz moderner Medien. Kunstpräsentation war nicht nur Zurschaustellung sondern Einladung zur Anteilnahme (Barry 2001, 96).

61 Auch damit entsprach Dorner den Vorstellungen der abstrakten Bewegung, über die Will Grohmann in seinem Bericht über die internationale Ausstellung in Dresden schreibt: „Der Konstruktivismus umfasst alle Bemühungen eines sythe-

Forderung nach der Vereinigung von Kunst und Leben einzulösen. Aus dem toten, reproduktiven Museumsarchiv wird ein lebendiges, produktives Museum. Das Museum ist Kraftwerk.

Das Museumskraftwerk jenseits der Ästhetik

Dorners neuer Museumsbegriff deckt sich in zentralen Punkten mit der hier erarbeiteten Vorstellung des Museums als postästhetischem Ereignisort. Die Begegnung von Kunst und Betrachter findet hier, nicht in Form eines nur sinnlichen Erlebnisses statt, sondern sei es in seinen „Atmosphärenräumen" oder bei seinem „Kabinett der Abstrakten" als existenzielle Positionierung des Betrachters. Der Betrachter erfährt in der Kunst sich selbst. Zwar finden sich in Dorners kunsttheoretischen Darlegungen keine unmittelbaren Parallelen zu dem weiter oben entwickelten Ereignisbegriff, aber Dorner verabschiedet sich ausdrücklich und in mehrerlei Hinsicht von der romantischen Ästhetik. Für ihn ist Wirklichkeit gleichbedeutend mit Dynamik und folglich lehnt er die Vorstellung des ästhetischen, statischen Kunstwerks als Verkörperung unveränderlicher Werte ab. „Der Glaube an die radikale Veränderlichkeit der Welt ist mit ‚Ästhetik' nicht zu vereinbaren" (Dorner 1959, 176).

Ebenso wenig kann für ihn Ästhetik eine ausschließlich sinnliche Erfahrung bedeuten: Die Ästhetik hat sich als Formerlebnis überlebt, wie er in „Überwindung der ‚Kunst'" schreibt. Dorner orientiert sich hier am Ästhetikbegriff Deweys: „Dewey hat das ästhetische Erlebnis als einen offenen Prozeß von ‚doing und underdoing' dargestellt, als ein Ringen zwischen den Energien des ‚Ich' und den Energien der Umwelt, repräsentiert durch Tradition, andersartige ‚Ichs' etc" (ebd., 175). Dies ist, wie Dorner se lbst bemerkt „ein gewaltiger Schritt" (ebd.). Dieser Schritt, führt in die Richtung dessen, was weiter oben Kunstereignis genannt wurde. Die Auseinandersetzung mit Kunst erschöpft sich für Dorner nicht im sinnlichen Gegenüber mit dem ästhetischen Objekt. Es ist ein ganzheitliches, existenzielles Unterfangen. Dies gilt für zeitgenössische Kunst ebenso wie für historische: „Das Erlebnis historischer Kunst hat überhaupt nur Sinn, soweit es ein Ringen zwischen unseren Energien und denen des historischen Kunstwerkes ist. Es gibt keine ‚Kunst' an sich und keine ‚Ästhetik' an sich, es gibt nur Umbildungsvorgänge.' (ebd., 176). In dieselbe Richtung führt Dorners Ablehnung des Museums als „Bildungsanstalt". Sein Museum ist nicht der Hort einer statischen rationalen Kunstwissenschaft, denn die Auseinandersetzung mit Kunst ist mehr als ein

tischen, aus der Kunst in das Leben übergreifenden Gestalterwillens, der auf frei künstlerischer und ingenieurhafter Intuition in gleichem Maße beruht und die Apathie der Öffentlichkeit gegen Kunst durch künstlerische Umgestaltung der Wirklichkeit besiegt, zwischen Kunst und Leben die Grenzsteine verrückt" (Grohmann 1926, 383).

eindimensionaler, verstehender Akt.[62] Das Museum ist für ihn, wie gezeigt wurde, *Erziehungs*anstalt, d.h. es zielt auf eine gesamtkulturelle Orientierung des Museumsbesuchers.

Dorners Museum will die Begegnung des Menschen in seiner Gegenwart mit seiner kulturgeschichtlichen Verfasstheit ermöglichen. Dies macht verständlich, dass es sich gerade den neuesten künstlerischen Entwicklungen annehmen muss, vor allem deshalb, weil sie noch nicht kunstgeschichtlich kategorisiert und damit noch unabhängig von einer statischen wissenschaftlichen Einordnung wirken können. Aus diesem Grund ist die Auseinandersetzung mit der Gegenwartskunst für Dorner die Voraussetzung für die Entwicklungsfähigkeit des Museums: „Was das Museum sich aber bestimmt nicht mehr leisten kann, ist dieses: abzuwarten, bis die Situation moderner Kunst sich ‚geklärt' hat. Denn das hieße, dem Museum den Kopf abzuschlagen. Von einem Rumpf erwartet man nicht, dass er wirkt und wächst" (ebd., 180).

Indem es sich auf die zeitgenössische Kunst einlässt, überwindet es nicht nur seinen geschlossenen Tempelstatus, sondern auch seinen fest gefügten und selbstbezogenen Archivcharakter. Das Museum ist nicht nur Institution der Bewahrung, Sammlung und Einordnung des Vergangenen, es wird zu einem Ort der künstlerischen Experimente, mit anderen Worten zu einem Laboratorium, in dem mit der Kunst eine Erforschung der kulturellen Vergangenheit, vor allem aber auch der Gegenwart, möglich wird.

Dieses Laboratorium arbeitet in bewusster Ausrichtung auf die gegenwärtige Lebenspraxis. Es stellt die Kunst dem Leben nicht gegenüber, indem es absolute künstlerische Werte reproduziert, aus dem Strom des Lebens isoliert und aufbewahrt. Das Museum als Laboratorium schafft selbst Werte, es wird vom Reproduzenten zum Produzenten. „Der neue Typ würde eher einem Kraftwerk gleichen, einem Erzeuger von neuen Kräften" (ebd., 181).

Für Dorner wächst dem Museum die Aufgabe der gesamtgesellschaftlichen Integration zu: „Dieser neue Typ eines Museums würde", wie Dorner im abschließenden Satz seiner „Überwindung der ‚Kunst'" schreibt, „mithelfen

62 Die Kunstgeschichte im herkömmlichen Sinne steht für Dorner der Lebendigkeit der Kunst im Wege. Er warnt auch eindringlich davor zeitgenössische künstlerische Tendenzen mit kunstwissenschaftlichen Kategorien fassen zu wollen. Kunstgeschichte hat, wie auch die Kunst selbst, dem Prinzip der Selbstveränderung zu gehorchen.
„So wird Kunstgeschichte zum offenen Wachstum. Als Stilgeschichte wird die Kunstgeschichte notwendig versuchen müssen, nicht nur zu beweisen, sondern auch zu bewirken, daß in der gegenwärtigen Entwicklung gewisse Elemente unverändert erhalten bleiben. Sie wird daher nur darauf hinweisen können, was ‚immer" noch da ist und ewig bleiben wird und nicht, was ‚schon' da ist und noch nie da war. So wird sie zur Hinderung des modernen Lebens statt zu seiner Förderung [...]." (Dorner 1959, 179).

an der dringend nötigen Integrierung des Lebens, an der Einigung des Menschen auf dynamischer Grundlage“ (ebd., 182).

Dorners Charakterisierung des Museums als Kraftwerk, als lebendige und in der Gesellschaft aktive Institution, hat starken Einfluss auf die Museumskonzeptionen im 20. und 21. Jahrhundert ausgeübt. Besonders für die junge innovative Kuratorengeneration, vertreten etwa durch Hans Ulrich Obrist oder Peter Noever, liegt in Dorners Kraftwerk-Gedanken die Zukunft des Museums.[63]

Dorners Grenze

Die Bedeutung von Dorners Arbeit für die Museums- und Ausstellungskultur des 20. Jahrhunderts ist enorm. Dennoch haben auch seine Museumskonzepte bei aller innovativen Kraft Grenzen. Wieder ist es die Grenze des Kunstverständnisses, die die Grenze des Museumsverständnisses markiert. Dorner bleibt, obwohl er sich in „Überwindung der ‚Kunst'“ grundlegende Gedanken zur Neufassung des Begriffs Kunst macht, letztlich einem traditionellen Kunstbegriff verhaftet. Die Grenze seines Kunstverständnisses ist die Abstraktion, die, wie bereits dargelegt (S. 97), die letzte Ausformung der ästhetischen Objektkunst darstellt. Dorner ist der Ansicht, dass die abstrakte Bewegung das Versprechen einer Vereinigung von Kunst und Leben einlöst. In den Kompositionen von Malewič oder Lissitzky wird für ihn die freie Dynamik des Lebens sichtbar. Für den heutigen Betrachter (und einen Großteil seiner Zeitgenossen) sind diese Zusammenhänge nur noch mittelbar nachzuvollziehen. Abstrakte Kompositionen erscheinen zunächst nicht als Ausdruck einer Einheit von Kunst und Leben, sie wirken primär ihrer sinnlichen Form nach, d.h. ästhetisch.

Dorner bleibt einer Kunst verpflichtet, die oben unter dem Begriff „ästhetische Erlebniskunst“ gefasst wurde. Neuartige Kunstströmungen, die als Ereigniskunst beschrieben wurden, d.h. als prozesshafte vergängliche Werke, hatten in seinen Augen keine Relevanz. Dorner konnte z.B. mit den späteren Werken von Kurt Schwitters, der ja ebenfalls in Hannover arbeitete und den er gut kannte, nichts anfangen. Schwitters' Kollagen und abstrakte Kompositionen schätzte er und nahm sie in die Sammlung seines Museums auf, sein Urteil über den *Merzbau* jedoch war vernichtend. Schwitters raumgreifende Großinstallation in seinem Hannoveraner Atelier verkörperte für Dorner eine „Schmutzansammlung und Schmiererei, ein kranker und krankmachender Rückfall in die soziale Unverantwortlichkeit eines Kindes, das mit Abfall und Schmutz spielt“ (vgl. Cauman 1960, 44). Die Tatsache, dass Schwitters' Bau

63 Hans Ulrich Obrist bezieht sich in seinen Texten und Vorträgen zum Museum immer wieder auf Dorner (vgl. z.B. Noever 2001, 171, Hiller/Martin 2001, 26).

eine geniale Auflösung der Grenzen von Kunst und Leben darstellte, dass er also genau jenes verkörperte, was Dorner in seinen eigenen Schriften (wenn auch in anderem Kontext) beschwor, sah er nicht.[64]

Die Tatsache, dass Dorners Museumskraftwerk avantgardistische Kunstentwicklungen nicht aufnehmen konnte, schmälert seine Bedeutung für die Museumskultur des 20. und 21. Jahrhunderts in keiner Weise. Er analysierte die problematische Situation des Museums in sehr differenzierter Weise vor dem Hintergrund der künstlerischen Entwicklungen seiner Zeit. Mit beeindruckender Konsequenz und Energie setzte er seine Pläne auch gegen die damaligen Widerstände in die Praxis um. Mit seiner Arbeit tritt sowohl die Museumspraxis als auch die Museumstheorie in eine neue Ära ein. Indem er die Dimension der Zeit in die Präsentation eingehen lässt, verabschiedet er sich endgültig vom romantischen Musentempel und seinen statischen Strukturen. Sein Museum reproduziert nicht gängige wissenschaftliche Systematik, es ist nicht ‚Bildungsanstalt', sondern eine ganzheitliche ‚Erziehungsanstalt'. Unter Dorner wurde das Museum aus seiner romantischen Lethargie erweckt und schickte sich an, ein für seine Zeit gesellschaftlich relevanter Ort zu werden. Dorner formulierte so erstmals den bis heute gültigen Topos vom *lebendigen Museum*, vom *Museum als Kraftwerk,* konsequent aus.

In den vergangenen Kapiteln wurden mit den Ansätzen von Dorner, Beuys und Broodthaers drei Konzepte aus der Entwicklungsgeschichte des Kunstmuseums herausgegriffen, die in jeweils unterschiedlicher Weise auf den grundlegenden Wandel der Kunst im 20. Jahrhundert eingingen. Die Darstellung war auf die beiden Wesenszüge des traditionellen Museums fokussiert, die zu Beginn der Ausführungen herausgearbeitet wurden: das Prinzip der Distanz von Kunst und Leben und die Konzentration auf das Werk als autonomes Objekt. Es zeigte sich, dass jedes dieser Museumskonzepte diese Grundfesten des Museums in Frage stellt, indem es den romantischen Kunstbegriff verlässt und nach neuen Wegen des Austausches von Kunst und Leben sucht. Die drei Konzepte kommen darin überein, dass sie den selbstreferentiellen Archivcharakter des Museums aufgeben und eine Entwicklung hin zu

64 Auch Dorners Raumtheorie, das Herzstück seiner „Überwindung", hat aus der hier entwickelten Sicht spürbare Grenzen, da sie sich nach wie vor an dem Raum der Physik orientiert, selbst wenn die klassische Zentralperspektive als Bezugssystem aufgegeben und der Raum dynamisiert wird. Der Raum, der für die „Ereigniskunst" und damit auch für Schwitters relevant ist, bewegt sich außerhalb physikalischer Kategorien. Der Raum der Ereigniskunst ist existenzieller Raum. Dorner fasst Raum physikalisch und nicht als existenzielles Phänomen. Kunst ist für ihn immer noch im Raum. Ereigniskunst jedoch eröffnet Raum. Daher konnte Dorner auch Schwitters' Merzbau nicht würdigen.

einem Ort der aktiven Kreativität, einem Labor, nehmen. Sie wandeln sich von einer reproduktiven zu einer produktiven Einrichtung.

Im Folgenden soll vor dem Hintergrund der Fragestellung dieser Untersuchung ein Blick auf die Museumskultur der Gegenwart geworfen werden. Wie schon in den vergangenen Kapiteln können auch hier nur punktuell einige wenige Beispiele herausgegriffen werden. Es wird bewusst auf Institutionen Bezug genommen, die nicht die Aufmerksamkeit einer Massen-öffentlichkeit auf sich ziehen, wie etwa das Guggenheim Museum oder auch das ZKM in Karlsruhe, das sich als eines der innovativsten Museumseinrichtungen des 21. Jahrhunderts bezeichnet.[65] Ebenso wenig ist es möglich, die neuesten Entwicklungen der musealen „Avantgardeszene“ mit ihren Zentren in Wien (Museum für Angewandte Kunst)[66] und London (Tate Modern)[67], das New Yorker DIA center for the arts oder auch Institutionen wie das BALTIC center of the arts, das am 13. Juli 2002 in Newcastle eröffnete, genauer darzustellen.[68] Es werden exemplarisch einige wenige Institutionen näher vorgestellt, an denen mögliche Wege einer Entwicklung des Museums vom Archiv zum Labor bzw. vom Erlebnis- zum Ereignis-museum sichtbar werden.

Es darf allerdings nicht unerwähnt bleiben, dass trotz aller Diskussionen über die Neugestaltung des Kunstmuseums im 20. Jahrhundert ein Großteil der gegenwärtigen Kunstmuseen den Typ des bürgerlichen Museumstempels des 19. Jahrhunderts weiterführen, d.h. dass sie nach wie vor nach dem Prinzip des objektorientierten Kunstarchivs arbeiten. Diesem Museumstyp soll zu Beginn des folgenden Abschnitts die Aufmerksamkeit gelten. Auch hier finden sich bemerkenswerte Ansätze, welche die Statik der herkömmlichen Archivstruktur, z.B. durch gattungsübergreifende Konzepte oder unkon-ventionelle Neuordnung der Präsentation, flexibilisieren und so die Hermetik des Kunsttempels aufbrechen. Folgender Weg dabei beschritten werden: Um die Möglichkeiten und Grenzen von „Ereigniskunst“ innerhalb des konventionellen Museumsrahmens genauer untersuchen zu können, soll exemplarisch die Präsentation des Werkes von Beuys in unterschiedlichen Museen für Gegenwartskunst betrachtet werden. Danach werden zwei Sammlungen untersucht, die in aufschlussreicher Weise das Motiv des Archivmuseums variieren. Zuerst soll das Archiv Sohm der Staatsgalerie Stuttgart vorgestellt werden, das ausschließlich ephemere Kunst aus den 60er Jahren sammelt. Daran anschließend wird ausführlich das *museum kunst palast* in Düsseldorf behandelt, in

65 Vgl. hierzu Klotz 1997.

66 Im Wiener Museum für Angewandte Kunst (MAK) wird die Zukunft des Museums besonders intensiv diskutiert (Noever 2001a). Im Jahre 2001 veröffentlichte das MAK unter dem Titel „heavens gift“ eine „neue programmatische Strategie zur Präsentation zeitgenössischer Kunst“ (Noever/Müller/Embacher 2001).

67 Zum Konzept der Tate Modern vgl. u.a. Hiller/Martin 2001a, 71.

68 Zum Konzept des BALTIC center of the arts vgl. Martin/Nordgren 2000.

dem zwei Künstler eine Alternative zur traditionellen Museumspräsentation entwerfen, indem sie die bestehende Sammlung neu strukturieren. Dieses Projekt eines Künstlermuseums rief innerhalb der etablierten Kuratorenschaft heftige Reaktionen hervor, auf die, da sie ein beredtes Zeugnis der Kontroverse um innovative Museumskonzepte darstellt, in einem ausführlichen Exkurs genauer einzugehen sein wird.

Abschließend gilt die Aufmerksamkeit zwei Institutionen, die sich noch weiter vom herkömmlichen Kunstmuseum entfernen, indem sie sich zum Ort der aktiven Aktion wandeln. Im Sammlungs- und Präsentationskonzept des Karl-Ernst-Osthaus-Museums verbindet sich das Broodthaerssche Prinzip des selbstreflexiven Museums mit Beuys' Idee vom Museum als permanenter Konferenz, während das Wiener Projekt museums in progress, das sich ausschließlich dem Kunstereignis widmet, gänzlich auf eine Sammlung verzichtet und die institutionellen Grenzen des traditionellen Museums restlos abwirft.

Moderne Museumsarchive

Das Neue Museum Nürnberg als klassisches Archivmuseum

Im Jahre 2000 wurde in Nürnberg das 'Neue Museum' eröffnet, das zwei Sammlungen, eine für moderne Kunst und eine für Design, unter einem Dach vereinigt. Der Leiter des Museums, Lucius Grisebach, hofft, wie er es in dem Führer des Museums formuliert, dass sich beide Sammlungen zu einem „schlüssigen Ganzen" zusammenfügen (Neues Museum Nürnberg 2000, 9). Dennoch sollen die beiden Abteilungen parallel und nicht durchmischt gezeigt werden, da freie und angewandte Kunst „zwar niemals eine völlig getrennte Existenz führen" aber dennoch „keineswegs Kinder derselben Mutter" seien (ebd.). Das Neue Museum in Nürnberg ist ein Beispiel für eine Museumsinstitution, die, obwohl sie erst jüngst eröffnet wurde, die Tradition des kunstgeschichtlich orientierten Archivs autonomer Kunstwerke fortführt. Im Kurzführer zum Museum fasst der Museumsdirektor Griesebach den theoretischen Unterbau der Museumskonzeption in folgender Weise zusammen: Die kunsthistorische Herangehensweise löst das Kunstwerk aus seinem historischen Kontext, d.h. dem Umfeld, indem es seine eigentliche künstlerische Wirkung entfaltete, heraus (ebd., 9f). Die Kunstwissenschaft bzw. ein Museum, das nach kunsthistorischen Prinzipien funktioniert, isoliert auf diese Weise das Werk. Seinen künstlerischen Stellenwert erhält es, so Grisebach, wenn es sich „über die unterschiedlichen Urteile mehrerer Generationen hinweg als ‚zeitlos' erwiesen hat (ebd., 10). Doch nicht nur die Kunstgeschichte, sondern auch die Architektur des modernen Museums unterstützt diese Autonomisierung des Kunstwerkes: „Im Museum moderner und zeitgenössischer Kunst wird dieses Prinzip noch dadurch gesteigert, dass man die Werke in den neutralsten aller Räume versetzt: in jenen White Cube, der nichts anderes ist, als ein künstlicher und isolierter Raum, in dem das Kunstwerk eine ganz und gar autonome, zweckfreie und eben zeitlose Existenz führen kann“ (ebd.).[69] Deutlicher kann man ein traditionalistisches Museumskonzept nicht in Worte fassen. Es ist das Museum als Aufbewahrungsort zeitloser und ortloser, d.h. autonomer Kunstgegenstände. Grisebach beschreibt in seinem Katalogtext exakt den Museumstyp, der zu Beginn dieser Ausführungen als der „Ort des besonderen Gegenstandes“ herausgearbeitet wurde: Das Museum ist zum einen der Ort der Distanz (die in diesem Falle Isolierung genannt wird) und gründet zum anderen auf einen engen Kunstbegriff, der das Werk als autonomes Objekt (hier als das Werk in seiner zweckfreien und zeitlosen Existenz) fasst.[70]

Konsequenterweise bezeichnet Grisebach sein Museum als „Ein Kunstmuseum klassischer Art“[71] (ebd.) und bekennt sich offen zu dem statischen Charakter seiner Institution. Die feste Sammlung soll eindeutig im Vordergrund der Museumsarbeit stehen und von Wechselausstellungen höchstens begleitet werden (ebd., 12). Architektonisch ist das Museum so angelegt, dass ausgeschlossen wird, dass sich die feste Ausstellung und die Wechselausstellungen vermischen.[72] Obwohl selbstverständlich auch das Nürnberger Museum den regen Austausch mit dem Publikum sucht und sich als lebendige Institution versteht, hat es kein Interesse daran, eine Stätte der „aktiven Kunst“ zu sein. Ansätze für einen experimentellen Bereich, der neuester und unbekannter Kunst Raum böte, ist nicht vorgesehen. Das Museum ist nicht Labor, es

69 Wie auch bei anderen Museumsgroßprojekten zu Beginn des 20. Jahrhunderts, z.B. der Pinakothek der Moderne, spielt die Architektur des Museumsbaus eine ernorme Rolle. Bisweilen drängt sich der Verdacht auf, dass dem Bau ein größerer Stellenwert eingeräumt wird als seinen Inhalten Im Kurzführer der Nürnberger Sammlung stellt sich das Museum auf den 17 Seiten der Publikation ausschließlich mit Abbildungen seiner Architektur vor. Kunstwerke zeigt der Katalog erst ab Seite 18 (vgl. Neues Museum Nürnberg 2000).

70 Auch Grisebach spricht davon, dass er in seinem Museum „eine breitere Perspektive im Sinne eines weiter gefassten Kunstbegriffes“ eröffnen will. Für ihn bedeutet jedoch Erweiterung des Kunstbegriffs die Ausdehnung von gänzlich zweckfreier auf zweckgebundene Gestaltung, d.h. von freier Kunst zu Design (ebd., 10).

71 Gemäß des traditionellen Grundkonzepts hat der Künstler Rémy Zaugg auch die Namen von Größen der Nürnberger Kulturgeschichte in den Sandstein gemeißelt, eine eindeutige Referenz an die Museumsbauten des 19. Jahrhunderts, die ihre Bauten mit Büsten oder Namenstafeln nationaler oder auch internationaler Geistesgrößen schmückten.

72 Diese Trennung von Ausstellungsbereich und den Räumen der festen Sammlung spielen für Grisebach eine auffallend große Rolle. Er sieht darin seinen Beitrag gegen die Eventisierung der Museumskultur, in der die feste Sammlung zugunsten publikumswirksamer Sonderausstellungen zu verschwinden droht (ebd., 11).

versteht sich eher, wie aus dem Abschnitt „Aufgaben und Ziele des Neuen Museums“ auf der Internetseite des Museums hervorgeht, als Bildungs- und Aufklärungseinrichtung: „Es setzt sich zum Ziel, die Kenntnis von Kunst und Design der eigenen Zeit zu mehren und deren Verständnis und Wertschätzung zu fördern“ (http://www.nmn.de/das_museum.0.html).

Entsprechend dieser Grundkonzeption des Museums präsentiert sich auch die Sammlung.[73] Das Neue Museum ist ein reines Objektmuseum, das jedes Werk gleichermaßen als ästhetischen Gegenstand präsentiert. Zwar ist die Abteilung für freie Kunst im Gegensatz zur Designabteilung nicht chronologisch sortiert, sie vermittelt dennoch durch die Anordnung der Werke und ihre Auswahl das Gefühl einer enzyklopädischen Reihung. Gemäß dem Bildungsanspruch des Museums finden sich bei einem Rundgang durch die Räume nach und nach ein Großteil der wichtigen Vertreter der Kunst des 20. Jahrhunderts, angefangen von Lindner, über Beuys und Polke bis zu Ücker, Graubner und Balkenhol.[74] Zwar werden in der Sammlung auch weniger bekannte Künstler wie der Jugoslawe Gabrijel Stupika oder der Nürnberger Egon Eppich gezeigt. Deren Werke jedoch gehen für den durchschnittlichen Betrachter in dem Reigen der internationalen Künstlerfürsten vollständig unter. Es dominiert der konventionelle Kanon der Gegenwartskunst. Das Nürnberger Museum folgt einem Trend, der eine Vielzahl jüngerer Museen im 20. Jahrhundert prägt und den Stephan Warnke folgendermaßen beschreibt. „Heute glaubt jedes Museum, sofern es der modernen Kunst geöffnet ist, es müsse an der Gegenwartskunst in ihren jüngsten Ausprägungen Anteil nehmen [...]. [Dies führt] [...] zu der Anlehnung an die geltenden Vorlieben, was wiederum bewirkt, dass die Auswahl in den Museen im allgemeinen von großer Übereinstimmung zeugt, die dem Besucher die beliebten Wiedererkennungseffekte beschert: überall mindestens eine verwischte Fotografie, eine Fettecke, ein Iglu, eine Figur auf dem Kopf oder ein gewaltiger Helm“ (Warnke 2000, 59).

Bei der Präsentation im Neuen Museum Nürnberg wird in relativ begrenzter Form, nämlich mittels kurzer Texttafeln, auf die konzeptuellen Hintergründe der ausgestellten Arbeiten eingegangen. Auch der Museumsführer ist diesbezüglich kaum ausführlicher. Damit rückt für den Betrachter bei allen Werken automatisch die sinnlich-ästhetische Komponente in den Vordergrund. Das Nürnberger Museum zielt auf ein primär ästhetisches Kunst-Erlebnis. Solange es sich um Werke der traditionellen Malerei handelt, ist diese Ästhetisierung der Gesamtwirkung der Werke kaum abträglich. Schwieriger gestaltet sich dies jedoch bei Arbeiten, die sich durch ihre sinnliche Erschei-

73 Die folgende Beschreibung bezieht sich auf einen Besuch des Nürnberger Museums kurz nach seiner Eröffnung im Jahre 2000.

74 Zugegebenermaßen hat Lindner einen speziellen Bezug zu Nürnberg. Er verbrachte dort seine Jugend (vgl. Zilczer 1997, 147).

nung allein nicht erschließen, weil sie nicht als geschlossene ästhetische Objekte funktionieren, jene Werke also, die, in der hier vorgeschlagenen Terminologie gesprochen, nicht Beispiele für Erlebniskunst, sondern für Ereigniskunst sind.[75] In einem früheren Kapitel (S. 138ff) wurde bereits ausführlich auf die Präsentation der Arbeit „Ausfegen" von Joseph Beuys im Nürnberger Museum eingegangen und dabei die Schwierigkeiten dargelegt, die sich ergeben, wenn ein derartiges Werk als ästhetischer Gegenstand präsentiert wird.

Zusammenfassend lässt sich festhalten, dass das Kunstmuseum in Nürnberg eine bemerkenswert konsequente Weiterführung des traditionell bürgerlichen Museumstyps des 19. Jahrhunderts darstellt. Ein Museum, das bewusst die isolierte Stellung eines Kunsttempels wählt, in dem die Werke für sich auf den Betrachter wirken.

Alternative Archive

Im Folgenden gilt die Aufmerksamkeit zwei Museumskonzepten, die obwohl sie ebenfalls als Archive arbeiten, alternative Sammlungsstrategien aufweisen, bei denen die traditionelle Form der Öffentlichkeit ihrer Sammlung modifiziert wird oder die herkömmlichen kunstwissenschaftlichen Ordnungsstrukturen der Sammlung aufgelöst werden: das Archiv Sohm, eine Sammlung für Fluxuskunst an der Staatsgalerie Stuttgart und das *museum kunst palast* in Düsseldorf, ein Kunstmuseum, das seine historische Sammlung von Künstlern neu ordnen ließ. Es ist nicht das Ziel, mit diesen Beispielen allgemein gültige Alternativen zur gängigen Museumspraxis vorzustellen. Es wird sich im Gegenteil zeigen, dass beide Modelle jeweils klare Grenzen haben. Dennoch erweisen sie sich für diese Überlegungen als äußerst interessant, da sie jeweils mit ihren Methoden gerade den Hauptproblemen des Archivmuseums dem Problem der Objektivierung und dem der selbstreferez, ellen Geschlossenheit in bemerkenswerter Weise begegnen.

75 Auch Ereigniskunst hat immer eine ästhetische Qualität. Im Vordergrund steht der ästhetische Aspekt, z.B. bei den Werken des Nouveau Réalisme, etwa den Werken von Arman. Seine verbrannten Instrumente präsentiert er, meist eingeschlossen in dekorative Plexiglaskästen, eindeutig als ästhetische Schauobjekte. Sie sind jedoch im Grunde genommen ebenfalls Spuren von Destruktionsaktionen. Diesen Ereignishintergrund von Armans Kunst unterstrich z.B. die Arman-Retrospektive „Passage à l'acte" im Musée d'Art Moderne et d'Art Contemporain Nizza im Jahre 2001, in der neben den Objekten des Künstlers z.T. Videofilme gezeigt wurden, die die Entstehungsaktionen der Arbeiten zeigten.

Das Archiv Sohm – Forschung statt Konsum

Seit 1981 beherbergt die Staatsgalerie Stuttgart die Kollektion des Kunstsammlers Hanns Sohm (1921-1999), der sich darauf spezialisiert hatte, Kunstwerke und Dokumente der internationalen Kunstszene der 60er und 70er Jahre aufzubewahren, zu konservieren und zu archivieren. Die Sammlung entstand sukzessive in permanentem Austausch mit Künstlern, Kritikern und Publizisten.[76] Ihren Schwerpunkt bildet das Material künstlerischer und publizistischer Strömungen, die sich ab den 60er Jahren gegen das kulturelle und politische Establishment, vor allem jedoch gegen das traditionelle Kunstverständnis auflehnten und die sich weigerten, Kunst in Form von „schönen Gegenständen" herzustellen. Sie begriffen ihre Arbeit als direkte Gestaltung des gesellschaftlichen bzw. kulturellen Lebens.

Entsprechend dieser erweiterten Kunstauffassung beschränkt sich das Archiv Sohm nicht auf Objekte, die gewöhnlich als Werke der bildenden Kunst zu bezeichnen wären. Sohm sammelte zwar durchaus Arbeiten, die im weitesten Sinne bildnerisch waren, etwa die Relikte, die im Zusammenhang mit Happenings oder Aktionen des Wiener Aktionismus entstanden, aber auch Werke von Diter Roth oder der Gruppe „Zero". Das Gros der Sammlung besteht jedoch nicht aus Kunstobjekten im engeren Sinne, sondern aus Kunstspuren, also Zeitungsausschnitten, Briefen oder unscheinbaren Resten von Aktionen, mit anderen Worten: aus genau den Materialien, die im Zusammenhang mit Ereigniskunst anfallen.[77] Das Archiv beherbergt jedoch darüber hinaus wichtige literarische Arbeiten dieser Zeit, konkrete Poesie, Undergroundliteratur, Künstlerbücher oder Dokumente politkünstlerischer Gruppierungen wie „Spur" und „Subversive Aktion". Es stellt damit weniger eine Kunstsammlung als eine umfassende Zeitdokumentation dar. Ina Conzen, Kuratorin an der Staatsgalerie Stuttgart, bezeichnet Sohm als Spurensammler, der eine Art von Kunst- und Wunderkammer schuf, „die unseren Blick auf Geschehnisse lenkt, die sonst in ihren Einzelheiten bald vergessen [...] wären"

76 Sohm wurden aus aller Welt Fotos, Zeitschriften und Teile von Aktionen geschickt, teilweise von Künstlern, die Sohm selbst gar nicht kannten. Es hatte sich in der Szene herumgesprochen, dass es in Markgröningen, Deutschland, einen leidenschaftlichen Sammler gab, der die Arbeiten nicht nur in Kisten aufbewahrte, sondern auch genau archivierte und dokumentierte. Zu Sohms wichtiger Stellung in der Kunstszene und seinem intensiven Umgang mit Künstlern vgl. Conzen-Meairs 1991, 9f. Zur historischen Entwicklung des Archivs und der Bandbreite seiner Sammlungsgegenstände vgl. Kellein 1986, 10f.

77 Zum Teil könnte man bei den Sammlungsstücken des Archivs von „Abfall" im wahrsten Sinne des Wortes, d.h. als dem, was bei einer Aktion abgefallen ist, sprechen. Für Bazon Brock sind Museen immer Orte des kulturellen Abfalls. In seinem Aufsatz „Gott und Müll – Museen sind Schöpfer von Zeit" nennt er Museen „Müllcontainment" (Brock 2001, 30).

(Conzen-Meairs 1991, 7). Ihn interessierten nicht die fertigen, mit der Aura des großen Werkes umgebenen, womöglich für das Museum geschaffenen Künstlerprodukte, sondern jene, „die diese Aura in nach-Duchampscher Ironie hinterfragten" (ebd., 11).[78] Dies bedeutet, dass das Archiv Sohm genau genommen keine Kunstsammlung ist. So schrieb Sohm in einem Brief an einen Sammler: „leider muss ich sie enttäuschen, ich bin kein Kunstsammler, sondern Archivar" (zitiert nach Conzen-Meairs 1991, 7).[79]

Konsequenterweise ist das Archiv Sohm auch kein direkter Teil der Stuttgarter Staatsgalerie; es besitzt keinen festen Ausstellungsbereich und nur selten werden Teile der Sammlung in Vitrinen gelegt und dem Betrachter als Schau-Objekte zugänglich gemacht.[80] Eine einfache Beschau der Gegenstände ist im Archiv Sohm unmöglich. Die Welt der ephemeren Kunst, die es beherbergt, eröffnet sich nur demjenigen, der bereit ist, sich intensiv auf die künstlerischen Spuren und literarischen Relikte einzulassen. Nach Voranmeldung erhält man Zugang zum Archiv und kann sich mit seiner Sammlung, den Fotos, Briefen, Katalogen, Zeitschriften, Filmen, Videos, Aktionsrelikten und seiner Objektkunst beschäftigen. Eine oberflächliche Beschau der Gegenstände, wie sie immer wieder von Künstlern und Museumskritikern beklagt wurde und wird[81], ist in einer Sammlung wie dem Archiv Sohm ausgeschlossen, nicht zuletzt, weil sie an den Besucher ausgesprochen hohe Ansprüche stellt.

---

78 Sohm sammelte, wie Thomas Kellein schreibt, Produkte von Künstlern, die „dem Wahrheitsproblem der Künste mit Scherzen, List und Rache zu Leibe rücken" (Kellein 1986, 9).

79 Sohm untertreibt hier absichtlich. Seine Stellung zur Kunstszene war weitaus mehr als die eines neutralen Archivars. Er setzte sich mitunter leidenschaftlich für bedrängte Künstler ein und fertigte sogar z.T. Arbeiten nach genauen Vorgaben von Künstlern. So schickte ihm Diter Roth das Rezept für seine berühmten Literaturwürste (Conzen-Meairs 1991, 9f, Abb. Conzen 2000, 97).

80 1986/87 wurde in der Ausstellung „Fröhliche Wissenschaft" ein Einblick in das Archiv Sohm gegeben (Kellein 1986). Nach und nach wird der riesige Bestand des Archivs von der Kuratorin Ina Conzen nach bestimmten Schwerpunkten wissenschaftlich aufgearbeitet und dann in Ausstellungen gezeigt, begleitet von der Publikationsreihe „sohm dossier" (Conzen 1997, Conzen 2000).

81 Oberflächlichkeit und Unkonzentriertheit der Besucher im Museum geben Künstlern und Museumskritikern von jeher Anlass zum Ärger. Schon in seiner Schrift „Über das Geistige in der Kunst" ärgert sich Kandinsky über das lieblose Kunstkonsumverhalten von Museumsbesuchern (Kandinsky 1952, 24). Aber auch in der jüngsten Museumsdiskussion taucht dieses Thema immer wieder auf. Vgl. z.B. Magdalena Jetelovás Beiträge beim Symposium „Das diskursive Museum" am Museum für Angewandte Kunst in Wien im Jahre 2001 (Jetelova 2001, Jetelova/Liska 2001). Börsch-Supan sieht die Tiefe des Kunsterlebens durch die gegenwärtige Eventkultur gefährdet (Börsch-Supan 1993, 20 ff). Besonders moderne Vermittlungsmedien, so fürchten viele Kritiker, verführen den Besucher zur Oberflächlichkeit im Umgang mit Kunstwerken. Vgl. hierzu auch Lepik 1996.

Die Struktur der Sammlung führt notwendig zu einer intensiven Begegnung von Sammlungsgegenstand und Betrachter, so dass man in gewisser Hinsicht vom Archiv Sohm als einem idealen Ort für Ereigniskunst sprechen könnte.

Nähe trotz Distanz

Um die Besonderheit des Archivs Sohm als Ort für zu verdeutlichen, bietet es sich an, es aus der Perspektive der in früheren Kapiteln erfolgten Wesensbestimmung des Museums als Ort der Distanz zu betrachten. Zunächst scheint die für das traditionelle Museum charakteristische Distanz zwischen der Kunst und den Kunstbetrachtern hier noch ausgeprägter zu sein als beim gewöhnlichen Museum: Das Archiv ist, wie die Kunstsammlungen des 18. und 19. Jahrhunderts nur auf Anfrage zugänglich.[82] Ist die „institutionelle" Hürde der Voranmeldung allerdings vom interessierten Betrachter genommen, hat er die Möglichkeit, umfassend in die Welt dieser Kunst einzutauchen. Er steht den Exponaten nicht mehr passiv gegenüber, sondern tritt in einen direkten und individuellen Austausch mit ihnen. Die Distanz von Kunst und Betrachter ist bei dieser Weise der Kunstrezeption in einer Form verringert, die keine noch so effektvolle Präsentation der einzelnen Sammlungsgegenstände vermögen würde. Das Archiv Sohm verkörpert das Gegenteil eines Museums der „Originale mit Sicherheitsabstand", wie Andreas Spiegl das traditionelle Objektmuseum umschreibt (Spiegl 1998, 30).[83] Es ist in gewisser Hinsicht eine ‚Sammlung als Kunstform', wie sie Boris Groys beschreibt. „Damit ist die Sammlung selbst zur Kunstform geworden. Ein Zusammentreffen der heterogenen Gegenstände zur gleichen Zeit und im gleichen Raum ist ein Ereignis,

---

82 Im Text auf der Internetseite der Staatsgalerie zum Archiv Sohm ist vermerkt, dass das Archiv „nach telefonischer Voranmeldung von jedermann genutzt werden kann" (vgl. http://www.staatsgalerie.de/archive/sohm.php) Aufgrund der Fragilität des Sammlungsgutes werden allerdings nur diejenigen Besucher zugelassen, die ein ernstes (d.h. meist wissenschaftliches) Interesse nachweisen können.

83 Dass es im Falle von „Kunstspuren", besonders aber bei literarischen „Kunstdokumenten", für den Betrachter wenig hilfreich ist, diese hinter Glas präsentiert zu bekommen, bewies die Ausstellung „Guy Debort – Agent der Kritik gegen ihre Anerkennung", die vom Sept. 2001 bis Feb. 2002 im ZKM Karlsruhe gezeigt wurde. Sie präsentierte vor allem Printmedien aus dem Kreis der „Situationistischen Internationale", einer revolutionären Gruppe von Künstlern und Literaten um Guy Debord, die ab den ausgehenden 50er Jahren entscheidenden Einfluss auf die linke Kunst- und Kulturszene in Frankreich hatte. Die Karlsruher Ausstellung bestand weitgehend aus Glasvitrinen, die mit Büchern, Briefen, Manifesten und Bildern z.T. voll gestopft waren. Der Betrachter konnte die Ausstellungsstücke in den Kästen nur betrachten und – anders als im Archiv Sohm – keinen Einblick in die Publikationen etc. nehmen. Das Einzige, was die Ausstellung dem unbedarften Besucher vermittelte, war das Chaos, das in den dokumentierten Zeiten bisweilen geherrscht haben dürfte.

das wir heute Kunst nennen und das notwendigerweise zeitlich begrenzt ist. Das Kunstwerk ist nicht mehr ein Ding, das in beliebige Beziehung zu anderen Dingen gesetzt werden kann, sondern vielmehr das Ereignis dieses In-Beziehung-Setzens [...]" (Groys 1997, 203).

Das Archiv Sohm ist hier deswegen von Interesse, weil es einerseits in aller Konsequenz die geordnete Archivstruktur einer herkömmlichen Kunstsammlung aufweist, andererseits jedoch seinen Bestand nicht als Kunstobjekte präsentiert.[84] Auf diese Weise vermeidet es die traditionelle Gegenüberstellung von Kunst und Betrachter, d.h. die nachträgliche Objektivierung der Kunstspuren und eröffnet dem Betrachter die Möglichkeit über den ästhetischen Affekt hinaus in ein individuelles, differenziertes Verhältnis mit dem Werk in seinem Ereignischarakter zu treten.

Die Grenzen des Archiv Sohm

Aus den Ausführungen zum Archiv Sohm wird allerdings auch die schwierige Position eines (historischen) Museums für Ereigniskunst deutlich. Es funktioniert nicht mehr als Objektmuseum, sondern eher als ein wissenschaftliches Archiv. Wenn man davon ausgeht, dass ein öffentlich finanziertes Museum seine Kunst einer großen Öffentlichkeit zugänglich machen sollte, ist das Konzept des Archiv Sohm für ein Museum ungeeignet. Es ist ausschließlich für Besucher geeignet, die sich über das gewöhnliche Kulturerlebnis hinaus der Kunst widmen möchten. Einem Massenansturm ist eine derartige Einrichtung selbstverständlich nicht gewachsen – sie hätte einen solchen wohl auch nicht zu erwarten. Eine Kunstausstellung von der Art des Archivs Sohm hat also den entscheidenden Nachteil, dass sie nur für einen sehr begrenzten Rezipientenkreis interessant und praktikabel ist, so dass man hier nicht mehr von einer öffentlichen Präsentation im strengen Sinn sprechen kann. Doch selbst wenn das Archiv Sohm mit Sicherheit kein allgemeingültiges Muster für Museumskonzeptionen sein kann, ist es in gewisser Hinsicht eine Idealsammlung: Es ist nicht Erlebnisort, sondern Ereignisort. Es ist nicht passives Schaumuseum, nicht Ort der „Schaustellung" der Kunst, wie es Peter Weibel einmal formulierte (Weibel 1998, 23), sondern eine Institution der aktiven, neugierigen Auseinandersetzung zwischen Kunst und Betrachter geworden, ein „Museum der visuellen Kultur" (ebd., 25). Das Archiv Sohm ist nicht Kunstausstellung, sondern, ganz im Sinne Bazon Brocks, „Arbeitsplatz".

84 Wie sonderbar leblos und verlassen sich Arbeiten des Fluxus ausnehmen, wenn sie als bloße Schauobjekte präsentiert werden, kann man in der festen Sammlung des Museums für Moderne Kunst in Straßburg erleben, wo in einer Glasvitrine einige Schachteln von Fluxuskünstlern ausgestellt werden.

Ohne Zweifel stellt das Archiv Sohm eine bemerkenswerte Form des Objektarchivs dar, die aufgrund ihres speziellen Sammlungsfeldes freilich kaum Vorbildcharakter für andere Museen haben kann. Der folgende Abschnitt setzt sich mit dem Künstlermuseum, einem Museumskonzept, das durchaus bei verschiedenen Museen realisierbar wäre. Ein besonders interessantes Beispiel ist das Düsseldorfer *museum kunst palast*, das die kunsthistorisch strukturierte Hängung seiner Sammlung aufgab und durch eine von zwei Künstlern entworfene alternative Ausstellungsstruktur ersetzte. Die Ausführungen werden sich nicht nur mit den strukturellen Neuerungen und ihren Bezügen zu früheren Modellen des Künstlermuseums beschäftigen, sondern auch mit der Reaktion der Museumswelt auf diese Form der künstlerischen Gestaltung eines Kunstmuseums.

Das „Künstlermuseum" *museum kunst palast* Düsseldorf von 2001 – Aufbruch des kunstwissenschaftlichen Archivs

Alexander Dorner hatte angesichts der künstlerischen Entwicklungen seiner Zeit den Vorschlag gemacht, sich von dem Begriff Kunst in seiner bisherigen Bedeutung zu verabschieden. Die Begrifflichkeit der traditionellen Kunstgeschichte erschien ihm zu unbeweglich, als dass sie die neuartigen Phänomene wie Abstraktion oder Konstruktivismus hätte beschreiben können. Folglich konnten die traditionellen kunstgeschichtlichen Kategorien auch nicht mehr länger Maßstab für moderne Museumskonzeptionen sein. Das in Dorners Sinne zeitgemäße dynamische Museum konnte als ein stilistisch geordnetes Archiv nicht mehr funktionieren. Noch radikaler hatte sich Broodthaers mit seiner Adlerausstellung der traditionellen musealen Ordnungsstrukturen entledigt. Dem statischen Museumsarchiv hatte er eine Art Experimentalmuseum entgegengesetzt, das mit großer Unbekümmertheit der Beliebigkeit und dem Zufall Raum ließ. Broodthaers sah es nicht als seine Aufgabe, Sinn und Wirklichkeit zu präsentieren, sein Ziel bestand vielmehr darin, diesen Sinn – der nie eindeutig und fest ist – erst in der Auseinandersetzung der Betrachter mit den Exponaten entstehen zu lassen. Kunst- oder kulturwissenschaftliche Kategorien hätten dies verunmöglicht, so dass er sie durch eine poetische Systematik ersetzte. Entsprechend arbeitete er nicht als Wissenschaftler, sondern als Künstler.

Hier bereits zeigte sich, dass sich mit einem Wandel bzw. einer Erweiterung des Kunstbegriffs nicht nur der Museumsbegriff, sondern auch der des Kurators verändert. In einem streng geordneten Archiv ist die Rolle des Kurators klar. Er ist der Hüter dieser Ordnung und arbeitet in dieser primär als Kunstwissenschaftler. Seine Aufgabe ist das Sammeln, Bewahren, Erforschen und Vermitteln, wobei sein Handlungsspielraum auf die Grenzen seines Systems beschränkt ist.[85] Demgegenüber steht der Künstlerkurator, der sich bei seiner Ausstellung nicht an die vorgegebenen wissenschaftlichen Regelwerke hält, sondern ihnen ein alternatives und subjektives Ordnungssystem entgegensetzt. Solange dieses Konzept sich im Rahmen temporärer Ausstellungen bewegt, ist die Vormachtstellung des traditionellen Archivkurators nicht in Frage gestellt. Dies ändert sich jedoch, wenn feste Sammlungen von Künstlern kuratiert werden, d.h. wenn Museen insgesamt aus ihrem statischen Archivcharakter austreten und zu künstlerischen Experimentalräumen werden.[86]

Genau dieser Fall eines Künstlermuseums existierte von September 2001 zum Frühjahr 2005 in Düsseldorf. Der Museumsdirektor Jean-Hubert Martin hatte zwei Künstler eingeladen, die feste Sammlung des Kunstmuseums, die vom Mittelalter bis in die Gegenwart reicht, neu zu ordnen.[87] Dieser „künstlerischen" Neugestaltung folgte eine kontroverse Diskussion in der Öffentlichkeit. Besonders die Reaktion der etablierten Museumskuratoren auf das Düsseldorfer Konzept war unerwartet heftig. Seit 2005 ist die Sammlung wieder neu eingerichtet, wobei die Neukonzeption viele Aspekte der vormaligen Künstlerhängung aufgenommen hat. Die folgenden Ausführungen behandeln die Museumsgestaltung des *museum kunst palast* von 2001. Es lohnt sich, sich mit diesem künstlerischen Ausstellungskonzept, besonders aber mit der damaligen Auseinandersetzung um die Künstlerkuratoren genauer zu beschäftigen, da hier die Grundauffassungen des Museums als Laboratorium, die sich

85 Wenn ein Archiv-Kurator Sonderausstellungen zu kuratieren hat, wird er diese mehr oder weniger an den Regeln der Kunstgeschichte ausrichten. Auch wenn der Rahmen variiert, wird doch die Binnenstruktur immer kunstwissenschaftlich bleiben.

86 Der Begriff des Künstlermuseums wird in der Museumsdiskussion nicht eindeutig verwendet. Oft werden diejenigen Museen Künstlermuseen genannt, die dem Werk eines bestimmten Künstlers gewidmet sind, etwa das Musée Rodin in Paris oder die Fondation Vasarely in Südfrankreich; wobei es hier mitunter vorkommen kann, dass der Künstler selbst für die Gestaltung der Sammlung verantwortlich ist (zu dieser Art des Künstlermuseums vgl. Whittingham 1996). Im Falle des museums kunst palast ordneten die Künstler jedoch nicht ihre eigenen Arbeiten sondern historische Werke unterschiedlicher Künstler neu. Von „Künstlermuseum" kann man hier dann in dem Sinne sprechen, dass die Ausstellungsgestaltung selbst eine konzeptuelle künstlerische Arbeit darstellt.

87 Es ist wichtig zu unterstreichen, dass es sich beim museum kunst palast um eine traditionelle kunsthistorische Sammlung handelt, in der Gegenwartskunst bzw. Ereigniskunst nicht im Vordergrund stehen. Für diese Untersuchung ist dieses Museum dennoch von großem Interesse, da hier die traditionelle Museumsordnung zugunsten einer künstlerischen Struktur aufgegeben ist und der Versuch unternommen wird, Archiv- und Experimentalinstitution zu verbinden.

im Laufe des 20. Jahrhunderts ausformten, in aller Härte auf diejenigen des traditionellen Museumsarchivs prallten.[88]

Der Bruch mit der traditionellen Ordnung

Am 1. September 2001 wurde die feste Sammlung des museums kunst palast in Düsseldorf als „Künstlermuseum" wiedereröffnet.[89] Der damals neue Direktor des Museums, Jean Hubert Martin, wollte, wie er im Vorwort des Katalogs zur Sammlung schreibt, das „Gesicht der Sammlung" grundlegend verändern. Sein Ziel war es ein „Musée des charmes", ein „verzaubertes Museum" zu schaffen, „das spielerisch überrascht und emotional berührt, als einen programmatischen Gegensatz zum ‚Musée docile', dem ‚gehorsamen Museum', welches nur der kunsthistorischen Lerhmeinung folgt und sie brav illustriert." (Martin/Til/Zeising 2002, 7). Hierfür hatte der Museumsdirektor zwei Düsseldorfer Künstler, den Maler Thomas Huber und den Bildhauer Bogomir Ecker[90] beauftragt, die Sammlung in Zusammenarbeit mit den Museums-kuratoren neu zu ordnen, wobei diese Neuordnung für die folgenden drei Jahre Bestand haben sollte.[91] Die Entscheidung, mit Künstlern als Kuratoren zu arbeiten ist für Marin zentral: „Es sind die Künster, die mit ihrem ästhetisch besonders ausgebildeten Sensorium die Intentionen und Gehalte von Kunstwerken eher erahnen oder aufspüren können, als dies aus einer rationalen und historischen Perspektive möglich ist." (Ebd., 19)

Die feste Sammlung des Museums war bis zu diesem Zeitpunkt in konventioneller Art und Weise nach kunstgeschichtlichen, d.h. stilistischen bzw.

88 Das museum kunst palast ist eine Zusammenführung der Kunsthalle mit dem Kunstmuseum Düsseldorf. Es beherbergt neben der historischen Kunstsammlung eine umfangreiche Graphische Sammlung und eine herausragende Abteilung für Glaskunst. Hier interessiert nur die Abteilung „Künstlermuseum".

89 Die folgenden Ausführungen zum Künstlermuseum im museum kunst palast beziehen sich, wenn nicht ausdrücklich auf eine bestimmte Publikation verwiesen wird, auf einen Vortrag des Museumsdirektors Jean Hubert Martin bei dem Kuratorentreffen Perspektiven I, am 26./27. Mai 2001 in Münster /Westf., auf seine Rede beim Herbsttreffen der Fachgruppe Kulturhistorische Museen und Kunstmuseen in Düsseldorf am 19. November 2001, den Vorträgen der Künstler Thomas Huber und Bogomir Ecker bei demselben Treffen, sowie den Internetseiten des Museums (www.museumkunstpalast.de).

90 Thomas Huber und Bogomir Ecker entwickelten das Gesamtkonzept der Neugestaltung des Museums. Sie waren allerdings nicht die einzigen Künstler, die an der Erneuerung der Sammlung beteiligt waren. Beiträge kamen auch von Tony Cragg, Hans-Dirk Hotzel oder auch Hermann Pitz (vgl. museum kunst palast 2001, 1).

91 Hubert knüpft, wie er im Vorwort zu dem Heftchen „Verzeichnis der Werke" ausführt, mit seinem Künstlermuseumskonzept insofern an eine Düsseldorfer Tradition an, als der erste Leiter der Kurfürstlichen Sammlungen, Lambert Krahe, ebenfalls Künstler war (museum kunst palast 2001, 1).

historischen Maßstäben strukturiert.[92] Huber und Ecker brachen in ihrem Konzept mit dieser musealen Tradition des chronologisch geordneten Kunstarchivs, indem sie ihr bei ihrer Neugestaltung eine nach Themen gegliederte Ordnung entgegensetzten. Die Künstler lösten die lineare Chronologie der Hängung auf und fassten die Werke unterschiedlichster Stile und Epochen in einer Reihe von Themenblöcken neu zusammen.[93] Zwar stehen die klassischen Werke der bildenden Kunst, d.h. Malerei, Graphik und Plastik nach wie vor im Vordergrund, in Einzelfällen werden sie jedoch von Exponaten aus den Sammlungen für Ethnologie oder für Angewandte Kunst ergänzt. Die Themenkomplexe reichen von traditionellen Sujeteinteilungen wie Landschaft oder Portrait über weniger konkrete Inhalte wie Raum bis hin zu Abteilungen, die „im Zeichen von Trauer und Melancholie, Religiosität und Erotik, Humor und Lust, Ekstase, Messianismus, Sehnsucht und Exotik stehen". Die Hängung ist so gestaltet, dass bildungsbürgerlichen Besucherwartungen im Museum bewusst entgegengesteuert wird. Das Ziel ist eine moderne, den gegenwärtigen Rezeptionsgewohnheiten entsprechende Sammlungsgestaltung, die „[...] die ausgetretenen Pfade althergebrachter Präsentation zugunsten einer vitalen Konzeption verlässt, die den Sehgewohnheiten unserer modernen, medial geprägten Welt Rechnung trägt" (*museum kunst palast* 2002).

Die neue Ordnung soll, wie Huber und Ecker bei einem Treffen des Deutschen Museumsbundes ausführten, in ungewohnter Weise alte und neue Kunst miteinander ins Verhältnis setzen und so neuartige Erfahrungen sowohl in sinnlicher als auch in intellektueller Hinsicht ermöglichen und gleichzeitig die Struktur der bisherigen musealen Ordnung beleuchten und hinterfragen:

> „Alte und neue Werke regen in überraschenden Dialogen dazu an, Beziehungen zu entdecken, die bisher nicht wahrgenommen werden konnten [...].
> Werke aus unterschiedlichen Zeiten und Gattungen können sich auf einer Wand treffen, wenn sie sich durch analoge Gestaltungsstrukturen auszeichnen. Derartige Brüche der Konvention sind aber nur produktiv auf der Folie herkömmlicher Hängeprinzipien wie sie andere Räume auszeichnen, etwa den Bereich des Expressionismus. Dieses kontrapunktische oder parataktische Prinzip gilt für Inhalt und Form zugleich: Im einen Raum gibt es Bündelungen und Verdichtungen, im anderen kann im Extremfall nur ein einziges Objekt zu sehen sein." (Ebd.)

Wie auch bei Broodthaers' Museumsarbeit geht es bei der Neuordnung der Düsseldorfer Sammlung nicht nur um die Auseinandersetzung mit den Kunstobjekten, sondern auch um die Beleuchtung der Funktionsmechanismen der Institution selbst, sei es in ihrem Verhältnis zu den Sammlungsgegenständen

92 Vgl. hierzu den Museumsführer von 1985 (Albert 1985).

93 Die Künstler übernahmen damit ein Strukturprinzip in die feste Sammlung, das bei Sonderausstellungen bislang schon allgemein üblich war.

oder hinsichtlich ihres Umgangs mit dem Museumsbesucher und seiner Weise der Kunstrezeption. Huber und Ecker versuchten, die unterschiedlichen Ansätze der Wahrnehmung im Museum zu thematisieren, z.B. „die Idee des Bildes als Fenster, als Offenbarung, als Darstellung von Intimität, aber auch das wissenschaftliche Sehen" (vgl. ebd.). Ein ganzer Ausstellungsraum ist den Institutionen gewidmet, innerhalb denen die Kunst entsteht, sich entfaltet und ggf. auch wieder vergeht, angefangen von den künstlerischen Produktionsstätten, d.h. den Akademien, bis hin zu den Präsentationsorten der Kunst, den Ausstellungshallen oder Museen (vgl. *museum kunst palast* 2001, 10).

Sowohl hinsichtlich seiner Zielsetzung als auch der Auflösung der konventionellen Ordnungsstrukturen entfernt sich das Düsseldorfer Künstlermuseum deutlich von herkömmlichen kunsthistorischen Museen. Das wohlgeordnete Archiv, in dem jedes Werk seinen meist von der Kunstgeschichte festgelegten Platz hat, ist durch ein freies Gefüge ersetzt, in dem sich Kunst und Betrachter unter der lockeren Anleitung der Konzepte von Huber und Ecker ganz im Sinne Broodthaers' ganz individuell auf die Suche nach Sinn und Bedeutung der Exponate machen.

In seinem Einleitungstext zum zwei Jahre nach der Eröffnung erschienenen Museumskatalog schreibt Jean-Hubert Martin: „Anstatt die Vergangenheit wiederherstellen zu wollen, sollte der Blick [auf die Kunst; Anm. d. Verf.] durch aktuelle Fragestellungen geleitet werden und sich von der Gegenwart aus auf die Kunstwerke richten: Weshalb sind diese alten Dinge selbst heute wichtig?" (Martin/Til/Zeising 2002,8).

Ihr Konzept beschreiben die beiden Künstlerkuratoren als „Schule des Sehens", wobei hier unter „Sehen" das unvoreingenommene direkte Wahrnehmen verstanden wird. Die Künstler beabsichtigen, den Betrachter bei seiner Auseinandersetzung mit den Werken von dem sicheren Weg der Kunstgeschichte abzubringen und ihn in ein freieres, von individuellen Assoziationen geleitetes Verhältnis zur Kunst zu führen. Die inhaltliche Einteilung der Künstler gibt lediglich eine grobe thematische Richtung ohne Verbindlichkeitsanspruch an. Sie wollen nicht fixe Sinnstrukturen vorgeben und damit gegebene Wahrnehmungserwartungen bedienen, sondern den Betrachter dazu veranlassen, selbstständig Sinn zu generieren oder zumindest die Voraussetzungen dafür zu schaffen, indem sie neuartige Sichtweisen ermöglichen. Das *museum kunst palast* funktioniert in diesem Sinne, anders als herkömmliche Museumsarchive, nicht nur reproduktiv, sondern auch produktiv.

Exkurs: Die Reaktion des Deutschen Museumsbundes auf die Düsseldorfer Neuordnung

Trotz einschneidender Neuerungen bei der Ordnungsstruktur des Düsseldorfer Künstlermuseums wäre es falsch, hier von einer kuratorischen Revolution zu sprechen. Dieser Anspruch wird von den Verantwortlichen auch nicht erhoben.[94] Seit dem Ende der 60er Jahre bis in die Gegenwart wurden immer wieder Ausstellungen von Künstlern kuratiert.[95] Anfang der 90er Jahre hatte Wim Crouwel, Direktor des Museums Boijmans van Beuningen in Rotterdam u.a. Peter Greenaway und Hans Haake, eingeladen, Ausstellungen unter Verwendung der Sammlungsbestände zusammenzustellen. Auch das Museum für Angewandte Kunst in Wien hat in den 90er Jahren seine historischen Sammlungsräume zusammen mit Gegenwartskünstlern neu gestaltet. Die Rotterdamer Ausstellungen waren jedoch jeweils zeitlich begrenzt und in Wien beschränkte man sich bei der Neugestaltung auf einige ausgewählte Räume der festen Sammlung. Die Düsseldorfer Neuordnung jedoch betraf das gesamte Museum. Die Tatsache, dass es sich im *museum kunst palast* nicht nur um eine Ausstellung, sondern zum einen um die künstlerische Neugestaltung der festen Sammlung handelte, und dass Direktor Martin ganz offensiv ein Gegenkonzept zum kunstgeschichtlichen Museum entwerfen ließ, war auch der Grund dafür, dass die Reaktion der deutschen Kuratorenschaft auf dieses Konzept außergewöhnlich vehement ausfiel.

Die öffentliche Auseinandersetzung, die sich diesbezüglich zwischen dem Museumsbund als offizieller Institution der Kuratorenschaft und der Düsseldorfer Museumsleitung entwickelte, und vor allem die Heftigkeit und Emotionalität, mit der sie geführt wurde, lässt darauf schließen, dass mit dem Düsseldorfer Projekt an grundlegenden Bereichen des etablierten Museums gerührt wurde. Um die Dramatik dieser Debatte zu veranschaulichen, lohnt es sich, zunächst in groben Zügen ihren Verlauf in chronologischer Reihenfolge nachzuzeichnen.[96]

Es muss vorausgeschickt werden, dass der umfassende Katalog, in dem Museumsdirektor Martin ausführlich auf das neue Präsentationskonzept eingeht und sich detailliert mit der Kritik an seinem Museum auseinandersetzt, erst einige Monate nach der Eröffnung des Künstlermuseums erschien (Martin/

94 Im Gegenteil: Das Düsseldorfer Künstlermuseum wird im Katalog in eine lange Tradition von Künstlerausstellungen und -museen gestellt. (Martin 2003, 13f)

95 Zum Künstlermuseum bzw. Künstlersammlungen vgl. Bronson/Gale 1983, Martin 1995, Zeiller 1998, McShrine 1999; zum Verhältnis von Künstler und Museum vgl. Schneede 2001, Schneckenburger 2001, Martin 2003, 13ff.

96 Die wichtigsten Dokumente zu dieser Auseinandersetzung finden sich am Ende des Kataloges zum Künstlermuseum (Martin 2003, 185ff). In der vorliegenden Darstellung wird nach den Originaldokumenten (vgl. Anhang) zitiert.

Til/Zeising 2002). Man hat den Eindruck, dass Martins Darlegungen im einleitenden Aufsatz in vielen Punkten die vorangegangene Diskussion mit dem Deutschen Museumsbund aufnimmt. Sämtlichen, 2001 von den Kuratoren vorgebrachten Bedenken wird detailliert und in umfassender Form begegnet. Der Katalog erschien allerdings leider erst, als die Kontroverse bereits ihre Brisanz verloren hatte.[97] Die folgenden Ausführungen beziehen sich auf den Stand der Diskussion *vor* Erscheinen des Katalogs, d.h sie lassen Martins im Nachhinein wohl gesetzen Entgegnungen weitgehend außer acht.

Schon im Juni 2001 hatte die Fachgruppe Kulturhistorische Museen und Kunstmuseen beim Jahrestag des Museumsbundes die Pläne zur Neuordnung des museums kunst palast intensiv diskutiert. (Protokoll des Fachgruppentreffens anlässlich der Jahrestagung des Deutschen Museumsbundes in Hamburg am 16. Mai 2001 vom 1. August 2001). Nach einem „kritischen Bericht" des am *museum kunst palast* angestellten Dr. Stephan von Wiese über die Vorgänge in Düsseldorf kam man zum Schluss, dass bei diesem Konzept zwei grundsätzliche Aspekte des bestehenden Museumsbetriebes gefährdet seien. Die zu diskutierenden Fragen waren: „Was bedeutet es für die wissenschaftlichen Mitarbeiter eines Museums, wenn ihnen ihre ureigenste Kompetenz, die Ordnung und Präsentation einer Sammlung, entzogen wird? (Ebd., 2). Was bedeutet es für das Kunstmuseum, wenn das Grundprinzip einer entwicklungsgeschichtlich durchschaubaren Ordnung seiner Sammlung durch die persönlichen Kriterien ersetzt wird, die sich nicht mehr rechtfertigen müssen?" (ebd.). Obwohl sich das Gremium mehrfach dagegen verwahrte, die Rolle einer Kuratorengewerkschaft oder eines Tribunals einnehmen zu sollen, fühlte es sich dennoch dazu verpflichtet, die Entwicklungen in Düsseldorf zum Anlass zu nehmen, die grundsätzliche Frage nach der Stellung des Kurators in der Gegenwart zu stellen (ebd., 2 bzw. 4).

Zunächst jedoch wurde am 2. Juli ein offener Brief an den Oberbürgermeister der Stadt Düsseldorf, der zugleich der Vorsitzende des Kuratoriums der Stiftung *museum kunst palast* ist, verfasst, in dem die Kuratoren „sehr ernste Bedenken" gegen Martins Pläne anmeldeten, „da sie die in schlüssiger Weise historisch gewachsenen Grundprinzipien eines Kunstmuseums aufgeben, ohne etwas Ebenbürtiges an ihre Stelle zu setzen [...]. Die Künstlerkuratoren Ecker und Huber übernehmen die Funktion der kunsthistorischen Kuratoren des Museums mit der Folge, dass an die Stelle der wissenschaftlichen Argumentation die künstlerische Inspiration" trete (Brief der Fachgruppe an

97 Es fällt auf, dass der Katalog kein Erscheinungsjahr aufweist. Im Impressum heißt es lediglich „Erschienen anlässlich der Neupräsentation der Schausammlung des museum kunst palast, Düsseldorf 2001" (Martin 2003, 208). Ein Hinweis darauf, dass der Katalog erst zwei Jahre nach der Eröffnung und der Diskussion um das Museum erschienen ist, fehlt.

den Oberbürgermeister der Landeshauptstadt Düsseldorf vom 2. Juli 2001; vgl. Martin/Til/Zeising 2002, 186). Mit dieser Ausstellungspraxis würde, so die Bedenken der Kuratoren, rein privaten und vorwissenschaftlichen Assoziationen Vorschub geleistet, was die Zerstörung der Klarheit und Ordnung als Grundlage intersubjektiver wissenschaftlicher Auseinandersetzung mit der Kunst nach sich zöge.

„Es gehört zu den fundamentalen Entwicklungen des Kunstmuseums, dass sich diese Institution im Laufe ihrer Geschichte aus dem rein privaten Geschmacksurteil von Sammlern (im 18. Jahrhundert) und dem egoistischen Lobbyismus von Künstlern (im 19. Jahrhundert) zu einer von wissenschaftlicher Begrifflichkeit bestimmten Bildungseinrichtung emanzipiert hat. Das moderne Museum muss seine innere Ordnung und seine Qualitätsentscheidungen wissenschaftlich – das heißt durchschaubar und kritisierbar – begründen. Darin liegt seine Vorbildlichkeit und Autorität [...]." „Das Kunstmuseum als ein Stück der bürgerlichen Geschichte der Stadt Düsseldorf läuft Gefahr, sich in unverbindliche Unterhaltung aufzulösen" (ebd.).

Das Antwortschreiben von Museumsdirektor Martin, dem der Brief von Oberbürgermeister Joachim Erwin übergeben worden war, ließ nicht lange auf sich warten (Brief von Jean-Hubert Martin an Dr. Lucius Grisebach, Leiter der Fachgruppe Kulturhistorische Museen und Kunstmuseen, vom 27. Juni 2001, ebd., 187). Martin antwortet Punkt für Punkt auf Vorwürfe des Museumsbundes und weist die Bedenken der Ahistorizität und Beliebigkeit seiner Sammlungsstruktur entschieden zurück. Geschichte, so gibt er zu bedenken, sei kein feststehendes und zu erhaltendes Konstrukt, sondern „das historische Wachstum wird jeden Tag in allen Museen durch jede Entscheidung neu festgelegt, fortgeschrieben oder verändert" (ebd.). Martin unterstreicht den Experimentcharakter seiner Museumskonzeption, welche Wissenschaftlichkeit nicht ausschließe. Im Gegenteil: „Zur Wissenschaft gehört seit jeher das Experiment, und um ein solches handelt es sich im *museum kunst palast*" (ebd.). Die (immer vorhandene) subjektive Dimension, die zweifelsohne durch die künstlerische Neuordnung noch betont werde, sieht Hubert nicht als eine Gefährdung. Zudem spielte die kunstgeschichtliche Komponente bei der Ausstellungskonzeption durchaus eine wichtige Rolle, da die Künstler Huber und Ecker eng mit den hauseigenen Kuratoren zusammenarbeiten würden. Unabhängig von dem konkreten Erfolg der Ausstellung ließe sich jedoch mit Sicherheit sagen, dass es sich keinesfalls um ein Projekt mit „undefinierbarem Unterhaltungswert" handle, das auf leichte Konsumierbarkeit abziele.

In den folgenden Schreiben wurde der Ton zwischen Grisebach und Martin schärfer, ohne dass sich die inhaltliche Auseinandersetzung noch weiter differenziert hätte. Die Auseinandersetzung wurde von der Presse aufgegriffen. Am 24. Juli 2001 erscheint z.B. in DIE WELT online ein Artikel von Marion Leske mit dem Titel „Die Angst des Kunsthistorikers vor dem Künstler".[98] Leske bezieht eindeutig Stellung für das Düsseldorfer Konzept. Sie fragt sich: „Was ist einzuwenden gegen künstlerische Inspiration? [...] wem schadet es, wenn einer angestaubten Sammlung (die Präsentation war arg verschnarcht) frischer Wind zugefächelt wird, und zwar zur Abwechslung nicht aus der gewohnten Richtung?" (ebd.). In der Presse wurde allgemein die Ansicht vertreten, „hier stelle sich eine Lobby von konservativen Gralshütern neuen Ideen entgegen [...]", wie es Grisebach selbst in einem zusammenfassenden Protokoll der Diskussion formuliert (Protokoll des Fachgruppentreffens anlässlich der Jahrestagung des Deutschen Museumsbundes in Hamburg am 16. Mai 2001 vom 1. August 2001).

Eine direkte Aussprache der beiden Parteien erfolgte am 19. November 2001 auf dem folgenden Treffen der Fachgruppe, das aus gegebenem Anlass im *museum kunst palast* stattfand. Hier sollten nun vor Ort die künstlerische Neugestaltung als Alternative zur traditionell kunsthistorischen Hängung und die grundsätzliche Stellung des Kurators in der Gegenwart diskutiert werden. Die anwesenden Fachleute wurden zunächst zu einem Ausstellungsrundgang eingeladen, um sich so vor den Vorträgen und Diskussionsbeiträgen ein Bild des Museumsexperiments machen zu können. Die anschließende Gesprächsrunde machte deutlich, dass die Kuratoren dem Düsseldorfer Konzept nach wie vor skeptisch gegenüber standen. In Kurzvorträgen erläuterten der Museumsleiter und die beiden Künstler Huber und Ecker nochmals ihr Konzept: Der Ausgangspunkt ihres Ansatzes war die Überzeugung, dass eine kunsthistorische Präsentation keine Fragen aufwerfe, die für den Menschen der Gegenwart von Interesse sei. Kunstwerke sollten, so die Auffassung von Thomas Huber, nicht zu historischen Dokumenten verkommen, die in Museen in leblose Reihen gehängt werden.[99] Das Ziel ihrer Neuordnung sei es, eine gegenwärtige, also keine historische Sichtweise zu ermöglichen, die nicht Altbekanntes, sondern neue Zusammenhänge aufzeigt. Das Museum hat für Bogomir Ecker nie eine finale Form, es ist ein offener Ort ohne fixe Struktur. Mit seiner thematisch rhythmisierten Hängung wollte er der statischen wissenschaftlichen Anordnung eine Präsentation entgegenzustellen, die eine dialogische, assoziative und poetische Auseinandersetzung ermöglicht. Sein Ziel war die Vernetzung der Kunst jenseits der traditionellen Linearität. Gemäß dieser Zielsetzung durchforsteten Bogomir und Ecker das Magazin des Muse-

98 Wiederveröffentlicht in Martin/Til/Zeising 2002, 189

99 „[...] es ist nicht einzusehen, warum Kunsthistoriker in Museen dazu neigen, Kunstwerke auf ihre Eigenschaft als historische Dokumente zu reduzieren. Auch ein Gemälde oder eine Skulptur besitzen in allererster Linie eine ästhetische Dimension [...] Daher muss die rein kognitiv argumentierende, positivistische Kunstgeschichte durch eine neue Form visueller Argumentation ersetzt oder ergänzt werden." (Martin/Til/Zeising 2002, 9)

ums nach „dialogfähiger Kunst". Der Museumsdirektor Martin ergänzte noch, dass diese Freiheit von herkömmlichen kunsthistorischen Strukturen bewusst mit einer gewissen Unbeschwertheit einhergegangen wäre, mit Humor und schlichter Freude am Sehen: „Wir haben viel gelacht". Weniger zu lachen hatten offensichtlich die an der Hängung beteiligten kunsthistorischen Kuratoren des Hauses, die nach Auskunft des Kurators Stephan von Wiese kaum Einfluss auf das Konzept hatten nehmen dürfen und nur noch als Handlanger dienten.

Gerade diejenigen Aspekte, die die beiden Künstler als die Vorteile ihrer innovativen Hängung genannt hatten, griffen die Vertreter der Kuratorenschaft als schärfste Kritikpunkte auf: Besonders die Subjektivität bzw. die mangelnde Wissenschaftlichkeit der Ausstellungsgestaltung sahen die Museumsfachleute sehr kritisch. Indem eine strenge Ordnung subjektiven Kriterien geopfert werde, verliere man jegliche allgemeinen Maßstäbe mit der Konsequenz der totalen Beliebigkeit, die im Grunde diskursiv nicht mehr eingeholt werden kann. Das Museum als demokratische Einrichtung würde so in Frage gestellt. Darüber hinaus beklagten ortsansässige Kunsthistoriker, dass das Museum als Lehranstalt nicht mehr funktioniere. So verlieh z.B. eine junge Kunstwissenschaftlerin der Düsseldorfer Universität ihrer Verzweiflung darüber Ausdruck, dass sie mit ihren Studenten nicht mehr wie früher in das Museum gehen könne, um ihnen die lineare Entwicklung der Düsseldorfer Schule zu präsentieren.[100] Obwohl es einzelne Stimmen unter den Kuratoren gab, die der Hängung interessante Aspekte abgewinnen konnten und sich verwundert zeigten über die Verschlossenheit der Kuratorenschaft, blieben die Mehrzahl der Museumsvertreter skeptisch. Die Positionen waren auch nach Beendigung der Diskussion unvereinbar.

Düsseldorf als Alternative?

Gerade vor dem Hintergrund der Gegenüberstellung der Museumsmodelle des Archivs und des Labors wirft die Düsseldorfer Auseinandersetzung ein interessantes Licht auf die gegenwärtige Museumskultur. Zum einen zeigen die Vehemenz und die Art der Reaktion auf die künstlerische Neuordnung eines kunsthistorischen Museums, wie dominant unter der gegenwärtigen Kuratorenschaft nach wie vor das Ideal des wissenschaftlich geordneten Museumsarchivs ist. Es besteht offenbar nur wenig Bereitschaft, die traditionellen mu-

100 In seinem zwei Jahre später erschienenen Katalog begegnet Jean-Hubert Martin diesem Vorwurf folgendermaßen: „Wenn man Museumsleuten zuhört, hat man oft den Eindruck, als sei der Zweck des Museums, den Besuchern die Kunstgeschichte beizubringen. Doch für diese Aufgabe ist die Schule der weit geeignetere Ort. [...] Wer besucht ein Konzert, um die Geschichte der Musik zu lernen?" (Martin 2003, 9)

sealen Strukturen langfristig, nicht nur im beschränkten Rahmen von Sonderausstellungen, zu ändern und nach alternativen Museumskonzepten zu forschen. Auf der anderen Seite aber zeigt sich, wie im Folgenden dargestellt wird, dass alternative Museumsmodelle von der Art der Düsseldorfer Sammlung in zentralen Punkten widersprüchlich sind und kein durchgängiges Konzept anbieten, das die herkömmlichen musealen Strukturen zufriedenstellend ersetzen könnte.[101]

Das Ziel der Museumsreformer, wie es auch hier von Huber, Ecker und Martin formuliert wird, besteht darin, sich von historischen und wissenschaftlichen Maßstäben loszusagen, um so die Voraussetzung für eine neue und unverbrauchte Sicht auf die Kunst zu schaffen. Hierbei wird allerdings vorausgesetzt, dass ein unvoreingenommenes Verstehen von Kunst möglich ist. Bogomir Ecker sprach in seinem Vortrag davon, dass er die Kunstwerke in „einen Dialog untereinander" bringen will. Er setzt also voraus, dass die Gemälde, wenn man im Bild bleiben will, von sich aus sprechen und ihre Sprache unmittelbar jedermann verständlich ist. Es gibt allerdings nicht wenige Kunstgelehrte, die die Möglichkeit einer unvoreingenommenen Wahrnehmung von Kunstwerken grundweg ausschließen. Erwin Panofsky behauptet beispielsweise in seinem programmatischen Aufsatz „Kunstgeschichte als geisteswissenschaftliche Disziplin": „Jeder, der sich einem Kunstwerk gegenübersieht, ist, ob er es ästhetisch nachschafft oder rational erforscht, von seinen drei Grundbestandteilen beeinflußt: von materialisierter Form, Idee (das ist im Fall der bildenden Kunst das Sujet) und Gehalt. Die pseudo-impressionistische Theorie, nach der uns ‚Form und Farbe über Form und Farbe berichten, nichts weiter', ist einfach nicht richtig. Vielmehr ist die Einheit jener drei Elemente in der ästhetischen Erfahrung realisiert, und alle gehen ein in das, was ästhetischer Kunstgenuß genannt wird." (Panofsky 1975, 20).[102] Jedes verstehende Sehen setzt ein Wissen um den wahrgenommenen Gegenstand voraus. „Sehen ist Einsehen", wie Arnheim es formuliert.[103] Kunstwerke sind

101 Ecker und Huber würden hier sicher entgegnen, dass es nicht ihre Absicht gewesen sei, neue feste Strukturen zu schaffen. Die vorliegenden Ausführungen beschäftigen sich jedoch mit der Möglichkeit alternativer Archive, die die institutionellen Strukturen auch langfristiger bestimmen können. Aus diesem Grunde wird das Düsseldorfer Modell in diesem Zusammenhang als langfristig angelegtes Gegenmodell zu einer herkömmlichen fixen Sammlungsstruktur betrachtet.

102 Erstaunlicherweise scheint Panofsky unter „ästhetischem Erleben" weiter vorn im selben Text noch eine Zugangsweise zur Kunst zu verstehen, die unabhängig von jeglicher Reflexion stattfindet: „Es ist möglich, jeden Gegenstand [...] ästhetisch zu erleben. Wir tun das – um es möglichst einfach auszudrücken –, wenn wir ihn einfach betrachten (oder anhören), ohne ihn intellektuell oder emotional auf etwas außerhalb seiner selbst zu beziehen." (Panofsky 1975, 16).

103 Vgl. hierzu Arnheim 1972, 24f.

komplexe Zeichen mit einer vielschichtigen Bedeutungsstruktur, deren Dekodierung dem Betrachter eine umfassende Kompetenz abfordert. Die reine ästhetische Anschauung gibt es, wie es auch Heiner Treinen formuliert, nicht: „[...] der Sinn von Objekten“ ist niemals aus der bloßen Tatsache ihrer Existenz und einer „reinen“, theoriefreien Anschauung entschlüsselbar [...]“ (Treinen 1996, 63).

Folgt man der Theorie von Pierre Boudieu, der, ausgehend von Erwin Panofsky, Kunstwerke als komplexe Symbole sieht[104], hängen Intensität und Tiefe des Kunsterlebens vom Grad der Dekodierungskompetenz, vereinfacht gesagt von der Vorbildung des Betrachters ab und zwar unabhängig davon, ob die Werke in traditioneller Weise historisch linear oder thematisch gehängt sind.

Das differenzierte Spiel zwischen den Kunstwerken, wie es die Künstlerkuratoren in Düsseldorf beabsichtigen, ist vom Betrachter nur dann nachvollziehbar, wenn er das Kunstwerk im Sinne Bourdieus adäquat wahrnimmt. Daraus folgt, dass die neuartigen Beziehungen zwischen den Kunstwerken, die sich aus ungewohnten Gegenüberstellungen ergeben, sich nur dem Kenner eröffnen. Nur der Eingeweihte wird den ungewohnten Dialog der Bilder verstehen. Das Gros der Besucher jedoch wird die Anspielungen, die Huber und Ecker anbieten, nicht nachvollziehen können.[105] Das Düsseldorfer Künstlermuseum ist ein Museum der Connaisseurs. Dies bedeutet in letzter Konsequenz, dass Huber und Ecker beim Betrachter die Einsicht in die kunstwissenschaftlichen Ordnungsprinzipien voraussetzen, die sie mit ihrer Neuordnung zu überwinden beabsichtigen.

Aus diesen kurzen Andeutungen wird die grundsätzliche Schwierigkeit von Künstlermuseen nach der Art des museum kunst palast in Düsseldorf deutlich. Es sind höchst elitäre Einrichtungen, die auf Funktionsmechanismen und – strukturen basieren, die sie eigentlich hinter sich lassen wollen. Sie geben mit ihrem Laborcharakter nicht nur die Ordnung des Archivs, sondern auch ihre verbindliche Bildungsfunktion auf. Selbst wenn sich die Düsseldorfer Einrichtung „Schule des Sehens“ nennt, kann „Schule“ hier nur im übertragenen Sinne gemeint sein, da sie die bestehenden Regeln und Strukturen

104 Kunstwerke haben laut Bourdieu die Bedeutungsebenen der einfachen Beschreibung, diejenige der Ikonographie und diejenige der Ikonologie. Für Bourdieu wird ein Kunstwerk dann adäquat rezipiert, wenn alle drei Bedeutungsebenen erfasst werden. (vgl. hierzu Bourdieu 1970, 159ff, besonders 164f)

105 So ist etwa im Bereich des Themas der Menschenansammlung die Konfrontation einer Kreuzigungsszene mit einem expressionistischen Großstadtbild in der Düsseldorfer Ausstellung für einen Betrachter nur dann interessant, wenn er die kunsthistorischen Hintergründe der Bilder kennt. Andernfalls ist weder das einzelne Bild noch ihr Verhältnis zueinander verständlich.

aufhebt, ohne sie durch Alternativstrukturen zu ersetzen, die intersubjektiv nachprüfbar und damit verbindlich vermittelbar wären.

Vor Ort drängt sich der Eindruck auf, dass für die Vermittlung dieses zweifelsohne komplexen Ausstellungskonzeptes nicht angemessen gesorgt worden ist. Erst lange *nach* der Eröffnung der Ausstellung wurde, wie erwähnt, der Katalog veröffentlicht, der allerdings nur die Hintergründe und Entstehungsgeschichte des Konzeptes erklärt, ohne im Detail auf die Abteilungen einzugehen: „Die vorliegende Dokumentation dient dazu, einen ausführlichen Einblick in die Motivation des Unternehmens zu vermitteln und das Künstlermuseum in seiner ersten Erscheinungsform zu dokumentieren." (Martin/Til/Zeisig 2002, 38)

Genauere Erklärungen zur „Dramaturgie" der Hängung oder Auswahl der Werke sucht man vergebens. Die Katalogtexte zu den einzelnen Abteilungen entsprechen, wenn auch in überarbeiteter Form, jenen aus dem knappen Kurzkatalog im DIN A6 Format (*museum kunst palast* 2001), der bereits zur Eröffnung 2001 vorlag und der, wie Jean-Hubert Martin meint, in seiner Knappheit die Tradition der Werkliste wiederbeleben sollte (ebd.). Entsprechend führt dieser kleine Führer nach kurzen einleitenden Texten zu den jeweiligen Themenbereichen lediglich die „technischen Daten" der Werke auf – Künstler, Entstehungszeit, Titel – Angaben, die keinerlei sonstige Informationen für den Besucher bieten. Die Einführungstexte im Kurzführer sind für das Verständnis der Themenbereiche z.T. wenig hilfreich. Der Text in der Werkliste zu Raum XI, der dem Thema „Landschaft" gewidmet ist, lautet etwa: „Transzendenz stellt sich ein, wenn das Erleben von Landschaft metaphorisch aufgeladen wird. Verleihen die Romantiker ihren Bildmotiven eine spirituelle Bedeutung, so geht diese in der Moderne auf Farbe und Material über [...]" (ebd., 29).[106] Solche Formulierungen sind offensichtlich nicht auf Verständlichkeit angelegt.

Man gewinnt den Eindruck , das nur die verantwortlichen Künstler Huber und Ecker einen umfassenden Einblick in die Struktur der Sammlung haben, und dass nur sie in der Lage wären, die Ausstellung für die Besucher mit Leben zu füllen. Die beiden Künstler schienen jedoch die Neugestaltung des Museums für eine punktuelle künstlerische Arbeit zu halten; denn sie verließen bereits wenige Wochen nach der Neueröffnung das Museum, ohne ein langfristiges Vermittlungskonzept erarbeitet zu haben.[107] Eine nachhaltige ku-

106 Die mangelnde Qualität der die Ausstellungen begleitenden Texte wurde von den Kuratoren des Deutschen Museumsbundes in scharfen Worten kritisiert.

107 Laut Auskunft der zuständigen Kuratoren sind die Künstler an der Ausarbeitung des Kataloges nicht beteiligt.

ratorische Betreuung des Künstlermuseums war in ihrem Vertrag offenbar nicht vorgesehen; für Führungen stehen sie nur selten zur Verfügung.[108]

Auch der Beitrag der Künstler im späteren Katalog zum Künstler Museum hilft dem Besucher der Ausstellung kaum weiter: Es handelt sich dabei um eine Kurzgeschichte von Thomas Huber mit dem Titel „Das Künstlermuseum", in der er ein fiktives Szenario der Entstehung des Künstlermuseums entwirft, ohne dabei jedoch detailliert auf einzelne Werke und Abteilungen einzugehen. Der Text ist im weitesten Sinne literarisch und verweigert sich demonstrativ klaren Darlegungen oder Erklärungen des künstlerisch-kuratorischen Konzepts. Deutlich wird allein die Subjektivität der Vorgehensweise der Künstler. Die Arbeit im Museum habe sie z.B. „von der unaufhaltsamen Entwicklung des Menschen zum Vogel" überzeugt (ebd., 68). Die Epoche des Barock etwa zeichne sich entsprechend dadurch aus, dass hier „schon fast alle Menschen gefolgen" sind. „Im Barock war in der Luft mehr los als auf dem Boden. [...] Die gefundenen Zeichnungen zeigen ganz deutlich die damalige Situation." (Ebd., 69).

Besonders angesichts dieser ungenügenden Vermittlungsarbeit werden die Defizite des Düsseldorfer Künstlermuseum-Konzepts deutlich. Man muss der Kritik des Museumsbundes, der dem Düsseldorfer Künstlermuseum vorwirft, dass es die „historisch gewachsenen Grundprinzipien eines Kunstmuseums aufgibt, ohne etwas Ebenbürtiges an ihre Stelle zu setzen" beipflichten. Museumsarbeit bedeutet mehr als Bilder an einem repräsentativen Ort aufzuhängen, sie fordert eine kontinuierliche Arbeit mit der Kunst, vor allem aber mit dem Betrachter.

Trotz aller berechtigten Kritik stellt das Projekt des Künstlermuseums in Düsseldorf einen bemerkenswerten Beitrag zur modernen Museumskultur dar. Die Künstler Huber und Ecker verwandeln mit ihrer Neuhängung das Archivmuseum Düsseldorf in ein offenes Museumsexperiment, das sich auf die Suche nach zeitgemäßen Präsentationsformen begibt und dabei das Risiko eingeht, die eingefahrenen und sicheren Bahnen der Tradition zu verlassen und sich damit der öffentlichen Kritik auszusetzen. Sie stellen sich einer Aufgabe, nach der Meinung des amerikanischen Kunstwissenschaftlers James Cuno zu der wichtigsten des gegenwärtigsten Kunstmuseums gehört: „Wie können wir die Kunstwerke für sich sprechen lassen, wie bringen wir unsere Besucher dazu, langsamer zu treten und sich individuelle Kunstwerke genau anzusehen, wie können wir ihre Neugier auf die subtilsten und profundesten

108 Die Künstler sind für die Betreuung ihres Museum nicht mehr verantwortlich. Auf eine diesbezügliche Nachfrage meinte Ecker, dass er bisher zehn Führungen durch die Sammlung gemacht habe, was für einen Zeitraum vom 1. September bis 19. November 2001 erstaunlich wenig ist.

Aspekte von Kunstwerken leiten, ohne jene Kunstwerke zu ‚erklären', oder ihre Mehrdeutigkeit und Komplexität durch TV-gerechte Kürzest-Zitate zu reduzieren?" (Cuno 2001, 58). Die positive Reaktion der Presse auf die Düsseldorfer Hängung zeigt deutlich, dass in der Öffentlichkeit durchaus ein Interesse daran besteht, „frischen Wind" in die kunsthistorischen Museen einzulassen.

Das Grundprinzip eines thematisch ausgerichteten Ausstellungsaufbaus ist bereits in international bedeutsamen Museen wie der Tate Modern oder dem Museum of Modern Art angewandte Praxis und wäre durchaus auch in anderen Museen als langfristige Alternative zur historischen Hängung zu diskutieren. Als temporäre Ausstellung könnte man sich eine derartige Präsentationsstruktur durchaus vorstellen, langfristig stellt die Düsseldorfer Lösung in der gegenwärtigen Form allerdings keine Alternative zum herkömmlichen Museum dar.[109] In ihrer konkreten Umsetzung erweist sie sich nicht als ein durchgearbeitetes Museumskonzept, sondern eher als Museumsinstallation, d.h. als ein für sich stehendes Kunstwerk von Huber und Ecker, das letztlich nur auf punktuelle Wirkung angelegt ist. Wenn das Projekt, wie geplant, drei Jahre lang tragen soll, müsste ihm ein detaillierteres Kuratierungskonzept zugrunde gelegt werden, welches das Ergebnis nicht nur künstlerischer Inspiration, sondern auch intensiver wissenschaftlicher Arbeit darstellt. Ähnlich wie bei einer herkömmlichen historischen Sammlung müsste es von Publikationen und umfassenden museumspädagogischen Maßnahmen begleitet werden, wobei hierbei kaum auf ein kunstwissenschaftliches Grundgerüst verzichtet werden könnte. Auf diese Weise wäre ein solches Museum mehr als ein ästhetisch-intellektuelles Glasperlenspiel. Es könnte, wie Huber und Ecker beabsichtigten, eine wirkliche „Schule des Sehens" werden.

109 Das Kunstmuseum Bern präsentierte im Jahre 2002 in einer Sonderaustellung mit dem Titel „Zeitmaschine", seine Sammlung ebenfalls jenseits gängiger kunsthistorischer Einteilungen, konfrontierte Werke verschiedenster Gattungen und Epochen miteinander und suchte so nach neuen Sichtweisen auf ihre Werkbestände (Beil 2002). Der gravierende Unterschied zur Düsseldorfer Präsentation liegt darin, dass hier nicht Künstler, sondern Kuratoren das Konzept erarbeitet hatten und dass die Ausstellung auf einige Wochen beschränkt war. Es ergaben sich jedoch bei der Neupräsentation hinsichtlich der Vermittlung der neuen Ausstellungsstrukturen vergleichbare Probleme (vgl. Engler 2001).

Innovative Museumskonzepte: Aktion – Reflexion – Dislokalität

In den letzten Kapiteln wurden mit dem Archiv Sohm und dem Künstlermuseum in Düsseldorf zwei sehr unterschiedliche Alternativkonzepte zum herkömmlichen Museum diskutiert, die jeweils hinsichtlich der Überwindung des statischen Objektarchivs sehr interessante Aspekte aufwiesen aber gleichzeitig auch diesbezüglich deutliche Grenzen hatten. Das Archiv Sohm ermöglichte als „Arbeitssammlung" zwar einen intensiven Austausch mit der Kunst, konnte allerdings nur einer beschränkten Öffentlichkeit zugänglich gemacht werden; das Künstlermuseum *museum kunst palast* brach zwar mit der statischen Ordnung des herkömmlichen Kunstarchivs, lieferte jedoch kein durchgearbeites Alternativkonzept, an das andere Museen anknüpfen könnten.

Also muß die Suche nach dem „Ereignismuseum" noch einmal aufgenommen werden. Im letzten Abschnitt dieser Erörterungen sollen nun zwei Institutionen vorgestellt werden, die sich in ihrer Arbeit komplett vom Museum als Archiv lösen: das Karl-Ernst-Osthaus-Museum in Hagen, das die Idee des Museums als reflexives Experiment im Anschluss an Beuys und Broodthaers in einem ganzheitlichen Konzept umzusetzen sucht und schließlich das *museum in progress*, ein Museumsprojekt aus Wien, das den institutionellen Rahmen des Kunstmuseums endgültig hinter sich läßt.

Das Karl-Ernst-Osthaus-Museum – Museum der Selbsterforschung

Reform und Innovation haben im Karl-Ernst-Osthaus-Museum Tradition. Es wurde im Jahre 1902 als Folkwang-Museum von dem Industriellen Karl Ernst Osthaus gegründet, der die Vision verfolgte „die Schönheit wieder zur herrschenden Macht im Leben" werden zu lassen, eine Form ästhetischer Gesellschaftsutopie, die einen Gegenentwurf zu den damals vorherrschenden ökonomischen Gesellschaftstheorien darstellte. Osthaus setzte all seine Kraft für die Umsetzung dieser Idee ein, was dazu führte, dass Hagen vor dem Ersten Weltkrieg zu einem Zentrum der kulturellen Reformbewegung wurde.[110] Auch das Folkwang-Museum, das der berühmte Architekt Henry van de Velde ausgestaltete, sollte, so der Wille Osthaus', zur Verwirklichung dieser Idee beitragen. „Niemals sei das Museum wie die Oase in der Wüste. Nicht das Leben zu vergessen, sondern das Leben zu meistern sei die Lehre [...]. Das Museum also soll Beziehung zum Leben suchen." (zitiert nach Karl-

110 Zum Leben und Werk von Karl Ernst Osthaus vgl. Hesse-Frielinghaus 1971; zur Folkwang-Idee, bzw. dem „Hagener Impuls" vgl. Funk-Jones 1984, Tummers 1972.

Ernst-Osthaus-Museum 2002a, 1). Im Laufe des 20. Jahrhunderts haben sich Sammlung und Charakter des Museums mehrfach grundlegend geändert, wobei seine ursprüngliche Bestimmung immer weiter aus dem Blickfeld geriet. Erst 1988 wurden mit dem neuen Leiter Michael Fehr die Ideen Osthaus' wieder Grundlage der Sammlungs- und Ausstellungspolitik. In seiner Museumsarbeit interpretiert Fehr den ganzheitlichen Gedanken Osthaus' neu und versucht, ihn für die Gegenwart fruchtbar zu machen (Fehr IV 2002).

Fehrs Museumsarbeit ist in Deutschland einzigartig. Er fasst den Museumsgedanken äußerst weit. Sein Karl-Ernst-Osthaus-Museum ist viel mehr als ein Ausstellungsraum für Kunstobjekte; das reine Archivieren und wissenschaftliche Aufarbeiten von Kunst interessiert Fehr nicht. Für ihn ist das Museum ein offenes Experimentierfeld, ein Labor, das nicht nur kunstspezifische Themen abhandelt, sondern einen intensiven Austausch mit dem gesellschaftlichen und kulturellen Umfeld des Museums unterhält. Fehrs Aktivitäten als Museumsdirektor beschränken sich demgemäß nicht auf die Sammlung des Museums, er nimmt sich u.a. auch der Kunst im öffentlichen Raum an und organisiert kulturwissenenschaftliche oder historische Forschungsprojekte.[111] Das Ziel seiner Museumsarbeit ist eine ganzheitliche Analyse der Möglichkeiten des Museums in der Gesellschaft. Diese Untersuchung steht jedoch nicht für sich, sondern soll Aufschluss über grundlegende anthropologische und erkenntnistheoretische Fragen geben. Seinen Höhepunkt findet diese Idee des Museums als Ort des gesellschaftlichen Experiments in dem umfangreichen Projekt Museutopia, auf das noch einzugehen sein wird.

Ort der Beobachtung zweiter Ordnung

Die feste Sammlung des Karl-Ernst-Osthaus-Museums hat sieben thematische Schwerpunkte:[112]

1. Museen der Museen
2. Bewusstsein von Geschichte[113]
3. natural relations
4. triviale Maschinen
5. gender
6. Hagener Kunstgeschichte
7. Malerei und nicht-gegenständliche Kunst

111 So existiert seit 1996 die Initiative „Deutschland – ein Denkmal“, die die Infrastruktur des Naziterrors untersucht. (vgl. www.keom.de/denkmal/welcome.html).

112 Vgl. http://www.keom.de

113 Auf die Rolle des Museums als Ort der Geschichte und Erinnerung kann hier, obwohl es eines der wichtigsten Themenbereiche im Karl-Ernst-Osthaus-Museum ist, nicht näher eingegangen werden (vgl. hierzu Fehr/Grothe 1989).

Hier können nicht alle Abteilungen des Karl-Ernst-Osthaus-Museums beschrieben und analysiert werden. Neben konventionell anmutenden Abteilungen wie „Hagener Kunstgeschichte“ oder „Malerei und nicht-gegenständliche Kunst“ finden sich mit „natural relations“ oder „gender“ Themen, die für ein Kunstmuseum untypisch sind.

Um die Spezifik des Karl-Ernst-Osthaus-Museums herauszuarbeiten, sollen im Folgenden ausgewählte Bereiche der kuratorischen Arbeit von Michael Fehr dargestellt werden. Zunächst werden zwei frühe Ausstellungsprojekte Fehrs vorgestellt, die zu demjenigen Teilbereich der festen Sammlung überleiten werden, mit dem Fehr am deutlichsten über die Grenzen des traditionellen Museums hinausgeht: Es handelt sich um den Bereich „Museen der Museen“, dessen konzeptuelles Kernstück, das „Museum of Jurassic“ Technology im Zentrum der Untersuchung stehen wird.

Fehrs frühe Ausstellungsprojekte – „Silence“ und „Revision“

Michael Fehr begnügte sich bei seiner Museumsarbeit nie mit einer reinen Objektpräsentation. Das Kunstwerk als autonomes Ding außerhalb eines lebensweltlichen Bezugsrahmens ist für ihn uninteressant. Seine kuratorische Methode ist allerdings nicht eine didaktische Rekontextualisierung der Objekte, wie z.B. beim Museum Hamburger Bahnhof; sein Weg ist verschlungener. Er beschäftigt sich mit der Kontextualisierung selbst, d.h. dem Verhältnis von Museum zum musealisierten Gegenstand und zum Betrachter. Das Karl-Ernst-Osthaus-Museum ist ein Museum über Museen.

Bereits bei den ersten Ausstellungsprojekten „Silence“ und „Revision“[114], mit denen sich Fehr in Hagen einführte, machte er diesen kuratorischen Schwerpunkt deutlich. Bei der Ausstellung „Silence“ überführte Fehr die Idee des Stück *4'33''* von John Cage in ein Ausstellungskonzept. Bei Cages *4'33''* sitzt ein Pianist bekanntlich exakt während dieser Zeitspanne vor einem aufgeklappten Flügel ohne eine Taste zu berühren. Das Stück ist die Stille, die auf die Aufmerksamkeit des erwartungsvollen Zuhörers trifft. Entsprechend verzichtete Fehr bei seiner Ausstellung „Silence“ darauf, Bilder aufzuhängen und ließ die Besucher durch die leeren Räume des Museumsgebäudes wandeln. Die Ausstellung war erwartungsgemäß ein Skandal.[115] Fehr erreichte mit seinem dreitägigen Projekt genau das, was ihn interessierte. Er veranlasste die Besucher, sich unabhängig von Exponaten mit den Museums-inhalten, beson-

114 Vgl. hierzu Fehr 1998a, 19ff.

115 Die Westfalenpost vom 16.1.1988 übertitelt einen Aufsatz mit „Leerer Käfig“. Hier steht zu lesen: „Was macht eigentlich unser neuer Museumsdirektor? Dr. Michael Fehr erbringt zum Wochenende den längst fälligen Beweis, daß im Osthaus-Tempel buchstäblich nichts los ist“ (zitiert nach Fehr 1998a, 20).

ders aber mit dem Museumsrahmen auseinanderzusetzen.[116] „[...] bei der Ausstellung benahmen sich die Besucher nicht nur wie immer bei Ausstellungseröffnungen, gingen also durch die leeren Räume gerade so als ob etwas gezeigt würde und zu sehen sei, sondern begannen, soweit sie das Haus kannten, aus ihrem Gedächtnis die Sammlung zu rekonstruieren und über die Kunstwerke zu sprechen" (Fehr 1998a, 20f). Erstmals waren die Besucher mit dem Bau selbst, samt seiner bewegten Geschichte konfrontiert. Es wurden Gespräche geführt, die dem neuen Kurator u.a. Erkenntnisse über das Gebäude und seine Vergangenheit offenbarten, die ansonsten hinter den Exponaten verschollen wären. Die Idee Cages wurde über das formale Konzept zur kuratorischen Methode Fehrs, die, „abhängig vom jeweiligen Kontext, ganz unterschiedliche ‚Geräusche' oder ‚Texte', hier also die Geschichte des Hauses, die bei der Ausstellung förmlich aus den Wänden kroch bzw. von den Besuchern auf die Wände projiziert wurde, hervorbringen kann" (ebd., 21). „Silence" war keine Kunst-Ausstellung, sondern eine Ausstellung des institutionellen Rahmens des Museums und des museumsspezifischen Rezeptionskontextes.

Mit seinem folgenden Ausstellungsprojekt „Revision" knüpfte Fehr an das Konzept der Thematisierung der Museumsarbeit als solcher an. Diesmal beschäftigte er sich mit dem Vorgang der Museumsausgestaltung, d.h. mit Hängung und Auswahl von Exponaten. Im Zentrum dieses Projekts standen auf der einen Seite die Sammlungsgeschichte des Karl-Ernst-Osthaus-Museums und demgegenüber das Rezeptions- bzw. das ästhetische Selektionsverhalten des Kunstbetrachters: Als zur Wiedereröffnung der ständigen Sammlung im Januar 1988 die Bestände wieder gehängt werden mussten, begnügte sich Fehr nicht damit, der Öffentlichkeit die fertig ausgestatteten Bildersäle zu präsentieren. Er ließ vielmehr die Sammlung vor den Augen des Betrachters nach und nach, gleichsam im Zeitraffer, aus der Vergangenheit entstehen, bis der Zustand der Gegenwart erreicht war:

„Diese Ausstellung [...] begann mit der Öffnungszeit des Museums an einem Dienstagmorgen im leeren Haus. In der Mitte der großen Ausstellungshalle hatte ich mein Büro einschließlich der Inventarschränke aufgebaut. Ich eröffnete REVISION, indem ich meinen damals einzigen Handwerker bat, ins Magazin zu gehen und ein Bild seiner Wahl zu holen. Er kam mit dem „Kiefernwald" von Christian Rohlfs [...]. Dieses Bild stellte ich auf die Staffelei und präsentierte es auf diese Weise dem relativ kleinen Publikum, das zur Eröffnung gekommen war. Dann schlug ich es im Inventarverzeichnis nach und hängte es zusammen mit dem Handwerker an seinen Platz [...]. Etwa drei Wochen lang arbeiteten wir nach diesem Verfahren etwa vier Stunden am Tag öffentlich, so lange, bis wir rund 1000 Bilder und Objekte, alles,

116 Es wurde im Text bereits auf eine Ausstellung verwiesen, die ohne Ausstellungsstücke ausgekommen war. Manzoni hatte Menschen in eine Galerie ohne Exponate geladen und die Besucher selbst signiert (vgl. Spahn 1999, 127).

was sich ohne große technischen Probleme hängen ließ, [...] an den Wänden hatten" (ebd., 22f).

Auf diesem Wege war es Fehr möglich, sich und den interessierten Besuchern einen gleichsam fließenden Einstieg in die Sammlung zu verschaffen. Er machte ein einfaches Anschauen, d.h. die gewohnte Konfrontation mit dem Gegebenen unmöglich und forderte den Besucher zu einer aktiven Auseinandersetzung mit dem Museum und seinen Beständen in ihrer geschichtlichen Bedingtheit auf. Die Geschichte der Sammlung, etwa die Aktivitäten der früheren Direktoren, ihre mutigen und weniger mutigen Ankäufe wurden nachvollziehbar.

Museen der Museen

Im dritten Jahr seiner Direktorenschaft organisierte Michael Fehr ein umfassendes Ausstellungsprojekt, in dem er in vielerlei Hinsicht seine Idealvorstellung einer Museumssammlung verwirklichte (Fehr IV 2002). Die Ausstellung trug den Titel „open box" und versammelte künstlerische und kunsttheoretische Arbeiten, die über die Möglichkeiten einer Erweiterung des Museumsgedankens reflektierten (Fehr 1998a). Ziel des Projekts war es, heraus zu finden, wie das Museum arbeitet, d.h. wie das Museum mit seinen Exponaten umgeht und was mit ihnen geschieht, wenn sie ins Museum gelangen bzw. wie sie sich verändern, wenn der Besucher mit ihnen (im Kopf) das Museum wieder verlässt. Die Methode war es, „Inputs zu finden und in das Museum zu geben, an denen sich beobachten ließe, wie es funktioniert, die es also selbstreflexiv werden ließen" (ebd., 9). Mit der Ausstellung „open box" formte sich der spezifische Charakter des Karl-Ernst-Osthaus-Museums als Ort der Museumsreflexion endgültig aus: Eine ganze Reihe der Exponate wurde in die Sammlung übernommen und bildet bis heute den Kern der festen Ausstellung. Der aufwendigste und umfangreichste Teil von Museen der Museen wurde ebenfalls in einer Ausstellung im Karl-Ernst-Osthaus-Museum gezeigt, bevor er fest in die Sammlung aufgenommen wurde: Das Museum of Jurassic Technology.[117] Dieses Kernstück des Hagener Museums soll nun ausführlicher betrachtet werden, da sich an ihm das Fehrsche Konzept eines Museums als selbstreflexivem Ort am deutlichsten veranschaulichen lässt.

117 Fehr zeigte das Museum of Jurassic Technology erstmals 1994 in der Ausstellung „Platons Höhle – Erleben, Erkennen, Erinnern".

Das Museum of Jurassic Technology

Das Museum of Jurassic Technology im Karl-Ernst-Osthaus-Museum ist eine Nebenstelle des Hauptmuseums in Los Angeles, das 1988 von dem amerikanischen Künstler David Wilson gegründeten wurde.[118] Im Karl-Ernst-Osthaus-Museum umfasst das Museum of Jurassic Technology zwei Abteilungen, die beide im Untergeschoss des Gebäudes untergebracht sind. Den ersten Teil bildet die ethnologische Sammlung des amerikanischen Ehepaares Thums (Edoh 1998), während die zweite Abteilung dem Leben und Werk des Jesuitenpaters Anastasius Kirchner gewidmet ist (Karl-Ernst-Osthaus-Museum 2002b).

Die Sammlung der Thums

Beim Betreten des düsteren Ausstellungsraumes fühlt man sich in ein modern ausgestattetes Kunst- und Raritätenkabinett versetzt. Effektvoll beleuchtet werden in altertümlichen Vitrinen Naturabsonderlichkeiten, eigenartige ethnologische Kuriositäten oder Miniaturkunstwerke ausgestellt. Es findet sich etwa ein Haarhorn, das angeblich einer Frau aus dem Hinterkopf gewachsen sein soll (ebd., 30) oder eine aus einem Fruchtkern gearbeitete Miniaturschnitzerei (ebd., 27f). Es werden Handschuhe aus sonderbarem Material (ebd.) und nie gesehene Musikinstrumente oder eine besondere Ameisenart (ebd., 28) gezeigt, die angeblich einem speziellen Dschungelpilz als Wirt für dessen Vermehrung dient. Jedem der Exponate ist auf einer Tafel bzw. in einem begleitenden Kurzführer ein Erläuterungstext beigefügt, der Aufschluss über seine Herkunft, Geschichte und ggf. Funktionsweise gibt. Eine Texttafel am Anfang des Sammlungsrundganges beschreibt detailliert die Sammlungsgeschichte bis zu biographischen Angaben zu den Sammlern.[119] Man glaubt, es mit einer Ansammlung von Kuriosa früherer Tage zu tun zu haben. Trotz des nicht immer wissenschaftlichen Stils der Erläuterungstexte lassen sie zunächst keinen Zweifel an der Authentizität der Sammlung und ihrer Exponate aufkommen. Es finden sich zum Teil sogar Fußnoten, die den wissenschaftlich interessierten Betrachter dazu einladen, die Fakten ggf. zu überprüfen.[120]

118 Zum Museum of Jurassic Technology vgl. u.a. Weschler 1995, Rugoff 1996, Römer 2001, 251ff.

119 Die Gründungsbroschüre der Sammlung „On. the Foundation of the Museum: The Thums. Gardeners & Botanists“ von Illera Edoh führt unter anderem alle Mitglieder und ihre jeweiligen Funktionen auf und erläutert die organisatorische Struktur des Sammlervereins (Edoh 1998, 3ff).

120 Bei der Ausstellung in Los Angeles, nach deren Vorbild das Museum of Jurassic Technology im Karl-Ernst-Osthaus-Museum eingerichtet wurde, gab es leere Vitrinen mit dem Hinweis: „Exhibit temporarily moved for study“, durch die die Atmosphäre der Echtheit noch unterstrichen wurde (vgl. Rugoff 1995, 69).

Je weiter man als Museumsbesucher jedoch bei seinem Rundgang durch die Sammlung voranschreitet, umso unsicherer wird man bei der Beurteilung dessen was hier präsentiert wird. Es wird immer schwieriger zu erkennen, ob man es mit absonderlichen Exponaten und fiktiven Erklärungen oder mit authentischem Material zu tun hat.[121] Auch die begleitenden Texte oder Broschüren bieten bei näherer Betrachtung weder inhaltlich noch stilistisch Aufklärung. Mal sind sie in wissenschaftlich klarem Ton gehalten, mal ergehen sie sich in Formulierungen, die sich selbst zu persiflieren scheinen.[122] Nach und nach wird erkennbar, dass die Ausstellung kein einziges authentisches Exponat zeigt.

Die Sammlung Anastasius Kirchner

In ähnlicher Weise erfolgt die Durchmengung von Fiktivem und Authentischem im zweiten Teil des Museum of Jurassic Technology des Karl-Ernst-Osthaus-Museums, der dem Universalgelehrten Anastasius Kirchner SJ gewidmet ist. Kirchner (1602-1680) war Geistlicher und Universalgelehrter, dessen naturwissenschaftliche und theologische Abhandlungen im 17. und 18. Jahrhundert sehr einflussreich waren. In großen Glaskästen werden unterschiedlichste Modelle und Präparate ausgestellt, die exakt gemäß den Schriften Kirchners ausgeführt wurden und die exemplarisch das Lebenswerk dieses Gelehrten veranschaulichen. Aber obwohl es sich bei Kirchner – im Gegensatz zu den Thums – zweifellos um eine authentische historische Persönlichkeit und bei den Ausstellungsstücken eindeutig um Darstellungen seiner Theorien handelt, fällt es dem Museumsbesucher schwer, zu den Exponaten ein eindeutiges Verhältnis aufzubauen. Üblicherweise wird eine derartige historische Präsentation museumsdidaktisch mit Erläuterungen zu den Zeitumständen begleitet, die auf diese Weise eine klärende Distanz zu den Objekten schaffen. Dies fehlt jedoch bei der Kirchner-Ausstellung völlig. Sie scheint den wissenschaftlichen Anspruch der Zeit Kirchners vollständig zu übernehmen und dokumentiert die Ergebnisse seiner Forschungen auf das Aufwendigste ohne auf ihre Historizität hinzuweisen. Auch gemessen an dem gegenwärtigen naturwissenschaftlichen Durchschnittswissen, sind die dargestellten Sachverhalte offensichtlich überholt und muten selbst für den Laien mitunter so kurios an wie die erdachten ‚Fakten' der Thum-Sammlung. Wie bei der Thums-Kollektion gehen die Rezeptionserwartungen des Betrachters ins Leere. Seine bis zu diesem Zeitpunkt selbstverständliche Position als Betrachter

121 Zum Teil wird man mit vertraut anmutenden Gegenständen, wie etwa der Fruchtsteinschnitzerei konfrontiert, die ein Sonderfall der im Spätmittelalter beliebten Kunstdrechslerei sein könnte. Die Präsentation des Haarhorns der Frau oder des Fächers aus der Haut der Schlange des Garten Eden legt es dagegen offensichtlich weniger auf Glaubwürdigkeit an.

122 Vgl. z.B. den Text zur Stinkameise (Edoh 1998, 28f).

einer Ausstellung wird unsicher. In beiden Abteilungen des Museum of Jurassic Technology werden die außergewöhnlichen Gegenstände offenbar nicht zur Erbauung oder Bildung gezeigt und erklärt, anders als dies im Museum zu erwarten wäre. Der Besucher befindet sich hier in einem sonderbaren Spiegelspiel von Faktischem und Fiktivem, das es offenbar nicht darauf anlegt, durchschaut zu werden.[123]

Das Museum of Jurassic Technology als fiktives Meta-Museum

Das Museum of Jurassic Technology ist kein wirkliches Museum oder die Abteilung eines Museums. Es erweist sich wie Broodthaers' Musée d'Art Moderne als eine Museumsfiktion:[124] Die gezeigten Gegenstände mögen zwar zum Teil eine gewisse historische Bedeutung oder zumindest einen Kuriositätswert besitzen, sie haben allerdings nie den Erklärungswert bzw. exakt den wissenschaftlichen Hintergrund, den der Ausstellungsrahmen nahe legt.[125] Die Präsentation lässt den Betrachter in eine Art Schwebezustand gleiten, in dem seine Erkenntnis weder im Faktischen noch Fiktiven eindeutigen Halt findet.[126] Ralph Rugoff bezeichnet den Wahrnehmungszustand, in den diese „uneindeutige Präsentation" den Betrachter versetzt, als „Stoned thinking".

---

123 Interessant ist, dass die Ausstellung ihre Wirkung nicht einbüßt, auch nachdem klar ist, dass die präsentierten Inhalte erdacht sind.

124 Dem aufmerksamen Betrachter erschließt sich der fiktive Hintergrund der Sammlung allerdings bereits beim ersten Blick auf die Sammlungsbroschüre von Illera Edoh, die von einer „Society for the Diffusion of Useful Information – West Covina" herausgegeben wird (Edoh 1998).

125 Wetschler weist darauf hin, dass in der Tat eine Ameise, allerdings mit anderem Namen, existiert, die von Pilzen befallen wird und dass es durchaus zu „Hornbildungen" beim Menschen kommen kann (Wetschler 1995, 67 bzw. 138f). Die Fakten sind in der Ausstellung für den Betrachter allerdings nie deutlich und klar nachvollziehbar dargelegt.

126 Die Grundlage hierfür liegt in der Tatsache begründet, dass das Museum of Jurassic Technology sich mit seinen Exponaten bewusst in Bereichen aufhält, von denen man schon einmal „gehört haben könnte", bzw. über die in der Öffentlichkeit ein nebulöses Halbwissen existiert (physikalische Strahlungsphänomene, volkskundliches Wissen, frühe Naturwissenschaften). Den Zustand, in den der Betrachter so manövriert wird, beschreibt Ralf Rugoff in seinem Aufsatz zum Museum of Jurassic Technology folgendermaßen: „Even when the suspicion arises that fact and fiction have been deftly intermingled, it remains difficult to delineate their respective borders. By making use of information that lays on the edges of our cultural literacy [...] the museum draws us into a shadowy zone where exhibits slip from the factual to the metaphorical with disarming fluency. It is this fluency which makes the seduction irresistible" (Rugoff 1996, 72).
Gerade hierin liegt aber, wie Stefan Römer feststellt, ein besonderer Reiz der Ausstellung: „Die präsentierten Objekte und Legenden entführen die BetrachterInnen in eine Zone des Halbwissens, die ihre Neugierde besonders anstachelt" (Römer 2001, 257).

„The effect of stoned thinking is to scramble our perceptions of boundaries, so that almost anything looms as a potential exhibit deserving an intimate once-over“ (Rugoff 1996, 73f). In dieser „Bewusstseins-“ bzw. Wahrnehmungsveränderung liegt der konzeptuelle Kern des Museum of Jurassic Technology. Es verkehrt die gewohnten Präsentations- bzw. Rezeptionsgewohnheiten und demontiert auf diese Weise das Grundvertrauen des Museumsbesuchers in die Autorität der Museumsinstitution. „Taken together, these observations lead to an irrevocable conclusion: the museum isn't what it says it is“, wie Ralph Rugoff in seiner Untersuchung zum Museum of Jurassic Technology in L.A. schreibt (Rugoff 1995, 70). Broodthaers hatte gegenüber Johannes Cladders sein Musée d'Art Moderne als Lüge und Trug bezeichnet (Dickhoff 1994, 94). In Anlehnung daran könnte man das Museum of Jurassic Technology im Karl-Ernst-Osthaus-Museum als eine Neuinterpretation des Broodthaersschen „Museums als Lüge“ bezeichnen. Indem es die Unterscheidung zwischen Realität und Fiktion unmöglich macht, durchbricht es auf sehr subtile Weise gewohnte Wahrnehmungsmuster und legt so den Weg frei für eine neuartige Sicht auf die Wirklichkeit. Auf diese Weise werden alle wahrgenommenen Gegenstände fremdartig und damit neu.[127]

Das Museum als Bedeutungsgenerator

Die Parallelität von Broodthaers' und Fehrs Museumskonzepten ist offensichtlich. Beide Museumsfiktionen verfolgen das Ziel, ein Licht auf die „Mechanismen von Kunst, künstlerischem Leben und Gesellschaft“ zu werfen, wie Broodthaers es ausdrückt (vgl. Dickhoff 1994, 95).[128] Sie veranschauli-

127 Das Museum of Jurassic Technology ist die Neuformulierung eines künstlerischen Konzepts des Fake, das Norman Daily bereits 1974 entwickelte. Er stellte unterschiedliche, meist selbstgefertigte Objekte als Kult- und Gebrauchsgegenstände einer fiktiven fremdartigen Kultur der Llhuros aus, ohne freilich darauf hinzuweisen, dass es sich nicht um ethnologisch relevante Originalstücke handelte (vgl. Rugoff 1996). Eine Wiederauflage dieses Konzepts lieferte im Jahre 2000 der Künstler Klaus Heid, der auf der Berliner „Sieben Hügel“-Ausstellung der Öffentlichkeit archäologische Relikte des Khuza-Volkes aus Sibirien vorstellte, das er sich selbst ausgedacht hatte (vgl. hierzu Heid 1997). Die Verunsicherung der Öffentlichkeit war tief, wie das breite Medienecho zeigte (vgl. hierzu Heid 2000).

128 In der Ausstellung „Der Fliegenpilz“ von 1991 sind die Analogien zu Broodthaers' Adlerausstellung auffälliger (Bauer/Klapp/Rosenbohm 1991). Die Ausstellung spürt der Bedeutung des Fliegenpilzes für die mitteleuropäische Kultur nach, wobei sie sich dem Thema aus unterschiedlichster Richtung nähert, z.B. aus der mykologischen, der psychologischen, der literaturwissenschaftlichen usw. Anders als bei Broodthaers werden die verschiedenen Perspektiven jedoch genau aufgezählt (ebd., 12). Die Ausstellung sucht, obwohl sie sich auf kein eindeutiges Erklärungssystem einlässt, im Gegensatz zur Adlerausstellung insgesamt einen „geordneten Zugang“. Die Methode könnte man den-

chen jeweils in aller Deutlichkeit, dass es sich bei Museen nicht um Institutionen handelt, die ihre Sammlungsgegenstände neutral bewahren und sammeln und aufbauend auf kunstgeschichtlichen Kriterien allgemein gültige Fakten weitergeben. Das Museum of Jurassic Technology lässt den Betrachter diese Funktionsweise der musealen Präsentation unmittelbar erleben.[129] Er erfährt im Museum of Jurassic Technology am eigenen Leib, wie mit den Mitteln des wissenschaftlichen Wortes oder Dokumentes, dem Präsentationsdesign, die Bedeutsamkeit des Gezeigten hervorgebracht und gestaltet wird. Ihm wird klar, dass der Gegenstand als solcher keine Bedeutung hat, sondern sie vielmehr immer wieder aufs Neue in seinem jeweiligen Ausstellungskontext erhält. Das Museum ist kein neutraler Präsentationsort, sondern Bedeutungs-generator.[130] Zur Rolle des Museums als Vermittler von „Wahrheit" meint Broodhaers gegenüber Cladders: „Das übliche Museum und seine Repräsentanten stellen einfach eine Form der Wahrheit dar. Über dieses Museum zu sprechen heißt über die Bedingungen von Wahrheit zu reden" (ebd.). Der Ausdruck „Wahrheit" muss hier als „eine Wahrheit von vielen" verstanden werden. Das Museum zeigt bzw. reproduziert nicht eine allgemeingültige Wirklichkeit, die unabhängig von ihm existiert, sondern produziert diese Wirklichkeit selbst.

Der Aspekt der „Produktion von Bedeutung im Museum" ist eines der wichtigen Motive der Arbeit Fehrs am Karl-Ernst-Osthaus-Museum. Er variiert es nicht nur in seiner Ausstellungsarbeit, wie sie hier exemplarisch anhand der Abteilung Museen der Museen vorgestellt wurde, sondern setzt sie darüber hinaus in einer Vielzahl von Aktionen und Projekten um, die seine museale Kernarbeit begleiten. Das ambitionierteste und aufwendigste dieser Projekte, das nun am Schluss der Ausführungen zum Karl-Ernst-Osthaus-Museum stehen soll, trägt den Titel Museutopia. In ihm verbindet Fehr gewissermaßen die Broodhaerssche Idee des Museums als Bedeutungsgenerator mit der Beuysschen Utopie eines Museums als freiem interdisziplinärem Diskussionsforum und gelangt so zu einer ganz eigenen Umsetzung von Dorners Ideal des Museums als Kraftwerk, d.h. als einer produzierenden und nicht nur reproduzierenden Institution.

---

noch auch hier, wie bei der Düsseldorfer Ausstellung, phänomenologisch nennen.

129 Die Gedanken von Duchamps Readymades werden im Museum of Jurassic Technology im Grunde weitergeführt und auf die Spitze getrieben. Aus banalen Dingen wird im musealen Kontext ein bedeutungsschwangeres Exponat.

130 Man könnte sagen, dass das Museum of Jurassic Technology eine museale Form des Dictum McLuhans: „The medium is the message" darstellt (vgl. McLuhan 1994, 21).

Museutopia

„Grundlegende Idee von MUSEUTOPIA ist, innerhalb des Museums für eine bestimmte Zeit einen utopischen Staat – MUSEUTOPIA – zu errichten." (Karl-Ernst-Osthaus-Museum 2002a, 3).

Das Projekt „Museutopia – *Schritte in andere Welten*" ist ein Jointventure von Künstlern, Kuratoren und Fachleuten aus den verschiedensten Bereichen. In Form von Vorträgen, Ausstellungen und Workshops wird, anknüpfend an die nunmehr über 100-jährige Folkwang-Idee, nach den Möglichkeiten von Kunst und Museum in der Gesellschaft geforscht. Das Ziel von Museutopia ist es, auf der Grundlage der auf diesem interdisziplinär-diskursiven Wege gewonnenen Ergebnisse Konzepte für die Gesellschaft des 21. Jahrhunderts zu entwickeln, wobei bewusst utopische Denkwege eingeschlagen werden sollen. Für Fehr ist das Museum der „wichtigste Platz für utopisches Denken"[131] und sein Projekt Museutopia stellt, „als kollektiver Versuch, einen neuen Zusammenhang von Ideen hervorzubringen [...] selbst ein utopisches Projekt dar." (ebd.). Das Zentrum des Projekts ist eine Ausstellung mit Werken verschiedener Kunstgattungen (von Malerei und Skulptur bis hin zu Film und Konzeptkunst), die von internationalen Künstlern speziell für dieses Projekt geschaffen wurden. Das Gesamtprojekt wird von den Künstlern und Autoren gemeinsam mit Kuratoren und Kunstwissenschaftlern erarbeitet. Diese Kooperation „[...] soll nicht nur garantieren, daß MUSEUTOPIA sich vom Prinzip der Gruppenausstellung unterscheiden wird, sondern daß MUSE-UTOPIA tatsächlich die Möglichkeit für eine komplexere Form des Nachdenkens über zeitgenössische Probleme und Diskurse bieten kann" (ebd.). Es sollen nicht künstlerische Fragen, sondern „grundlegende Fragen des menschlichen Lebens erörtert" werden (ebd., 4). Von zentraler Bedeutung ist die Tatsache, dass die künstlerischen Beiträge nicht als fixe, unveränderliche Werke, also in sich geschlossene Ausstellungsobjekte, präsentiert werden. Die künstlerischen Arbeiten verstehen sich als dreidimensionale Diskussionsbeiträge, in denen sich bestimmte komplexe Denkmuster manifestieren. Ihr Sinn steht somit nicht von vornherein fest, sondern ergibt sich in einer Art kontinuierlichem Diskurs zwischen Publikum, Künstlern und Kunstexperten, ohne jedoch jemals allgemeinverbindlich festgelegt zu werden.[132] Fehr nennt das Projekt ei-

131 Vgl. hierzu: http://www.keom.de/museutopia/welcome.html

132 Hier wird das Kunstwerk ganz im Sinne Umberto Ecos als „offenes" behandelt. „Ein offenes Kunstwerk stellt sich die Aufgabe, uns ein Bild von der Diskontinität zu gegen, es erzählt sie nicht, sondern ist sie. Es vermittelt zwischen der abstrakten Kategorie der Wissenschaft und der lebendigen Materie unserer Sinnlichkeit und erscheint so als eine Art von transzendentalem Schema, das es uns ermöglicht, neue Aspekte der Welt zu erfassen" (Eco 1996, 165). Für Eco fungiert die offene Kunst in diesem Sinne als „epistemologische Metapher" (ebd., 160ff).

ne „Baustelle, die in unterschiedlichen Stadien der Fertigstellung und Vergegenständlichung: vom Ephemeren zum Konkreten, vom Konkreten zum Abstrakten, vom Vergänglichen zum Dauerhaften erfahrbar wird [...]" (ebd.).

Diese sinnstiftende Interaktion aller an Museutopia beteiligten Menschen ist damit der eigentliche Kern der Veranstaltung. Hierfür ist ein eigener Kommunikationsraum eingerichtet. Fehr nennt ihn „ein modernes Studiolo", in dem das Begleitprogramm zur Ausstellung in Form von Diskussionen und Vorträgen stattfindet. Die jeweiligen Diskussionsbeiträge werden festgehalten, genauestens archiviert und so für die Weiterführung der Kommunikation erhalten. Auf diese Weise, so hofft Fehr, wird Museutopia zu einer lernenden Ausstellung.

Damit entspricht dieses Projekt einem Ausstellungsideal, das auch von anderen jungen Kuratoren, wie etwa Hans Ulrich Obrist, vertreten wird: Er spricht bei einem Vortrag in Newcastle von „Exhibitions as complex, dynamic learning systems with feedback loops, basically to renounce the unclosed paralysing homogeneity of exhibition masterplans." (Obrist 2000, 27) Als vorläufiger Abschluss des Projekts fand im Herbst 2002 ein Kongress zum Thema „Utopisches Denken" statt, bei dem das Museutopiakonzept zumindest teilweise umgesetzt wurde.[133]

Mit Projekten wie Museutopia knüpft Fehr unmittelbar an Karl Ernst Osthaus' Vision einer Verbindung von Kunst und Leben an und bricht entschieden mit der traditionellen Selbstbezüglichkeit der Museumsinstitution.[134] Fehr geht es jedoch nicht nur inhaltlich um die Verbindung von Kunst und gesellschaftlichem Leben, sondern auch um den Willen zum Wandel und den Mut zu unkonventionellen Methoden. Ihn interessiert, wie der Titel seines Museutopia-Projekts zeigt, das utopische Denken als solches, jene Konzeptionen also, die bewusst die gewohnten Ordnungen übersteigen und nach neuen Wegen für das geschichtliche und gesellschaftliche Bewusstsein Ausschau halten. Fehr verwandelt mit seinem Konzept das Museum in eine Institution des gesellschaftlichen Experiments.

133 Das Modell des „Museums als Diskussionsforum" prägte auch das Konzept der Documenta XI, in deren Vorfeld weltweit Diskussionsforen zu künstlerischen bzw. gesellschaftlichen Fragestellungen organisiert wurden (vgl. Enwezor 2002). (Vgl. hierzu auch Georg Leisten: „Das Ende des Schweigens" in Stuttgarter Zeitung Nr. 101, Donnerstag, 2. Mai 2002, 37).

134 Fehr versteht sich in verschiedener Hinsicht als Erbe des Museumsgründers Karl Ernst Osthaus. Neben der konzeptionellen Ausrichtung des Museums, in der er die Folkwang-Idee weiterführt, ist die historische Aufarbeitung, Erhaltung und Archivierung der Zeugnisse des Hagener Impulses selbst ein wichtiger Teil seiner musealen Arbeit. So werden die Bauten, die aus jener Zeit noch vorhanden sind, sorgsam erhalten und z.T. mit Sonderausstellungen bespielt.

Es wurde mehrfach ein Museumssymposium erwähnt, das 2001 unter dem Titel „Das diskursive Museum“ in Wien stattfand. Man könnte sagen, dass Museutopia ein diskursives Museum im Sinne dieser Veranstaltung verkörpert. Der amerikanische Kunstwissenschaftler James Cuno beschreibt es folgendermaßen: „[ein diskursives Museum wäre] also nicht eine Ansammlung von Objekten, sondern der Ort konkurrierender Diskurse über Objekte. Wobei Objekte nur insofern notwendig sind, als sie zur Debatte Anlass geben und den Diskurs anregen. Das ‚diskursive‘ Museum wäre angefüllt mit Menschen, die Diskurse führen und die von diskursiven Installationen gefordert würden (anregende Gegenüberstellungen von Objekten und provokative grafische Elemente), von infragestellenden Audioführungen und argumentativen Texten, debattierenden Vorträgen und kritischen Vortragenden. Es wäre ein spaßiger, lautstarker Ort, eine Art Kulturforum, ein Marktplatz der Ideen, ein Zentrum der Kontroversen [...]“ (Cuno 2001, 52).

Das Museum als Ort der Welterzeugung

Es wäre falsch, in der Arbeit des Karl-Ernst-Osthaus-Museums ein intellektuelles Spiel um seiner selbst willen zu sehen. Weder die Abteilung Museen der Museen noch das Museutopia-Projekt erhalten ihren Sinn aus sich heraus. Fehr begreift seine Museumsarbeit als eine Möglichkeit über die Kunst das Verhältnis des Menschen zur Wirklichkeit und implizit zu sich selbst zu analysieren: Indem er das Phänomen der Musealisierung untersucht, wirft er ein Licht auf die Art und Weise, wie sich der Mensch zu den für ihn bedeutsamen Dingen ins Verhältnis setzt, d.h. wie er wahrnehmend deren Sinn und Bedeutung festlegt und wie er auf diese Weise rückwirkend wiederum seine eigene Existenz bestimmt. Fehr bezieht sich in seiner Arbeit auf den amerikanischen Kunsthistoriker Donald Preziosi, der auf die Bedeutung der Dinge für die Sinnstiftung in der mitteleuropäischen Kultur hinweist und von da aus die Funktion des Museums fasst:

> „The museum (and its ancillary epistemological technologies such as history or art history) are heirs to an ancient European tradition of using things to think with; to reckon with; and of using them to fabricate and factualize the realities in our modernity they coyly and convincingly present themselves as simply representing. Museums, in short, are modernity's pragmatic artifice, and the active, mediating, enabling instrument of all that we have learned to desire we might become. It is time to begin to understand exactly what we see when we see ourselves seeing museums imagining us“ (Preziosi 2001).

Dieser letzte Satz Preziosis: „Verstehen lernen, was wir sehen, wenn wir uns selbst dabei beobachten, wie wir Museen sehen, die ein Bild von uns entwerfen“ ist der Kern der Museumstheorie Fehrs und damit des Konzepts des

Karl-Ernst-Osthaus-Museums. Die Grundlage hierfür ist demnach die Vorstellung einer quasi dialektisch verlaufenden Sinnstiftung, die das Verhältnis des Menschen zu seiner Wirklichkeit bestimmt. Diese Stellung, d.h. der Sinn seiner Existenz, ergibt sich aus seinem Verhältnis zu den Dingen. Indem sich der Mensch jedoch zu den Dingen in seiner Wirklichkeit verhält, d.h., indem er mit ihnen z.B. im Museum umgeht, bestimmt er ihren Sinn jeweils neu. Dies wirkt wiederum zurück auf den Wirklichkeitshorizont, vor dem er sich positioniert. So prägt er gleichsam rückwirkend ein neues Umfeld für seine existenzielle Positionierung.[135] Vor diesem Hintergrund rückt die Wirkung des Karl-Ernst-Osthaus-Museums in die Nähe dessen, was mit Heidegger als Ereignis bestimmt wurde. In Fehrs Museum eröffnet sich der Sinn von Wirklichkeit. Aus dieser Perspektive betrachtet könnte man das Karl-Ernst-Osthaus-Museum „Ereignismuseum" nennen.[136]

Das Museum als schwieriger Ort

Das Karl-Ernst-Osthaus-Museum ist zweifellos ein kompliziertes Museum, das seinen Besuchern sehr viel Zeit und Aufmerksamkeit abverlangt. Sein Gehalt erschließt sich weder auf der rein sinnlichen Ebene noch mittels des gewohnten kunstgeschichtlichen Allgemeinwissens. Der Besucher muss die Mühe auf sich nehmen, sich ganz auf das Konzept Fehrs einzulassen. Er wird dabei zudem von keinerlei Ausstellungsführern begleitet, die zusammenfassend die Gesamtidee des Museums darlegen würden.

Wie bereits in anderem Kontext erwähnt, muss das Museum nach Fehr ein „schwieriger Ort" sein. Er ist der Überzeugung, dass dieses Bekenntnis zur Komplexität der einzige Weg für das Museum ist, sich auch zukünftig von dem Einerlei anderer Medien abzuheben. Das Museum hat dann eine Zukunft, wenn es sich bewusst dem oberflächlichen Kunstkonsum verweigert. Im Zusammenhang mit der Diskussion um digitalisierte Eventmuseen schreibt Fehr:

> „[...] es scheint mir sicher, dass die Museen nur dann, wenn sie radikal anders vorgehen als die Medien und das Cyberspace-Museum, wenn sie schwierig und geheimnisvoll werden, wenn sie dem Speziellen und der Fiktion einen Platz geben, wenn sie Schätze entdecken und Gewissheiten zerplatzen lassen, von den Besuchern als Alternative zum elektronischen Bilderbrei ernst genommen und akzeptiert werden" (Fehr 1998b, 50f).

135 Das Ding als sinnstiftendes Moment jenseits seines äußerlichen Gegenstandscharakters ist auch Thema der Spätphilosophie Martin Heideggers. (Vgl. hierzu z.B. Heideggers Aufsatz „Das Ding" [D]).

136 Der Begriff des „Ereignismuseums" ist hier nur im übertragenen Sinne zu verstehen.

Das Museum – engagiert vor Ort

Trotz der Komplexität des Karl-Ernst-Osthaus-Museums ist es für Michael Fehr, wie er mir in einem persönlichen Gespräch mitteilte, ausgesprochen wichtig, dass sich seine Institution nicht von der gesellschaftlichen Wirklichkeit isoliert (Fehr VIII 2001). Im Gegenteil: Eines der Hauptanliegen ist der permanente und intensive Austausch mit seiner Umwelt, die sowohl seine unmittelbare städtische Umgebung Hagen als auch ein allgemeineres gesellschaftliches Umfeld sein kann.

Dieses Ziel verfolgt er z.B. mit der Abteilung „Museum für visuelles Marketing“ mit dem er konkret den künstlerischen bzw. gestalterischen Aspekten der Alltagskultur nachgeht. So stellte das Karl-Ernst-Osthaus-Museum im Herbst 2001 eine weltweit einzigartige Sammlung von Einkaufstaschen aus, die eine ungeheure Menge an unterschiedlichsten Plastiktüten aus aller Welt umfasste.[137] Darüber hinaus richtet das Karl-Ernst-Osthaus-Museum mit großem Engagement alljährlich einen Schaufensterwettbewerb aus, ein Projekt, das bereits in den 20er Jahren von Karl Ernst Osthaus selbst lanciert worden war und an dem alle Geschäfte Hagens teilnehmen können.[138]

Fehrs Museumslabor als Kunstwerk

Fehr hat sich mit seinem Karl-Ernst-Osthaus-Museum vollständig vom herkömmlichen Objektmuseum verabschiedet. Im Vordergrund seiner Museumskonzeption stehen nicht die Kunstgegenstände und deren Präsentation, sondern seine Kunst- bzw. Museumstheorie, die von den Exponaten transportiert wird.[139] Fehr interessiert das Kunstwerk weder als autonomes ästhetisches Ding noch als künstlerisches Bildungsgut. Folglich ist in seinem Museum das ästhetische Erleben der Ausstellungsgegenstände lediglich Durchgangsstation zum eigentlichen Kern der Präsentation.

137 Vgl. http://www.keom.de/ausstellungen/2001.html.

138 Der Schaufensterwettbewerb ist laut der Auskunft von Michael Fehr sehr erfolgreich. Nicht nur, dass die Beteiligten Freude an der Gestaltung ihrer Geschäfte haben, sie verzeichnen auch eine nachweisbare Umsatzsteigerung in Zeiten des Wettbewerbs (Fehr IX 2001). Im Zusammenhang mit Osthaus' Schaufenster-Idee und vor dem Hintergrund der Erweiterung des Museums über die tradtionellen Grenzen hinaus, entwickelte Fehr unter dem Titel „Museums für visuelles Marketing“ das Projekt eines Werbe und Schaufenstermuseums, das in Form eines Archivs bereits existiert. Vgl. hierzu: http://www.keom.de/schaufenster/museum.html.

139 In diesem Sinne entspricht Fehrs Vorgehen demjenigen Alexander Dorners, dessen Museumsarbeit sich ebenfalls als die Umsetzung einer Kunsttheorie erwiesen hatte.

Fehrs Museum ist ein „Beobachtungsort zweiter Ordnung“ und verkörpert als solches in zweierlei Hinsicht den Typ des Museumslabors: Es ist zum einen mit Projekten wie Museutopia ein Ort des gesellschaftlichen Experiments, indem hier künstlerische Initiativen lanciert werden bzw. das Museum als Diskussionsforum zur Verfügung gestellt wird.[140] Zum anderen funktioniert das Museum als Versuchslabor, das in künstlerischen Experimenten wie dem Museum of Jurassic Technology seine eigene Befindlichkeit untersucht. Das Karl-Ernst-Osthaus-Museum stellt als selbstreflexiver Bedeutungsgenerator ein Museumsmodell dar, das in der Lage ist, die Rolle eines aktiven gesellschaftlich relevanten Forschungs- und Beobachtungsortes einzunehmen. In den Augen des des ungarischen Kunstwissenschaftler Lázlò Földenyi liegt allein in einer solchen Arbeitsweise die Zukunft des Museums:

> „Das Museum, das sich selbst spiegelt, und die Kunst, die ihre eigene Situation hinterfragt – ich glaube, das gehört zu den Mitteln, die uns verblieben sind, um in einer Welt der globalen Lückenlosigkeit (die freilich nur mit dem Westen identisch ist) zu untersuchen, ob es in dieser Kultur noch ‚emanzipatorische‘ Minen gibt, die detonieren müssen, um den Geist mit sich selbst zu konfrontieren“ (Földenyi 2001, 80).

Fehr vereinigt in seinem Museum wichtige Aspekte der drei bisher angesprochenen nachästhetischen Museumskonzepte: Das Kraftwerk Dorners, das Experimentmuseum Broodthaers’ und Beuys’ politisches Labor. Diese Verbindung erscheint zunächst erstaunlich, da die drei Modelle auf jeweils unterschiedlichen Kunstbegriffen beruhen und daher unvereinbar sein müssten. Die Vereinigung des Unvereinbaren gelingt jedoch bei Fehr aufgrund der Tatsache, dass er sich auf keinen Kunstbegriff eindeutig festlegt, ja gar nicht festlegen muss. Sein Museum beschäftigt sich nicht mit der Kunst selbst, sondern mit sich bzw. mit der Weise, wie das Museum mit Kunst umgeht. Das Karl-Ernst-Osthaus-Museum funktioniert als Metamuseum, das mehr beobachtet, als dass es klar präsentiert. Der Preis für diese wesentliche Unentschiedenheit und Unklarheit ist jedoch, wie sich zeigte, hoch: Indem sich das Museum den Kategorien des Klaren und Deutlichen verweigert wird es selbst ästhetisch, d.h. zum Kunstwerk.

Somit liegt beim Karl-Ernst-Osthaus-Museum der Gedanke nahe, der sich bereits im Zusammenhang mit Broodthaers’ Museumsinstallation ergeben hatte. Eine Möglichkeit des Museums, auf die komplexen Wandlungen der Kunst und des Kunstbetriebes im 20. Jahrhundert zu reagieren, ist sich dieser

140 In seinem Beitrag zum Kuratorensymposium in Münster spricht Fehr davon, dass er sein Museum als „Dienstleister“ begreift. Zusammen mit Künstlern berät er die Stadt Hagen bei bestimmten Bau- und Planungsfragen (Fehr IX, 2001).

Komplexität hinzugeben und auf diese Weise selbst zum Kunstwerk zu werden.

museum in progress – Museum ohne Ort und Original

Eine Kunstinstitution, die sich auf Gegenwartskunst konzentriert und sich als Labor oder Kraftwerk versteht, unterscheidet sich in wesentlichen Punkten vom traditionellen Objektmuseum. Sie ist zum einen nicht mehr primär Heimat des Kunstobjekts, sondern Stätte künstlerischer Prozesse, die sich – initiiert vom Kurator – im Zusammenspiel von Werk und Betrachter ereignen. In diesem Sinne wird die Distanz von Kunstwelt und Lebenswelt aufgehoben: Das Museum ist nicht mehr statisches Archiv, sondern dynamische, gesellschaftlich wirksame Institution. Dieser grundlegende Wandel des Museums vom statischen Präsentationsort zum dynamischen Produktionsort hat für die Museumsinstitution noch in einer weiteren Hinsicht einschneidende Konsequenzen, die bereits im Zusammenhang mit Beuys' Idee vom *Museum in motion* kurz angesprochen wurden: Es verliert seinen festen Ort.

Die Museen, die bislang dargestellt wurden, wiesen trotz des Bruchs mit den starren Strukturen des traditionellen Objektarchivs größtenteils noch einen festen institutionellen und räumlichen Rahmen auf. Am Schluss dieser Ausführungen soll nun das *museum in progress* stehen, ein Museumsprojekt, das an Beuys' Gedanken eines ortlosen Museums anknüpft und ohne die fixen baulichen und administrativen Strukturen eines institutionellen Kerns auskommt. Genau genommen ist das *museum in progress* keine Museumsinstitution im engeren Sinne, sondern ein Kunstverein, der allerdings mit seinem Namen deutlich macht, dass er mit seiner Arbeit die Idee des Museums aufnimmt und weiterführt. Das *museum in progress* markiert den Endpunkt einer Museumsentwicklung, die als Konsequenz aus den neuen Anforderungen der Kunst mit Dorners Konzept des dynamischen Museums als Kraftwerk begonnen hatte.[141] Es entwickelt Funktionsmechanismen, die ohne die Wesensmerkmale des traditionellen Museums, die zu Beginn dieser Ausführungen herausgearbeitet wurden, auskommen: Das *museum in progress* löst sich sowohl vom Kunstobjekt als auch von den institutionalisierten Grenzen von Kunstwelt und Lebenswelt.

141 Das *museum in progress* beruft sich bei seiner Arbeit immer wieder auf Dorners Museumstheorie des Museums als Kraftwerk. So beginnen die Bände der Printdokumentation des Museums je mit einem Zitat Dorners, das bereits angeführt wurde: „Der neue Typ des Kunstinstituts kann nicht nur kein Kunst-Museum im bisherigen Sinne sein, sondern gar kein Museum. Der neue Typ würde eher einem Kraftwerk gleichen, einem Erzeuger von neuen Kräften" (*museum in progress* 2000, 1-1, 1).

Das *museum in progress* ist eine privat geführte Einrichtung, die 1990 in Wien mit dem Ziel gegründet wurde, innovative und zeitgemäße Präsentationsformen für Gegenwartskunst zu entwickeln (*museum in progress* 2000 1-1, 3). Seine Arbeit setzt an der Vermittlung von Kunst und Öffentlichkeit an, wobei den Austausch- und Kooperationsmöglichkeiten von Kunst und Medien besondere Aufmerksamkeit gilt. Entscheidend für diese Untersuchung ist die Tatsache der Prozesshaftigkeit des *museum in progress*. Es verkörpert eine Kunstinstitution, die ganz im Sinne Dorners als dynamisch bezeichnet werden kann, da sie sich in einem ständigen Werden und Vergehen befindet. Dieses wesentliche Charakteristikum findet seinen augenfälligsten Ausdruck in der Tatsache, dass es sich beim *museum in progress* um ein virtuelles Museum handelt, das über keine feste Ausstellungslokalität mit eigenen Präsentationsräumen verfügt. In einem Gespräch mit Hans Ulrich Obrist fragt sich der Künstler und Architekt Vito Acconci: „Braucht ein Museum überhaupt einen separaten Raum? Kann eine Museumswelt inmitten anderer Welten geschaffen werden – innerhalb einer anderen Welt, rund um eine andere Welt, über oder unter einer anderen Welt“ (Noever 2001a, 168). Genau dies umzusetzen ist das Anliegen des *museum in progress*: Es versucht, die Museumsarbeit in den Alltag zu verlegen, um so die Distanz von Alltagsrealität und Kunstort zu überwinden. Das *museum in progress* forscht nach Ausstellungsmöglichkeiten außerhalb der herkömmlichen geschlossenen Kunstinstitutionen – Beuys würde sagen jenseits des „kleinen isolierten Tätigkeitsfelds der so genannten Kunstwelt“ –, um die Kunst direkt „ins Spannungsfeld des täglichen Lebens“ zu rücken (vgl. z.B. www.mip.at/de/center.html). „Die Kunst muss aus den dumpfen Räumen der Museen heraus und unmittelbar sichtbar gemacht werden“ (*museum in progress* 2000 1-1, *4)*.

Auch das Karl-Ernst-Osthaus-Museum verlässt mit verschiedenartigen externen Projekten, wie etwa dem Hagener Schaufensterwettbewerb, den Museumstempel; doch erst das *museum in progress* konzentriert sich ausschließlich auf diesen öffentlichen Projektbereich und arbeitet vollständig ohne Museumsgehäuse und feste Ausstellungsstrukturen.[142] Es besteht als Institution lediglich aus einem „Computer und einem Fax“, wie es Obrist einmal ausdrückte.[143] Beim *museum in progress* handelt es sich um ein Modell des Museums, bei dem es, mit den Worten Acconcis „keinen Unterschied zwischen

142 Hans Ulrich Obrist organisierte z.B. in Zusammenarbeit mit Austrian Airlines „*museum in progress* an Bord“, mit dem sich das *museum in progress* im Luftraum präsentierte. Im Bordmagazin „Sky lines", das sechsmal im Jahr erscheint, wurde jeweils eine Doppelseite von Künstlern wie Alighiero e Boetti (1993) oder Andreas Slominski (1994) gestaltet (vgl. *Museum in progress* 2000 1-1, #9; http://www.mip.at/en/werke/166-content.html).

143 So beschrieb Hans Ulrich Obrist das *museum in progress* auf dem Kuratorentreffen „Perspektiven 1“ in Münster am 26./27. Mai 2001.

Innen und Außen [gibt]: Man könnte die Straße entlanggehen und, ohne es zu merken, plötzlich in einem Museum stehen und umgekehrt" (Noever 2001a, 168).[144]

Das *museum in progress* etabliert seine Auftrittsformen direkt im öffentlichen Raum. Bei seinen Experimenten mit alternativen Präsentationsorten konzentriert es sich nicht nur auf den urbanen öffentlichen Raum, sondern erschließt sich einen noch weit umfassenderen Ausstellungsbereich: den öffentlichen Raum der Massenmedien. Um hierbei ein möglichst großes und breitgefächertes Publikum zu erreichen, arbeitet es mit einer Reihe von Partnern aus dem Medienbereich bzw. der Wirtschaft zusammen.[145] Es organisiert unterschiedliche Kunstaktionen und Projekte, z.B. Ausstellungen in Tageszeitungen[146] oder Wochenmagazinen, es bestückt Plakatflächen, Gebäudefassaden mit Kunst oder lanciert künstlerische Projekte im österreichischen Fernsehen oder im Internet.[147] Auf diese Weise verfügt das *museum in progress* über ein potenzielles Publikum, von dem herkömmliche Museumsinstitutionen nur träumen können.

Die Projekte des *museum in progress* stimmen bei aller Unterschiedlichkeit darin überein, dass sie die Spezifik des jeweiligen Ausstellungs- bzw. Verbreitungsmediums einbeziehen und dass sie temporär sind.[148] Diese Flüchtigkeit wird jedoch nicht als Mangel betrachtet. Im Gegenteil: Das *museum in progress* betont die Zeit- und Ortsabhängigkeit seiner Projekte und widmet

144 In gewisser Hinsicht könnte man beim *museum in progress* von einer Umsetzung der Museumsutopie des Fun Palace sprechen, die Anfang der 60er Jahre von Cedric Price entwickelt wurde. Seiner Vorstellung nach muss das Museum als Kulturzentrum einer Stadt keine festen Grenzen und keinen fixen Standort mehr haben. Er stellt sich das Museum als „lebendige Maschine" vor (vgl. hierzu Noever 2001, 171f).

145 Für die Verantwortlichen des *museum in progress* ist es ausgesprochen wichtig, dass trotz der Kooperation mit Massenmedien und z.T. wirtschaftlichen Institutionen die Unabhängigkeit der Kunst gewahrt bleibt.
Das *museum in progress* wird u.a. von der Trägergemeinschaft artpool (http://www.mip.at/de/kooperationen/281.html) ermöglicht, einem Zusammenschluss internationaler Unternehmen, die sich zur uneingeschränkten Freiheit aktueller Kunst bekennen.

146 Die österreichische Tageszeitung „Der Standard" ist von Beginn an einer der wichtigsten Medienpartner des *museum in progress*. Pro Jahr stellt er ca. 70 Seiten für künstlerische Arbeiten und kunsttheoretische Symposien zur Verfügung. „Der Standard ist somit weltweit die einzige Tageszeitung, die kontinuierlich einen Museumsraum im Medienraum anbietet" (http://www.mip.at/de/kooperationen/114-content.html).

147 Eine Auflistung und Dokumentation der bisherigen Projekte des *museum in progress* ist unter http://www.mip.at/de/projekte/projekte-content.html zu finden.

148 „Die Praxis von *museum in progress* ist medienspezifisch, kontextabhängig und temporär" (*Museum in progress* 2000 1-1, 3).

sich bewusst Kunstformen, die man mit der hier entwickelten Begrifflichkeit als Ereignis- oder Prozesskunst bezeichnet kann (*museum in progress* 2000 1-1, 3). Das auratische Kunstoriginal spielt bei dieser Form der Museumsarbeit keine Rolle. Das *museum in progress* arbeitet massenmedial, sein Hauptaktionsfeld ist der Medienraum. Es lässt sich, um mit Walter Benjamin zu sprechen, ganz auf das „Zeitalter der technischen Reproduzierbarkeit" (Benjamin 1973) ein und schlägt daraus seinen Nutzen für die Kunst. Das Kunstwerk wird hier nicht, wie dies Benjamin befürchtet hatte, durch die Vervielfältigung in seiner Wirkung reduziert (ebd., 15f), da es ja nicht als einmaliges Original von Relevanz ist, das eine Aura zu verlieren hätte, sondern es lebt gerade in seinen massenmedialen Reproduktionen. Es geht, so Hans Ulrich Obrist, im Zusammenhang mit seinem Projekt *vital use* „nicht mehr um abgeschlossene Objekte, sondern vielmehr darum, zu ergründen, was zwischen den Menschen und zwischen den Dingen geschieht; [...]" (http://www.mip.at /de/projektdokumente/19-content.html). Das Museum ist nicht mehr ein Ort des Kunstwerks, sondern der zwischenmenschlichen Ereignisse. „Kunst fließt ins Leben, das Leben in die Kunst. Grenzen werden porös. Das Eigentliche ereignet sich im Zwischenraum", so Hans Ulrich Obrist (ebd.).[149] Im romantischen Sinne ist ein Kunstwerk nur als Original vorstellbar, Reproduktionen können folglich niemals Kunst sein. Aus der Perspektive eines romantischen Kunstverständnisses ist damit das *museum in progress* kunstlos.

Die Tatsache, dass das *museum in progress* einerseits mittels Massenmedien und andererseits ohne feste Ausstellungsstätte arbeitet, hat eine grundlegende Wandlung des Verhältnisses zwischen Kunstinstitution und Kunstrezipient zur Folge. Mit dem Verschwinden des romantischen Kunsttempels verkehrt sich auch das romantisch-ästhetische Rezeptionsverhalten in sein Gegenteil. Das Gegenüber zum Gegenstand ist aufgelöst, „es geht um ein direktes Involvement [...], darum, dass potentiell jede oder jeder teilnehmen kann" (ebd.). Mit seiner speziellen Ausstellungspraxis geht noch eine weitere grundlegende Veränderung des Verhältnisses von Kunstmuseum und Kunstbetrachter einher. Während in der Tradition der Kunstmuseen der Besucher die Kunst aufsuchte, d.h. der Betrachter zu Kunst kam, verhält es sich beim *museum in progress* umgekehrt: Die Kunst kommt über ihre mediale Verbrei-

149 Eine Postkartenaktion des Künstlerpaars Eva und Adele bringt diesen Aspekt des Zwischenmenschlichen des Ereignismuseums auf den Punkt. Die beiden Künstler verteilen seit Ende der 80er Jahre auf Kunstveranstaltungen Postkarten an Passanten mit der Aufforderung, diese an sie zurückzuschicken. Auf diesem Wege entsteht ein umfassendes künstlerisches Netzwerk, eine globale zwischenmensch-liche Kunstaktion, die ohne bestimmten Ort und ohne Werk im herkömmlichen Sinne auskommt. Inhalt der Arbeit ist das Künstlerpaar selbst. Entsprechend ist auf einer der verteilten Karten zu lesen: „Where ever we are is museum" (vgl. Evers 2000, 254f).

tung zum Betrachter.[150] Der Kunsttempel wird zum Kunstdienstleister. Wenn man sich an die Mühen zurückerinnert, die der Englische Buchhändler am Beginn dieser Ausführungen auf sich nehmen musste, um mit der Kunst im Museum in Berührung zu kommen (S.29), und dies mit der Form der Kunstvermittlung im allgegenwärtigen *museum in progress* vergleicht, wird deutlich, welchen grundlegenden Wandel das Museum in seiner Entwicklung vom romantischen Kunsttempel zum multimedialen Prozess-Museum erfahren hat: Die Grundfesten des traditionellen Museums, die Distanz von Kunst und Lebenswelt und die Objektorientiertheit und mit ihr die ästhetischen Rezeptions- und Präsentationsstrukturen werden Schritt für Schritt aufgegeben. Das selbstbezogene Kunstarchiv tritt immer unmittelbarer in Kontakt mit seiner Umwelt und wird zu deren Experimentierfeld, zum Labor.

Dorner hatte die strengen Strukturen der Kunstwissenschaft gelockert und das Museum in ein dynamisches Kraftwerk verwandelt, unter Beuys erweiterte es seinen Zuständigkeitsbereich über die Kunst hinaus ins gesellschaftliche Leben, mit Broodthaers und in seiner Nachfolge Fehr wurde es dann zu einem Ort der Selbstanalyse der Institution und der Reflektion des Menschen in seinem Umgang mit seiner Wirklichkeit. Das *museum in progress* stellt sich schließlich als ein Museum dar, das ohne Ort, ohne (originale) Kunst und ohne Gegenüber auskommt und damit in allen zentralen Punkten das genaue Gegenmodell zum romantischen Museum verkörpert.

Dennoch leistet das *museum in progress* in wichtigen Punkten die gleiche Arbeit wie die herkömmliche Museumsinstitution: Es stellt Kunst aus, erforscht und vermittelt sie, wenn auch nicht innerhalb eines festen institutionellen Rahmens.[151] Auch in puncto Vermittlung kann das *museum in progress* den Anforderungen des herkömmlichen Museums genügen. Jedes Projekt wird von Texten international renommierter Experten begleitet und diskutiert, die für den Interessierten jederzeit via Internet zugänglich sind (www.mip.at). Selbst dem musealen Aufgabenfeld der Forschung wird insofern Genüge getan, als das *museum in progress* u.a. Symposien und Fachtagungen zu be-

150 Dieser grundlegend neue Charakter der Begegnung von Kunst und Betrachter hat natürlich weitreichende rezeptionstheoretische Folgen, z.B. hinsichtlich Aufmerksamkeit und Konzentration etc., auf die hier allerdings nicht eingegangen werden kann.

151 Es ist klar, dass die Attribute des Ausstellens, Vermittelns und Erforschens jeweils notwendige aber nicht hinreichende Merkmale des Museums sind, d.h., dass eine Institution nicht automatisch zum Museum wird, nur weil für sie eine dieser Eigenschaften zutrifft. Für diese Untersuchung, in der nach möglichen Anknüpfungspunkten für das Museum der Zukunft Ausschau gehalten wird, ist es jedoch wichtig, die Gemeinsamkeiten neuerer Kunstpräsentationskonzepte und der herkömmlicher Museumsbegriffe hervorzuheben.

stimmten kulturellen Fragestellungen organisiert.[152] Auch das Problem der Sammlung und Bewahrung ist beim *museum in progress* gelöst. Bei massenmedialer Kunst gibt es keine Originale, die erhalten werden müssten. Ein großer Teil derArbeiten und Projekte lässt sich digital speichern, also sammeln und kann jederzeit über das Internet eingesehen werden. Das *museum in progress* verkörpert also ein Museum, das ohne die Charakteristika des traditionellen Museums auskommt (ästhetisches Objekt, Distanz) aber dennoch die klassischen Aufgaben des Museums (Sammeln, Forschen, Bewahren, Ausstellen, Vermitteln) erfüllen kann.

Doch auch das *museum in progress* kann nicht ein allgemeingültiges Vorbild für das Ereignismuseum im 20. und 21. Jahrhundert sein, denn es muss sich bei seiner Arbeit auf Medienkunst, d.h. nur einen kleinen Teil der Kunst des 20. Jahrhunderts beschränken. Andere Formen der Kunst finden im *museum in progress* keinen Platz.

Das Ende des Museums

„Besteht nicht vielleicht im Kontext gerade des Museums ein Risiko der Unvereinbarkeit zwischen der Tatsache, dass die Kunst dort einerseits in ihrer jüngsten und unmittelbaren Ausdrucksform gezeigt, ausgestellt sowie veröffentlicht wird und andererseits der Möglichkeit, die sie dort findet, um sich in die Geschichte einzuschreiben, eine dauerhafte Spur im Gedächtnis der Menschen zu hinterlassen, sich also in das Vermächtnis einzugliedern, mit dessen Schutz die Institution beauftragt ist, und wo die Kunst in diesem frühen Stadium nur ein Schmarotzer sein kann [...]. Kann die Geschichte – wie auch immer die Verbindung geartet sein mag, die sie zum Gedächtnis unterhält – kann sie sichtbar gemacht werden, wie sie im Begriff ist, *in der Gegenwart* zu entstehen?" (Hubert Damisch zitiert nach Joly 2000, 17).

Diese Sätze des Kunstwissenschaftlers Hubert Damisch, die er bereits 1988 auf einem Museumssymposium im Centre Pompidou formulierte, machen das Dilemma, auf das diese Darlegungen zum Museum in der Gegenwart zusteuern, deutlich und führen zu der Ausgangsthese dieser Untersuchung zurück: Die wesentlichen Charakterzüge des Kunstmuseums und die Anforderungen, die die Kunst des 20. Jahrhunderts an das Museum stellt, sind nicht miteinander vereinbar. Das Museum als Ort des besonderen Dings bzw. als wissenschaftliches Archiv ist auf eine Distanz von Kunstwelt und Lebenswelt einerseits und auf klar definierte, statische Kunstobjekte angewiesen; in der Kunst

152 Das museum in progress organisierte z.B. von November 1994 bis August 1996, wiederum in Zusammenarbeit mit der Zeitung „Der Standard", ein Symposium zum Thema „Kunst, Gesellschaft und Medien", bei dem Beiträge verschiedener Autoren in monatlichen Abständen veröffentlicht wurden (museum in progress 2000 1-1, #19).

des 20. Jahrhunderts jedoch verlieren die Prinzipien der Distanz als auch der Objektorientierung ihre Verbindlichkeit: Gegenwartskunst im Sinne von Ereignis- bzw. Prozesskunst und das Museum als Objektarchiv schließen einander aus. Das heißt in letzter Konsequenz: Das traditionelle Kunstmuseum ist als Ort wichtiger Formen der Kunst des 20. Jahrhunderts unbrauchbar.

Die Zukunft des Museums

Es zeigte sich, dass Museen, die in herkömmlichem Sinne als Objektarchive arbeiten, prozesshafter Kunst nicht gewachsen sind. Andererseits wurde deutlich, dass Institutionen wie das Karl-Ernst-Osthaus-Museum oder das *museum in progress* zwar in überzeugender Weise auf die Anforderungen ephemerer und prozesshafter Kunst eingehen, jedoch mit der Konsequenz, dass sie entweder selbst zu Kunstprojekten werden oder dass sie nur innerhalb eines sehr beschränkten Ausschnitts des künstlerischen Bereichs funktionieren können.

Was nun, so die abschließende Frage, ist bei diesen Museumsmodellen noch von der Institution Museum übrig? Lässt sich das nunmehr über 400 Jahre alte Projekt „Museum" im 21. Jahrhundert weiterführen?

Zusammenfassung und Schlussbemerkung: Pluralität statt Uniformierung

Diese Untersuchung hatte sich zur Aufgabe gemacht, das Verhältnis von Kunst und Kunstmuseum zu untersuchen und einige Überlegungen zur Position des Kunstmuseums am Beginn des 21. Jahrhunderts anzustellen. Ausgangspunkt war die Feststellung, dass das Kunstmuseum, wie es sich seit seinen Anfängen entwickelte und die Kunst ab dem 20. Jahrhundert miteinander in Konflikt geraten. Dieser Konflikt gründet, wie sich zeigte, in den Tatsache, dass das traditionelle Kunstmuseum auf einem Kunstverständnis aufbaut, das die Kunst ab dem ausgehenden 20. Jahrhundert aufbricht.

Als zwei wesentliche Merkmale des Kunstmuseums wurden herausgearbeitet: das Prinzip der Distanz von Kunst und Leben und das der Objektivierung. Beide gründen in einem engen Kunstbegriff, also der Vorstellung einer autonomen Kunst und dem Kunstwerk als ästhetischem, geschlossenem Objekt. Das Kunstmuseum stellte sich als statisches Objektarchiv dar, in dem Kunstgegenstände ästhetisch rezipiert werden. Die anschließenden kunstgeschichtlichen Ausführungen haben gezeigt, dass sich im Laufe der Kunstgeschichte dieser enge, bürgerliche Kunstbegriff allmählich erweiterte. Es entwickelten sich Kunstformen, die die vormalige Distanz von Kunst und Leben aufhoben und ohne ästhetisches Kunstobjekt auskamen. Das Kunstwerk wurde dynamisch und vergänglich, das ästhetische Erleben wich dem existentiellen Ereignis als Weise des Zugangs zur Kunst. Die Kunst entzog sich mehr und mehr ihrer Musealisierbarkeit.

Seit dem Beginn des 20. Jahrhunderts reagierten progressive Kuratoren, Theoretiker und Künstler mit ihrer Arbeit auf die gewandelten Verhältnisse. Zum Teil hält man demonstrativ am herkömmlichen Archivmuseum fest und modifiziert bzw. erweitert es lediglich. Daneben wurden auch verschiedene Beispiele von Museums- und Ausstellungskonzepten vorgestellt, die sich in

Korrespondenz zu dem sich erweiternden Kunstbegriff vom geschlossenen Museumsarchiv wegbewegten. Sie entwickelten dynamische, offene Modelle, welche in unterschiedlicher Weise den Charakter eines offenen Experimentalraumes, eines Labors, annahmen, was weitreichende Veränderungen des Verhältnisses von Kunst, Institution und Betrachter nach sich zog. Der in sich ruhende Kunstort des Museums wurde zu einer aktiven Institution, die immer konkreter ihre gesellschaftliche Relevanz einfordert. Eine Institution für bildende Kunst ist nicht mehr, wie dies noch Haftmann mit seinen frühen Documenta-Konzepten dargestellt hatte, eine Kollektion herausragender Werke mit der Aufgabe, als Korrektiv für die schaffende Generation zu wirken. In den neuen Museumskonzepten macht sich die künstlerische Aktion unabhängig von ihren historischen Vorbildern und bemisst ihre Bedeutung nicht durch eine mögliche Positionierung innerhalb der Kunstgeschichte, sondern anhand ihrer Wirkung innerhalb des gesellschaftlichen Kontextes. Eine Sonderstellung nahm innerhalb dieser Museumslabors das Modell des selbstreflexiven Metamuseums ein, das nicht nur die Kunst, sondern die Museumsinstitution selbst in ihrem Verhältnis zu Kunst und Betrachter zum Thema seiner Arbeit machte.

Es zeigte sich jedoch, dass, obwohl die verschiedenen Museumsmodelle für die Aufgabe des musealen Umgangs mit der Kunst im 20. Jahrhundert z.T. faszinierende Konzepte entwickeln, zentrale Probleme des Museums nicht befriedigend gelöst werden. Die modernen Museumskonzeptionen geraten bei ihrer Auseinandersetzung mit der neuen Kunst in ein prinzipielles Dilemma:

Je weiter sich der Kunstbegriff öffnet, je näher Kunst und Leben einander kommen und je konsequenter das Kunstobjekt verschwindet, umso problematischer wird eine Institutionalisierung der Kunst. Es gibt, wie aufgezeigt wurde, für das Museum zwei Möglichkeiten, auf diesen Umstand zu reagieren: Entweder bleibt das Museum einem engen Kunstverständnis und damit seinem Archivcharakter treu, ohne auf den Wandel der Kunst und den daraus erwachsenden Anspruch einzugehen, oder es lässt sich auf den erweiterten Kunstbegriff, d.h. auf eine postästhetische Ereigniskunst ein und wird zum Labor.

In beiden Fällen jedoch wird das Museum im herkömmlichen Sinne fragwürdig. Wenn es seinen objektivierenden Archivcharakter beibehält, kann es einem bedeutenden Teil der Kunst des 20. und 21. Jahrhunderts nicht gerecht werden; denn mit seiner Ausstellungspraxis, die auch ereignishafte Werke als ästhetische Objekte ausstellt, lässt es wichtige künstlerische Errungenschaften der Kunst des 20. Jahrhunderts, die Prozess- und Ereignishaftigkeit, unberücksichtigt. Eine derartige Institution – als Beispiel hierfür wurde das Neue Museum in Nürnberg angeführt – kann nicht den Anspruch erheben, ein adäquater Ort für die Kunst des 20. Jahrhunderts zu sein. Sie bleibt, ganz im Sinne der futuristischen Museumskritik, ein ästhetischer Friedhof. Selbst aufwendige Vermittlungsversuche, wie etwa das Beuys-Archiv im Hamburger Bahnhof, können das Problem der Objektivierung und Ästhetisierung letztlich nicht lösen.

Aber auch wenn sich das Museum auf den erweiterten Kunstbegriff einlässt, gerät es in grundlegende Schwierigkeiten. Je weiter die Grenzen des Kunstbegriffs gefasst werden, umso mehr verliert das Kunstmuseum seine eigene Kontur, bis es schließlich verschwindet: Dieser Identitätsverlust des Museums wurde besonders bei Beuys deutlich, für den das Museum als permanente Konferenz überall und nirgends sein kann oder beim *museum in progress*, das ohne festen Ort und ohne Kunstoriginale im öffentlichen oder virtuellen Raum arbeitet. Bei den postmodernen Metakonzepten von Broodthaers und Fehr schließlich ist das Museum mehr Ausstellungsinstallation als Ausstellungsinstitution und wird selbst zum Kunstwerk. Mit dem Wandel vom Archiv zum Labor gibt das Museum das Primat der Bewahrung der Kunst in Form von Originalen mit der Folge auf, dass die Musealisierungsaufgabe des Museums in den Hintergrund tritt bzw. neu gefasst werden muss. Gleichzeitig geht das Museum über die bloße Präsentation von Kunst in Form von ästhetischen Objekten hinaus und wird unmittelbar zum Ort des Kunstereignisses. Mit diesem Bedeutungswandel des Museums verändert sich auch das Bild des Kurators. In einem dynamischen Kunstlabor ist er nicht mehr nur Archivar oder Kunstverwalter, sondern, wie es etwa bei Michael Fehr im Karl-Ernst-Osthaus-Museum deutlich wurde, eher ein künstlerischer Leiter bzw. eine Art Intendant im Bereich bildender Kunst.

Entsprechend wandelt sich auch die Stellung des Betrachters im Ereignismuseum. Das Werk ist hier kein hermetisches ästhetisches Objekt und der Betrachter nicht nur bloßer sinnlicher Konsument. Er muss aktiv Anteil nehmen. Die Performance-Künstlerin Marina Abramovic formuliert die Aufgabe des gegenwärtigen Museums in eben diesem Sinne: „Es geht daher um folgendes: Wie können wir das Publikum von passiven Zuschauern in aktive, experimentierfreudige Teilnehmer verwandeln? Die neue Kunst ist anders, die Dinge stellen sich in einem anderen Licht dar, die Leute sollen sich beteiligen" (Noever 2001a, 180). Diese Aktivierung des Betrachters bedeutet jedoch nicht, wie im Falle der Performance, notwendigerweise seine unmittelbare Beteiligung an künstlerischen Aktionen. Das Ereignismuseum ist kein kreativer Spielplatz, wie es etwa HAP Grieshaber gefordert hatte. Aktivieren bedeutet, den Museumsbesucher aus seiner Betrachterrolle, d.h. also aus seiner passiven Konsumentensituation herauszuführen, die bereits Wassily Kandinsky in „Über das Geistige in der Kunst" beklagt hatte: „Die große Menge schlendert durch die Säle und findet die Leinwände ‚nett' und ‚großartig'" (Kandinsky 1952, 25). „Mit kalten Augen und gleichgültigem Gemüt wird dieses Werk beschaut. Die Kenner bewundern die ‚Mache' (so wie man einen Seiltänzer bewundert), genießen die ‚Malerei' (so wie man eine Pastete genießt). [...] Dann gehen sie fort, ebenso arm oder reich, wie sie eintraten und werden sofort von ihren Interessen, die gar nichts mit der Kunst zu tun haben, absorbiert. Warum waren sie da?“ (Ebd., 24) Das Ereignismuseum hingegen zielt darauf ab, dass die Besucher nicht grundlos und folgenlos „da waren“. Es will verändern, indem es dem Betrachter über das sinnliche Erlebnis hinaus die Möglichkeit gibt, Stellung zu beziehen, d.h. sich im Museum seine existentielle Verfasstheit zu vergegenwärtigen. Der Besucher soll vom ästhetischen Erlebnis zum existentiellen Ereignis geführt werden. Im Ereignismuseum wird nicht nur Bedeutung reproduziert, sondern Sinn gestiftet, es ist mit anderen Worten nicht nur Ort der Sinne, sondern Ort des Sinns.

Mit dem Karl-Ernst-Osthaus-Museum in Hagen wurde ein Museumskonzept vorgestellt, das in gewisser Hinsicht als Ereignismuseum arbeitet. Es beschränkt sich in seiner Arbeit nicht auf die Ausstellung von Kunst, sondern nimmt sich darüber hinaus in parallelen künstlerischen Projekten wie etwa Museutopia gesamtgesellschaftlich relevanten Themenkomplexen an. Es wurde deutlich, dass ein derartiges Ereignismuseum das Gegenteil von einer Kunst-Konsum-Anstalt verkörpert. Es ist, wie Michael Fehr es ausdrückt, ein „schwieriger Ort“, der zunächst keine Besuchermassen anzieht. Dennoch darf das Ereignismuseum nicht als eine elitäre und damit wieder alltagsenthobene Einrichtung missverstanden werden. Es fordert von seinem Besucher Eigenschaften und Kompetenzen, die in der Gegenwart selten geworden sind, die aber nichts mit Expertentum zu tun haben. Das sind Geduld, Leidenschaft, Neugierde, Engagement und Konzentration.

Es dürfte deutlich geworden sein, dass die hier formulierte These von der „Unmöglichkeit des Museums“ nicht als die kulturpessimistische Diagnose des Endes der Idee des Museums zu verstehen ist. Bereits Dorner hatte betont, dass jede Zeit das Museum zu verwirklichen habe, das ihr und ihrer Kunst entspricht. Das 20. Jahrhundert hat eine faszinierende künstlerische Vielfalt hervorgebracht. Diese gibt dem Menschen Möglichkeiten, sich in unermesslich reicher und differenzierter Weise künstlerisch mit seiner Wirklichkeit auseinanderzusetzen. Dieser Reichtum und diese Kraft der Kunst der Gegenwart muss für die Institutionen der Kunst, besonders für die Kunstmuseen, der Anlass sein, ihre Position und Funktionsweise immer wieder zu überdenken mit dem Ziel, eine entsprechende Differenziertheit und Lebendigkeit zu entwickeln. Die Zukunft des Museums liegt nicht darin, dass jede Stadt einen mehr oder weniger monumentalen Kunstpalast erhält, in dem auf jeweils ähnliche Weise kuratorisch die Kunstgeschichte abgearbeitet wird. Die Zukunft liegt in einer facettenreichen Museumslandschaft, in der die unterschiedlichen Kunstformen ihren spezifischen Ort finden. Die Zukunft des Museums ist nicht die Uniformierung, sondern die Pluralisierung der Idee des Museums.

Literaturverzeichnis

Adorno 1973: Theodor W. Adorno, Versuch das Endspiel zu verstehen – Aufsätze zur Literatur des 20. Jahrhunderts I, Frankfurt a.M. 1973.

Adriani/Konnertz/Thomas 1981: Götz Adriani/Winfried Konnertz/Karin Thomas, Joseph Beuys – Leben und Werk, Köln 1981[2] (1973).

Adriani/Konnertz/Thomas 1994: Götz Adriani/Winfried Konnertz/Karin Thomas, Joseph Beuys, Köln 1994.

Aestetica: Siehe Baumgarten 1962.

Aestetik I: Siehe Hegel 1964.

Alarich 2001: Rooch Alarich, Zwischen Museum und Warenhaus: Ästhetisierungsprozesse und sozial-kommunikative Raumaneignung des Bürgertums (1823-1920), Oberhausen 2001.

Albert 1985: Peter Hans Albert (Hrsg.), Kunstmuseum Düsseldorf, Führer durch die Sammlungen, Düsseldorf 1985.

Almasan 1992: Anneliese Almasan, Die Goldene Sau von Kandern, oder: wie wird ein „Wildschwein" zum Objekt der Kunstbetrachtung?, in: Klein 1992, 41-67.

Ammann 2000: Jean-Christophe Ammann, Das Museum: Trainingslager für die Wahrnehmung oder Steinbruch für das Haus der eigenen Zukunft?, in: Schneede 2000, 18-28.

Angerbauer-Rau 1998, Monika Angerbauer-Rau, Beuys Kompass – ein Lexikon zu den Gesprächen von Joseph Beuys, Köln 1998.

Arendt 1958: Hannah Arendt, Kultur und Politik, in: Merkur 12, Heft 12, Dezember 1958, Stuttgart 1958, 1122-1145.

Arnheim 1972: Rudolf Arnheim, Anschauliches Denken: Zur Einheit von Bild und Begriff, Köln 1972.

Arnold 2000: Hermann Arnold, Die europäischen Museen an der Wende zum 21. Jahrhundert: Ein Ausblick, in: Museumskunde 65 00/1, 18-21.

Asholt/Fähnders 1995: Wolfgang Asholt/Walter Fähnders (Hrsg.), Manifeste und Proklamationen der europäischen Avantgarde (1909-1938), Stuttgart/Weimar 1995.

Auer/Beaufort-Spontin Sandbichler/Schütz/ 1996: Alfred Auer/Christian Beaufort-Spontin/Veronika Sandbichler/Karl Schütz (Hrsg.), Schloß Ambras, Mailand/Wien 1996.

Bachmayer/Kamper/Rötzer 1992: Matthias Bachmayer/Dietmar Kamper/ Florian Rötzer, Nach der Destruktion des ästhetischen Scheins – Van Gogh, Malewič, Duchamp, Texte zur Kunst Bd. 5 (hrsg. von der Galerie van de Loo), München 1992.

Balsiger 1970: Barbara Jeanne Balsiger, The Kunst- und Raritätenkammern – a catalogue raissoné of collecting in Germany, France and England 1565-1750, An Arbor, Michigan 1970.

Barr 1966: Alfred H. Barr, Jr., Cubism and Abstract Art, New York 1966.

Barron/Tuchmann 1980: Stephanie Barron/Maurice Tuchmann, The Avant-Garde in Russia, 1910-1930: New Perspectives, Cambridge/London 1980.

Barry 2001: Judith Barry, Abweichende Orte, in: Kravagna 2001, 95-97.

Bastian 1996: Heiner Bastian, the secret book for a secret person in Ireland: Sammlung Marx, Museum Hamburger Bahnhof, München 1996.

Bätschmann 1997: Otto Bätschmann, Ausstellungskünstler – Kult und Karriere im modernen Kunstsystem, Köln 1997.

Baume 2001: Nicolas Baume (Hrsg.), Sol LeWitt – Incomplete open cubes, Cambridge/London 2001.

Baumgarten 1961: Alexander Gottlieb Baumgarten, Aesthetica, unveränderter reprographischer Nachdruck der Ausgabe Frankfurt 1750, Hildesheim 1961.

Baumgarten 1983a: Alexander Gottlieb Baumgarten, Theoretische Ästhetik – die grundlegenden Abschnitte aus der „Aesthetica" (1750/58), hrsg. von Hans Rudolf Schweizer, Hamburg 1983.

Baumgarten 1983b: Alexander Gottlieb Baumgarten, Texte zur Grundlegung der Ästhetik, hrsg. von Hans Rudolf Schweizer, Hamburg 1983.

Bazin 1967: Germain Bazin, The Museum Age, New York 1967.

Beauchamp 1976: Eduard Beauchamp, Das Dilemma der Avantgarde – Aufsätze zur bildenden Kunst, Frankfurt a.M. 1976.

Beauchamp 1998: Eduard Beauchamp, Der verstrickte Künstler – Wider die Legende von der unbefleckten Avantgarde, Köln 1998.

Behncke 1901: Wilhelm Behncke, Albert von Soest – Ein Kunsthandwerker des XVI. Jahrhunderts in Lüneburg, Straßburg 1901.

Beier 2000: Rosmarie Beier (Hrsg.), Geschichtskultur in der Zweiten Moderne, Frankfurt a.M./New York 2000.

Beil 2002: Ralf Beil (Hrsg.), Zeitmaschine. Oder: Das Museum in Bewegung, Ausstellung Kunstmuseum Bern, Ostfildern-Ruit 2002.

BEITRÄGE: siehe Heidegger.

Bellosi/Rossi 1986: Luciano Bellosi/Aldo Rossi (Hrsg.), Giorgio Vasari, Le Vite de' piú eccellenti architetti, pittori, et scultori italiani da Cimabue insinio a' tempi nostri, Turin 1986.

Belting 1981: Hans Belting, Das Bild und sein Publikum im Mittelalter – Form und Funktion früher Bildtafeln der Passion, Berlin 1981.

Belting 1983: Hans Belting, Das Ende der Kunstgeschichte, München 1983.

Belting 1990: Hans Belting, Bild und Kult – Eine Geschichte des Bildes vor dem Zeitalter der Kunst, München 1990.

Belting 1998: Das unsichtbare Meisterwerk – Moderne Mythen der Kunst, München 1998.

Belting 2001: Hans Belting, Ort der Reflexion oder Orte der Sensation, in: Noever 2001a, 82-94.

Benjamin 1973: Walter Benjamin, Das Kunstwerk im Zeitalter seiner technischen Reproduzierbarkeit. Drei Studien zur Kunstsoziologie, Frankfurt a.M. 1973[6].

Benn 1992: Gottfried Benn, Autobiographische und vermischte Schriften, Gesammelte Werke in vier Bänden, Bd. IV, hrsg. von Dieter Wellersdorf, Stuttgart 1992[7].

Berliner 1928: Rudolf Berliner, Zur älteren Geschichte der allgemeinen Museumslehre in Deutschland, in: Münchner Jahrbuch der bildenden Kunst, Neue Folge Band V, München 1928, 327-352.

Beuys 1982: Joseph Beuys, Sonne statt Reagan, Langspielplatte zusammen mit BAP, EMI Electrola, Köln 1982, 1C K 052-46614Z.

Beuys/Haks 1992: Joseph Beuys/Frans Haks, Das Museum – Ein Gespräch über seine Aufgaben, Möglichkeiten, Dimensionen..., Wangen/Allgäu 1992.

Beye 1971: Peter Beye, Aufgaben des Museums in der Gegenwart, in: Bott 1971, 17-20.

Biemel/Herrmann 1989: Walter Biemel/Friedrich-Wilhelm von Herrmann (Hrsg.), „Kunst und Technik". Gedächtnisschrift zum 100. Geburtstag von Martin Heidegger, Frankfurt a.M. 1989.

Bienert 1998: Andreas Bienert, Virtuelles Museum – SMB-PK, in: MUSEUMSJOURNAL, IV, 12. Jahrgang, Oktober 1998, 74-77.

Bier 1930: Justus Bier, Abstrakte Kunst in Hannover, in: MUSEUM DER GEGENWART, Jahrgang 1, Heft III, 1930, 71-73.

Birnholz 1980: Alan C. Birnholz, El Lissitzky and the Spectator – From Passivity to Participation, in: Barron/Tuchmann 1980, 98-101.

Bisegger 1986: Peter Bisegger, Arbeitsbericht: Die Rekonstruktion des Merzbaus, in: Büchner/Nobis 1986, 259.

Blotkamp 1979: Carel Blotkamp (Hrsg.), *Museum in motion*, s'Gravenhage 1979.

Blotkamp 1999: Eugen Blume/Dieter Scholz (Hrsg.), Überbrückt: Ästhetische Moderne und Nationalsozialismus – Kunsthistoriker und Künstler 1925 – 1937, Köln 1999.

Bockemühl 1998: Michael Bockemühl, Zu Grundfragen der Betrachtung, der Kunstvermittlung und zur Zukunft der Museen, in: Krämer/John 1998, 102-117.

Bollacher 1983: Martin Bollacher, Wackenroder und die Kunstauffassung der frühen Romantik, Darmstadt 1983.

Bonk 1989: Ecke Bonk, Marcel Duchamp – Die große Schachtel de ou par Marcel Duchamp ou Rrose Selavy, München 1989.

Bonnet/Kopp-Schmidt 1995: Anne-Marie Bonnet/Gabriele Kopp-Schmidt (Hrsg.), Kunst ohne Geschichte – Ansichten zur Kunstgeschichte heute, München 1995.

Bonus/Ronte 1997: Holger Bonus/Dieter Ronte, Die Wa(h)re Kunst, Stuttgart 1997[2]

Borgmann 1995: Karsten Borgmann, Die Integrationskraft der Elite. Museumsgeschichte als Sozialgeschichte, in: Joachimides/Kuhrau/Vahrson/Berau 1995, 94-107.

Börsch-Supan 1989: Helmut Börsch-Supan, Lob der kleinen Museen. Berliner Igelgedanken, in: Schumacher 1989, 29-31.

Börsch-Supan 1993: Helmut Börsch-Supan, Kunstmuseen in der Krise – Chancen, Gefährdungen, Aufgaben in mageren Jahren, München 1993.

Bothner 1999: Roland Bothner, Action Painting – das Ende der Malerei, Heidelberg 1999.

Bott 1971: Gerhard Bott, Das Museum der Zukunft – 43 Beiträge zur Diskussion über die Zukunft des Museums, Köln 1971.

Bourdieu 1970: Pierre Bourdieu, Zur Soziologie der symbolischen Formen, Frankfurt a.M. 1970.

Bourdieu/Darbel 1969: Pierre Bourdieu/Alain Darbel, l'amour de l'art – les musées d'art européens et leur public, Paris 1969.

Braun 1999: Kerstin Braun, Der Wiener Aktionismus – Positionen und Prinzipien, Wien/Köln/Weimar 1999.

Bredekamp 1993: Horst Bredekamp, Antikensehnsucht und Maschinenglauben – Die Geschichte der Kunstkammer und die Zukunft der Kunstgeschichte, Berlin 1993.

Breitenstein 1996: Andreas Breitenstein (Hrsg.), Der Kulturbetrieb, Frankfurt a.M. 1996.

Brock 1971: Bazon Brock, Das Museum als Arbeitsplatz, in: Bott 1971, 26-34.

Brock 1977: Bazon Brock, Ästhetik als Vermittlung, Köln 1977.

Brock 2001: Bazon Brock, Gott und Müll – Museen sind Schöpfer von Zeit, in: Noever 2001a, 25-31.

Bronson/Gale 1983: AA Bronson/Peggy Gale (Hrsg.), Museums by artists, Toronto 1983.

Broodthaers 1995: Marcel Broodthaers, Correspondances – Korrespondenzen, Dorothea Zwirner (Red.), Stuttgart 1995.

Brüggerhoff/Tschäpe 2001: Stefan Brüggerhoff/Ruth Tschäpe (Hrsg.), Qualitätsmanagement im Museum?! – Qualitätssicherung im Spannungsfeld zwischen Regelwerk und Kreativität – Europäische Entwicklungen, Bielefeld 2001.

Buberl 2003: Brigitte Buberl (Hrsg.), Palast des Wissens, Ausstellungskatalog, Museum für Kunst und Kulturgeschichte, Dortmund 2003.

Buchheim 1994, Iris Buchheim, Wegbereitung in die Kunstlosigkeit, Würzburg 1994.

Büchner/Nobis 1986, Joachim Büchner/Norbert Nobis, Kurt Schwitters 1887-1948, Ausstellungskatalog Sprengel Museum Hannover, Frankfurt a.M. 1986.

Burckhardt 1988: Jacqueline Burckhardt (Hrsg.), Ein Gespräch = una discussione/Joseph Beuys, Jannis Kounellis, Anselm Kiefer, Enzo Cucci, Zürich 1988².

Bürger1974: Peter Bürger, Theorie der Avantgarde, Frankfurt a.M. 1974.

Burian 1977: Peter Burian, Die Idee der Nationalanstalt, in: Deneke/Kahsnitz 1977, 11-18.

Bürken 1736: Conrad Friedrich Bürken, Kurze Beschreibung Desjenigen Was von einem Fremden in der Alt-berühmten Hoch-Fürstl. Residenz-Stadt Stuttgardt, Vornehmlich auf dem daselbstigen Lust-Haus/Neuen Bau/ Kunst-Cammer, Grotten, etc. Item An anderen Gebäuden und Stücken Merkwürdiges zu sehen, Stuttgart 1736.

Busch 1977: Günther Busch, Hinweis zur Kunst – Aufsätze und Reden, Hamburg 1977.

Calov 1977: Gudrun Calov, Nationalbestimmte Museumsgründungen in Russland, in: Deneke/Kahsnitz 1977, 43-48.

Cancik/Schneider 2000: Hubert Cancik/Helmut Schneider (Hrsg.), Der Neue Pauly – Enzyclopädie der Antike, Stuttgart/Weimar 2000.

Cassou/Langui/Pevsner 1962: Jean Cassou/Emil Langui/Nikolaus Pevsner, Durchbruch zum 20. Jahrhundert – Kunst und Kultur der Jahrhundertwende, München 1962.

Cauman 1960: Samuel Cauman, Das lebende Museum – Erfahrungen eines Kunsthistorikers und Museumsdirektors: Alexander Dorner, Hannover 1960.

Clark 1997: Toby Clark, Kunst und Propaganda. Das politische Bild im 20. Jahrhundert, Köln 1997.

Claus 1965: Jürgen Claus, Kunst heute – Personen Analysen Dokumente, Hamburg 1965.

Compagnia Media 2000: Compagnia Media (Hrsg.), Handbuch Museumsberatung. Akteure. Kompetenzen. Leistungen, Bielefeld 2000.

Comte 1994: Auguste Comte, Rede über den Geist des Positivismus, hrsg. von Iring Fetscher, Hamburg 1994.

Conzen 1997: Ina Conzen, Art Games – Die Schachteln der Fluxuskünstler, Sohm Dossier 1, Stuttgart 1997.

Conzen 2000: Ina Conzen (Hrsg.), Dieter Roth – Die Haut der Welt, Sohm Dossier 2, Stuttgart 2000.

Conzen-Meairs 1991: Ina Conzen-Meairs (Hrsg.), liber maister s – Hanns Sohm zum siebzigsten Geburtstag, Stuttgart 1991.

Cooke V 2001: Lynne Cooke, Beitrag zum Kuratorensymposium Perspektiven I – Museum der Kunst des 21. Jahrhunderts, am 26./27. Mai 2001, Kulturforum Westfalen, im Westfälischen Landesmuseum Münster.

Cooke/Wollen 1995: Lynne Cooke/Peter Wollen (Hrsg.), Visual Display – Culture Beyond Appearances, Dia Center for the Arts, Nr. 10, Seattle 1995.

Coreth/Ehlen/Haeffner/Ricken 1993: Emerich Coreth/Peter Ehlen/Gerd Haeffner/Frido Ricken, Philosophie des 20. Jahrhunderts, Grundkurs Philosophie 10, Stuttgart/Berlin/Köln 1993^{2}.

Crone/Moos 1991: Rainer Crone/David Moos, Kazimir Malewič – the climax of disclosure, München 1991.

Cunningham 1970: Charles C. Cunningham, Das Museum der Zukunft, in: Bott 1970, 35-38.

Cuno 2001: James Cuno, Gegen das diskursive Museum, in: Noever 2001a, 48-65.

D: siehe Heidegger.

Danto 1991: Arthur C. Danto, Die Verklärung des Gewöhnlichen – Eine Philosophie der Kunst, Frankfurt a.M.1991.

Danto 1993: Arthur C. Danto, Die philosophische Entmündigung der Kunst, München 1993.

Danto 1995: Arthur C. Danto, After the End of Art, Princeton 1995.

Danto 1996: Arthur C. Danto, Kunst nach dem Ende der Kunst, München 1996.

Danto 2000: Arthur C. Danto, Das Fortleben der Kunst, München 2000.

De Ponte 1999: Susanne De Ponte, Aktion im Futurismus – Ein Versuch zur methodischen Aufarbeitung von „Verlaufsformen“ der Kunst, Baden-Baden 1999.

Demandt 1972: Karl E. Demandt, Geschichte des Landes Hessen, Kassel/Basel 1972.

Deneke/Kahsnitz 1977: Berward Deneke/Rainer Kahsnitz, Das kunst- und kulturgeschichtliche Museum im 19. Jahrhundert – Vorträge des Symposiums im Germanischen Nationalmuseum Nürnberg, München 1977.

Descartes 1966: René Descartes, Discours de la méthode, Paris 1966.

Deutscher Museumsbund 1999: Deutscher Museumsbund (Hrsg.), Museumsmanagement – Materialien für eine berufsbegleitende Weiterbildung, Dresden 1999.

Dickhoff 1994: Wilfried Dickhoff (Hrsg.), Broodthaers – Interviews und Dialoge 1946-1976, Köln 1994.

Dickhoff 2001: Wilfried Dickhoff, Für eine Kunst des Unmöglichen, Köln 2001.

Dickie 1976: George Dickie, Art and the Aesthetic: An Institutional Analysis, Ithaca 1988.

Diekmann 1995: Diekmann Andreas, Empirische Sozialforschung, Grundlagen, Methoden, Anwendungen, Reinbeck 1995.

Dilthey 1966: Wilhelm Dilthey, Einleitung in die Geisteswissenschaften – Versuch einer Grundlegung für das Studium der Gesellschaft und der Geschichte, Gesammelte Schriften Bd. 1, Stuttgart 1966[6] (1883)..

Donnert 1989: Erich Donnert, Peter der Große, Wien/Köln/Graz 1989.

Dorner 1919: Alexander Dorner, Das Ornament in der romanischen Architektur, Berlin 1919.

Dorner 1928: Alexander Dorner, Zur Abstrakten Malerei, in: Die Form – Zeitschrift für gestaltende Arbeit, Drittes Jahr, Heft 4, 1928, 110-114.

Dorner 1931a: Alexander Dorner, Zur Raumvorstellung der Romantik, in: Noak 1931, 130-144.

Dorner 1931b: Alexander Dorner, Die neue Raumvorstellung in der bildenden Kunst, in: Museum der Gegenwart, Jahrgang II, 1931-1932, Berlin 1932, 30-37.

Dorner 1947: Alexander Dorner, The Way beyond Art, New York 1947

Dorner 1959: Alexander Dorner, Überwindung der „Kunst“, Hannover 1959.

Dreher 2000: Martin Dreher (Hrsg.), Bürgersinn und staatliche Macht in Antike und Gegenwart – Festschrift für Wolfgang Schuller zum 65. Geburtstag, Konstanz 2000.

Dröhmer 1976: Klaus Dröhmer, ‚In welchem Stile sollen wir bauen?‘ – Architekturtheorie zwischen Klassizismus und Jugendstil, München 1976.

Dvořák 1924: Max Dvořák, Kunstgeschichte als Geistesgeschichte – Studien zu einer abendländischen Kunstentwicklung, München 1924.

Dvořák 1989: Max Dvořák, Studien zur Kunstgeschichte, Leipzig 1989.

Eckhard 1970: Ferdinand Eckhard, Das Museum der Zukunft, in: Bott 1970, 60-72.

Eco 1996: Umberto Eco, Das offene Kunstwerk, Frankfurt a. M. 1996[7].

Ederfield 1987: John Ederfield, Kurt Schwitters, Düsseldorf 1987.

Edoh 1998: Illera Edoh, Die Thums – Gärtner und Botaniker, Society for the Diffusion of useful Information, West Covina, deutsche, erweiterte Ausgabe hrsg. von Michael Fehr, Hagen 1998.

Elger 2000: Dietmar Elger, Kurt Schwitters und der Nouveau Réalisme, in: Meyer-Büser/Orchard 2000, 296-301.

Eltz 1991: Johanna zu Eltz, Der Futurismus stellt sich aus: Wanderausstellung der Futuristen, 1912, in: Klüster/Hegewisch 1991, 32-39.

Engler 2001: Martin Engler, Zeitreise mit Nelkenmeister – Das Kunstmuseum Bern stellt seine Sammlung auf die Probe, Frankfurter Allgemeine Zeitung, Nr. 151, Mittwoch, 3. Juli 2001, S. 40.

Enwezor 2002: Okwui Enwezor (Hrsg.), Democray unrealized, Documenta XI – Plattform 1, Ostfildern–Ruit 2002.

Evers 2000: Bernd Evers (Hrsg.), Die Lesbarkeit der Kunst, Bücher – Manifeste – Dokumente, Berlin 2000.

Ewig 2000: Isabelle Ewig, of the Fathers of Pop: Kurt Schwitters, in: Meyer-Büser/Orchard 2000, 290-295.

Fehr 1998a: Michael Fehr (Hrsg.), open box – künstlerische und wissenschaftliche Reflexionen des Museumsbegriffs, Museen der Museen Band 5, Hagen 1998.

Fehr 1998b: Michael Fehr, Das Kunstmuseum im digitalen Zeitalter, in: Krämer/John 1998, 42-52

Fehr 2001: Michael Fehr, Kurze Beschreibung eines Museums, das ich mir wünsche, unveröffentlichter Vortrag gehalten u.a. auf dem Symposium „Perspektiven 1“ im Kunstverein Münster, 26./27. Mai 2001.

Fehr IV 2002: Gespräch mit Michael Fehr am 3. April 2002 in Hagen.

Fehr VIII 2001: Gespräch mit Michael Fehr am 10. August 2001 in Stuttgart.

Fehr/Krümmel/Müller 1995: Michael Fehr/Clemens Krümmel/Markus Müller (Hrsg.), Platons Höhle: Das Museum und die elektronischen Medien, Köln 1995.

Fehr/Schulte 1995: Michael Fehr/Birgit Schulte (Hrsg.), Svetlana Martinchik/Igor Stepin: Madjak. Berichte über das Leben auf dem sechsten Kontinent Homana, Nürnberg 1995.

Feist 1986: Peter H. Feist, Publikum und Ausstellungen in Deutschland um die Mitte des 19. Jahrhunderts, in: Fillitz/Pippal 1986, 79-86.

Fiedler 1991: Konrad Fiedler, Schriften zur Kunst – Text nach der Ausgabe München 1913/14, hrsg. von Gottfried Boehm, München 1991[2].

Fillitz/Pippal 1986: Hermann Fillitz/Martina Pippal (Hrsg.), Der Zugang zum Kunstwerk: Schatzkammer, Salon, Ausstellung, „Museum“, Akten des XXV. Internationalen Kongresses für Kunstgeschichte, Wien, 4.-10. September 1983, Bd.4, Wien/Köln/Graz 1986.

Fils 1980: Alexander Fils, Das Centre Pompidou in Paris – Idee – Baugeschichte – Funktion, München 1980.

Flacke-Knoch 1980: Die Museumskonzeption Wilhelm Valentiners von 1918 und ihre Rezeption, Magisterarbeit, Marburg 1980.

Flacke-Knoch 1985: Monika Flacke-Knoch, Museumskonzeptionen in der Weimarer Republik – Die Tätigkeit Alexander Dorners im Provinzialmuseum Hannover, Marburg 1985.

Flake 1988: Otto Flake (Hrsg.), Michel de Montaigne: Tagebuch einer Reise durch Italien, die Schweiz und Deutschland in den Jahren 1580 und 1581, Frankfurt a.M. 1988.

Flemming 1990: Klaus Flemming, Von der Sperrigkeit des Zeitgenössischen – Einige unwissenschaftliche Anmerkungen zu Vermittlungsproblemen bei Gegenwartskunst, in: Preiss/Stamm/Zehnder 1990, 219-232.

Földenyi 2001: Lázló Földényi, $\sqrt{(\text{-Museum})^2}$, in: Noever 2001a, 66-81.

Four Walls Eight Windows 1990: Four Walls Eight Windows (Hrsg.), „Energy Plan for the Western Man – Joseph Beuys in America, New York 1990.

Frege 1994: Gottlob Frege, Funktion, Begriff, Bedeutung – fünf logische Studien, Göttingen 1994^7.

Friedel 1996: Helmut Friedel (Hrsg.), Städtische Galerie im Lenbachhaus, München 1996^2.

Funk-Jones 1984: Anna-Christa Funk-Jones (Red.), Die Folkwang-Idee des Karl Ernst Osthaus, Hagen 1984.

Gadamer 1995: Hans Georg Gadamer, Der Kunstbegriff im Wandel, in: Bonnet/Kopp-Schmidt 1995, 88-104.

Gaehtgens 1992: Thomas W. Gaehtgens, Die Berliner Museumsinsel im Deutschen Kaiserreich, München 1992.

Gehlen 1965: Arnold Gehlen, Zeit-Bilder – zur Soziologie und Ästhetik der Modernen Malerei, Frankfurt a.M./Bonn 1965^2.

Geschke 1995: Alexander Geschke, Nutzung elektronischer Bilder im Museum. Materialien aus dem Institut für Museumskunde, Heft 42, Staatliche Museen zu Berlin – Preußischer Kulturbesitz, Berlin 1995.

Giedion 1929: Sigfried Gidion, Lebendiges Museum, in: Der Cicerone, 21. Jahrgang, 1929 Heft 4, S. 103-106.

Goethe 1818: Johann Wolfgang von Goethe, Über Kunst und Alterthum, Erster Band, Kunst und Altertum am Rhein und Mayn, Stuttgart 1818.

Goethe 1821 (I, II, III): Johann Wolfgang von Goethe, Über Kunst und Alterthum, Dritter Band, Stuttgart 1821 (Die römischen Ziffern beziehen sich auf die Teilhefte I, II, III, die in dem Band vereinigt sind).

Goethe 1986: Johann Wolfgang von Goethe, Dichtung und Wahrheit – Aus meinem Leben, Johann Wolfgang von Goethe, Sämtliche Werke hrsg. von Detlef Müller Bd. 14, Frankfurt a.M. 1986 (1813/33).

Goldberg 1988: Roselee Goldberg, Performance Art – From Futurism to the Present, London 1988.

Golding 2000: John Golding, Paths to the absolute – Mondrian, Malewič, Kandinsky, Pollock, Newman, Rothko and Still, Princeton 2000.

Goldwater/Compton 1989: Marge Goldwater/Michael Compton (Hrsg.), Marcel Broodthaers, Minneapolis 1989.

Gombrich 1986: Ernst Hans Gombrich, Kunst und Illusion – Zur Psychologie der bildlichen Darstellung, Stuttgart/Zürich 1986².

Goodman 1993: Nelson Goodman, Weisen der Welterzeugung, Frankfurt a.M. 1993².

Goodman 1998: Nelson Goodman, Sprachen der Kunst: Entwurf einer Symboltheorie, Frankfurt a.M. 1998².

Gould 1965: Cecil Gould, A Trophy of Conquest. The Musée Napoléon and the Creation of the Louvre, London 1965.

Grassi 1980: Ernesto Grassi, Die Theorie des Schönen in der Antike, Köln 1980.

Grasskamp 1981: Walter Grasskamp, Museumsgründer und Museumsstürmer – zur Sozialgeschichte des Kunstmuseums, München 1981.

Grasskamp 1989: Walter Grasskamp, Die unbewältigte Moderne – Kunst und Öffentlichkeit, München 1989.

Grasskamp 2004: Walter Grasskamp, Johannes Cladders, Energien/Synergien 1, Köln 2004

Grieshaber 1971: HAP Grieshaber, Entgegen etwaiger Aufgaben und Möglichkeiten einem Museumsmann gut zugeredet, in: Bott 1971, 94-99.

Grimm 1999: Grimm, Friedrich, Ein Plädoyer für den Musentempel – oder die Theorie vom Kuss der Muse, in: Architektur + Wettbewerbe, Bd. 179 Museen und Bibliotheken, Stuttgart 1999, 50-56.

Grohmann 1926: Will Grohmann, Die Kunst der Gegenwart auf der Internationalen Kunstausstellung Dresden 1926, in: Der Cicerone – Halbmonatsschrift für Künstler/Kunstfreunde und Sammler; hrsg. von Georg Biermann, XVIII. Jahrgang, Berlin 1926, 377.

Grohn/Stubbe 1971: Hans Werner Grohn/Wolf Stubbe, Museum und Kunst – Beiträge für Alfred Hentzen, Hamburg 1971.

Gropius 1926: Walter Gropius, Wo berühren sich die Schaffensgebiete des Technikers und Künstlers, in: Die Form, März 1926, Berlin, wiederabgedruckt in Probst/Schädlich 1988, 101-102.

Groys 1997: Boris Groys, Logik der Sammlung – Am Ende des musealen Zeitalters, München/Wien 1997.

Gutbrod 1994: Gutbrod, Jochen, Management von Kunstmuseen in Deutschland – von der objektbezogenen Verwaltung zum besucherorientierten Museum, Bamberg 1994.

Haak/Dürholt/Künzel-Böhmer/Röder 1990: Friedrich-Wilhelm Haak/Bernd Dürholt/Jutta Künzel-Böhmer/Willi Röder, ‚Therapie' als Religions-Ersatz – Die Otto-Mühl-Bewegung, München 1990.

Haftmann 1947: Werner Haftmann, Der Glaube an die Krise, Erstabdruck in „Geistige Welt“, Jahrgang II, Heft 2, Oktober 1947, wiederabgedruckt in Haftmann 1960, 8-14.

Haftmann 1954: Werner Haftmann, Malerei im 20. Jahrhundert – Eine Entwicklungsgeschichte, München 1954.

Haftmann 1960: Werner Haftmann, Skizzenbuch – Zur Kultur der Gegenwart – Reden und Aufsätze, München 1960.

Haftmann 1964 I: Werner Haftmann, Einleitung zum Ausstellungskatalog Documenta III, Köln 1964.

Haftmann 1964 II: Werner Haftmann, Einleitung zum Katalog Handzeichnungen der Documenta III, Köln 1964.

Haftmann 1971: Werner Haftmann, Das Museum der Gegenwart, in: Bott 1971, 107-115.

Haftmann 1980: Werner Haftmann, Der Mensch und seine Bilder – Aufsätze und Reden zur Kunst des 20. Jahrhunderts, Köln 1980.

Haldemann 2001: Matthias Haldemann, Kandinskys Abstraktion: die Entstehung und Transformation seines Bildkonzepts, München 2001.

Hamburger Kunsthalle 2001: Hamburger Kunsthalle (Hrsg.), ein/*räumen,* Ostfildern-Ruit 2001.

Harlan 1996: Volker Harlan, Was ist Kunst – Werkstattgespräch mit Beuys, Stuttgart 1996^{5}.

Harlan/Rappmann/Schata 1980: Volker Harlan/Rainer Rappmann/Peter Schata, Soziale Plastik – Materialien zu Joseph Beuys, Achberg 1980^{2}.

Harten 1989: Elke Harten, Museen und Museumsprojekte der Französischen Revolution: Ein Beitrag zur Entstehungsgeschichte einer Institution, Münster 1989.

HB siehe Heidegger.

Hechenröder 2000: Christian Hechenröder, Kunstmärkte im Wandel, Düsseldorf 2000.

Hegel 1964: Georg Wilhelm Friedrich Hegel, Sämtliche Werke, Jubiläumsausgabe in 20 Bänden, hrsg. von Hermann Glockner; Bd. 12, Vorlesungen über die Ästhetik, erster Band, Stuttgart-Bad Cannstatt 1964.

Heid 1995: Klaus Heid, Khuza – Ein Mythos aus Sibirien, Karlsruhe 1997.

Heid 2000: Klaus Heid, Khuza – Der Mythos – Die Debatte, Karlsruhe 2000.

Heidegger: Martin Heidegger, Quelltexte:

BEITRÄGE: „Beiträge zur Philosophie (vom Ereignis)“; Gesamtausgabe Bd.65, Frankfurt a.M. 1989

D: „Das Ding“, in: „Vorträge und Aufsätze“, Pfullingen 1994^{7}, 157-180.

ID: „Der Satz der Identität“, in: „Identität und Differenz“, Pfullingen 1957.

N I: „Nietzsche“ Bd. I, Pfullingen 1961.

SZ: „Sein und Zeit“, Tübingen 1993[17].
UDK: „Der Ursprung des Kunstwerks“, Stuttgart 1992.
ZdW: „Die Zeit des Weltbildes“, in: „Holzwege“, 69-104.

Heidegger Studies 9: Heidegger Studies Vol.9, Berlin 1993.

Heidenreich 1998: Stephan Heidenreich, Was verspricht die Kunst?, Berlin 1998.

Heinrichs 1992: Werner Heinrichs, Kommunale Kulturarbeit – Kultur vor Ort, Studienbrief Kulturmanagement, FernUniversität Hagen, Hagen 1992.

Heinrichs 1993: Werner Heinrichs, Einführung in das Kulturmanagement, Darmstadt 1993.

Heinrichs 1995: Werner Heinrichs, Schweden, Köln 1995[2].

Heinrichs 1997a: Werner Heinrichs (Hrsg.), Macht Kultur Gewinn? – Kulturbetrieb zwischen Nutzen und Profit, Baden-Baden 1997.

Heinrichs 1997b: Kulturpolitik und Kulturfinanzierung, München 1997.

Heinrichs/Klein 1994: Werner Heinrichs/Armin Klein, Kulturmanagement, Studienbrief Kulturpolitik, FernUniversität Hagen, Hagen 1994.

Heinze 2002: Thomas Heinze, Kultursponsoring, Museumsmarketing, Kulturtourismus: ein Leitfaden für Kulturmanager, Opladen 2002.

Heise 1920: Carl Georg Heise, Das Museum, in: GENIUS – Zeitschrift für werdende und alte Kunst, hrsg. v. Carl Georg Heise und Hans Mardersteig, zweites Jahr 1920, München 1920, 1-4.

Heise 1971: Carl Georg Heise, Ich verstehe die Welt nicht mehr, in: Grohn/ Stubbe 1971, 83-87.

Hellerich 1995: Siegmar Hellerich, Religionizing, Romanizing, Romantics: The Catholico-Christian Camouflage of the Early German Romantics: Wackenroder, Tieck, Novalis, Friedrich & August Wilhelm Schlegel, Frankfurt a.M./Berlin/Bern/New York/Paris/Wien 1995.

Hemken 1988a: Kai-Uwe Hemken, Proun, Proun und nochmals Proun – El Lissitzky – die Technik und die Mittel der Kommunikation, in: Nobis 1988, 44-53.

Hemken 1988b: Kai-Uwe Hemken, Eine Ausstellung ohne Bilder: Der Prounenraum von El Lissitzky, in: Nobis 1988, 190-201.

Henderson 1983: Linda Dalrymple Henderson, The Fourth Dimension and Non-Euclidean Geometry in Modern Art, Princeton 1983.

Hennings/Schuck-Wersig/Völz/Wersig 1996: Ralf-Dirk Hennings/Petra Schuck-Wersig/Horst Völz/Gernot Wersig, Digitalisierte Bilder im Museum, Technische Tendenzen und organisatorisches Umfeld, Berliner Schriften zur Museumskunde Bd. 14, Opladen 1996.

Henrich 2001: Dieter Henrich, Versuch über Kunst und Leben – Subjektivität Weltverstehen Kunst, München/Wien 2001.

Herder 1829: Johann Gottfried von Herder, Sämtliche Werke, Bd. 29, 30, Zur Philosophie der Geschichte, Erster Theil zwischen 1801 und 1803, hrsg. von Johann von Müller, Stuttgart/Tübingen 1829.

Herrmann 1985: Friedrich-Wilhelm von Herrmann, „Kunst und Technik", in: Heidegger Studies Vol. 1, Illinois 1985.

Herrmann 1994: Friedrich-Wilhelm von Herrmann, Heideggers Philosophie der Kunst, Frankfurt a.M.1994[2].

Herzog Anton Ulrich-Museum Braunschweig 2004: Herzog Anton Ulrich-Museum Braunschweig (Hrsg.), 250 Jahre Museum – Von den fürstlichen Sammlungen zum Museum der Aufklärung, Braunschweig/München 2004.

Herzogenrath XI 2001: Wulf Herzogenrath, Vortrag und Statement beim Herbsttreffen der Fachgruppe Kulturhistorische Museen und Kunstmuseen im Deutschen Museumsbund am 19. November in Düsseldorf, Thema des Treffens: Künstlerkuratoren und die historische Ordnung des Kunstmuseums (eine Reaktion auf Jean-Hubert Martins Neugestaltung des museums kunst palast).

Hesse-Frielinghaus 1971: Herta Hesse-Frielinghaus (Hrsg.), Karl Ernst Osthaus: Leben und Werk, Recklinghausen 1971.

Hillebrand 2001: Anne-Katrin Hillebrand, Erinnerung und Raum – Friedhöfe und Museen in der Literatur, Epistemata Würzburger Wissenschaftliche Schriften Bd. 341, Würzburg 2001.

Hiller/Martin 2000: Susan Hiller/Sarah Martin, The Producers: Contemporary Curators in Conversation (2), B. READ/FOUR, Gateshead 2001.

Hiller/Martin 2001: Susan Hiller/Sarah Martin, The Producers: Contemporary Curators in Conversation (3), B. READ/FIVE, Gateshead 2001.

Hirschberger 1991: Johannes Hirschberger, Geschichte der Philosophie Band: 2, Neuzeit und Gegenwart, Sonderausg. d. 13. Aufl., Freiburg 1991.

Hoffmann 1981: Hilmar Hoffmann, Kultur für alle – Perspektiven und Modelle, Frankfurt a. M. 1981.

Hoffmann 1999: Hilmar Hoffmann (Hrsg.), Das Guggenheim-Prinzip, Köln 1999.

Hoffmann 1995: Justin Hoffmann, Destruktionskunst – Der Mythos der Zerstörung in der Kunst der frühen sechziger Jahre, München 1995.

Hoffmann 2000: Justin Hoffmann, „Man zerknicke und turbuliere" – Kurt Schwitters und die Aktionskunst der 60er Jahre, in: Meyer-Büser/Orchard 2000, 302-309.

Hofmann 1970: Werner Hofmann, Kunstbegriff und Museumskunst, in: Bott 1970, 116-122.

Hohenzollern/Schuster 1996: Johann Georg Prinz von Hohenzollern/Peter-Klaus Schuster (Hrsg.), Manet bis van Gogh – Hugo von Tschudi und der Kampf um die Moderne, München/New York 1996.

Holtmann 1998: Heinz Holtmann, Keine Angst vor der Kunst – Moderne Kunst erkennen, sammeln und bewahren, Düsseldorf/München 1998.

Homburger 1924: Otto Homburger, Museumskunde, Breslau 1924.

Hudson 1975: Kenneth Hudson, A Social History of Museums – What the Visitors Thought, London/Bansingstoke 1975.

Hudson 1987: Kenneth Hudson, Museums of Influence, Cambridge 1987.

Huelsenbeck 1957: Richard Huelsenbeck, Dada and Existenzialismus, in: Verkauf 1957, 50-51.

Hufnagel 1995: Florian Hufnagel, Die Neue Sammlung, in: Stiftung Pinakothek der Moderne 1995, 24-25.

Hugnet 1951: Georges Hugnet, The Dada Spirit in Painting, in: Motherwell 1951, 122-196.

Hünnekens 2002: Annette Hünnekens, Expanded Museum – kulturelle Einrichtungen und virtuelle Realitäten, Bielefeld 2002.

Impey/Macgregor 1985: Oliver Impey/Arthur Macgregor (Hrsg.), The origins of museums – the cabinet of curiosities in sixteenth and seventeenth century europe, Oxford 1985 in Krämer/John 1998, 42-52.

Jaeger/Lüthe 1983: Petra Jaeger/Rudolf Lüthe (Hrsg.), Distanz und Nähe, Würzburg 1983.

Jahre 1996: Lutz Jahre, Das gedruckte Museum von Pontus Hulten – Kunstausstellungen und ihre Bücher, Ostfildern 1996.

Jaschke 1983: Gerhard Jaschke, Geborgenheit in einem möglichen Ganzen – das leben ein fest – das orgien mysterien theater von hermann nitsch (ein paar einleitende Bemerkungen), in: Nitsch 1983, 8-15.

Jetelová 2001: Magdalena Jetelová, McDonalds oder MAK, in: Noever 2001a, 10-14.

Jetelová/Liska 2001: Magdalena Jetelová/Pavel Liška, Zur Pauperisierung der Phantasie, in: Noever 2001a, 15-24.

Joachimides 2001: Alexis Joachimides, Die Museumsreformbewegung in Deutschland und die Entstehung des modernen Museums 1880-1940, Dresden 2001.

Joachimides/Kuhrau/Vahrson/Berau 1995: Alexis Joachimides/Sven Kuhrau/ Viola Vahrson/Nicolaus Berau, Museumsinszenierungen: Zur Geschichte der Institution des Kunstmuseums – Die Berliner Museumslandschaft 1830-1990, Basel/Dresden 1995.

Johnson 1982: Ellen Johnson (Hrsg.), American Artists from 1940-1980, New York 1982.

Joly 2000: Jean-Baptiste Joly (Hrsg.), Solitude im Museum – Ein Ausstellungsprojekt der Akademie Schloss Solitude, der Staatsgalerie Stuttgart und des Musée d'Art Moderne de Saint-Etienne, Stuttgart 2000.

Justi 1930: Ludwig Justi, Der Zwickauer Skandal, in: Museum der Gegenwart, Jahrgang 1, Heft II, Berlin 1930, 49-60.

Kaldewei 1990: Gerhard Kaldewei, Museumspädagogik und reformpädagogische Bewegungen 1900-1933 – eine historisch-systematische Untersuchung zur Identifikation und Legitimation der Museumspädagogik, Frankfurt a.M. 1990.

Kandinsky 1952: Wassily Kandinsky, Über das Geistige in der Kunst, Bern 1952[4].

Kandinsky 1955:Wassily Kandinsky, Punkt und Linie zur Fläche: Beitrag zur Analyse der malerischen Elemente, Bern-Bümpliz 1955[3].

Kant 1913: Immanuel Kant, Kritik der Urteilskraft, Kants gesammelte Schriften, Bd. hrsg. von der Königlich Preußischen Akademie der Wissenschaften, Berlin 1913.

Kanz 1996: Roland Kanz (Hrsg.), Giorgio Vasari: Das Leben von Leonardo da Vinci, Raffael von Urbino und Michelangolo Buonarroti, Stuttgart 1996.

Kaprow 2001: Allan Kaprow, Tod im Museum. Wo seid Ihr, süße Muse?, in: Kravagna 2001, 10-11.

Kaprow/Smithson 2001: Was ist ein Museum? – Ein Gespräch, in: Kravagna 2001, 12-16.

Karl-Ernst-Osthaus-Museum 2002a: Karl-Ernst-Osthaus-Museum (Hrsg.): Museutopia, Begleitbroschüre zum Ausstellungsprojekt Museutopia – Schritte in Andere Welten 11. Juni – 15. Oktober 2002 am Karl-Ernst-Osthaus-Museum Hagen, Hagen 2002.

Karl-Ernst-Osthaus-Museum 2002b: Karl-Ernst-Osthaus-Museum (Hrsg.): The Museum of Jurassic Technology – Das Museum Kirchnerianum – Die Welt besteht aus geheimen Verknüpfungen, Hagener Hefte zur Kunst- & Kulturgeschichte 2, Hagen 2002.

Keenan 1996: Thomas Keenan (Hrsg.), The end(s) of the Museum – Els límits del museu, Fondació Tàpies, Barcelona 1996.

Kellein 1986: Thomas Kellein, „Fröhliche Wissenschaft" – Das Archiv Sohm, Stuttgart 1986.

Keller 1989: Albert Keller, Sprachphilosophie, Freiburg/München 1989[2].

Keller 1990: Albert Keller, Allgemeine Erkenntnistheorie, Stuttgart/Berlin/Köln 1990[2].

Klausewitz 1975: Wolfgang Klausewitz (Hrsg.), Museumspädagogik – Museen als Bildungsstätten, hrsg. vom Deutschen Museumsbund, Frankfurt a. M. 1975.

Klee 1956: Paul Klee, Das bildnerische Denken, Basel/Stuttgart 1956.

Kleihues/Scheer 1996: Joseph Paul Kleihues/Thorsten Scheer (Hrsg.), Hamburger Bahnhof, Museum für Gegenwart, Berlin/Köln 1996.

Klein 1996: Armin Klein, Museen – die Gewinner des Kulturbooms der 80er Jahre, in: Zimmer 1996, 289-296.

Klein 2001: Armin Klein, Kulturmarketing – Das Marketingkonzept für Kulturbetriebe, München 2001.

Klein 1990: Hans-Joachim Klein, Der gläserne Besucher: Publikumsstrukturen einer Museumslandschaft, Berliner Schriften zur Museumskunde Bd. 8, Berlin 1990.

Klein 1992: Hans-Joachim Klein, Kunst-Rezeption – Kühle Annäherung an ein heißes Thema, Karlsruher Schriften zur Besucherforschung, Heft 3, Karlsruhe 1992.

Klein 1994: Hans-Joachim Klein, Vom Präsentieren zum Vermitteln, Fachtagung am Grassi-Museum in Leipzig im Mai 1993, Karlsruher Schriften zur Besucherforschung, Heft 5, Karlsruhe 1994.

Klein/Wüsthoff-Schäfer 1990: Hans-Joachim Klein/Barbara Wüsthoff-Schäfer, Inszenierung an Museen und ihre Wirkung auf Besucher, Materialien aus dem Institut für Museumskunde, Heft 32, Staatliche Museen zu Berlin - Preußischer Kulturbesitz, Berlin 1990.

Klotz 1989: Heinrich Klotz, Programm – Zentrum für Kunst und Medientechnologie und Hochschule für Gestaltung Karlsruhe, Ergänzende Ausführungen zum „Konzept `88“, Karlsruhe 1989.

Klotz 1997: Heinrich Klotz, Kunst der Gegenwart – Museum für Neue Kunst – ZKM, Zentrum für Kunst und Medientechnologie Karlsruhe, München/New York 1997.

Klotz 1998: Heinrich Klotz, Das Museum als „Gemischtwarenladen“, in: Museumskunde 63, 2/1998, 9-13.

Klotz 1999[2]: Heinrich Klotz, Kunst im 20. Jahrhundert: Moderne, Postmoderne, Zweite Moderne, München 1996.

Kluge 1995: Friedrich Kluge, Etymologisches Wörterbuch der deutschen Sprache, bearb. von Elmar Sebold, Berlin/New York 1995[23].

Klüster/Hegewisch 1991: Bernd Klüster/Katharina Hegewisch (Hrsg.), Die Kunst der Ausstellung – eine Dokumentation dreißig exemplarischer Kunstausstellungen dieses Jahrhunderts, Frankfurt a.M./Leipzig 1991.

Knapp 1920: Friedrich Knapp, Randbemerkungen zur Valentinerschen Museumsschrift, in: Museumskunde XV, Berlin/Leipzig 1920, 70-79.

Koch 1983: Georg Friedrich Koch, Ausgestellte Kunst wird Ausstellungskunst: Wandlungen der Präsentation von Kunst im 20. Jahrhundert, in: Fillitz/Pippal 1986, 147-159.

Koch 2002: Anne Koch, Museumsmarketing: Ziele – Strategien – Maßnahmen, mit einer Analyse der Hamburger Kunsthalle, Bielefeld 2002.

Kockelmans 1985: Joseph J. Kockelmans, „Heidegger on art and artworks“, Dordrecht u.a. 1985.

Köhn 1931: Heinz Köhn, Original und Faksimile, in: Museumskunde III, Heft 1, 1931, 53-58.

Kommunale Gemeinschaftsstelle 1988: Kommunale Gemeinschaftsstelle (KGSt), Die Museen. Besucherorientierung und Wirtschaftlichkeit, Köln 1988.

Koslowski 1988: Peter Koslowski, Die postmoderne Kultur, München 1988.

Kotler/Kotler 1998: Neil Kotler/Philip Kotler, Museum strategy and marketing: designing missions, building audiences, generating revenue and resources, San Francisco 1998.

Kozloff 1971: Max Kozloff, The contemporary museum: Under the corporate wing, in: O'Doherty 1972, 145-160.

Kraft 1984: Peter Kraft, Das anfängliche Wesen der Kunst, Frankfurt a.M. 1984.

Krämer/John 1998: Harald Krämer/Hartmut John (Hrsg.), Zum Bedeutungswandel der Kunstmuseen, Publikation der Abteilung Museumsberatung Nr.4 des Landschaftsverbandes Rheinland, Rheinisches Archiv- und Museumsamt, Nürnberg 1998.

Kravagna 2001: Christian Kravagna, Das Museum als Arena – Institutionskritische Texte von KünstlerInnen, Köln 2001.

Kromrey 1998: Helmut Kromrey, Empirische Sozialforschung – Modelle und Methoden der Datenerhebung und Datenauswertung, Opladen 1998[8].

Kruszynski 2000: Anette Kruszynski, „Mein Ziel ist das Merzgesamtkunstwerk." – Zur Einheit des Œvre von Kurt Schwitters, in: Meyer-Büser/Orchard 2000, 252-259.

KU siehe Kant.

Kuhn 1926: Alfred Kuhn, Der Film als Mittel zur Popularisierung der Museen, in: Der Cicerone – Halbmonatsschrift für Künstler/Kunstfreunde und Sammler, hrsg. von Georg Biermann, XVIII. Jahrgang, Berlin 1926, 686.

Kultermann 1996: Udo Kultermann, Geschichte der Kunstgeschichte – Der Weg einer Wissenschaft, München 1996 (1966).

Lach 1981: Friedhelm Lach (Hrsg.), Kurt Schwitters – Das Literarische Werk, Band 5, Manifeste und kritische Prosa, Köln 1981.

Lampugnani 1999: Mangago Vittorio Lampugnani, Die Architektur der Kunst – Zu den Museen der neunziger Jahre, in: Lampugnani/Sachs 1999, 11-14.

Lampugnani/Sachs 1999: Mangago Vittorio Lampugnani/Angeli Sachs, Museen für ein neues Jahrtausend, München/London/New York 1999.

Lange 1999: Barbara Lange, Joseph Beuys, Richtkräfte einer neuen Gesellschaft – der Mythos vom Künstler als Gesellschaftsreformer, Berlin 1999

Leiser 1970: Erwin Leiser, Hans Richter – ich lebe in der Gegenwart, Dokumentarfilm im Auftrag des ZDF, Duisburg 1970.

Lepik 1996: Andreas Lepik, Das Kunstmuseum, in: Breitenstein 1996, 141-146.

Leppien 1970: Helmut R. Leppien, Das Museum hat einen Januskopf, in: Bott 1970, 171-174.

Lewison 1999: Jeremy Lewison, Interpreting Pollock, London 1999.

Lichtwark 1887: Alfred Lichtwark, Zur Organisation der Hamburger Kunsthalle, Hamburg 1887.

Lichtwark 1902: Alfred Lichtwark, Drei Programme, Die Grundlagen der künstlerischen Bildung – Studien von Alfred Lichtwark, Berlin 1902[2].

Lichtwark 1917: Alfred Lichtwark, Hamburgische Aufsätze, Hamburg 1917.

Lind V 2001: Maria Lind, Beitrag zum Kuratorensymposium Perspektiven I – Museum der Kunst des 21. Jahrhunderts, am 26./27. Mai 2001, Kulturforum Westfalen, im Westfälischen Landesmuseum Münster, Münster 2001.

Lindner 1976: Burkhart Lindner, „Aufhebung der Kunst in Lebenspraxis? – Über die Aktualität der Auseinandersetzung mit den historischen Avantgardebewegungen, in: Lüdke 1976, 72-104.

Lissitzky 1922: El Lissitzky, Die Überwindung der Kunst, wiederabgedruckt in Nobis 1988, 70-71.

Lissitzky 1925: El Lisitzky, K. und Pangeometrie, in: Europa-Almanach, hrsg. von Carl Einstein u.a., Potsdam 1925, 103-113.

Lissitzky-Küppers 1967: Sophie Lissitzky-Küppers (Hrsg.): El Lissitzky – Maler Architekt Typograph Fotograf, Erinnerungen Briefe Schriften, Dresden 1967.

Loers 1994: Veit Loers, Aus...stellung – Die Krise der Präsentation, Regensburg 1994.

Lüdke 1976: W. Martin Lüdke (Hrsg.), ‚Theorie der Avantgarde' – Antworten auf Peter Bürgers Bestimmung von Kunst und bürgerlicher Gesellschaft, Frankfurt a. M. 1976.

Macdonald 2000: Sharon J. Macdonald, Nationale, postnationale, transkulturelle Identitäten und das Museum, in: Beier 2000, 123-148.

MacGregor 1985: Arthur MacGregor, The Cabinet of Curiosities in Seventeenth Century Britain, in: Impey/Macgregor 1985, 147-158.

Mack 1999: Gerhard Mack, Kunstmuseen auf dem Weg ins 21. Jahrhundert, Basel/Berlin/Boston 1999.

Magirus/Marx 1992: Heinrich Magirus/Harald Marx, Gemäldegalerie, Dresden/Leipzig 1992.

Malraux 1949: André Malraux, Psychologie der Kunst: Das imaginäre Museum, Baden-Baden 1949.

Malsch 1997: Friedrich Wilhelm Malsch, Künstlermanifeste – Studien zu einem Aspekt moderner Kunst am Beispiel des italienischen Futurismus, Weimar 1997.

Mann/Gerlach 1995: Heinz Herbert Mann/Peter Gerlach (Hrsg.), Regel und Ausnahme – Festschrift für Hans Holländer, Aachen/Leipzig/Paris 1996.

Marcuse 1965: Herbert Marcuse, Über den affirmativen Charakter der Kultur, in: ders., Kultur und Gesellschaft, Frankfurt a. M. 1965, 56-101.

Martin 1995: Jean Hubert Martin, The Musée Sentimental of Daniel Spoerri, in: Cooke/Wollen 1995, 54-67.

Martin 2001: Jean Hubert Martin, Altäre-Kunst zum Niederknien, Ostfildern 2001.

Martin/Nordgreen 2000: Sarah Martin/Sune Nordgren, New Sites New Art – First BALTIC International Seminar 7-9 April 2000, Gateshead 2000.

Martin/Til/Zeisig 2002: Jean-Hubert Martin/Barbara Til/Andreas Zeisig: Künstlermuseum Bogomir Ecker, Thomas Huber, Düsseldorf 2002.

Mathieu 1963: Georges Mathieu, Au-delà du Tachisme, Paris 1963.

Mathieu 1997: Thomas Mathieu, Kunstauffassung und Kulturpolitik im Nationalsozialismus – Studien zu Adolf Hitler, Joseph Goebbels, Alfred Rosenberg, Baldur von Schirach, Heinrich Himmler, Albert Speer, Wilhelm Frick, Saarbrücken 1997.

Matuschek 2004: Oliver Matuschek, Hunde mitzubringen wird verbeten – Besucher und Besucherbetreuung im Kunst- und Naturalienkabinett, in: Herzog Anton Ulrich-Museum Braunschweig 2004, 88-99.

McLuhan 1994: Herbert Marshall Mcluhan, Die magischen Kanäle –Understanding media, Fundus 127, Dresden/Basel 1994.

McShrine 1999: Kynaston McShrine (Hrsg.), The Museum as a Muse – Artists Reflect, Museum of Modern Art, New York 1999.

Meier/Reust 2000: Thomas Dominik Meier/Hans Rudolf Reust (Hrsg.), Medium Museum – Kommunikation und Vermittlung in Museen für Kunst und Geschichte, Bern/Stuttgart/Wien 2000.

Meier-Graefe 1913: Julius Meier-Graefe, Das Museum – Dem Andenken Tschudis, in: Neue RUNDSCHAU 24 (1913), Nr.1, Berlin 1913, 29-49.

Meier-Graefe 1914: Julius Meier-Graefe, Entwicklungsgeschichte der Modernen Kunst, München 1914[2].

Meier-Solgk 2000: Frank Meier-Solgk, Architektur und Kunst, in: Museumskunde 65 1/00, 13-17.

Messer 1971, Thomas M. Messer, Impossible Art: Why it is, in: Grohn/ Stubbe 1971, 133-136.

Meyer-Büser/Orchard 2000: Susanne Meyer-Büser/Karin Orchard (Hrsg.), Aller Anfang ist Merz – von Kurt Schwitters bis heute, Ostfildern-Ruit, 2000.

Michels/Warnke 1998: Karen Michels/Martin Warnke (Hrsg.), Erwin Panofsky – Deutschsprachige Aufsätze in zwei Bänden, Berlin 1998.

Mikus 1997: Anne Mikus, Firmenmuseen in der BRD – Schnittstelle zwischen Kultur und Wirtschaft, Berliner Schriften zur Museumskunde Bd. 12, Opladen 1997.

Mißelbeck 1980: Reinhold Mißelbeck, Das Museum als Traditionsproduzent, Bonn 1980.

Moeller 1985: Magdalena Moeller (Bearb.), Sprengl Museum Hannover – Malerei und Plastik des 20. Jahrhunderts, Hannover 1985

Moeller 1987: Magdalena Moeller (Hrsg.), Die Abstrakten Hannover –internationale Avantgarde 1927-1935, Sprengel-Museum, Hannover 1987.

Moos 1999: Stanislaus von Moos, Museums-Explosion – Bruchstücke einer Bilanz, in: Lampugnani/Sachs 1999, 15-27.

Mosebach 1989: Martin Mosebach, The Castel, the Eagle, and the Secret of the Pictures, in: Goldwater/Compton 1989, 170-182.

Motherwell 1951: Robert Motherwell (Hrsg.), The Dada Painters and Poets, New York 1951.

Mühl 1986: Otto Mühl, Einleitungstext (ohne Seitenangabe) in Otto Mühl – Ausgewählte Arbeiten 1963-1986, Friedrichshof 1986.

Mundt 1974: Barbara Mundt, Die deutschen Kunstgewerbemuseen im 19. Jahrhundert, München 1974.

Museum der Gegenwart – Zeitschrift der Deutschen Museen für neuere Kunst, hrsg. von Ludwig Justi, Berlin 1930-1932.

museum in progress 2000 1, 1-1: *museum in progress* (Hrsg.), Modularer Katalog Volume 1.1/2000 in drei Bänden, Wien 2000.

museum kunst palast 2002: *museum kunst palast*, Informationsleporello des museums kunst palast Düsseldorf zum Programm Februar – Mai 2002, Düsseldorf 2002.

museum kunst palast 2001a, *museum kunst palast* (Hrsg.), Künstlermuseum – Verzeichnis der Werke, (Begleitheft zur Neugestaltung der Sammlung des museums kunst palast), Düsseldorf 2001.

museum kunst palast 2001b, *museum kunst palast* (Hrsg.), Broschüre zu den Veranstaltungen Februar-Mai 2002, Düsseldorf 2002.

Museumskunde hrsg. vom Deutschen Museumsbund (offizielles Organ des Deutschen Museumsbundes), Berlin/Leipzig 1905.

Museumsmagazin, Aus Museen u. Sammlungen in Baden-Württemberg, hrsg. von der Landesstelle für Museumsbetreuung Baden-Württemberg – Württembergischen Landesmuseum Stuttgart in Verbindung mit dem Badischen Landesmuseum Karlsruhe – in Zusammenarbeit mit dem Museumsverband Baden-Württemberg e.V., Stuttgart.

Museumsverein Mönchenglattbach 1986: Museumsverein Mönchenglattbach (Hrsg.), 7 Vorträge zu Joseph Beuys: 1986, Köln 1986.

N I: siehe Heidegger.

Naumann 1999: Francis M. Naumann, Marcel Duchamp – The art of making art in the age of mechanical reproduction, New York 1999.

Neicklius 1727: Caspar Friedrich Neicklius, Museographia, oder Anleitung zum rechten Begriff und nützlicher Anlegung der Museorum oder Raritätenkammern, Leipzig/Breslau 1727.

Neue Museumskunde – Theorie und Praxis der Museumsarbeit, hrsg. vom Rat für Museumswesen beim Ministerium der Deutschen Demokratischen Republik, Berlin 1957-1989.

Neues Museum Nürnberg 2000: Neues Museum Nürnberg – Staatliches Museum für Kunst und Design, (Prestel Museumsführer), München /London New/York 2000.

Newhouse 1998: Victoria Newhouse, Wege zu einem neuen Museum – Museumsarchitektur im 20. Jahrhundert, Ostfildern-Ruit 1998.

Newrow 1986: Oleg Newrow, His majesty's cabinet and Peter I's Kunstkammer, in: Impey/Macgregor 1986, 54-61.

Nietzsche: Friedrich Nietzsche, Gesammelte Werke, Kritische Studienausgabe in 15 Bänden, hrsg. von Giogrio Colli und Mazzino Montinari, München 1967ff.

Nipperdey 1998: Thomas Nipperdey, Wie das Bürgertum die Moderne fand, Stuttgart 1998.

Nitsch 1983: Hermann Nitsch, Orgien Mysterien Theater Lesebuch, Wien 1983.

Nitsch 1985: Hermann Nitsch, Der gesichtssinn im orgien mysterien theater, aus Was 46/85, Hefte für Kultur und Politik, Graz 1985.

Noak 1931: Hermann Noak, Vierter Kongress für Ästhetik und Allgemeine Kunstwissenschaft, Hamburg, 7.-9. Oktober 1930, Bericht im Auftrage des Ortsausschusses, Beilagenheft zur Zeitschrift für Ästhetik und Allgemeine Kunstwissenschaft, Bd. 25, Stuttgart 1931.

Nobis 1988: Norbert Nobis (Hrsg.), El Lissitzky 1890-1941 – Retrospektive Sprengel Museum Hannover, Frankfurt a.M./Berlin 1988.

Nobis Beatrix 1988: Beatrix Nobis, Das Abstrakte Kabinett in Hannover und andere Demonstrationsräume El Lissitzkys, in: Nobis 1988, 220-231.

Nobis Beatrix 1991: Beatrix Nobis, El Lissitzky, Der ‚Raum der Abstrakten' für das Provinzialmuseum Hannover 1927/28, in: Klüster/Hegewisch 1991, 76-83.

Noever 1998a: Peter Noever (Hrsg.), Otto Mühl 7, Wien 1998.

Noever 1998b: Peter Noever (Hrsg.), Out of Actions – zwischen Performance und Objekt 1949 – 1979, Ostfildern 1998.

Noever 2001a: Peter Noever (Hrsg.), Das diskursive Museum, Wien 2001.

Noever 2001b: Peter Noever (Hrsg.), Museen ohne Zukunft/Museums without Futures – Künstlerpositionen/Artists Postitions, Wien 2001.

Noever/Müller/Embacher 2001: Peter Noever/Sepp Müller/Michael Embacher, Heaven's Gift. Eine neue programmatische Strategie zur Präsentation zeitgenössischer Kunst, Ostfildern-Ruit 2001.

O'Doherty 1972: Brian O'Doherty (Hrsg.), Museums in Crisis, New York 1971.

Obrist 2000: Hans Ulrich Obrist, Gilane Tawadros and Hans Ulrich Obrist in conversation, in: Hiller/Martin 2000a, 11-44.

Obrist 2001: Hans Ulrich Obrist, Museums are the Answer what ist the Question, unveröffentlichter Vortrag bei „Curating Now: Imaginative Practice/ Public Responsibility", Symposium, Philadelphia 2000.

Oellers 1995: Adam C. Oellers, Der „erweiterte Kunstbegriff" – auch eine Aufgabe des Museums? In: Mann/Gerlach 1995, 299-312.

Oellers/Spiegel 1995: Adam C. Oellers/Sabine Spiegel, „Wollt ihr das totale Leben?" – Fluxus und Agitpop der 60er Jahre in Aachen, Aachen 1995.

Oelmüller 1965: Willi Oelmüller, Hegels Satz vom Ende der Kunst und das Problem der Philosophie der Kunst nach Hegel, in: Philosophisches Jahrbuch Jg. 73 I, München 1965, 75-94.

Olbrich 1993: Harald Olbrich u. a. (Hrsg.), „Lexikon der Kunst", Architektur, Bildende Kunst, Angewandte Kunst, Industrieformgestaltung, Kunsttheorie, Leipzig 1993.

Panofsky 1930: Erwin Panofsky, Original und Faksimilereproduktion, Erstveröffentlichung in DER KREIS – Zeitschrift für künstlerische Kultur, Organ der Hamburger Bühnen, hrsg. von Ludwig Bennighoff, Nr. 7, Hamburg 1930, wiederabgedruckt in Michels/Warnke 1998, 1078-1090.

Panofsky 1975: Erwin Panofsky, Sinn und Bedeutung in der bildenden Kunst, (Meaning in the Visual Arts), Köln 1975.

Pauli 1919: Gustav Pauli, Das Kunstmuseum der Zukunft, in: Pauli/ Kroetschau 1919, 3-19.

Pauli 1930: Gustav Pauli, Die Museen und die Kunst unserer Zeit, in: Museumskunde II, 1, 1930, 97-101.

Pauli/Kroetschau 1919: Gustav Pauli/Karl Kroetschau (Hrsg.), Die Kunstmuseen und das deutsche Volk, hrsg. vom Deutschen Museumsbund, München 1919.

Peine 2003: Sybille Peine, Zergehen, vergehen, zerfallen, verkratzen – Das Schaulager in Basel – ein neues Museum und Depot für fragile zeitgenössische Kunstwerke, in: Stuttgarter Zeitung Nr. 127, Mittwoch, 4. Juni 2003, 29.

Petropoulos 1999: Jonathan Petropoulos, Kunstraub und Sammelwahn – Kunst und Politik im Dritten Reich, Berlin 1999.

Petzet 1983: Heinrich W. Petzet, Auf einen Stern zugehen – Begegnungen mit Martin Heidegger 1929-76, Frankfurt a.M. 1983.

Pevsner 1976: Nikolaus Pevsner, A History of Building Types, London 1976.

Pevsner 1986: Nikolaus Pevsner, Die Geschichte der Kunstakademien, München 1986.

PhU: siehe Wittgenstein

Plagemann 1967: Volker Plagemann, Das Deutsche Kunstmuseum 1790-1870 – Lage, Baukörper, Raumorganisation, Bildprogramm, München 1967.

Platon: Der Staat, Werke in acht Bänden, vierter Band, hrsg. von Dietrich Kurz, Darmstadt 1990.

Pomian 1998: Krzysztof Pomian, Der Ursprung des Museums – Vom Sammeln, Berlin 1998².

Poser 2001: Hans Poser, Wissenschaftstheorie – Eine philosophische Einführung, Stuttgart 2001.

Preiß/Stamm/Zehnder 1990: Achim Preiß/Karl Stamm/Frank Günter Zehnder, Das Museum – Die Entwicklung in den 80er Jahren, Festschrift für Hugo Borger zum 65. Geburtstag, München 1990.

Preziosi 2001: Donald Preziosi, Haunted by Things. Utopias and Their Consequences, Vortrag gehalten am 3.3.2001 im Hohenhof Hagen.

Probst/Schädlich 1988: Hartmut Probst/Christian Schädlich (Hrsg.), Walter Gropius – Ausgewählte Schriften, Berlin 1988.

Rassmunsen 1977: Holger Rassmunsen, Nationalmuseen in den nordischen Ländern, in: Deneke/Kahsnitz 1977, 37-42.

Rave 1969: Paul Ortwin Rave, Die Geschichte der Nationalgalerie in Berlin, Berlin 1969.

Rave 1987: Paul Ortwin Rave, Kunstdiktatur im Dritten Reich, hrsg. von Uwe M. Schneede, Berlin 1987.

Reck 1998: Hans Ulrich Reck, Inszenierung und Tiefe, Oberfläche und Archiv – Gedanken wider den Strukturwandel des Kunstmuseums, in: Krämer/John 1998, 52-55.

Redslob 1919: Edwin Redslob, Zeitgenössische Kunst in öffentlichen Sammlungen, in: Pauli/Kroetschau 1919, 64-75.

Reising 1977: Gert Reising, Die englische Museumsbewegung in der Zeit der Weltausstellung von 1862, in: Deneke/Kahsnitz 1977, 99-106.

Reuber 1988: Rudolf Reuber, Ästhetische Lebensformen bei Nietzsche, München 1988.

Riha/Schäfer 1994: Karl Riha/Jürgen Schäfer (Hrsg.), DADA total – Manifeste, Aktionen, Texte, Bilder, Stuttgart 1994.

Riha/Wende-Hohenberger 1995: Karl Riha/Waltraud Wende-Hohenberger (Hrsg.), Dada Zürich – Texte, Manifeste, Dokumente, Stuttgart 1995.

Röll 1998: Franz Josef Röll, Mythen und Symbole in populären Medien: Der wahrnehmungsorientierte Ansatz in der Medienpädagogik, Frankfurt a.M. 1998.

Römer 2001: Stefan Römer, Künstlerische Strategien des Fake – Kritik von Original und Fälschung, Köln 2001.

Roth 2000: Harriet Roth, Der Anfang der Museumslehre in Deutschland: das Traktat „Inscriptiones vel tituli theatri amplissimi“ von Samuel Quiccheberg, Berlin 2000.

Rückert/Segelken 1995: Claudia Rückert/Barbara Segelken, Im Kampf gegen den „Ungeschmack". Das Kunstmuseum im Zeitalter der Industrialisierung, in: Joachimides/Kuhrau/Vahrson/Berau 1995, 108-121.

Rugoff 1995: Ralph Rugoff, Beyond Belief – The Museum as Metaphor, in: Cooke/Wollen 1995, 69-81.

Sauerlandt 1930: Max Sauerlandt, Die deutschen Museen und die deutsche Gegenwartskunst, in: Museum der Gegenwart, Jahrgang 1, 1930-1931, 4-17.

Schäfer 1996: Hermann Schäfer (Hrsg.), Museen und ihre Besucher – Herausforderungen in der Zukunft, Haus der Geschichte der Bundesrepublik Deutschland, Bonn/Berlin 1996.

Scheer 1996: Britta Schmitz (Red.), Hamburger Bahnhof, Museum für Gegenwart – Berlin/München 1996.

Scheffler 1950: Karl Scheffler, Kunst ohne Stoff, Überlingen 1950.

Scheicher 1986: Elisabeth Scheicher, Zur Entstehung des Museums im 16. Jahrhundert. Ordnungsprinzipien und Erschließung der Ambraser Sammlung Erzherzog Friedrich II., in: Fillitz/Pippal 1986, 43-52.

Scheinfuß 1973: Scheinfuß Katharina (Hrsg.): Von Brutus zu Marat. Kunst im Nationalkonvent 1789-1975, Dresden 1973.

Scherer 1913: Valentin Scherer, Deutsche Museen – Entstehung und Kulturgeschichtliche Bedeutung unserer öffentlichen Kunstsammlungen, Jena 1913.

Scheurer 2001: Hans Scheurer (Hrsg.), Presse und Öffentlichkeitsarbeit für Kultureinrichtungen – Ein Praxisleitfaden, Bielefeld 2001.

von Schlosser 1978: Julius von Schlosser: Die Kunst- und Wunderkammern der Spätrenaissance – ein Beitrag zur Geschichte des Sammelwesens, Braunschweig 1978[2].

Schmalenbach 1971: Werner Schmalenbach, Kunst und Gesellschaft – heute. Abschied von der Kunst?, in: Grohn/Stubbe 1971, 207-229.

Schmalenbach 2000: Werner Schmalenbach, Kunst! – Reden – Streiten – Schreiben, Köln 2000.

Schmidt 2001: Schmidt, Johann-Karl (Hrsg.), Joan Jonas – Performance Video Installation 1968-2000, Stuttgart 2001.

Schmidt-Bergmann 1993: Hansgeorg Schmidt-Bergmann, Futurismus – Geschichte, Ästhetik, Dokumente, Reinbeck 1993.

Schmidt-Grohe 1995: Johanna Schmidt-Grohe, Vier Museen unter einem Dach, in: von der Burg 1995, 37-39.

Schmied 1970: Wieland Schmied, Der Auftrag lautet Gegenwart, in: Bott 1970, 248-256.

Schneckenburger 2001: Manfred Schneckenburger, Museum zwischen Zweifeln und Begierde, in: Hamburger Kunsthalle 2001, 19-26.

Schneede 2000: Uwe M. Schneede (Hrsg.), Museum 2000 – Erlebnispark oder Bildungsstätte?, Köln 2000.

Schneede 2001: Uwe M. Schneede, Die Künstler und das Museum, in: Hamburger Kunsthalle 2001, 6-18.

Schreiner/Wecks 1988: Klaus Schreiner/Heinz Wecks, Geschichte des Musealwesens, Studien zur Museologie. Institut für Museumswesen, Bd. 30, Berlin 1988.

Schuck-Wersig/Wersig 1999: Petra Schuck-Wersig/Gernot Wersig, Museumsmarketing in den USA: neue Tendenzen und Erscheinungsformen, Berliner Schriften zur Museumskunde Bd. 15, Opladen 1999.

Schulze 1997: Gerhard Schulze, Die Erlebnis-Gesellschaft: Kultursoziologie der Gegenwart, Frankfurt a.M./New York 1997[7].

Schulz-Hoffmann 1995, Carla Schulz-Hoffmann, Die Staatsgalerie moderner Kunst, in: Stiftung Pinakothek der Moderne 1995, 6-7.

Schulz-Hoffmann 2002: Carla Schulz-Hoffmann, Podium für den Prozess, in: Kunstzeitung Nr.74, Oktober 2002, 17.

Schumacher 1989: Ursula Schumacher (Hrsg.), Bildende Kunst und Lebenswelt – Festschrift für Hans Wille, Hamm 1989.

Schumann 1991: Klaus Schumann (Hrsg.), sankt ziegenzack springt aus dem ei – Texte, Bilder und Dokumente zum Dadaismus in Zürich, Hannover und Köln, Leipzig/Weimar 1991.

Schupach 1985: Wilhelm Schupach, Some Cabinets of Curiosities in European Academic Institutions, in: Impey/Macgregor 1985, 169-178.

Schwarz/Loers 1988: Dieter Schwarz/Veit Loers (Red.), Von der Aktionsmalerei zum Aktionismus Wien 1960-1965, Klagenfurt 1988.

Schwarz/Shaw 1996: Hans Peter Schwarz/Jeffrey Shaw, Perspektiven der Medienkunst – Museumspraxis und Kunstwissenschaft – Antworten auf die digitale Herausforderung, Dokumentation der Symposien „Neue Medien – Neue Kriterien?“ und „Das digitale Museum“ im Rahmen des Medienkunstfestivals „Multimediale 4“ im Mai 1995 in Karlsruhe, Karlsruhe 1996.

Schweeger 2001: Elisabeth Schweeger, Verkommene Ufer – Kunstmaterial. Von notwendigen Anachronismen wider die globale Infantilisierung, in: Noever 2001a, 32-41.

Sedlmayr 1955: Hans Sedlmayer, Die Revolution der modernen Kunst, Hamburg 1955.

Sedlmayr 1948: Hans Sedlmayer, Verlust der Mitte – die bildende Kunst des 19. und 20. Jahrhunderts als Symptom und Symbol der Zeit, Salzburg 1948.

Seelig 1985: Lorenz Seelig, The Munich *Kunstkammer* 1565-1807, in: Impey/Macgregor 1985, 76-89.

Seiler 1970: Harald Seiler, Das Museum zwischen vorgestern und übermorgen, in: Bott 1970, 256-263.

Serota 2000: Nicholas Serota, Experience or Interpretation – The Dilemma of Museums of Modern Art, London 2000.

Seubold 1993: Günter Seubold, Die nachgelassenen Klee-Notizen, in: Heidegger Studies 9, 5-12.

Sheehan 2000: James J. Sheehan, Museums in the German Art World – From the End of the Old Regime to the Rise of Modernism, Oxford/New York u.a. 2000.

Sheehan 2002: James J. Sheehan, Geschichte der deutschen Kunstmuseen – Von der fürstlichen Kunstkammer zur modernen Sammlung, München 2002 (deutsche Ausgabe von Sheehan 2000).

Simpson 1997: Elizabeth Simpson, The spoils of war – World War II and 1st Aftermath: The Loss, Reappearance, and Recovery of Cultural Property, New York 1997.

Sloterdijk 1987: Peter Sloterdijk, Kopernikanische Mobilmachung und ptolemäische Abrüstung, Frankfurt a.M. 1987.

Šlovskij 1988: Victor Šlovskij, Dritte Fabrik, Frankfurt am Main 1988.

Smith 1989: Charles Saumarez Smith, Museums, Artefacts and Meanings, in: Vergo 2000, 6-22.

Smolik 1991: Noemi Smolik, Letzte Futuristische Ausstellung 0,10, Petrograd 1915 – das Ende einer Entwicklung, in: Klüster/Hegewisch 1991, 64-69.

Sontag 1980: Susan Sontag, Kunst und Antikunst – Essays, München/Wien 1980.

SP: siehe Heidegger.

Spahn 1999: Barbara Spahn, Piero Manzoni (1933-1963) – Seine Herausforderung der Grenze von Kunst und Leben, München 1999.

Spiegl 1998: Andreas Spiegl, Das Museum: Auf seinem Weg vom Ort zum Raum, vom Archiv zum Pool und zurück in Krämer/John 1998, 28-34.

Steinwärder 1992: Corinna Steinwärder, Etappen der Musealisierung von den Anfängen bis zur Romantik, in: Museumsmagazin Bd. 5, Museumsarbeit: zwischen Bewahrungspflicht und Publikumsanspruch, hrsg. von der Landesstelle für Museumsbetreuung Stuttgart, Stuttgart 1992.

Stengel 1931: Walter Stengel, Schallplattenführungen, in: Museumskunde Bd. III, Heft 1, 59-63.

Stiefler 1930: Gustav Stiefler, Für die Kunst der Lebenden in den Museen, in: Museum der Gegenwart , Jahrgang 2, Heft I, 1931, 23-28.

Stiftung Pinakothek der Moderne 1995: Stiftung Pinakothek der Moderne (Hrsg.), Pinakothek der Moderne – Eine Vision, München/New York 1995.

Stöckmann III 2002: Gespräch am 14.3.2002 mit Frau Stöckmann, zuständig für die digitale Beuys-Dokumentation im Museum Hamburger Bahnhof, Berlin.

Stoelting 2000: Christina Stoelting, Inszenierung von Kunst: Die Emanzipation der Ausstellung zum Kunstwerk, Weimar 2000.

Storr 1999: Robert Storr, A piece of action, in: Varnedoe/Karmel 1999, 33-71.

Strocka 1999: Volker Michael Strocka (Hrsg.), Kunstraub – ein Siegerrecht? – Historische Fälle und juristische Einwände, Berlin 1999.

Stüttgen 1986: Johannes Stüttgen, Das Kraftfeld des ‚Erweiterten Kunstbegriffs' von Joseph Beuys, in: Museumsverein Mönchengladbach 1986, 107- 137.

Swoboda/Pächt 1966: Karl M. Swoboda/Otto Pächt (Hrsg.), Alois Riegl, Historische Grammatik der bildenden Künste, Graz/Köln 1966.

SZ: siehe Heidegger.

Szeemann 1983: Harald Szeemann (Konz.), Gesamtkunstwerk – Europäische Utopien seit 1800, Aarau/Frankfurt a.M. 1983.

Szeemann 1999: Harald Szeemann, Ecce Museum: Viel Spreu, wenig Weizen, in: Mack 1999, 7-10.

Terenzio 1992: Stephanie Terenzio, The Collected Writings of Robert Motherwell, New York/Oxford 1992.

Terlutter 2000: Ralf Terlutter, Lebensstilorientiertes Kulturmarketing: Besucherorientierung bei Ausstellungen und Museen, Wiesbaden 2000.

Thompson 1981: Michael Thompson, Die Theorie des Abfalls, Stuttgart 1981.

TLP: siehe Wittgenstein.

Tomkins 1999: Calvin Tomkins, Marcel Duchamp – Eine Biographie, München 1999.

Trampedach 2000: Kai Trampedach – Weder Bürgersinn noch Staatsgewalt – Das Zoon politikon als „Balkanidee" bei Gottfried Benn, in: Dreher 2000, 285-305.

Treinen 1994: Heiner Treinen, Das moderne Museum als Massenmedium, in: Klein 1994, 23-36.

Treinen 1996: Heiner Treinen, Ausstellungen und Kommunikationstheorie, in: Schäfer 1996, 60-71.

Tschudi 1912: Hugo von Tschudi, Kunst und Publikum, in: ders., Gesammelte Schriften zur neueren Kunst, hrsg. Eduard Schwedeler-Meyer, München 1912, 56-75.

Tummers 1972: Nikolaus Tummers, Der Hagener Impuls: Das Werk von J. L. M. Lauweriks und sein Einfluss auf Architektur und Formgebung um 1910, Hagen 1972.

UDK: siehe Heidegger.

Valentiner 1919: Wilhelm Valentiner, „Umgestaltung der Museen im Sinne der neuen Zeit“, Berlin 1919.

Valéry 1959: Paul Valéry, Das Problem der Museen, in: ders., Über Kunst, Frankfurt 1959, 52-58.

Valstar 1985: Arta Valstar, Dorner, Lissitzky und der Raum der Abstrakten, in: Moeller 1985, 102-112.

Valter 2004: Claudia Valter, Kunst und Naturalienkabinette in der ersten Hälfte des 18. Jahrhunderts, in: Herzog Anton Ulrich-Museum Braunschweig 2004, 21-30.

Van den Haag 1971: Ernest Van den Haag, Art and the mass audience, in: O'Doherty 1972, 65-74.

Varnedoe/Karmel 1999: Kirk Vanredoe/Pepe Karmel (Hrsg.), Jackson Pollock – New approaches, New York 1999.

Vergo 2000: Peter Vergo (Hrsg.), The New Museology, London 2000[4].

Verkauf 1957: Willy Verkauf (Hrsg.), Dada – Monographie einer Bewegung, Teufen, 1957.

Vio 2001: Ettore Vio (Hrsg.), San Marco – Geschichte, Kunst und Kultur, München 2001.

Vitali 1998: Christoph Vitali, Kunst als Event, in: Museumskunde 63, 2/1998, 21-24.

Vitali 2000: Christoph Vitali, Mein ideales Museum, in: Schneede 2000, 102-111.

von der Burg 1995: Detlev von der Burg (Hrsg.), Pinakothek der Moderne: eine Vision des Museums für Kunst, Architektur und Design des 20. Jahrhunderts in München, hrsg. von der Stiftung Pinakothek der Moderne, München/New York 1995.

von der Osten 1971: Gert von der Osten, Museum und Öffentlichkeit, in: Grohn/Stubbe 1971, 137-162.

Vorländer 1974: Karl Vorländer, Immanuel Kants Leben (neu hrsg. von Rudolf Malter), Hamburg 1974.

Wackenroder 1917: Wilhelm Heinrich Wackenroder, Herzergießungen eines kunstliebenden Klosterbruders – Phantasien über die Kunst für Freunde der Kunst, Weimar 1917 (1797).

Wackenroder/Tieck 2000: Wilhelm Heinrich Wackenroder/Ludwig Tieck, Phantasien über die Kunst, Stuttgart 2000 (1799).

Wagner 1977: Walter Wagner, Die frühen Museumsgründungen in der Donaumonarchie, in: Deneke/Kahsnitz 1977, 19-28.

Wahl 1999: Rainer Wahl, Kunstraub als Ausdruck von Staatsideologie, in: Stucka 1999, 27-58

Waidacher 1993: Friedrich Waidacher, Handbuch der allgemeinen Museologie, Mimundus 3 – Wissenschaftliche Reihe des Österreichischen TheaterMuseums, hrsg. v. Oskar Pausch, Wien/Köln/Weimar 1993.

Wall 1995: Tobias Wall, Martin Heideggers Sicht von der Bedeutung der Bildenden Künste im Zeitalter der Technik, unveröffentlichte Magisterarbeit an der Hochschule für Philosophie SJ, München 1995.

Warnke 2000: Martin Warnke, Für Vergangenheit und Zukunft – Zurückhaltung in der Gegenwart, in: Schneede 2000, 58-64.

Weber 1981: Jürgen Weber, Entmündigung der Künstler – Geschichte und Funktionsweise der bürgerlichen Kunsteinrichtungen, München 1981[2].

Weibel 1992: Peter Weibel, Von der Verabsolutierung der Farbe zur Selbstauflösung der Malerei, in: Bachmayer/Kamper/Rötzer1992, 151-166.

Weibel 1996: Peter Weibel (Hrsg.), Quantum Daemon – Institutionen der Kunstgemeinschaft, Wien 1996.

Weibel 1998: Peter Weibel, Zur Zukunft des Kunstmuseums, in: Krämer/John 1998, 22 – 27.

Welsch 1988: Wolfgang Welsch (Hrsg.), Wege aus der Moderne: Schlüsseltexte der Postmoderne-Diskussion. Acta humanoria, Weinheim 1988.

Welsch 1990: Wolfgang Welsch, Ästhetisches Denken, Stuttgart 1990.

Welsch 1991: Wolfgang Welsch, Anästhetik – Fokus einer erweiterten Ästhetik, in: ZACHARIAS 1991, 79-96.

Welsch 1993: Wolfgang Welsch (Hrsg.), Die Aktualität des Ästhetischen, München 1993.

Wendland 1999: Ulrike Wendland, Überbrückungsversuche in der Provinz: Alexander Dorner in Hannover, in: Blotkamp 1999, 80.

Weschenfelder/Zacharias 1992: Klaus Weschenfelder/Wolfgang Zacharias (Hrsg.), Handbuch Museumspädagogik – Orientierung und Methoden für die Praxis, Düsseldorf 1992.

Wescher 1976: Paul Wescher, Kunstraub unter Napoleon, Berlin 1976.

Wetschler 1995: Lawrence Wetschler, Mr. Wilson's Cabinet of Wonder. Pronged Ants, horned Humans, Mice on Toast, and other Marvels of Jurassic Technology, New York 1995.

Whittingham 1996: Selby Whittingham, The poetry of the museum, in: Museum international (UNESCO, Paris), No. 191 (Vol. 48, No. 3) Paris 1996, 4-8, wiederabgedruckt in Lissitzky-Küppers 1967, 349-354.

Wiese/Wiese 1994: Giesela Wiese/Rolf Wiese (Hrsg.), Museumsmanagement. Eine Antwort auf schwindende Finanzmittel, Ehestorf 1994.

Winkler 2002: Kurt Winkler, Museum und Avantgarde – Ludwig Justis Zeitschrift „Museum der Gegenwart“ und die Musealisierung des Expressionismus, Berliner Schriften zur Museumskunde Bd. 17, Opladen 2002.

Wischermann 1997: Susanne Wischermann, Johannes Cladders – Museumsmann und Künstler, Europäische Hochschulschriften, Reihe XXVIII, Bd. 291, Frankfurt a.M./Bern u.a. 1997.

Wittgenstein, Ludwig Wittgenstein, Quelltexte:

TLP: Tractatus logico-philosophicus, hrsg. von Joachim Schulze, Stuttgart 1993.

PhU: Philosophische Untersuchungen, hrsg. von Wolfgang Bereidert, Frankfurt a.M. 1993.

Wölflin 1991: Heinrich Wölflin, Kunstgeschichtliche Grundbegriffe – Das Problem der Stilentwicklung in der Neueren Kunst, Basel 1991[18].

Wollheim 1982: Richard Wollheim, Objekte der Kunst, Frankfurt a.M. 1982.

Wright 1989: Peter Wright, The Quality of Visitors' Experiences in Art Museums, in: Vergo 2000, 119-148.

Wulf 1989: Rüdiger Wulf, Öffnung der Museen – aber wie? Gedanken eines Museumspädagogen, in: Schumacher 1989, 283-300.

Wyss 1997: Beat Wyss, Die Welt als T-Schirt – Zur Ästhetik und Geschichte der Medien, Köln 1997.

Wyss 1998: Beat Wyss, Das Museum. Oder die Rückverzauberung entzauberter Dinge, in: Museumskunde 63, 2/1998, 74-83.

Zeiller 1998: Martin Zeiller, Das Ding im Künstlermuseum, Dortmund 1998.

Zilczer 1997: Judith Zilczer, Richard Lindner – Gemälde und Aquarelle 1948-1977, München/New York 1997.

Zimmer 1996, Annette Zimmer (Hrsg.), Das Museum als Nonprofit-Organisation – Management und Marketing. Frankfurt a.M./New York 1996.

Zink 1998: Klaus Zink, Total Quality Management as a holistic management concept: the European model for business excellence, Berlin/Heidelberg 1998.

Zumdick 1995: Wolfgang Zumdick, Über das Denken bei Joseph Beuys und Rudolf Steiner, Basel 1995[2].

Zumdick 2001: Wolfgang Zumdick, Der Tod hält mich wach, Joseph Beuys – Rudolf Steiner, Grundzüge ihres Denkens, Dornach 2001.

Zwirner 1995: Dorothea Zwirner (Hrsg.), Marcel Broodthaers: Correspondances – Korrespondenzen, Stuttgart 1995.

Zwirner 1997: Dorothea Zwirner, Marcel Broodthaers: die Bilder – die Worte – die Dinge, Köln 1997.

Detailliertes Inhaltsverzeichnis